U0916897

乡村旅游教程

（第二版）

袁茏 编著

中国旅游出版社

再版前言

为了使教材内容能够与时俱进，本次修订对书中的案例、数据等内容进行了更新和规范，以反映学科专业新进展、行业发展新动态，相关表述也更加准确、规范。

特别指出的是，为了深入学习宣传贯彻落实党的二十大精神，更好教育引导广大师生听党话、跟党走，践行为党育人、为国育才的初心使命，培养德智体美劳全面发展的社会主义建设者和接班人，此次修订补充完善了社会主义核心价值观的内容。增加了绪论，绪论内容主要包括：深刻认识党的二十大胜利召开的伟大意义，提升新时代大学生政治站位；深刻把握党的二十大主题，激发新时代大学生爱国热情；深入学习领悟过去五年工作和新时代十年伟大变革的重大意义，增强新时代大学生民族自豪感；深刻领会“两个结合”是推进马克思主义中国化时代化的根本途径，加强新时代大学生弘扬中华优秀传统文化教育；牢牢把握全面建设社会主义现代化国家开局起步的战略部署，指引新时代大学生守正创新促发展；深入把握党的二十大关于文化和旅游工作的部署要求，推动文旅融合高质量发展；深刻把握团结奋斗的新时代要求，为文旅行业培养高素质人才。真正让马克思主义中国化时代化的最新理论成果进课堂、进教材、进师生头脑，融入师生学习工作。

由于作者水平有限，不足之处在所难免，敬请广大读者批评指正！

袁茏

2022 年 11 月

前言

根据国家统计局发布的《国民经济与社会发展统计公报》，2000—2019年期间，国内旅游人数从7.44亿人次增加到60.1亿人次，年均增长率约11.62%，居民的国内出游率从0.6次增加到4.3次。旅游需求日益增长，旅游产业迅猛发展。旅游与文化、体育、健康和养老一起成为五大幸福产业，并位居首位。在乡村振兴战略的推动下，乡村旅游发展迎来了前所未有的机遇。

乡村作为特殊的文化地景，是人类几千年来创造的文明形态和乡村地方性知识的表征，保留着人类文明进步与发展的基因。然而，在大规模城市化和工业化的冲击下，我国的乡村愈加弥足珍贵。冯骥才先生曾指出，“2000年，全国共有360万个村落，到了2011年，只有270万个，1天100个村落就没有了”。乡村旅游作为东道主与游客的跨文化交流与互动，在发展的过程中，我们需要关注“东道主”与“游客”这两大基本群体。不仅要坚持村民的主体地位，还要充分研究和把握游客的需求。乡村旅游需要在充分吸收和运用多学科知识的基础上，通过科学规划和运营管理，实现东道主与游客的良性互动，构建起有灵魂的乡村旅游经济体系。

本书将与乡村旅游发展密切相关的乡景、规划、市场、产品、创意、项目、形象、品牌、社区和运营等内容按照其内在的逻辑关系整合形成六个教学模块，分十二章进行阐述。

模块一：乡村与旅游。科学认识乡村和旅游是乡村旅游发展的逻辑起点。本模块由乡村旅游引论和乡村旅游发展简史两章构成，分别为本教程的第一章和第二章。第一章主要讨论了乡村、旅游和乡村旅游的概念、乡村旅游发展的基本条件以及乡村旅游发展与学科支撑体系。第二章对乡村旅游的发展简史进行了介绍。

模块二：乡景与规划。乡景是乡村风景的简称。拥有美丽乡景的乡村并不一定能成为乡村旅游目的地，需要通过规划与开发的技术经济手段将其转化成为乡村旅游产品。本模块由乡景旅游资源认知与评价和乡村旅游规划两章构成，分别为本书的第三章和第四章。第三章主要讨论了风景与景观的区别、乡景的构成与特征，并对乡景旅游资源的分类、调查与评价进行了介绍。第四章讨论了旅游规划和乡村旅游规划的区别与联系，并对乡村旅游规划体系和各类乡村旅游规划的任务、编制内容、提交成果和乡村旅游规划制图进行了阐述。

模块三：市场与产品。市场需求是乡村旅游发展的不竭动力，乡村旅游产品因市场需求而生。乡村旅游经营管理者需要以市场需求为导向进行乡村旅游产品的开发建设，然后再通过一定的市场营销策略将它们卖出去。本模块将市场与产品结合在一起分两章来论述，目的在于使学生充分认识乡村旅游市场在乡村旅游发展过程中的重要价值。本模块的第五章主要介绍了乡村旅游市场的构成要素、基本特征、调查分析以及乡村旅游市场细分和乡村旅游目标市场的选择。第六章在第五章的基础上对乡村旅游产品开发及其营销策略进行介绍。

模块四：创意与项目。乡村旅游产品的开发需要有好的乡村旅游项目来支撑，而好的乡村旅游项目来自非同凡响的创意与策划。本模块由乡村旅游项目创意和乡村旅游项目策划构成，分别是本书的第七章和第八章。第七章讨论了创意的内涵及其特性，对乡村旅游项目和乡村旅游项目创意进行了阐述。第八章在对乡村旅游项目策划定义和特征进行认识的基础上，进一步介绍了乡村旅游项目策划的内容、程序和主要方法。

模块五：形象与品牌。当一个乡村旅游地在规划的指引下完成产品和项目的建设后，接下来还需要塑造乡村旅游地的形象与品牌，这对提高乡村旅游地的市场竞争力至关重要。本模块第九章在对乡村旅游地形象概念、构成、特征和形成过程进行讨论的基础上，介绍了乡村旅游地形象调查的内容、方法和步骤以及乡村旅游地形象定位的原则、过程和方法。第十章对品牌的内涵、分类及其资产进行了简要介绍，在使学生对品牌有了一定的认知的基础上进一步阐述乡村旅游品牌战略、乡村旅游品牌设计和乡村旅游品牌管理。

模块六：社区与运营。乡村社区是乡村旅游发展的沃土，乡村旅游发展需要根植于乡村社区，只有在构建和谐社区的基础上，才能更好地推动乡村旅游的健康、稳定发展。运营管理则是乡村旅游发展的根本保证，没有一流的运营管理作为保障，乡村旅游亦不可能成功。为此，本模块第十一章在社区概述的基础上对乡村旅游社区的含义、构成和乡村旅游社区参与以及乡村旅游社区营造进行了介绍。第十二章讲述了运营管理的诞生、内涵和当今运营管理特点，并对乡村旅游运营管理的五种模式、乡村旅游质量管理和乡村旅游高质量发展等内容进行讨论。

在编著过程中，尽管笔者竭尽所能，但因个人专业水平和综合能力有限，书中难免有错漏和失误的地方，衷心地希望各位专家、同行和读者批评指正！

袁茏

2019 年 11 月

目录

绪　论 …… 1

模块一　乡村与旅游

第一章　乡村旅游引论 …… 17
　第一节　乡村与旅游 …… 17
　第二节　乡村旅游发展的基本条件 …… 23
　第三节　乡村旅游发展与学科支撑 …… 25

第二章　乡村旅游发展简史 …… 30
　第一节　世界乡村旅游的发展 …… 30
　第二节　当代中国乡村旅游的发展 …… 35

模块二　乡景与规划

第三章　乡景旅游资源认知与评价 …… 43
　第一节　景观与风景 …… 43
　第二节　乡景的构成与特征 …… 46
　第三节　乡景旅游资源评价 …… 52

第四章　乡村旅游规划 …… 71
　第一节　旅游规划与乡村旅游规划 …… 71

第二节　乡村旅游发展规划 ……74
第三节　乡村旅游区规划 ……75
第四节　乡村旅游规划制图 ……79

模块三　市场与产品

第五章　乡村旅游市场分析与目标市场选择 ……93
第一节　乡村旅游市场概述 ……93
第二节　乡村旅游市场分析 ……98
第三节　乡村旅游市场调查 ……108
第四节　乡村旅游市场细分 ……111
第五节　乡村旅游目标市场选择 ……116

第六章　乡村旅游产品开发与营销策略 ……126
第一节　乡村旅游产品概述 ……126
第二节　乡村旅游产品开发 ……132
第三节　乡村旅游市场营销策略 ……137

模块四　创意与项目

第七章　乡村旅游项目创意 ……155
第一节　创意与乡村旅游项目概述 ……155
第二节　乡村旅游项目创意 ……160

第八章　乡村旅游项目策划 ……167
第一节　乡村旅游项目策划的内涵 ……167
第二节　乡村旅游项目策划的内容 ……169
第三节　乡村旅游项目策划程序与方法 ……192

模块五　形象与品牌

第九章　乡村旅游地形象 ······ 209
第一节　乡村旅游地形象概略 ······ 209
第二节　乡村旅游地形象调查 ······ 214
第三节　乡村旅游地形象定位 ······ 219

第十章　乡村旅游品牌 ······ 226
第一节　品牌概略 ······ 226
第二节　乡村旅游品牌战略 ······ 231
第三节　乡村旅游品牌设计 ······ 243
第四节　乡村旅游品牌管理 ······ 250

模块六　社区与运营

第十一章　乡村旅游社区发展 ······ 257
第一节　社区概述 ······ 257
第二节　乡村旅游社区 ······ 261
第三节　乡村旅游社区营造 ······ 265

第十二章　乡村旅游运营管理 ······ 273
第一节　运营管理概述 ······ 273
第二节　乡村旅游地运营管理模式 ······ 276
第三节　质量管理与乡村旅游高质量发展 ······ 281

参考文献 ······ 288
后　记 ······ 296

绪　论

党的二十大是在全党全国各族人民迈上全面建设社会主义现代化国家新征程、向第二个百年奋斗目标进军的关键时刻召开的一次十分重要的大会，是一次高举旗帜、凝聚力量、团结奋进的大会。党的二十大在政治上、理论上、实践上取得了一系列重大成果，就新时代新征程党和国家事业发展制定了大政方针和战略部署，是我们党团结带领人民全面建设社会主义现代化国家、全面推进中华民族伟大复兴的政治宣言和行动纲领，对于全党全国各族人民更加紧密团结在以习近平同志为核心的党中央周围，万众一心、接续奋斗，在新时代新征程夺取中国特色社会主义新的伟大胜利，具有极其重大而深远的意义。学习贯彻党的二十大精神，习近平总书记强调的“五个牢牢把握”是最精准的解读、最权威的辅导。要从战略和全局高度完整、准确、全面理解把握党的二十大精神，增强学习贯彻的政治自觉、思想自觉、行动自觉，为实现党的二十大确定的目标任务不懈奋斗。

一、深刻认识党的二十大胜利召开的伟大意义，提升新时代大学生政治站位

党的二十大担负起全党的重托和人民的期待，从战略全局深刻阐述了新时代坚持和发展中国特色社会主义的一系列重大理论和实践问题，科学谋划了未来一个时期党和国家事业发展的目标任务和大政方针，在党和国家历史上具有重大而深远的意义。

（一）这是中国共产党在百年辉煌成就和十年伟大变革的高起点上创造新时代更大荣光的大会

中国共产党在百年历程中共召开了十九次全国代表大会。党的二十大是我们党在建党百年后召开的首次全国代表大会，也是在新时代十年伟大变革的时间坐标上召开的全国代表大会，具有特别的里程碑意义。

（二）这是推进实践基础上的理论创新、开辟马克思主义中国化时代化新境界的大会

马克思主义中国化时代化既是马克思主义的自身要求，又是中国共产党坚持和发展马克思主义的必然路径。中国共产党为什么能，中国特色社会主义为什么好，归根到底是马克思主义行，是中国化时代化的马克思主义行。党的二十大深刻阐述了习近平新时

代中国特色社会主义思想的科学内涵和精神实质，深入阐释了开辟马克思主义中国化时代化新境界的重大命题并提出了明确要求，具有重大理论意义。

（三）这是谋划全面建设社会主义现代化国家、以中国式现代化全面推进中华民族伟大复兴的大会

现代化是各国人民的共同期待和目标。百年来，我们党团结带领人民进行的一切奋斗、一切牺牲、一切创造，就是为了把我国建设成为现代化强国，实现中华民族伟大复兴。在新中国成立特别是改革开放以来的长期探索和实践基础上，经过党的十八大以来在理论和实践上的创新突破，我们党成功推进和拓展了中国式现代化，创造了人类文明新形态。党的二十大明确提出以中国式现代化全面推进中华民族伟大复兴的使命任务，精辟论述了中国式现代化的中国特色、本质要求和重大原则，深刻阐释了中国式现代化的历史渊源、理论逻辑、实践特征和战略部署，大大深化了我们党关于中国式现代化的理论和实践。

（四）这是致力于推动构建人类命运共同体、携手开创人类更加美好未来的大会

当前，世界之变、时代之变、历史之变正以前所未有的方式展开，人类社会面临前所未有的挑战。世界又一次站在历史的十字路口，何去何从取决于各国人民的抉择。党的二十大深刻把握世界大势和时代潮流，宣示中国在变局、乱局中促进世界和平与发展、推动构建人类命运共同体的政策主张和坚定决心，为共创人类更加美好的未来注入强大信心和力量。

（五）这是推动解决大党独有难题、以党的自我革命引领社会革命的大会

全面建设社会主义现代化国家、全面推进中华民族伟大复兴，关键在党。党的二十大明确提出：我们党作为世界上最大的马克思主义执政党，要始终赢得人民拥护、巩固长期执政地位，必须时刻保持解决大党独有难题的清醒和坚定。

二、深刻把握党的二十大主题，激发新时代大学生爱国热情

党的二十大的主题，正是我们党对这些事关党和国家事业继往开来、事关中国特色社会主义前途命运、事关中华民族伟大复兴战略性问题的明确宣示，是大会的灵魂。习近平总书记在党的二十大报告中，开宗明义指出大会的主题：“高举中国特色社会主义伟大旗帜，全面贯彻新时代中国特色社会主义思想，弘扬伟大建党精神，自信自强、守正创新，踔厉奋发、勇毅前行，为全面建设社会主义现代化国家、全面推进中华民族伟大复兴而团结奋斗。”这一主题明确宣示了我们党在新征程上带领人民举什么旗、走什么路、以什么样的精神状态、朝着什么样的目标继续前进等重大问题。《中国共产党第二十次全国代表大会关于十九届中央委员会报告的决议》指出：“报告阐明的大会主题是大会的灵魂，是党和国家事业发展的总纲。”学习理解党的二十大精神，必须把握这一“灵魂”，抓住这一“总纲”。大会主题中的六个关键词语值得我们高度重视。

（一）旗帜

新时代新征程党高举的旗帜就是“中国特色社会主义伟大旗帜”。大会主题写入这一根本要求，既体现了中国特色社会主义历史演进的连续性、继承性，又体现了新时代党坚持和发展中国特色社会主义的坚定性、恒久性。

（二）思想

大会主题所指示的“全面贯彻新时代中国特色社会主义思想”，就是要求在新时代新征程必须全面贯彻习近平新时代中国特色社会主义思想。党的二十大报告对此作出全面部署。

（三）精神

继在庆祝中国共产党成立100周年大会上习近平总书记提出并号召继承发扬伟大建党精神后，党的二十大主题写入了“弘扬伟大建党精神”的要求，新修改的党章载入了伟大建党精神“坚持真理、坚守理想，践行初心、担当使命，不怕牺牲、英勇斗争，对党忠诚、不负人民”的内涵，这是党在自己最高权力机关及最高章程上的庄严宣示，明确回答了党以什么样的精神状态走好新的赶考之路的重大问题，不仅是贯穿大会报告的重要红线，也是今后党的全部理论和实践的重要遵循。

（四）现代化

“现代化”即“全面建设社会主义现代化国家”。这一重要主题彰显了当前和今后一个时期党的中心任务。党的二十大庄严宣告：“从现在起，中国共产党的中心任务就是团结带领全国各族人民全面建成社会主义现代化强国、实现第二个百年奋斗目标，以中国式现代化全面推进中华民族伟大复兴。”“中国式现代化”成为这次大会的重要标识。

（五）复兴

在党的二十大主题中，前后用了三个“全面”，即“全面贯彻新时代中国特色社会主义思想”“全面建设社会主义现代化国家”“全面推进中华民族伟大复兴”。第一个“全面”规定了新时代党的创新科学理论的指导地位，第二个“全面”规定了新时代新征程的中心任务，第三个“全面”规定了党在新时代新征程的奋斗目标。大会主题中的前两个“全面”，以及报告全文使用的其他一百多个“全面”，都是为了实现“全面推进中华民族伟大复兴”这一根本目标。

（六）团结奋斗

“团结奋斗”是党的二十大主题的鲜明特色。除了在主题中要求“为全面建设社会主义现代化国家、全面推进中华民族伟大复兴而团结奋斗”外，“团结奋斗”一词还体现在党的二十大报告的标题、导语、正文、结束语各个部分。报告全文共使用7次“团结奋斗”、27次“团结”，突出表达了这次大会的主基调。

三、深入学习领悟过去五年工作和新时代十年伟大变革的重大意义，增强新时代大学生民族自豪感

过去五年和新时代以来的十年，在党和国家发展进程中极不寻常、极不平凡。习近平总书记在党的二十大报告中全面回顾总结了过去五年的工作和新时代十年的伟大变革，深刻指出新时代十年的伟大变革，在党史、新中国史、改革开放史、社会主义发展史、中华民族发展史上具有里程碑意义。学习宣传、贯彻落实党的二十大精神，必须深入学习领悟过去五年工作和新时代十年伟大变革的重大意义，坚定历史自信、增强历史主动，自觉在思想上政治上行动上同以习近平同志为核心的党中央保持高度一致。

党的二十大报告在总结党的十九大以来五年工作基础上，用“三件大事”、三个“历史性胜利”高度概括新时代十年走过的极不寻常、极不平凡的奋斗历程，从16个方面全面回顾党和国家事业发展取得的举世瞩目的重大成就，从4个方面总结提炼新时代十年伟大变革的里程碑意义。新时代十年的伟大变革，充分证明中国特色社会主义道路不仅走得对、走得通，而且走得稳、走得好。

四、深刻领会“两个结合”是推进马克思主义中国化时代化的根本途径，加强新时代大学生弘扬中华优秀传统文化教育

党的二十大报告提出，中国共产党为什么能，中国特色社会主义为什么好，归根到底是马克思主义行，是中国化时代化的马克思主义行。100多年来，我们党洞察时代大势，把握历史主动，进行艰辛探索，坚持解放思想和实事求是相统一、培元固本和守正创新相统一，把马克思主义基本原理同中国具体实际相结合、同中华优秀传统文化相结合，不断推进理论创新、进行理论创造，不断推进马克思主义中国化时代化，带领中国人民不懈奋斗，中华民族迎来了从站起来、富起来到强起来的伟大飞跃，实现中华民族伟大复兴进入了不可逆转的历史进程。

马克思主义理论不是教条，而是行动指南。习近平总书记在党的二十大报告中指出：“我们坚持以马克思主义为指导，是要运用其科学的世界观和方法论解决中国的问题，而不是要背诵和重复其具体结论和词句，更不能把马克思主义当成一成不变的教条。”坚持和发展马克思主义，必须同中国具体实际相结合。100多年来，我们党把坚持马克思主义和发展马克思主义统一起来，既始终坚持马克思主义基本原理不动摇，又根据中国革命、建设、改革实际，创造性地解决自己的问题，不断开辟马克思主义中国化时代化新境界。坚持和发展马克思主义，必须同中华优秀传统文化相结合。只有植根本国、本民族历史文化沃土，马克思主义真理之树才能根深叶茂。中华优秀传统文化源远流长、博大精深，是中华文明的智慧结晶，其中蕴含的天下为公、民为邦本、为政以德、革故鼎新、任人唯贤、天人合一、自强不息、厚德载物、讲信修睦、亲仁善邻等，

是中国人民在长期生产生活中积累的宇宙观、天下观、社会观、道德观的重要体现，同科学社会主义核心价值观主张具有高度契合性。中国共产党之所以能够领导人民成功走出中国式现代化道路、创造人类文明新形态，很重要的一个原因就在于植根中华文化沃土，不断推进马克思主义中国化时代化，推动中华优秀传统文化创造性转化、创新性发展。

五、牢牢把握全面建设社会主义现代化国家开局起步的战略部署，指引新时代大学生守正创新促发展

党的二十大站在党和国家事业发展的制高点，科学谋划了未来五年乃至更长时期党和国家事业发展的目标任务和大政方针，发出了全面建设社会主义现代化国家、全面推进中华民族伟大复兴的动员令。

“全面建成社会主义现代化强国，总的战略安排是分两步走：从二〇二〇年到二〇三五年基本实现社会主义现代化；从二〇三五年到本世纪中叶把我国建成富强民主文明和谐美丽的社会主义现代化强国。”党的二十大对全面建成社会主义现代化强国两步走战略安排进行了宏观展望，又围绕统筹推进“五位一体”总体布局、协调推进“四个全面”战略布局，从 11 个方面对未来五年工作作出全面部署，全面构建了推进社会主义现代化建设的实践体系。特别是把教育科技人才、全面依法治国、维护国家安全和社会稳定单列部分进行具体安排，充分体现了抓关键、补短板、防风险的战略考量，是党中央基于新的战略机遇、新的战略任务、新的战略阶段、新的战略要求、新的战略环境做出的科学判断和战略安排，必将引领全党全国各族人民有效应对世界之变、时代之变、历史之变，推动全面建设社会主义现代化国家开好局、起好步。

六、深入把握党的二十大关于文化和旅游工作的部署要求，推动文旅融合高质量发展

党的二十大作出推进文化自信自强、铸就社会主义文化新辉煌的重大战略部署，要准确把握社会主义文化建设的指导思想和原则目标、战略重点和主要任务以及中国立场和时代要求。

（一）要准确把握社会主义文化建设的指导思想和原则目标

报告指出：“全面建设社会主义现代化国家，必须坚持中国特色社会主义文化发展道路，增强文化自信，围绕举旗帜、聚民心、育新人、兴文化、展形象建设社会主义文化强国，发展面向现代化、面向世界、面向未来的，民族的科学的大众的社会主义文化，激发全民族文化创新创造活力，增强实现中华民族伟大复兴的精神力量。”报告明确提出了社会主义文化建设的根本指导思想、基本原则和奋斗目标，坚持为人民服务、

为社会主义服务，以社会主义核心价值观为引领，发展社会主义先进文化，弘扬革命文化，传承中华优秀传统文化，满足人民日益增长的精神文化需求，巩固全党全国各族人民团结奋斗的共同思想基础，不断提升国家文化软实力和中华文化影响力。

（二）要准确把握社会主义文化建设的战略重点和主要任务

党的二十大报告提出了建设具有强大凝聚力和引领力的社会主义意识形态、广泛践行社会主义核心价值观、提高全社会文明程度、繁荣发展文化事业和文化产业、增强中华文明传播力影响力五个方面的战略任务，准确把握、全面落实好这些战略重点和主要任务，对于推进文化自信自强，铸就社会主义文化新辉煌具有重要基础支撑作用。

（三）要准确把握社会主义文化建设的中国立场和时代要求

党的二十大报告指出："中华优秀传统文化源远流长、博大精深，是中华文明的智慧结晶。"要把马克思主义基本原理与中华优秀传统文化相结合，不断推进马克思主义中国化，增强中华文明的传播力和影响力。

（四）以文塑旅、以旅彰文、推进文化和旅游深度融合发展

党的二十大报告明确提出："加大文物和文化遗产保护力度，加强城乡建设中历史文化保护传承，建好用好国家文化公园。坚持以文塑旅、以旅彰文，推进文化和旅游深度融合发展。"这些重要论述，为文旅行业把握新发展阶段，贯彻新发展理念，构建新发展格局，推动高质量发展点明了方向，指明了路径，是未来 5 年乃至更长一段时间内文旅行业融合发展实践的根本遵循和行动指南，对文旅行业实现理念重构和实践创新具有非常重要的现实指导意义。

七、深刻把握团结奋斗的新时代要求，为文旅行业培养高素质人才

在党的二十大上，习近平总书记宣示新时代新征程党的使命任务，发出了全面建设社会主义现代化国家、全面推进中华民族伟大复兴的动员令。从现在起，中国共产党的中心任务就是团结带领全国各族人民全面建成社会主义现代化强国、实现第二个百年奋斗目标，以中国式现代化全面推进中华民族伟大复兴。

美好的蓝图需要埋头苦干、团结奋斗才能变为现实。习近平总书记的铿锵宣示充满信心和力量——"党用伟大奋斗创造了百年伟业，也一定能用新的伟大奋斗创造新的伟业"。让我们更加紧密地团结在以习近平同志为核心的党中央周围，全面贯彻习近平新时代中国特色社会主义思想，坚定信心、同心同德，埋头苦干、奋勇前进，深入贯彻落实党的二十大精神和党中央决策部署，为全面建设社会主义现代化国家、全面推进中华民族伟大复兴而团结奋斗，在新的赶考之路上向历史和人民交出新的优异答卷！

相关链接1

关于党的二十大报告，必须知道的“关键词”

2022 年 10 月 16 日，中国共产党第二十次全国代表大会开幕，习近平代表第十九届中央委员会向大会作报告。一起学习报告里的这些“关键词”。

【大会的主题】

大会的主题是：高举中国特色社会主义伟大旗帜，全面贯彻新时代中国特色社会主义思想，弘扬伟大建党精神，自信自强、守正创新，踔厉奋发、勇毅前行，为全面建设社会主义现代化国家、全面推进中华民族伟大复兴而团结奋斗。

【三个“务必”】

中国共产党已走过百年奋斗历程。我们党立志于中华民族千秋伟业，致力于人类和平与发展崇高事业，责任无比重大，使命无上光荣。全党同志务必不忘初心、牢记使命，务必谦虚谨慎、艰苦奋斗，务必敢于斗争、善于斗争，坚定历史自信，增强历史主动，谱写新时代中国特色社会主义更加绚丽的华章。

【极不寻常、极不平凡的五年】

党的十九大以来的五年，是极不寻常、极不平凡的五年。党中央统筹中华民族伟大复兴战略全局和世界百年未有之大变局，就党和国家事业发展作出重大战略部署，团结带领全党全军全国各族人民有效应对严峻复杂的国际形势和接踵而至的巨大风险挑战，以奋发有为的精神把新时代中国特色社会主义不断推向前进。

【三件大事】

十年来，我们经历了对党和人民事业具有重大现实意义和深远历史意义的三件大事：一是迎来中国共产党成立一百周年，二是中国特色社会主义进入新时代，三是完成脱贫攻坚、全面建成小康社会的历史任务，实现第一个百年奋斗目标。

【新时代十年的伟大变革】

新时代十年的伟大变革，在党史、新中国史、改革开放史、社会主义发展史、中华民族发展史上具有里程碑意义。

【归根到底是两个“行”】

实践告诉我们，中国共产党为什么能，中国特色社会主义为什么好，归根到底是马克思主义行，是中国化时代化的马克思主义行。拥有马克思主义科学理论指导是我们党坚定信仰信念、把握历史主动的根本所在。

【中国共产党的中心任务】

从现在起，中国共产党的中心任务就是团结带领全国各族人民全面建成社会主义现代化强国、实现第二个百年奋斗目标，以中国式现代化全面推进中华民族伟大复兴。

【中国式现代化】

中国式现代化，是中国共产党领导的社会主义现代化，既有各国现代化的共同特征，更有基于自己国情的中国特色。

——中国式现代化是人口规模巨大的现代化。

——中国式现代化是全体人民共同富裕的现代化。

——中国式现代化是物质文明和精神文明相协调的现代化。

——中国式现代化是人与自然和谐共生的现代化。

——中国式现代化是走和平发展道路的现代化。

中国式现代化的本质要求是：坚持中国共产党领导，坚持中国特色社会主义，实现高质量发展，发展全过程人民民主，丰富人民精神世界，实现全体人民共同富裕，促进人与自然和谐共生，推动构建人类命运共同体，创造人类文明新形态。

【全面建设社会主义现代化国家开局起步的关键时期】

未来五年是全面建设社会主义现代化国家开局起步的关键时期。

【五个“坚持”】

我国发展进入战略机遇和风险挑战并存、不确定难预料因素增多的时期，各种“黑天鹅”“灰犀牛”事件随时可能发生。我们必须增强忧患意识，坚持底线思维，做到居安思危、未雨绸缪，准备经受风高浪急甚至惊涛骇浪的重大考验。前进道路上，必须牢牢把握以下重大原则。

——坚持和加强党的全面领导。

——坚持中国特色社会主义道路。

——坚持以人民为中心的发展思想。

——坚持深化改革开放。

——坚持发扬斗争精神。

【加快构建新发展格局】

必须完整、准确、全面贯彻新发展理念，坚持社会主义市场经济改革方向，坚持高水平对外开放，加快构建以国内大循环为主体、国内国际双循环相互促进的新发展格局。

【发展经济着力点】

坚持把发展经济的着力点放在实体经济上，推进新型工业化，加快建设制造强国、质量强国、航天强国、交通强国、网络强国、数字中国。

【实施科教兴国战略】

必须坚持科技是第一生产力、人才是第一资源、创新是第一动力，深入实施科教兴国战略、人才强国战略、创新驱动发展战略，开辟发展新领域新赛道，不断塑造发展新动能新优势。

坚持创新在我国现代化建设全局中的核心地位。完善党中央对科技工作统一领导的

体制，健全新型举国体制，强化国家战略科技力量，优化配置创新资源，提升国家创新体系整体效能。

【全过程人民民主】

全过程人民民主是社会主义民主政治的本质属性，是最广泛、最真实、最管用的民主。必须坚定不移走中国特色社会主义政治发展道路，坚持党的领导、人民当家作主、依法治国有机统一。

【全面依法治国】

全面依法治国是国家治理的一场深刻革命，关系党执政兴国，关系人民幸福安康，关系党和国家长治久安。必须更好发挥法治固根本、稳预期、利长远的保障作用，在法治轨道上全面建设社会主义现代化国家。

【文化自信自强】

全面建设社会主义现代化国家，必须坚持中国特色社会主义文化发展道路，增强文化自信，围绕举旗帜、聚民心、育新人、兴文化、展形象建设社会主义文化强国，发展面向现代化、面向世界、面向未来的，民族的科学的大众的社会主义文化，激发全民族文化创新创造活力，增强实现中华民族伟大复兴的精神力量。

【为民造福】

治国有常，利民为本。为民造福是立党为公、执政为民的本质要求。必须坚持在发展中保障和改善民生，鼓励共同奋斗创造美好生活，不断实现人民对美好生活的向往。

【完善分配制度】

坚持按劳分配为主体、多种分配方式并存，构建初次分配、再分配、第三次分配协调配套的制度体系。努力提高居民收入在国民收入分配中的比重，提高劳动报酬在初次分配中的比重。坚持多劳多得，鼓励勤劳致富，促进机会公平，增加低收入者收入，扩大中等收入群体。规范收入分配秩序，规范财富积累机制，保护合法收入，调节过高收入，取缔非法收入。

【推动绿色发展】

大自然是人类赖以生存发展的基本条件。尊重自然、顺应自然、保护自然，是全面建设社会主义现代化国家的内在要求。必须牢固树立和践行绿水青山就是金山银山的理念，站在人与自然和谐共生的高度谋划发展。

【总体国家安全观】

国家安全是民族复兴的根基，社会稳定是国家强盛的前提。必须坚定不移贯彻总体国家安全观，把维护国家安全贯穿党和国家工作各方面全过程，确保国家安全和社会稳定。

【新安全格局】

我们要坚持以人民安全为宗旨、以政治安全为根本、以经济安全为基础、以军事科技文化社会安全为保障、以促进国际安全为依托，统筹外部安全和内部安全、国土安全和国民安全、传统安全和非传统安全、自身安全和共同安全，统筹维护和塑造国家安全，夯实国家安全和社会稳定基层基础，完善参与全球安全治理机制，建设更高水平的平安中国，以新安全格局保障新发展格局。

【开创国防和军队现代化新局面】

实现建军一百年奋斗目标，开创国防和军队现代化新局面。

如期实现建军一百年奋斗目标，加快把人民军队建成世界一流军队，是全面建设社会主义现代化国家的战略要求。必须贯彻新时代党的强军思想，贯彻新时代军事战略方针，坚持党对人民军队的绝对领导，坚持政治建军、改革强军、科技强军、人才强军、依法治军，坚持边斗争、边备战、边建设，坚持机械化信息化智能化融合发展，加快军事理论现代化、军队组织形态现代化、军事人员现代化、武器装备现代化，提高捍卫国家主权、安全、发展利益战略能力，有效履行新时代人民军队使命任务。

【坚持和完善“一国两制”，推进祖国统一】

“一国两制”是中国特色社会主义的伟大创举，是香港、澳门回归后保持长期繁荣稳定的最佳制度安排，必须长期坚持。

坚持贯彻新时代党解决台湾问题的总体方略，牢牢把握两岸关系主导权和主动权，坚定不移推进祖国统一大业。

解决台湾问题是中国人自己的事，要由中国人来决定。我们坚持以最大诚意、尽最大努力争取和平统一的前景，但决不承诺放弃使用武力，保留采取一切必要措施的选项，这针对的是外部势力干涉和极少数“台独”分裂分子及其分裂活动，绝非针对广大台湾同胞。国家统一、民族复兴的历史车轮滚滚向前，祖国完全统一一定要实现，也一定能够实现！

【人类命运共同体】

中国提出了全球发展倡议、全球安全倡议，愿同国际社会一道努力落实。我们真诚呼吁，世界各国弘扬和平、发展、公平、正义、民主、自由的全人类共同价值，促进各国人民相知相亲，尊重世界文明多样性，以文明交流超越文明隔阂、文明互鉴超越文明冲突、文明共存超越文明优越，共同应对各种全球性挑战。中国人民愿同世界人民携手开创人类更加美好的未来。

【新时代党的建设新的伟大工程】

全面建设社会主义现代化国家、全面推进中华民族伟大复兴，关键在党。我们党作为世界上最大的马克思主义执政党，要始终赢得人民拥护、巩固长期执政地位，必须时刻保持解决大党独有难题的清醒和坚定。全党必须牢记，全面从严治党永远在路上，党的自我革命永远在路上，决不能有松劲歇脚、疲劳厌战的情绪，必须持之以恒推进全面从严治党，深入推进新时代党的建设新的伟大工程，以党的自我革命引领社会革命。

【五个“必由之路”】

全党必须牢记，坚持党的全面领导是坚持和发展中国特色社会主义的必由之路，中国特色社会主义是实现中华民族伟大复兴的必由之路，团结奋斗是中国人民创造历史伟

业的必由之路，贯彻新发展理念是新时代我国发展壮大的必由之路，全面从严治党是党永葆生机活力、走好新的赶考之路的必由之路。

【战略性工作】

青年强，则国家强。当代中国青年生逢其时，施展才干的舞台无比广阔，实现梦想的前景无比光明。全党要把青年工作作为战略性工作来抓，用党的科学理论武装青年，用党的初心使命感召青年，做青年朋友的知心人、青年工作的热心人、青年群众的引路人。

资料来源：人民网·中国共产党新闻网.

相关链接2

9个重要表述，带你理解高质量

习近平在党的二十大报告中提出，必须完整、准确、全面贯彻新发展理念，坚持社会主义市场经济改革方向，坚持高水平对外开放，加快构建以国内大循环为主体、国内国际双循环相互促进的新发展格局。

中国式现代化

报告原文

在新中国成立特别是改革开放以来长期探索和实践基础上，经过十八大以来在理论和实践上的创新突破，我们党成功推进和拓展了中国式现代化。

中国式现代化，是中国共产党领导的社会主义现代化，既有各国现代化的共同特征，更有基于自己国情的中国特色。

高水平社会主义市场经济体制

报告原文

构建高水平社会主义市场经济体制。坚持和完善社会主义基本经济制度，毫不动摇巩固和发展公有制经济，毫不动摇鼓励、支持、引导非公有制经济发展，充分发挥市场在资源配置中的决定性作用，更好发挥政府作用。

现代化产业体系

报告原文

建设现代化产业体系。坚持把发展经济的着力点放在实体经济上，推进新型工业化，加快建设制造强国、质量强国、航天强国、交通强国、网络强国、数字中国。

乡村振兴

报告原文

全面推进乡村振兴。坚持农业农村优先发展，坚持城乡融合发展，畅通城乡要素流动。扎实推动乡村产业、人才、文化、生态、组织振兴。全方位夯实粮食安全根基，牢牢守住十八亿亩耕地红线。深化农村土地制度改革，赋予农民更加充分的财产权益。保障进城落户农民合法土地权益，鼓励依法自愿有偿转让。

区域协调发展

报告原文

促进区域协调发展。深入实施区域协调发展战略、区域重大战略、主体功能区战略、新型城镇化战略，优化重大生产力布局，构建优势互补、高质量发展的区域经济布局和国土空间体系。

高水平对外开放

报告原文

推进高水平对外开放。稳步扩大规则、规制、管理、标准等制度型开放。加快建设贸易强国。营造市场化、法治化、国际化一流营商环境。推动共建“一带一路”高质量发展。有序推进人民币国际化。深度参与全球产业分工和合作，维护多元稳定的国际经济格局和经贸关系。

新领域新赛道

报告原文

必须坚持科技是第一生产力、人才是第一资源、创新是第一动力，深入实施科教兴国战略、人才强国战略、创新驱动发展战略，开辟发展新领域新赛道，不断塑造发展新动能新优势。

共同富裕

报告原文

我们要实现好、维护好、发展好最广大人民根本利益，紧紧抓住人民最关心最直接最现实的利益问题，坚持尽力而为、量力而行，深入群众、深入基层，采取更多惠民生、暖民心举措，着力解决好人民群众急难愁盼问题，健全基本公共服务体系，提高公共服务水平，增强均衡性和可及性，扎实推进共同富裕。

和谐共生

报告原文

大自然是人类赖以生存发展的基本条件。尊重自然、顺应自然、保护自然，是全面建设社会主义现代化国家的内在要求。必须牢固树立和践行绿水青山就是金山银山的理念，站在人与自然和谐共生的高度谋划发展。

资料来源：http://finance.people.com.cn/n1/2022/1018/c1004-32547280.html.

相关链接3

高举中国特色社会主义伟大旗帜 为全面建设社会主义现代化国家而团结奋斗 ——在中国共产党第二十次全国代表大会上的报告（节选）

八、推进文化自信自强，铸就社会主义文化新辉煌

全面建设社会主义现代化国家，必须坚持中国特色社会主义文化发展道路，增强文化自信，围绕举旗帜、聚民心、育新人、兴文化、展形象建设社会主义文化强国，发展面向现代化、面向世界、面向未来的，民族的科学的大众的社会主义文化，激发全民族文化创新创造活力，增强实现中华民族伟大复兴的精神力量。

我们要坚持马克思主义在意识形态领域指导地位的根本制度，坚持为人民服务、为社会主义服务，坚持百花齐放、百家争鸣，坚持创造性转化、创新性发展，以社会主义核心价值观为引领，发展社会主义先进文化，弘扬革命文化，传承中华优秀传统文化，满足人民日益增长的精神文化需求，巩固全党全国各族人民团结奋斗的共同思想基础，不断提升国家文化软实力和中华文化影响力。

（一）建设具有强大凝聚力和引领力的社会主义意识形态

意识形态工作是为国家立心、为民族立魂的工作。牢牢掌握党对意识形态工作领导权，全面落实意识形态工作责任制，巩固壮大奋进新时代的主流思想舆论。健全用党的创新理论武装全党、教育人民、指导实践工作体系。加强全媒体传播体系建设，塑造主流舆论新格局。健全网络综合治理体系，推动形成良好网络生态。

（二）广泛践行社会主义核心价值观

社会主义核心价值观是凝聚人心、汇聚民力的强大力量。弘扬以伟大建党精神为源头的中国共产党人精神谱系，用好红色资源，深入开展社会主义核心价值观宣传教育，深化爱国主义、集体主义、社会主义教育，着力培养担当民族复兴大任的时代新人。推动理想信念教育常态化制度化，持续抓好党史、新中国史、改革开放史、社会主义发展史宣传教育，引导人民知史爱党、知史爱国，不断坚定中国特色社会主义共同理想。用社会主义核心价值观铸魂育人，完善思想政治工作体系，推进大中小学思想政治教育一体化建设。坚持依法治国和以德治国相结合，把社会主义核心价值观融入法治建设、融入社会发展、融入日常生活。

（三）提高全社会文明程度

实施公民道德建设工程，弘扬中华传统美德，加强家庭家教家风建设，加强和改进未成年人思想道德建设，推动明大德、守公德、严私德，提高人民道德水准和文明素

养。统筹推动文明培育、文明实践、文明创建，推进城乡精神文明建设融合发展，在全社会弘扬劳动精神、奋斗精神、奉献精神、创造精神、勤俭节约精神，培育时代新风新貌。加强国家科普能力建设，深化全民阅读活动。完善志愿服务制度和工作体系。弘扬诚信文化，健全诚信建设长效机制。发挥党和国家功勋荣誉表彰的精神引领、典型示范作用，推动全社会见贤思齐、崇尚英雄、争做先锋。

（四）繁荣发展文化事业和文化产业

坚持以人民为中心的创作导向，推出更多增强人民精神力量的优秀作品，培育造就大批德艺双馨的文学艺术家和规模宏大的文化文艺人才队伍。坚持把社会效益放在首位、社会效益和经济效益相统一，深化文化体制改革，完善文化经济政策。实施国家文化数字化战略，健全现代公共文化服务体系，创新实施文化惠民工程。健全现代文化产业体系和市场体系，实施重大文化产业项目带动战略。加大文物和文化遗产保护力度，加强城乡建设中历史文化保护传承，建好用好国家文化公园。坚持以文塑旅、以旅彰文，推进文化和旅游深度融合发展。广泛开展全民健身活动，加强青少年体育工作，促进群众体育和竞技体育全面发展，加快建设体育强国。

（五）增强中华文明传播力影响力

坚守中华文化立场，提炼展示中华文明的精神标识和文化精髓，加快构建中国话语和中国叙事体系，讲好中国故事、传播好中国声音，展现可信、可爱、可敬的中国形象。加强国际传播能力建设，全面提升国际传播效能，形成同我国综合国力和国际地位相匹配的国际话语权。深化文明交流互鉴，推动中华文化更好走向世界。

资料来源：http://www.gov.cn/xinwen/2022-10/25/content_5721685.htm.

模块一　乡村与旅游

乡村是几千年来人类创造的一种文明形态，保留着人类文明进步的基因。然而，在城市化和工业化浪潮的席卷下，我们的乡村正在遭受前所未有的冲击……快速城市化所带来的系列“城市病”迫使城里人需要做短暂的逃离，乡村日益成为城市人心向往之的诗和远方……

第一章　乡村旅游引论

【学习目标】

- 了解乡村、旅游和乡村旅游的含义；
- 掌握乡村旅游发展的基本条件；
- 理解乡村旅游发展的四个维度。

第一节　乡村与旅游

一、乡村

乡村（Countryside）是与城镇相对的概念，作为一种有别于城镇的聚落形态，通常是指以农业生产为主、人口较为分散的地域。乡村的形成发展与人类生产、生活密切相关。不同领域的专家学者对乡村的内涵都有不同的认识。“乡”在《辞海》中的解释为：作为行政区域单位，其所辖范围历代不同。在周代制度中，以一万二千五百户为乡。春秋齐制，郊内以五家为轨，十轨为里，四里为连，十连为“乡”；郊外以五家为轨，六轨为邑，十邑为率，十率为“乡”。

浙江余姚河姆渡、陕西西安半坡、江苏吴江龙南等考古发掘表明，中国最早的乡村出现在新石器时期。农业和畜牧业分离后，古人类通过利用大河流域的土地，使用较为简单的劳动生产工具创造了相对丰富的生活资料，从而突破了此前仅有的性别和年龄分工，以农业为主要生计的氏族逐步定居下来，形成了一种相对稳定的聚居形式——乡村。

乡村作为第一次社会大分工的产物，其诞生有着重要的价值和意义。第一，乡村作为一种载体和纽带，它把乡村村民聚集在一起，可以充分发挥群体力量，有助于发展生产和方便生活，增强人们的自卫能力。第二，乡村促进了更大区域的经济和文化交流，有利于提高整体生产力水平，为城镇兴起提供了可能。第三，乡村作为不同族群适应自然的结果，孕育了人类文化的多样性。同时，乡村相对的封闭性为文化多样性的维系提供了条件（王德刚，2010）。从某种意义上来说，人类文明起源于乡村。

20世纪50年代以来，我国对城乡划分标准进行了多次调整，随着城乡一体化的发展，城市与乡村界限划分日益困难。在2008年7月12日国函〔2008〕60号批复的《统计上划分城乡的规定》中，以我国行政区划为基础，将民政部门确认的居民委员会和村民委员会辖区作为划分对象，以实际建设（指已建成或在建的公共设施、居住设施和其他设施）为划分依据，把我国的地域划分为“城镇”和“乡村”。根据此规定，“乡村”是指城镇以外的区域①。从景观形态上看，乡村具有与城镇不同的特征。

（一）乡村是农业人口聚集的区域

在乡村地区，绝大部分人口均从事农业生产或与农业有关的活动。农业人口较多，一般超过50%，土地广袤，人口密度较低。根据其从事的农业生产，可大致把乡村划分为以种植业为主的“农村”、以从事林业生产为主的“林村”、以从事畜牧业为主的“牧村”以及以从事渔业生产为主的“渔村”等。

（二）乡村是以血缘来维系的族群社区

在乡村地区，一个村寨可能是一个大家族或者是多个家族的组合，村寨的居民可能来自一个共同的祖先或者几个祖先，抑或姓氏与姓氏之间有一定的姻亲关系，从而在某个区域组成一个血浓于水的族群。他们为追求幸福生活而互相帮衬，因血缘关系而有了“根”的认同和无穷的“凝聚力”。

（三）乡村的聚落形态丰富多样

乡村因自然地理条件的不同而呈现出不同的分布状态，同时也因族群信仰与认知差异，也会有不同的形态。即使有同样的自然地理条件，其形态也会有极大的区别。如在山区，村寨散落在山间，受土地的制约，一般村寨的规模较小，呈现出“串珠状”的特征。然而，山区中的苗寨、侗寨和布依族村寨等却又有很大差异。在河谷地区，乡村沿河分布，呈“带状”的特征。在平原地区，乡村沿平面展布，呈现出“块状”的特点……

二、旅游

旅游是人们离开惯常居住地的一种异地空间行为，其停留时间不超过12个月，不以赚钱或谋生为目的。换言之，旅游就是人们在异地进行消遣、放松、体验、猎奇等的

① 根据《统计上划分城乡的规定》，“城镇”包括“城区”和“镇区”。“城区”是指市辖区和不设区的市以及区、市政府驻地的实际建设连接到的居民委员会和其他区域；“镇区”是指城区以外的县人民政府驻地和其他镇，政府驻地的实际建设连接到的居民委员会和其他区域。与政府驻地的实际建设不连接，且常住人口在3000人以上的独立工矿区、开发区、科研单位、大专院校等特殊区域及农场、林场的场部驻地也视为镇区。

活动，而为这些活动服务的相关机构和部门则形成了"旅游业"。从这一意义上讲，汉语中的"旅游"一词，英文翻译应为"Travel"，而非"Tourism"。英语词汇"Tourism"在《牛津大词典》中的解释为：一种为到达一个地方参观访问寻求快乐的群体提供住宿、服务和娱乐密切相关的商业活动，即汉语语境里的"旅游业"。在现实生活与实践中，尽管旅游和旅游业经常会被通用，但二者所表达的意思是不太一致的，它们有着本质的区别。我们从下面两位同学的对话场景可窥端倪：

甲：你今年暑假要回家吗？

乙：要回的。

甲：那你整个暑假都待在家里？

乙：当然不会，在家待几天后，我就和父母去旅游了。

甲：准备去哪里？

乙：瑞士。

甲：太棒了，那里很漂亮，雪山、草地、森林与湖泊就像一幅画，旅游发展得很好。

类似的用法在很多场景都会出现，但乙同学的"旅游"是指在外地所进行的活动，而甲同学的"旅游"则是指旅游业。从 1841 年托马斯・库克组织的世界上首例团体火车旅游开始至今，旅游业的发展已经有 170 多年的历史。旅游是为人服务的产业，我们发展旅游业，首先就要研究人的旅游需求与行为，在此基础上根据一个地区的具体实际来创意策划旅游项目，形成满足游客需求与行为的旅游产品，提高旅游服务质量，旅游业的优质化和高质量发展才有可能。发展旅游的关键在于如何研究和把握游客需求以及如何满足需求或引领需求，而不在于旅游资源的禀赋与价值高低。

三、乡村旅游

乡村旅游是一种有别于城市旅游的一种形式。世界旅游组织（1997）在推荐给各国政府官员、地方社区和旅游经营者使用的《地方旅游规划指南》中指出，乡村旅游是指"旅游者在乡村（通常是偏远地区的传统乡村）及其附近逗留、学习、体验乡村生活模式的活动，该村庄也可以作为旅游者探索附近地区的基地"（刘德谦，2006）。然而，关于乡村旅游的定义，目前尚未统一，以下列举一些代表性的定义。

世界经济合作与发展组织（OECD，1994；Reichel A.，Lowengart O.，Milman A.，2000）：乡村旅游是指发生在乡村地区的旅游，乡村性是整个乡村旅游的核心和独特卖点，因而乡村旅游应该是位于乡村的，以乡村特色、小微企业、开敞空间和可持续发展为基础。

杜江、向萍（1999）：乡村旅游是以乡野农村风光和活动为吸引物，以城市居民为目标市场，以满足旅游者娱乐、求知和回归自然等方面的需求为目的的一种旅游方式。

何景明、李立华（2002）：狭义的乡村旅游是指在乡村地区，以具有乡村性的自然和人文客体为旅游吸引物的旅游活动。它包括两个方面的内容：一是发生在乡村地区；二是以乡村性为主要吸引物，两者缺一不可。

刘德谦（2006）：乡村旅游就是以乡村地域及与农事相关的风土、风物、风俗、风景组合而成的乡村风情为吸引物，吸引旅游者前往休息、观光、体验及学习等的旅游活动。

综合上述定义，本书认为，所谓乡村旅游，是指人们离开自己的惯常居住地前往乡村地区所进行的以体验、观光、休闲与度假为核心的各种活动以及为实现这种活动而出现的各种服务集合。前者所讲的活动即狭义上的乡村旅游（Rural Travel），或者叫乡村旅行，而后者所讲的服务集群则为"乡村旅游业"（Rural Tourism）。需要说明的是，国内的乡村旅游广义上也包括城市郊区的旅游，尽管这些城市郊区可能在统计上被划为了城镇。在本书中，如无特殊的说明，本书所指的乡村旅游即乡村旅游业。尽管学者们对乡村旅游有不同的认识，但从这些的定义中我们可以发现，乡村旅游具有如下基本特征。

（一）目的地的乡村性

乡村性（Rurality）是乡村旅游的灵魂，世界经济合作与发展组织（OECD）强调乡村性是乡村旅游的核心和独特卖点。小规模经营、本地人所有、社区参与以及文化与环境的可持续则成为保持乡村性的关键（John Brohman，1996）。"Rurality"作为"Rural"派生名词产生于18世纪，可能借用了法语"Ruralité"，意指之所以成为乡村的条件（龙花楼，张杏娜，2012）。为防止乡村旅游的过度商业化、城市化与标准化，其重要的路径就是在乡村旅游发展过程中注重乡村性或乡村意向（rural image）的保持与营造。乡村性的塑造主要通过"主题""地格""氛围"三个方面来实现，即以差异与特色确立"主题"；以体现地方风俗民情和建筑风来凸显"地格"；通过倡导地方居民的友好、热情、淳朴与真实的态度来营造"氛围"（邹统钎，2005）。

乡村性的内涵会随着时空的发展而发生变化。李红波与张小林（2015）通过构建乡村性的概念模型框架，试图从时间维度、空间维度以及属性维度来揭示乡村性的概念及内涵的演化（见图 1–1）。时间维度强调乡村性变迁的波动性，特别是制度影响和乡村自身发展更新因素对乡村性产生的影响。空间维度强调乡村性的地域空间格局，反映了区域差异性和不同尺度的综合与对比。属性维度强调乡村在不同发展阶段所扮演的角色及其在整个社会经济网络结构中的地位变化，同时还包括乡村主体（当地居民）的感知以及迁居等行为的影响。不同时空与属性建构起来的乡村性使得乡村具有与城镇不一样的品质。虽然都是乡村，但是乡村和乡村之间也会有极大的差异，这就为发展多样化的乡村旅游提供了绝佳的条件。

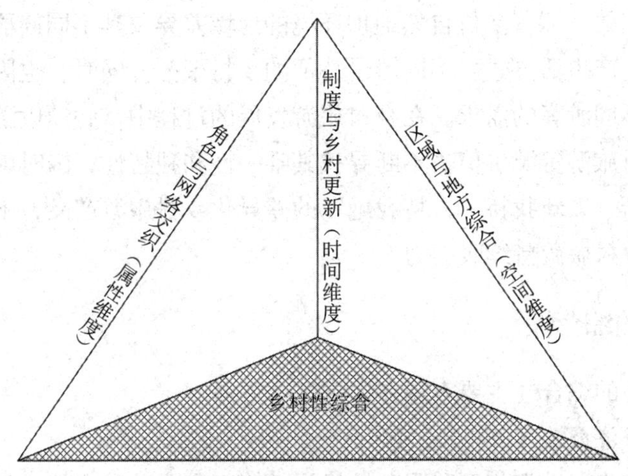

图 1–1　乡村性概念模型

资料来源：李红波，张小林．乡村性研究综述与展望［J］．人文地理，2015（1）：19，略有改动。

乡村旅游的根本特征是乡村性。乡村旅游之所以称为乡村旅游而非其他，根本在于它拥有“乡”与“村”的独有标签，而非“城”抑或“镇”。只有具有乡村性或者乡村意向的旅游方可称为乡村旅游。乡村承载着每个人的乡愁，是一种记忆、怀旧与老家情怀，在英文中可以翻译为“Heartland”。

（二）客源地的城镇性

乡村旅游地理空间目标客源市场是有别于乡村的大中城市和小城镇，特别是高度商业化的都市，它的客源群体主要来自城镇居民。随着大规模城镇化和工业化的推进，乡村日益深受城镇居民的青睐。乡村民俗和村落田园等成为城镇人寻找乡愁、农活体验、休闲和度假的重要旅游吸引物。譬如，贵州省遵义市桐梓县在充分利用地处黔北渝南通道和气候凉爽的优势，瞄准“火炉”重庆的避暑休闲度假市场，积极发展乡村避暑休闲度假，重点建设了以九坝、大河、马鬃、尧龙山等为代表的 28 个乡村旅游点。据不完全统计，截至 2017 年年底，全县已发展乡村旅馆 1300 多家，乡村旅游接待床位近 7 万张，直接从业人员 2 万余人，桐梓县成为重庆市民的重要乡村旅游目的地之一。

（三）产品的多样性

从游客角度看，旅游产品是一种经历。为满足游客这种经历的完美实现，必然要求旅游地围绕游客行为提供精细化的便捷服务，这就包含了游客旅游计划之前的咨询与反馈，旅途中的交通、餐饮、住宿、娱乐、装备、购物、金融、保险、安全，甚至物流，等等。从这种意义上讲，凡是为游客提供的一切服务都可以称为旅游产品，游客旅途经历的过程性就决定了旅游产品的多样性。此外，乡村旅游资源的差异性和旅游需求的多元化亦决定了乡村旅游产品的多样性。全世界乡村旅游资源从平原到山地，从滨海到内陆都呈现出不同的特征。乡村自然地理环境的地域差异及其不同族群形成了具有不同风俗习惯、不同生产生活方式、不同风景特征的乡村聚落。同时，也因时因地四季各有情趣，可以满足不同游客的需求。在乡村旅游发展的过程中，必须以游客旅游需求为导向，深入挖掘乡村旅游资源价值，不断寻找其唯一性和独特性，因时因地组合形成“人无我有、人有我新、人新我特、人特我绝”的差异化乡村旅游产品，不断丰富乡村旅游产品内容，做足乡村旅游持续吸引力。

（四）效益的综合性

乡村旅游效益的综合性主要表现在以下三个方面。

1. 乡村旅游经济效益显著

乡村旅游业作为劳动密集型和服务性极强的第三产业，具有就业门槛低、个体规模相对较小，产业门类多、数量大等特点。它是助推乡村振兴的重要产业和抓手之一，直接为当地或者周边农民提供就业机会，从根本上增加农民收入，促进农村产业结构调整和优化，振兴乡村经济。

2. 乡村旅游社会效益明显

乡村旅游作为一种较高层次的生产生活方式，不仅可以满足人们日益增长的物质和文化生活需要，还成为现代文明和传统文明相互交融和碰撞的重要结合点。游客不仅在乡村旅游过程中体验丰富多彩的乡村生活，同时也在乡村地区传播了现代生产和生活方式，使乡村地区的村民们不断解放思想、改变观念，创造新的乡村经济，进一步促进乡村地区扶贫、遗产保护和人的发展。

3. 乡村旅游环境效益突出

乡村旅游业作为环境友好型产业，在发展乡村旅游过程中，乡村环境必将得到不断美化，山林、水体、田园的生态价值将不断深入人心，乡村环境卫生设施将会不断完善。曾经一度自然排放的乡村生产生活污水、乱丢的固体废弃垃圾等都将得到有效处理。同时，发展乡村旅游还增强了当地村民的自豪感和荣誉感，使当地村民更加深刻地认识到乡村传统文化和自然环境价值的重要性，从而进一步促进了村民自觉保护和美化乡村环境以及传承乡村传统文化的行动，不断养成爱护环境、保护环境、美化环境和呵护传统文化的行为习惯，使“美丽乡村”和“绿水青山就是金山银山”的理念深入人心，使环保和文化传承成为村民的一种自觉行为。

（五）农民为经营主体

乡村旅游作为实现乡村振兴的重要产业手段之一，必须切实解决乡村居民的发展问题才有可能实现可持续。世界绝大部分国家和地区乡村旅游发展的成功经验无一不是引导农民参与到乡村旅游发展中来，使其获得与外界相对公平和共享的发展机会。乡村居民作为乡村常住人口，他们创造了和创造着乡村丰厚多样的文明遗产，理应作为乡村旅游的经营主体，通过自身的合法经营获得相应收益。同时，乡村居民在经营、服务和管理过程中，能使游客更好地体验和感受到本真的乡村生活，实现主客良性互动，而非外来资本逐利的绝对支配后所形成的非本真“舞台化表演”。

第二节　乡村旅游发展的基本条件

乡村旅游大规模的发展是后工业化时期的一种社会经济文化活动，乡村旅游发展的实践表明，并不是所有的乡村都适合发展乡村旅游。乡村旅游的发展需要具备三个基本条件。

一、市场需求是乡村旅游发展的动力

乡村旅游是在城镇居民回归乡村、体验乡村生活的背景下开展的。日益增长的旅游需求促进了有条件的地区不断发展乡村旅游，进而促进区域社会经济文化的发展。例如，浙江省湖州市安吉县瞄准长三角都市圈，形成了多元化的乡村旅游产品体系，成为全国知名的乡村旅游目的地。中国旅游研究员唐晓云在“2017年两岸乡村旅游论坛”上发表了《从大数据看中国乡村旅游发展》的主旨演讲，指出2016年国庆长假全国出游距离超过10公里并达到6小时的游客共计1.86亿人次。其中，乡村旅游约1.29亿人次，约占国庆出游人次的70%，周末乡村休闲已经成为常态。中商产业研究院《2018年中国乡村旅游市场前景研究报告》显示，2012—2017年全国休闲农业与乡村旅游人数持续增长，从2012年的7.2亿人次增加到28亿人次，年均增长31.21%。2016年，全国共有10万个乡村开展休闲农业与乡村旅游活动，经营单位数量达290万家。2017年，全国农家乐达220万家，全国休闲农业与乡村旅游示范县（市/区）388个，美丽休闲乡村560个。

二、乡村风景是乡村旅游发展的引力

自古以来，乡村作为一种有别于城镇的社会文化空间经常被诸多文人墨客所描述和赞美，并成为他们的避世和归隐之地，从而使乡村充满了诗画与牧歌色彩。如魏晋南北朝时期，陶渊明在《归园田居（其一）》中用“方宅、草屋、榆柳、桃李、村寨、狗吠、鸡鸣、桑树、炊烟”等平凡不过的要素勾勒出一幅淳朴、闲适与恬淡的乡村田园风光。不仅如此，陶渊明还在《归园田居（其三）》中用更加直白的语言描写了自己在南山下种豆的诗画乡村生活以及怡然自得的心境。乡村景物与活动高度融合，向人们展示了一幅活态的乡村画卷。在18世纪的英国，“如画”（Picturesque）作为一个可以与优美、崇高并列的美学范畴引发了一场前往乡村去寻找如画美的浪潮，发现如画的风景成为当时英国旅行者的一个特殊嗜好（彭锋，2012），并对此后英国乡村旅游的发展产生了深

远影响。乡村旅游发展的实践表明，如画的乡景是促使人们排除万难也要抵达的重要旅游吸引物。

三、可进入性是乡村旅游发展的保障

旅游可进入性（Tourist Accessibility）通常是指游客进入旅游地的难易程度和时效标准，包括游客抵达旅游地和在旅游地游览过程中的舒适和便捷程度。有些旅游地与客源地的自然地理距离较近，但却因交通不便、出入境手续、政治和社会文化等因素制约了旅游的可进入性。虽然自然地理空间距离重要，但对游客而言，最为有意义的是“感知心理距离”。旅游地便捷的交通、简化的出入境手续、居民的热情好客、安全和谐的旅游环境和美丽风景都会大大提升旅游可进入性，从而成为人们心向往之的旅游目的地。从这种意义上讲，乡村旅游可进入性具体包括以下四个方面。

（一）交通的畅达性

乡村作为有别于城市的地区，畅达的交通条件是联系客源地的重要纽带。现代多元化交通工具的不断发展，是现代旅游业蓬勃发展的基本条件之一。如果没有航空、铁路和高速公路缩短了客源地和目的地的时间距离，大众旅游的兴起就不可能出现，旅游成为人们的一种生活方式也就无从谈起。良好的交通条件不仅要确保游客能够便捷地和较快地到达旅游目的地，还应保证安全与舒适，并能为游客在旅途中创造独特的体验。在瑞士，游客可以根据自己的需求选择购买瑞士通票（Swiss Pass）搭乘遍布全国的多样化公共交通工具，这无疑大大提高了瑞士的可进入性。

（二）通信的便捷性

通信设施便捷程度也是游客能否顺利进出旅游地的重要条件之一。现代游客几乎都是有计划、有目的地前往乡村旅游地，随着互联网和物联网技术的发展，旅游咨询与旅游预订几乎都可以在每个人的指尖上完成。如果没有便捷的通信设施条件，就难以使游客、乡村旅游经营者和乡村旅游地三者之间及时、准确地进行沟通、交流和反馈，会给游客乡村旅游活动的顺利实现带来极大的盲目性与不确定性。乡村旅游地必须加强现代通信设施建设，提高乡村旅游地的便捷程度和智慧化水平。

（三）文化的包容性

乡村旅游地的社会文化对游客进入的难易程度影响颇大。譬如，乡村旅游地的文化是否排外，当地政策、社会治安状况和经营管理水平等都可能会成为影响乡村旅游地可进入性的重要因素。如果一个乡村旅游地文化开放包容、社会治安状况良好、经营管理水平高、地方政府支持和鼓励发展旅游业，那么该地方可进入程度就高，反之则较低。

（四）手续的繁简程度

手续的繁简程度是指游客前往乡村旅游地开展旅游活动时办理相关手续的难易程度、办理效率高低以及手续的有无或者多寡等，如国际游客办理入境签证手续的难易程度，出入境验关手续的繁简程度、办理效率的高低等。

第三节　乡村旅游发展与学科支撑

从国内外有关乡村旅游的研究来看，其研究无不在借鉴相关学科的理论与方法，经济学、管理学、社会学、民族学和人类学等学科均有所涉猎。乡村旅游要成为“学”还有很长的路要走。尽管如此，这并不妨碍乡村旅游研究的进行，可以说，每一个学科都对乡村旅游的研究做出了不同程度的贡献。乡村旅游不仅兼具了一般旅游发展的特征，还因地域和对象的特殊性，使得乡村旅游又区别于其他的旅游形式。乡村旅游涉及面广、内容复杂，需要集成运用多学科的理论与方法，从四个维度形成起支撑乡村旅游发展的学科体系（见图 1–2）。

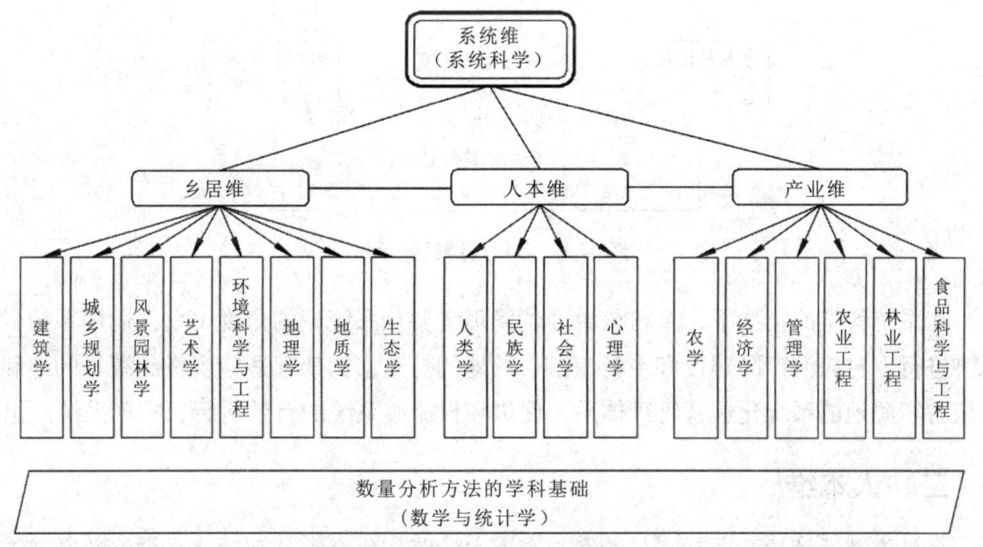

图 1–2　乡村旅游学科支撑体系

系统维、乡居维、人本维和产业维构成了乡村旅游发展有机联系的四个维度，每一个维度均由不同学科的理论与方法来支撑。在这四个维度中，乡村旅游发展以系统维为引领，人本维为核心，乡居维和产业维高度契合，从而构建起“系统—人本—乡居—产业”四位一体的乡村旅游发展理论与实践体系。

一、系统维

乡村旅游发展的系统维由系统科学来构建。钱学森认为："系统科学是从事物的整体与部分、局部与全局以及层次关系来研究客观世界的。"系统科学的研究和应用的基本对象是系统，而系统又是由一些相互联系、相互作用和相互影响的要素构成，并具有一定功能的整体（于景元，2017）。依据系统论的观点，乡村旅游系统主要由乡村旅游供给子系统和乡村旅游需求子系统构成（见图 1–3）。乡村旅游供给子系统主要由围绕游客完成一次乡村旅游经历所提供的各种相关的服务要素构成，包括：①基础要素——食、住、行、游、购、娱；②新兴要素——商、养、学、闲、情、奇；③保障要素——咨询、保险、金融、安全、制度、环境等。乡村旅游需求系统则是乡村旅游者个人身体条件、可自由支配收入、闲暇时间、旅游偏好、家庭结构和文化程度 6 个自变量的函数，其规模大小又进一步深受人口数量的影响。这两大子系统根植于乡村旅游地和乡村旅游客源地的历史文化、社会经济和政治法律三大环境中，对乡村旅游系统产生影响。

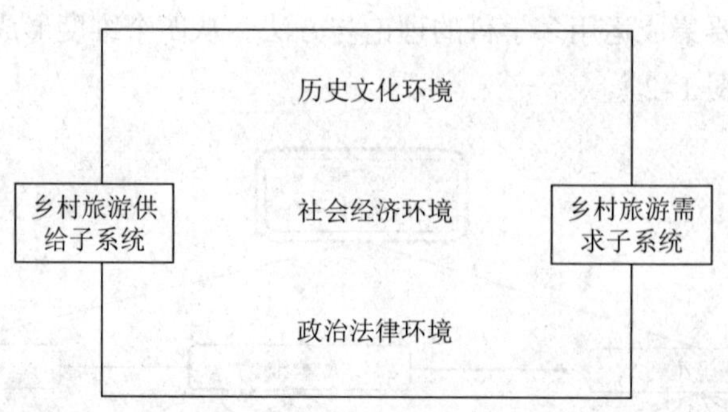

图 1–3　乡村旅游系统示意

在系统科学的指导下，乡村旅游经营管理者要从系统论的角度出发，运用系统科学思维进行乡村旅游产品建设和乡村旅游目的地的打造，构架起适应乡村旅游目的地和乡村旅游客源地的系统化运营管理体系，促进乡村旅游系统的有效运行，实现系统产出。

二、人本维

乡村旅游活动的开展其实是游客与东道主的跨文化交流与互动。乡村旅游发展需要关注以东道主和游客为中心的两大基本群体，关于这两类人群的研究，我们需要用人类学、社会学、民族学和心理学四个学科交叉进行，形成乡村旅游发展的人本主义观。

人类学、社会学和民族学有着千丝万缕的联系。庄孔韶先生在 2002 年出版的《人类学通论》中对民族学和人类学的异同进行了如下阐述：

人类学（Anthropology）是全面研究人及其文化的学科……以英美为主的国家，人类学是研究人类体质及文化的综合性学科，强调研究人类的生物属性，也要研究人类的文化属性……在以德、法和俄罗斯等为代表的欧洲其他国家中，人类学仅指前者有关人类体质研究的部分。有关文化研究的部分，则被称为“民族学（Ethnology）”。他们大多认为，人类学和民族学并不是谁隶属于谁的学科，而是两个并列的独立学科。在欧美，民族学只是人类学的一个分支，有时也称文化人类学或社会人类学……由于文化人类学或社会人类学的主要内容是民族学，所以也将“民族学”等同于“文化人类学”或“社会人类学”……人类学有相当的人文学科倾向，特别是在涉及价值体系、伦理观念、宗教信仰、艺术创作、符号或象征系统等议题时，人类学着重追求情感与意义的世界。此时，人文学科的其他领域都与人类学发生了关系。

庄孔韶先生通过对人类学发展进行综合考察、分析和比较后，将人类学的领域概括为以下四个方面，如图 1–4 所示：

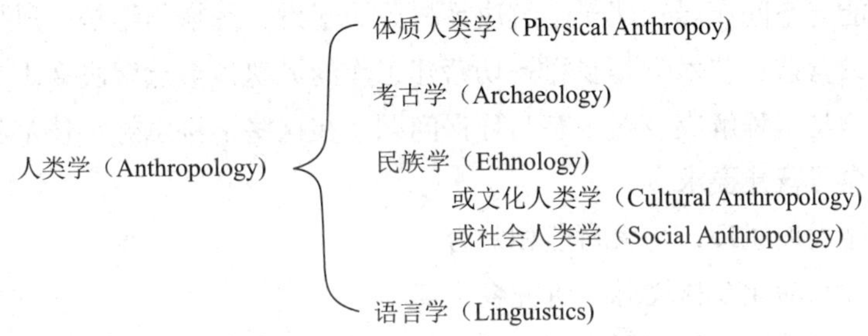

图 1–4　人类学学科体系

资料来源：庄孔韶 . 人类学通论［M］. 太原：山西教育出版社，2002：10.

人类学和民族学以文化拥有者的内部眼光去看待和理解他文化，通过深入的田野调查研究，采用“深描”的方法对他文化进行系统阐释，这为研究乡村旅游中的“东道主”与“游客”提供了科学的方法和手段。此外，人类学还极为关注人类的发展问题，对构建起公平、共享和有灵魂的乡村旅游经济体系有着极大的指导意义。

从 1838 年奥古斯特 · 孔德（Auguste Comte）提出“社会学”（Sociology）一词至今，社会学已经有了 180 多年的历史。它通过功能论、冲突论和互动论三大理论视角为我们认识乡村旅游提供了一套科学完整的客观认识导向和方法。更重要的是，社会学以个人行为赖以发生的社会环境和氛围作为关注的中心，譬如我们每个人置身其中的家庭、组织、社区、种族和社会制度等。这恰好是人类旅游行为研究中不可忽视的又一重要内容。社会学摒弃了只见树木不见森林的疏漏，从更为广阔的角度诠释人们之所以进行乡村旅游的原因，并为将来的发展提出有价值的预判和建议。

心理学（Psychology）作为一门研究人们心理现象发生、发展和活动规律的学科，它在乡村旅游的发展中具有重要的地位。乡村旅游作为服务人的产业，把握乡村旅游者的心理需求具有重要的作用，通过研究人们乡村旅游的动机和行为，可以为乡村旅游地的产品建设和市场营销提供更加科学的依据。

综上所述，社会学、人类学、民族学和心理学四大学科的交叉与融合，为乡村旅游的研究与实践提供了从宏观到微观、从整体到局部、从现象到本质的理论与方法，对人们的乡村旅游行为及其服务其行为的产业进行深入的剖析和解构，有助于乡村旅游经营管理者形成一套完整的以人为本的发展理念。

三、乡居维

乡居作为重要的乡村旅游吸引物，是乡村旅游发展的核心所在，承载和反映了乡村历史文化和自然地理特征。乡居是人居环境建设的一项内容，从营建的角度看，它涉及建筑学、城乡规划学、风景园林学、艺术学、地理学、地质学、生态学、环境科学与工程八大一级学科。这八大学科的集成应用形成了乡村旅游发展的乡居维。简单而言，地理学与地质学为乡村营建提供有关“地”的科学依据；城乡规划学从现状与未来的角度解决乡村的功能与空间布局；建筑学解决乡村民居建设、修缮与维护；风景园林学解决乡村绿化与风景营造；艺术学是乡村一切营建工作的灵魂，重点解决乡土美学问题；生态学、环境科学与工程解决乡村生态与环保问题。在这些学科思想、技术和方法的指导下，凸显以下乡居营建要求。

第一，遵循大地肌理，与大自然相契合。

第二，延续与活化乡村文脉，讲究乡土美学。

第三，功能完善，空间布局合理，能满足乡村现实和未来的发展需求。

第四，建筑与乡村生产生活生态一起“生长”，创造未来的遗产。

第五，人与自然和谐共生，实现可持续发展。

四、产业维

乡村旅游发展的产业维根植于农而又高于农。乡村产业应以农业现代化为根基，确保一个国家和地区的粮食安全，进一步实现“接二连三”，即积极发展农产品加工业，大力拓展第三产业，从而构建起乡村现代产业经济体系。乡村旅游是乡村整个产业经济体系中锦上添花的产业以及乡村产业发展的催化剂和黏合剂。没有相关产业的支撑，乡村旅游不可能做大做强。这种产业观的构建与落实就需要通过农学、经济学和管理学三大学科门类以及农业工程、林业工程和食品科学与工程三大一级学科来支撑。

根据国务院学位委员会、教育部发布的《研究生教育学科专业目录（2022 年）》，除专业学位类别外，农学学科门类包括作物学、园艺学、农业资源与环境、植物保护、畜牧学、兽医学、林学、水产、草学、水土保持与荒漠化防治学十个一级学科，它与工学门类中的农业工程、林业工程以及食品科学与工程三个一级学科共同支撑乡村农业产业发展的农业技术体系。经济学学科门类包括理论经济学和应用经济学两个一级学科，重点解决乡村旅游的资源配置、市场、产业和效益等问题。管理学学科门类包括管理科学与工程、工商管理学、农林经济管理、公共管理学、信息资源管理五个一级学科，这为乡村旅游的经营管理提供重要的思想和方法。

乡村旅游经营管理者除了需要牢固树立并实践前述四个维度的观念外，为更好地实现乡村旅游运营管理，提高乡村旅游的发展质量，乡村旅游经营管理者和研究者还需拥有一定的数量分析方法基础，即掌握相应的数学和统计学知识。数学与统计学作为理学学科门类的两个一级学科，它们是开展相关科学研究和管理实践的重要工具。譬如，在全面质量管理、乡村旅游市场调查分析研究和乡村旅游投融资中就会被广泛引用。

【复习思考题】

1. 乡村旅游具有哪些基本特征?
2. 乡村旅游发展需要具备哪些基本条件?
3. 简述四个维度对乡村旅游发展的价值和意义。

【课后实践】

课程论文：乡村旅游与城市旅游的比较分析。

第二章 乡村旅游发展简史

【学习目标】

- 了解世界乡村旅游产生的背景；
- 认识当代中国乡村旅游发展阶段性特征。

第一节 世界乡村旅游的发展

一、乡村旅游产生的背景

乡村旅游的产生与城市化和工业化密不可分。自从地球上诞生了第一个城市，在城市和乡村之间就产生了人员的交往与流动，工业革命的爆发直接加速了人类城市化的进程，成为现代乡村旅游的重要推动力量。18 世纪 60 年代至 19 世纪 40 年代，以“珍妮纺织机”和“蒸汽机”的发明使用为标志，从英国开始发起了影响深远的第一次工业革命，开创了以机器代替手工劳动的时代，由此引发了技术革命和与此相关的一系列社会关系变革。19 世纪中期前后，工业革命不仅在西欧和北美轰轰烈烈地进行，还逐步向世界其他国家和地区（如俄国和日本）迅速扩展。从此，人类进入工业文明时代。工业革命不仅促进了生产力的巨大提高，还对人们的生活方式产生了极大的影响，主要表现在以下几个方面。

（一）加速了城市化进程，创造了乡村旅游需求

工业革命使劳动生产率得以大幅度提升，新的工厂制度逐步代替了家庭作坊式的小生产体制，工厂通过专业化的分工与合作进行有组织有纪律的机械化大生产，人们的生活重心开始由乡村逐步向城市转移，大中城市兴起。以英国为例，从 1777 年建立第一家工厂（克罗姆福德纱厂）算起，到 1835 年，全国已有棉纺织厂 1262 家。这一年，英格兰西北部的曼彻斯特集聚了棉纺织工业 80% 的工人，到了 1840 年，此数字攀升到 85%。曼彻斯特的人口数量由 1801 年的 7.5 万增加到了 35.1 万，成为英国近代城市的

典型（李其荣，1997）。19 世纪中后期，英国城市人口比例超过了 50%，城市化基本实现。

随着工业革命的不断推进，最早完成工业革命的国家逐步建立起以煤炭、冶金、化工等为基础的工业经济体系。第一次工业革命以蒸汽机的改良与广泛应用为基本动力，以煤炭为燃料，这就需要开采和燃烧足够多的煤炭。于是，烟尘、二氧化硫、二氧化碳、一氧化碳和其他有害污染物不断释放到空气中，大量未经处理的工厂废水直接排进河流，对水体造成了严重污染。城市以较好的谋生条件吸引乡村人口蜂拥而至，城市变得更加拥挤，人居环境质量不断下降。在英国，以诗人和画家为代表的艺术家以及部分有识的中产阶层开始向往优美、宁静和自然的乡村生活，他们开始纷纷逃离城市、去往乡村……这为乡村旅游的发展提供了源源不断的市场。

（二）推动交通工具革新，促进了城乡人员流动

火车、汽车、飞机和轮船是人类发展史上最伟大的四大交通工具发明。其中，轮船、火车和汽车在蒸汽机发明后相继问世，这为大规模的人口在不同地区的流动奠定了坚实的基础，密切了城乡之间的联系。

英国人乔治·斯蒂芬森（George Stephenson）继承了威廉·默多克（William Murdock）和理查德·特里维西克（Richard Trevithick）的未竟之业，不仅在 1814 年 7 月成功制造了一辆具有使用价值的煤矿蒸汽机车，他还主持建造了英国斯托克顿—达灵顿的铁路（Stockton–Darlington Railway），并在 1825 年 9 月 27 日建成通车。这一天，乔治·斯蒂芬森亲自驾驶自己设计制造的“动力 1 号”机车从达灵顿出发。车上装载着 100 吨煤炭和面粉以及 450 名乘客，共计 32 节车厢，机车的速度达 24 公里/时（陈燮阳，乔惠英，2000）。此条铁路被世人公认为世界上第一条正式铁路，从而被载入人类发展史册，这一天也被确认是人类完成火车发明的日子，标志着人类交通运输从人力和畜力迈向了机器动力时代。此后，随着铁路与火车技术的不断革新，英国国会在 1836 年批准兴建了 25 条新铁路，总里程 1600 余公里，到了 1855 年，达到了 12960 公里，内陆铁路运输网逐步形成。继英国之后，许多国家也掀起了铁路建设热潮，如法国、美国、爱尔兰、德国、比利时、加拿大、古巴、俄国、奥匈帝国、荷兰、意大利等相继在 19 世纪初期先后建成了本国的第一条铁路。火车的诞生更加密切了城市和乡村的联系，使人们的通勤距离得以大幅度延伸。

受制于铁路和水运的影响，火车和轮船并不能完全抵达更为遥远的地方，在汽车尚未发明之前，马车依然是重要的陆上交通运输工具。1825 年，英国发明家格尼公爵（Gurney）制成蒸汽机公共汽车，速度达到 19 公里 / 时，可载乘客 18 人。此后，他又制造了几辆蒸汽机公共汽车，并开办了客运业务。19 世纪 70—80 年代，以煤气和汽油为燃料的内燃机相继诞生，进一步解决了交通工具的发动机问题。1885 年，德国工程师戴姆勒（Daimler）和本茨（Benz）分别将各自发明的汽油发动机装在车辆上，开启

了现代汽车的先河。次年1月29日，本茨获得了汽车发明专利。戴姆勒和本茨由此而被誉为“世界汽车之父”。随着汽车性能的不断改善，世界各国开始建设四通八达的公路网，缩短了城市之间、城乡之间和国家之间的时间距离，城乡差别也因之大大缩小，人们进入乡村更加方便和快捷（陈燮阳，乔惠英，2000）。

（三）提高劳动生产效率，闲暇时间日益增多

人类进入工业社会以后，就开始不断考虑劳动和闲暇的关系，经过工人阶级的不断斗争，劳动者终于有了休假的基本权利。工业革命带来了劳动生产率的极大提高，人们在更短的时间内能创造出更多的财富，也使休假成为可能。最早完成工业革命的英国，在1864年规定了每天10小时工作制，1894年又规定了8小时工作制。1886年5月1日，美国芝加哥、纽约、波士顿等城市的1.5万家工厂约38万人参加了要求8小时工作的大罢工。最终，有20万人享有了8小时工作制。1917年，新生的苏俄第一个以国家法律的形式规定了8小时工作制，并在1919年国际劳动组织的第一次大会上发布了“每天8小时、每周48小时”的第1号条约，确立了国际性劳动标准，职工在每周拥有1天的休息时间。1936年，法国率先设立了两年每两周的带薪休假制度，成为全世界最先实施带薪休假制度的国家。1947年，日本颁布了《劳动基准法》，8小时的工作制开始普及（高宇，2007）。从此，带薪休假与闲暇时光成为全世界竞相追捧的福利而备受关注。

（四）乡村振兴计划推进，乡村旅游迎来发展的春天

工业化和城市化相互交织，迅猛推进，产生了巨大的虹吸作用，直接使乡村空心化日益严重，乡村日趋衰落。为促进乡村振兴，各国出台了系列政策。

譬如，“二战”后，法国政府为解决“三农”问题，实施了“领土整治”政策，将农村土地集中进行大规模的产业化经营，全面推进农业生产机械化，不断改善乡村基础设施，乡村产生了对游客具有极大震撼力的大规模农业景观，餐饮、住宿和商店等配套服务不断完善，在乡村逐步形成旅游产业食、住、行、游、购、娱六大要素的集聚。1955年，鉴于农村传统风格的民居大量空置和损坏，法国政府启动了以繁荣农村，克服农村空心化为主要目的的“农村家庭式接待服务微型企业”计划。为了使村民满足“家庭接待服务微型企业”的标准，政府提供维护与修缮经费的资助。法国各地政府规定：只要住所业主遵守利益相关者的约定，建设达到三稻穗（三星级）标准的家庭旅馆，10年中每年向公众开放6个月，就可以获得政府的修缮补助津贴，金额占总投资额的20%~30%。此计划在推行的过程中，大约有40%的家庭旅馆受益。为促进农业旅游的发展，法国还在1988年成立隶属国会农业委员会的农业观光服务处，以此作为推广农业旅游的中央机构（刘洁，2017）。

二、乡村旅游的起源

关于乡村旅游的起源，不仅涉及起源的时间，还涉及起源的地点。目前，学界对此大致有三种说法。就起源的地点来看，乡村旅游起源于欧洲是人们的普遍共识。

（一）法国

持这种观点的学者认为，乡村旅游发端于法国。代表性事件是：1855 年，法国参议员欧贝尔带领一群贵族前往巴黎郊区农村开展度假活动。在此次度假活动中，他们品尝野味，乘坐独木舟，学习制作肥鹅肝酱馅饼，伐木种树，清理灌木丛，挖池塘淤泥，欣赏游鱼飞鸟，学习养蜂，与当地农民同吃同住。通过这些活动，使他们重新认识大自然的价值，加强了城乡居民之间的交往，增强了城乡居民的友谊（石强，钟林生，向宝惠，2002）。此后，乡村旅游在欧洲兴起并兴盛起来。

（二）意大利

乡村旅游发源于意大利的说法，是以意大利 1865 年成立的“农业与旅游全国协会”为标志。因为，该组织是全世界最早的乡村旅游行业协会组织（潘盛俊，2012）。

（三）与城市相伴生

持这种观点的学者认为，乡村旅游的起源与城市的诞生和兴起有着紧密的关系，城市与乡村作为人类发展史上的两大文明形态，“城”与“乡”在区域发展中承担着不同的职能，因生产生活的关系，人们便会在城乡之间不断流动，乡村旅游随之产生。

从工业革命与城市化发展的角度来看，在 19 世纪中后期，欧洲国家相继完成了第一次工业革命，城市化均得到大幅度提升，这为乡村旅游的产生奠定了一定的物质基础。

三、国际乡村旅游的发展

国际乡村旅游的发展与工业化和城市化密不可分，工业革命的完成，进一步使乡村旅游的迅速发展成为可能。现代乡村旅游是在 20 世纪 80 年代出现在农村区域的一种新型旅游模式，并在 20 世纪 90 年代以后迅速发展。潘盛俊（2012）在《国际乡村旅游的起源及发展阶段论》一文中，将国际乡村旅游的发展分为以下四个阶段。

（一）传统乡村旅游时期（19 世纪中期之前）

传统乡村旅游时期内发生的乡村旅游活动，不仅是西班牙学者 Rosa María Yagüe Perales（2001）认为的“回老家”度假形式的乡村旅游，还应包括古代和中世纪的个体、分散和无组织的城市产生之日起文献记载或没记载而事实上存在过的各种乡村旅游活动。凡是19世纪中叶之前发生的各种乡村旅游活动都应属于传统乡村旅游。这个时期以后出现的乡村旅游具有不同于传统乡村旅游的情况，增加了近代的成分。

英国和其他国家在走上工业革命道路之后，形成了促进近代乡村旅游发展的必要土壤。传统乡村旅游在工业革命这一强大动力的推动下，突破了传统旅游发展的瓶颈（比如交通工具），乡村旅游迈入充满活力的近代旅游时代。

（二）初步发展期（19世纪中期—20世纪中期）

19世纪中叶以后出现的乡村旅游（即近代乡村旅游）与工业革命发生之前的乡村旅游存在着较大的差别，主要表现在三个方面。

第一，参与主体呈现出扩大化趋势。这个时期，生产力得以大幅度提高，社会财富不断增加，在工业化和城市化的影响之下，越来越多的人改变了原有的生活方式，逐步参加到乡村旅游队伍当中来，虽然不能与现在的乡村旅游参加人数相比，但与传统乡村旅游时期相比，人数规模已大大增加。

第二，旅游形式发生了根本性变化。19世纪40年代开始诞生了最早的世界旅游产业，极大地推动了近代旅游的发展。旅行社的建立为人们突破传统旅游方式创造了条件，扩大了人们外出旅游的时空区域，人们的游程已从过去就近的城市或乡村递进到跨地区、跨国度乃至跨洲的环球旅游时代。乡村旅游从原来的个体、分散、无组织的传统乡村旅游迈入到大规模、远距离、有组织的近代乡村旅游时期。

第三，促进乡村地区发展。这个时期的乡村旅游同传统乡村旅游相比，对乡村旅游发生地的经济促进作用明显增强，所产生的各种影响程度也越来越显著。

（三）大众乡村旅游（20世纪中期—20世纪晚期）

从20世纪50年代开始，大型民用客机被普遍应用于旅行活动，汽车亦进入了家庭，这为人们更远距离的旅行提供了重要保障。与此同时，世界经济发展和劳动生产力的大幅度提高使人们拥有了更多的闲暇时间，旅游发展进入了“大众旅游”时代。从20世纪六七十年代开始，各国旅游需求日益旺盛，旅游市场出现了大规模和共同化的需求倾向。旅行社按照标准化、批量化和规模化的方式，形成了系列化的旅游产品，试图满足大众化时代的旅游者的精神享受需求。乡村旅游再也不是贵族和富人的专属活动，普通人也能够参与进来，并在20世纪80年代呈现出较快发展的态势。

（四）新经济时代的乡村旅游（20世纪晚期开始至今）

20世纪90年代以来，在第三次和第四次工业革命的推动下，以计算机和互联网为代表的信息技术飞速发展，人工智能、文化创意和生命健康等不断深入人们的生产生活，社会形态发生了显著变化，旅游管理水平上升到新台阶，特别是移动互联网技术的发展使得旅游者的信息渠道和消费意识发生了深刻变化，旅游者阅历更广、经验更丰富、要求更高，散客化趋势更加明显，旅游需求个性化和多样化更加突出。传统营销战略的有效性开始受到质疑，营销变得更加精准化，乡村可以通过互联网分享全球市场。那些淳朴地道、生态环境优美、文化丰度高和具有适度旅游接待服务设施的乡村日益成为人们心向往之的地方。

第二节　当代中国乡村旅游的发展

与国际相比，虽然中国国内乡村旅游起步较晚，但是发展却较为迅速。根据乡村旅游发展呈现的不同特点，国内乡村旅游大致经过探索初创期和全面发展期后，已经进入了转型升级期，并向高质量发展的目标挺进。

一、探索初创期（20 世纪 80 年代至 90 年代中期）

国内乡村旅游的发展始于 20 世纪 80 年代初。1982—1984 年，贵州省选择了安顺市石头寨和黔东南苗族侗族自治州的上郎德、青曼、西江和麻塘等 8 个少数民族村寨对外开放，发展民族村寨旅游，拉开了中国乡村旅游发展的帷幕。在此期间，钟华生于 1982 年为珠海市斗门县白藤湖农民度假村的开发建设专门成立了白藤湖总公司、群聚公司、农业公司、建筑公司、工业公司、疏浚公司、园林公司和旅游公司 8 大公司，经过 2 年的建设，度假村在 1984 年开业。开业当天，省、市、县三级政府相关部门负责人和港澳同胞共计 500 人应邀参加，开启了由企业运营管理乡村旅游之路。1986 年，成都郫县友爱镇农科村诞生了“徐家大院”，开启了中国“农家乐”的乡村旅游发展模式。这一阶段的乡村旅游产品以“看农家景，尝农家饭，干农家活，享农家乐”为主要特征，并与景区或城市相伴生。

二、全面发展期（20 世纪 90 年代中期至 2007 年）

乡村旅游经过 20 世纪 80 年代至 90 年代中期的初创阶段后，乡村旅游得到了一定程度的发展，但却尚未形成全国普遍发展的态势。1995 年 5 月，国内开始实施“周五工作制”，激发了城镇居民周末周边游的需求。此后，国家旅游局在 1998—2004 年期间曾三次推出了与乡村旅游有关的主题旅游年——“华夏城乡游”（1998）、“民间艺术游”（2002）和“百姓生活游”（2004），把乡村生产生活和乡村民风民俗带进了人们旅游的视野，进一步将旅游消费引向乡村。在乡村旅游产品建设方面，国家旅游局在 2002 年颁布了《全国农业旅游示范点、工业旅游示范点检查标准（试行）》，农业旅游开始得到各地有关部门的关注。

2006 年是中国乡村旅游发展史上极不平凡的一年。为扎实推进社会主义新农村建设，国家旅游局在2005年年底发布了以“新农村、新旅游、新体验、新风尚”为宣传口号的“2006中国乡村游”主题年活动信息，乡村旅游作为一种独特的旅游形式进入了国家视野。同年6月23日，中国第一部省级乡村旅游专项规划——《贵州乡村旅游规划》在北京通过专家评审，国家旅游局专门以《纲要》的形式下发全国。8月16日，国家旅游局出台了《关于促进乡村旅游发展的指导意见》（旅办发〔2006〕99号），并于同月在成都召开了“全国乡村旅游现场会”。此后，乡村旅游迅速在全国蔓延，许多地区以乡村生态环境和新农村建设为依托，积极发展乡村旅游，形成了丰富多样的乡村旅游产品，产业规模得以扩大。截至2006年年底，在全国已建成的2万多个旅游景区（点）中，大约有50%以上的景区（点）分布在广大农村地区。全国农业旅游示范点359家，遍布31个省（区、市），全国乡村旅游景区（点）接待游客3亿多人次，旅游收入400多亿元（邵琪伟，2007）。

2007年，国家旅游局和农业部联合下发了《关于推进全国乡村旅游发展的通知》（旅发〔2007〕14号），文件要求充分发挥农业和旅游两个行业的优势，通过开展“百千万工程”建设，进一步推动乡村旅游发展，到“十一五”末期，全国争取推出乡村旅游100个示范县、1000个示范乡和10000个示范村，乡村旅游全面发展进入了新的高潮。

三、转型升级期（2008年至今）

改革开放40多年以来，我国逐步由计划经济体制转向市场经济体制，由传统的农业社会转向工业社会，在双重转型中，又呈现出阶段性的特点（厉以宁，2013）。旅游业作为经济转型升级的一部分，其性质也从“事业”向“产业”转变，旅游业体制也从“计划”向“市场”转变。2008年1月18日，全国旅游工作会议全面贯彻落实党的十七大和中央经济工作会议精神，提出了加快推进旅游产业转型工作的任务，并对旅游产业的转型升级做了进一步阐述，即转变旅游产业的发展方式、发展模式、发展形态，实现我国旅游产业由粗放型向集约型发展转变，由注重规模扩张向扩大规模和提升效益并重转变，由注重经济功能向发挥综合功能转变。就是要提升旅游产业素质，提升旅游发展质量和效益，提升旅游市场竞争力。旅游产业转型升级要以转变旅游发展方式为核心，以优化产业结构为基础，以推进集约型发展为重点，以提高旅游发展质量、效益和竞争力为目标，实现速度、质量、效益的协调发展（邵琪伟，2008）。同时，会议还要求大力推进乡村旅游发展，通过完善工作机制、创新工作方式、加强政策措施，不断提高乡村旅游发展水平，促进非农就业和农民增收，使乡村旅游在服务社会主义新农村建设中发挥更加积极的作用，努力为改善民生服务。

2010年，我国农民人均纯收入突破800美元，城镇居民可支配收入接近3000美元（见表2–1），旅游需求呈现出爆发式增长的态势，旅游已经成为人们的一种生活方式，旅游消费从观光向综合体验和休闲度假转变。消费需求的拉力、产业政策与竞争合作

的推力迫使旅游发展转型升级。乡村旅游不应仅停留在“住农家房、吃农家饭、干农家活”和“吃农家乐”的简单层面，它应成为乡村幸福产业和民生产业的重要抓手，必须进行系统化的转型升级，以实现“提质增效”。

表 2-1　1990—2022 年国内农村与城镇居民可支配收入一览（元）①

年度	农村居民	城镇居民	年度	农村居民	城镇居民
1990 年	630	1387	2010 年	5919	19109
1995 年	1578	3893	2011 年	6977	21810
1999 年	2210	5854	2012 年	7917	24565
2000 年	2253	6280	2013 年	8896	26955
2001 年	2366	6860	2014 年	10489	28844
2002 年	2476	7703	2015 年	11422	31195
2003 年	2622	8472	2016 年	12363	33616
2004 年	2936	9422	2017 年	13432	36396
2005 年	3255	10493	2018 年	14617	39251
2006 年	3587	11759	2019 年	16021	42359
2007 年	4140	13786	2020 年	17131	43834
2008 年	4761	15781	2021 年	18931	47412
2009 年	5153	17175	2022 年	20133	49283

2017 年，党的十九大报告提出了贯彻落实创新、协调、绿色、开放和共享五大发展理念和建设现代化经济体系的重要内容，并对我国经济发展阶段进行重大研判，即由高速增长阶段转向了高质量发展阶段。这一阶段必须坚持质量第一、效益优先，以供给侧结构性改革为主线，推动经济发展质量变革、效率变革和动力变革，提高全要素生产率，着力加快建设实体经济、科技创新、现代金融、人力资源协同发展的产业体系，着力构建市场机制有效、微观主体有活力、宏观调控有度的经济体制，不断增强我国经济创新力和竞争力。乡村旅游不仅要助力脱贫攻坚和全面小康，在以后相当长的一段时期内，还要发挥其在乡村振兴中的重要作用。

为促进乡村旅游的转型升级，乡村旅游需要以实现高质量发展为目标，通过一、二、三产业的深度融合以及文化与旅游的互动，不断营造富有乡愁的人居环境，形成高品质的旅居生活空间，为人们提供生活化和品质化的乡村旅游产品。

乡村旅游发展要严格保护乡村自然环境，延续与活化乡村文脉，以最少的投入获得

① 本表数据根据历年的《中华人民共和国国民经济与社会发展统计公报》整理。2014年前，在我国国民经济和社会发展统计公报中，对农村居民的收入统计采用“农民人均纯收入”统计指标，2013 年后，此指标改为“农村人均可支配收入”，使其与城镇的统计指标一致。本表 1990—2013 年期间农村居民可支配收入实际为统计公报中的农民人均纯收入。

经济、社会与环境三方面相协调的最佳效益。乡村旅游不再以规模取胜，而是在全域环境优化的基础上，通过小而精的网络化方式来提高乡村旅游的发展质量。在完善的乡村治理体系下，从“政府主导型”向“市场导向＋政府引导＋社会辅导＋村民自主型”转变，从非标化和粗放化的管理向标准化与个性化相结合的精细化与特色化管理方式转变，真正实现环境质量优、经济效益好、社会效益佳和文化丰度厚的乡村旅游高质量发展目标。乡村旅游的转型升级主要体现在以下四个方面。

第一，乡村旅游功能从经济功能向综合功能升级。随着城镇化的推进，乡村人口大量涌进城镇，造成了乡村劳动力缺失，乡村逐步走向衰落。如何激发乡村的发展活力成为迫切需要解决的问题。从表面上看，乡村衰落是经济发展滞后的结果，实则是人们对美好生活的向往与城乡发展不均衡的矛盾所致。发展乡村旅游不仅要转变乡村传统的生产生活方式，有效提高乡村居民的经济收益，乡村旅游更要为乡村居民创造美好的人居环境，使乡村居民获得与外界公平发展共同的机会，分享发展红利，进一步促进乡村居民全面和自由的发展。

第二，乡村旅游效益从经济效益向综合效益升级。乡村旅游发展实践表明，乡村旅游是一把“双刃剑”，既有积极的一面，也有消极的一面。积极的一面主要表现在：增加当地人们的收入，改善乡村人居环境，促进传统文化的复兴以及文化遗产的传承和保护等方面。但是，随着大规模游客进入乡村和资本的逐利性，乡村受到前所未有的冲击，表现出消极的一面：友好乡邻关系利益化，好客程度金钱化，乡村遗产商业化……资源过度开发利用，环境承载力超负荷运转。乡村旅游发展亟须由追求单一的经济效益向更加关注乡村社区发展，更加关注乡村文化遗产传承、利用和创新，更加关注乡村人与自然和谐发展转变。

第三，乡村旅游经济从分散经济向系统经济升级。国内早期乡村旅游主要分布在城镇郊区或者一些乡村，业态上主要表现为简单的农家乐、山庄和乡村观光等，与区域产业关系不大。随着乡村旅游蓬勃发展，乡村旅游的产业渗透性不断增强。为吸引越来越多的游客到访，提高乡村旅游地竞争力，一些乡村旅游地开始尝试开发多元化的复合型产品。在一些地区，文创开始进入乡村旅游村寨，乡村传统文化如手工艺、故事、名人、乡土特产等不断被挖掘，文化创意产业与乡村旅游产业不断融合，形成了独具特色的乡村文创。乡村旅游与农、林、牧、副、渔不断融合，农事体验、农业观光、农特产品类的伴手礼层出不穷，形成了观光农业、休闲农业和康养农业。在乡村旅游引领下，农业围绕旅游不断提升，乡建围绕旅游不断亮丽，乡创围绕旅游不断出彩……乡村旅游地围绕行、游、购、食、住、娱六大旅游基础要素逐步形成了专业化的产业分工体系，产业链条不断延展，价值链不断扩张，乡村旅游经济成为区域带动性强、包容程度高的系统经济。

第四，乡村旅游产品从观光、浅层体验向休闲度假和深度体验升级。随着城镇化的扩张和旅游消费的不断升级，人们前往乡村已经不再是看一看乡村风景、吃一吃农家

饭、干一干农家活，而是需要在乡村全方位地开展深度乡村体验，乡村旅游呈现出个性化和品质化的特征，“乡愁”情愫与“故园”记忆不断凝聚人心。乡村作为越来越珍贵的人类文明遗产，山水、田园与村寨形成的人居环境成为广大游客诗与远方的载体，新旧在乡村不断交融，古今不断在乡村对接，乡村精神内核更加丰富灵动。回归乡村已脱离了简单的“放松”，乡村旅游消费成为情感消费、精神消费……“山水画、田园诗、民俗歌、生活曲、梦幻情”“自然自然大自然，生态生态深生态，文化文化活文化，生活生活真生活”（魏小安，2011），乡村成为人们综合体验和品质生活的重要追求。

【复习思考题】

1. 简述世界乡村旅游产生的背景。
2. 乡村旅游转型升级表现在哪些方面?
3. 如何通过转型升级促进乡村旅游的高质量发展?

【课后实践】

以国际乡村旅游发展对国内某地的启示为题，写一篇课程论文。

模块二　乡景与规划

乡景（Rural Landscape）是乡村风景的简称。作为乡村旅游的对象与客体，它是东道主村民世世代代在大地上营造的产物，由族群和大地共同维系。乡景作为一种特殊的文化地景，蕴藏着丰富的地方性知识（Local Knowledge）。在乡村旅游发展过程中，我们需要厘清乡景的文化密码，延续和遵循地脉和文脉，以全新的规划理念，为游客和东道主创造富有品位的旅居和生产生活空间，实现乡景的保育和营造，才能更好地促进乡村旅游的可持续发展。

第三章　乡景旅游资源认知与评价

【学习目标】

- 理解景观、风景与乡景的内涵；
- 掌握乡景旅游资源的概念及其特征；
- 掌握乡景旅游资源分类、调查与评价。

乡景是乡村旅游活动的客体，是激发和吸引游客前往乡村，满足其愿望的旅游吸引物体系。它是乡村旅游发展的物质基础和重要条件，但并不是所有的乡景都可以作为乡村旅游资源。乡景旅游资源除了具备旅游资源“有引力”“能利用”和“产效益”这三个基本条件外，它还是一种特殊的文化地景，我们不能简单以旅游资源分类、调查与评价中标准化和模式化的眼光去碎片化看待，而要以全新的整体视野去审视。

第一节　景观与风景

说起“乡景”，我们可从词源学的角度和学者们的现有研究去探究与之相关的“景观”与“风景”，以期更能理解“乡景”的价值与意义。

一、景观

“景观”这一概念源于欧洲。在希伯来文本的《圣经》旧约全书中最早出现了“景观”一词，它被用来描述所罗门（耶路撒冷）由寺庙、城堡和宫殿所形成的整体美景，景观（Landscape）的视觉美学内涵在英语中通常被称为“风景”（Scenery）（Naveh Z. & Liberman A. S.，1984）。《中国百科大辞典》认为，“景观”一词出现在16世纪末，原仅指肉眼可见的一片地表外貌，也译为“风景”，对文人和游客来说，只是一个审美对象（王伯恭，1999）。Wolfgang Haber（2004）从词源学的角度考证了“景观”一词的起源——德语有许多单词都后缀有“schaft”，特指各种事物联成的一个整体，如

“Wissenschaft”，它表示所有知识的总和。“景观”由此可以解释为具有不同特征的一片土地或构成一个实体的结构（Haber W.，2004）。在英语语言中，“Landscape”的后缀“scape”与“形态”（Shape）有关。因此，英语词汇中的“景观”也可以被理解为某一区域内土地形式的总体。19 世纪初，洪堡（Humboldt）把“景观”作为科学术语引进地理学中，景观即是“自然地理综合体”代称。苏联地理学深受洪堡的影响，也把自然综合体称为“景观”。

20 世纪 30 年代，欧美一些国家的专家学者从实用的角度对“景观”概念加以重视，在国土规划与开发中经常使用。1939 年，德国植物地理学家特罗尔（Troll）首次提出了“景观生态学”的概念，伴随着 20 世纪 70 年代后期全球环境问题的凸显，景观生态学得到了很大的发展，为生态学和地理学的研究提供了新的视野和方法，取得了一系列重大的研究成果，景观成为一个重要的科学术语而被人们所熟知和关注。然而，学界对“景观”的定义莫衷一是，目前较为有代表性的定义如下。

（1）景观是指可以引起视觉感受的某种景象，或一定区域内具有特征的景象。（国家质量技术监督总局，中华人民共和国建设部，1999）。

（2）景观是由各个在生态上发生共轭的、有规律地结合在一起的最简单的地域单元所组成的复杂地域系统，并且是各个要素相互作用的自然地理过程总体，这种相互作用决定了景观动态（傅伯杰，王仰麟，2001）。

（3）景观是自然及人类社会过程在土地上的烙印，是人与自然、人与人的关系以及人类理想与追求在大地上的投影（俞孔坚，2003）。

（4）景观是特定的一个空间单元，例如，一个中尺度的区域（Wolfgang Haber，2004）。

（5）景观是一个具有多种意义的术语，是指一个地区的外貌、产生外貌的物质组合以及整个地区本身（约翰斯顿，2004）。

二、风景

《词源》对“风”的第一个解释为“因热胀冷缩而流动的空气”，这是从自然科学角度对风的解释，为风的本意。“风”在《词源》中的第四个释义为“景象”，即风景之意，而对“风景”，则解释为“风光景物”，对“风光”又解释为“风景”“风格”与“风致”以及“荣耀”。《词源》对“景”的第一个解释为“有意义的形色”，如景色；第三个解释为“光的色彩”。对“景物”的解释为“风景人物”，对“景致”的解释为“山水风景”。从《词源》的这些释义可以看出，《词源》中的“风景”是人们对客观事物的光学感知，与“风光”和“景致”相差不大。

20 世纪早期，在卡尔·索尔（Car Sauer）与伯克利学派的影响下，西方学界存在着这样一种认知，即“一个地方的风景是生活在那一个地区的（似乎是统一的）人群的物质表达”。70 年代，以爱德华·雷尔夫（Edward Relph，1976）、段一孚（Duan

Yifu，1977）和唐纳德·迈尼希（Donald Meining，1979）为代表的地理学家先后主张把人类的想象引入风景的阐释之中。80—90 年代，肯尼思·奥威格（Kenneth Olwig，1984）、丹尼斯·科斯格洛夫（Dennis Cosgrove，1984，1985，1987）与斯蒂芬·丹尼尔斯（Stephen Daniels，1990，1993）则将风景看作具有独特意识形态编码的物质生产以及权力和影响的示意图，它协助再生产各种权力结构，而这些权力结构首先生产了风景（提姆·克雷斯韦尔，2009）。

在韩国颁布的《风景法》中，风景包含了由自然、人工元素和本土居民生活方式所构成的地方环境特征。韩国政府积极鼓励当地居民自发参加到居住空间建设和社区发展中去（Nam Hyeong Kim，Hyang Hye Kang，2009）。2009 年 10 月，国际风景园林师联合会世界理事会（IFLA World Council）在巴西通过的《全球风景公约》（*Global Landscape Convention*）对“风景”进行了定义，即风景是“土地、水系统和（或）海洋区域的总称，其特征是自然和（或）文化因素单方面发挥作用和相互作用造成的结果”（刘晓明，赵彩君，2011）。这两个定义揭示了自然与文化是促进风景形成的两大基本力量，肯定了文化对风景形成的影响。郑炘与华晓宁（2005）在《山水风景与建筑》一书中指出，“风景是指美的自然景观……相对于自然景观而言，风景已经是经过主观评价的了”。如果说“景观”是一种客观实在，“风景”则是人类对这一客观实在的审美表达。

风景作为构景要素在特定区域美感表现的时空组合体，柴本源、黄祥康与方芳在 1997 年出版的《旅游地理学》一书将风景的基本地理特征总结为五项：第一，风景是地理综合体，即是地理景观的一部分，由山、水、林木、大气变化、建筑和人文特色所构成；第二，风景是地理综合体中有吸引力的部分；第三，风景具有地域分异现象，处于不同地理位置的风景具有不同的性质、成因和美学特征；第四，构成风景的自然和人文要素在地理环境的发展中各自起着独特作用，而且相互影响，所以风景是一个综合体；第五，具有各类价值的风景是大自然和人类历史遗留下来的宝贵财产，能给人以知识和力量。

国内对“风景”和“景观”的理解差异源于对英文单词“Landscape”的译介。此词最先可能由地理学家或生态学家译为“景观”，而部分风景园林和风景美学的研究和实践者们却将其译为“风景”。在实践运用中，人们很少去认真思考二者的内涵与区别，“景观”也在很多时候等同于“风景”。实际上，“风景”在很多时候总与人们的审美紧紧联系在一起，而“景观”似乎总与地理、生态、规划与工程等发生关系。在汉语语境中，如果“景”仅仅停留在“观”之上，恐怕有点美中不足，因为“景观”形态形成的背后有着自然和人文的力量。而“风景”就显得不一样，“风”之解意，可从自然与人文的角度去进行阐释。譬如，《诗经》里面的“风”，则指不同地方的音乐，与“雅”和“颂”相得益彰。此外，带风的文化意义之词更是不胜枚举，如风格、风韵、风物、风采、风度、风险、风华、风雅、风姿等。综上所述，我们可以这样认为，“景观”是指具有一定尺度的相对独立和稳定特征的空间地域单元，是一个区域自然或自然与人文地理过程的表征。而“风景”一词的内涵更加丰富，它强调了人地行为关系和人类的审美判断，“风景”本质上是文化了或审美对象化了的“景观”。因此，本教程认为，在乡村旅游发展中，用“风景”比用“景观”会更好一些。

第二节　乡景的构成与特征

一、乡景的概念

乡景是乡村风景（Rural Landscape）的简称，通过对上一节景观和风景的讨论，我们可以将乡景大致定义为人类文化了的非城市地理综合体，它是由乡村自然山水、田园、村落与活动等元素进行不同组合所形成的具有整体视觉感和一定空间尺度的地域单元。之所以是非城市地理综合体，是因为“乡景”与“城景”有着本质上的区别。“乡景”与“农业”和“土地”紧密联系，正因为有了“农”与“土”，“乡景”才表现出了稀疏的村落与广袤的土地，山水、林田、村落相得益彰，彰显出静谧、闲适和怡然自得的品质，乡村性才得以完好地体现和保持。“城景”与“智慧”和“商业”相伴生，在风景特质上表现出高楼林立、车水马龙，呈现出喧闹、紧张、快节奏色彩。“乡景”作为“地理综合体”，也具有“地理综合体”的一般特征——它是乡村自然地理与人文地理各种要素相互联系、相互制约，又有规律地组合而成的地域单元，具有动态性特征，其中任何一个地理要素的变化都势必会引起其他要素发生变化，从而促进乡景的不断发展和演变。

二、乡景与东道主

乡景是东道主的文化对象化过程，是一定区域人群的文化表征。东道主根据自己的文化理解、文化解释、生产生活方式和宗教信仰等，利用自己所处区域自然条件建构起别具一格的人地关系，形成了独特的乡景。如地处中国西南的贵州，山地与丘陵面积高达 162937 平方公里，占了全省土地总面积的 92.5%，素有“八山一水一分田”之说，由此而被誉为“山地王国”。这里历史上曾是苗瑶、氐羌、百越与濮人四大族系的交汇之地、民族迁徙的大走廊。民族迁徙是贵州山地最为恢宏的仪式。对于许多山地民族而言，他们现在安身的地方，并不是真正的祖居地。因为祖先的迁徙，才使得他们与贵州发生了直接的联系；对于后世子孙而言，“祖源地”才是他们文化的根基，是“历史记忆”和“文化想象”的凭依（张晓松，2006）。山国贵州高山横隘、河谷深切，地理环境相对封闭，各民族沿着自己的文化轨迹与山水和谐相伴，形成了自己相对独立的文化生态体系，建构了贵州魅力十足的“文化千岛”般的山地乡景。

【案例】

季刀上寨田野样本

季刀上寨是贵州巴拉河乡村旅游示范区[①]的七个苗族乡村聚落之一，位于黔东南苗族侗族自治州三棵树镇东南面，地处巴拉河村寨群落中部。“季刀”的苗语为深潭之意。清澈见底的巴拉河从寨前蜿蜒而过，河流两岸群山森林植被茂密，整个村寨聚落镶嵌在巴拉河河谷中，枕山面水，建构起了“水—寨—山—林”的风景格局。

这里居住着100多户苗族人家，人口不足千人。千万年来，发源于雷公山西北麓的巴拉河在洪水季节带来了天然的石材，寨上的苗族同胞依山就势，用大块石头垒成地基，修建起木结构的干栏式建筑；用较为宽大的石块铺成石板路，串联各家各户，并通向河边与田间；用细小的鹅卵石修建了村寨中央的古歌堂，成为寨上重要的公共文化空间。人们在村寨里漫步，随时能感受到巴拉河对这个苗寨的恩赐。

季刀上寨背倚照屏山，山上林木葱葱郁郁，沿照屏山山脊下到村寨东北角，百年古树枝繁叶茂，它们是季刀的风水树，日日夜夜庇护着苗寨，为苗寨带来安宁。风水林与鼓藏场连为一体，形成了寨中最神圣的禁区。寨上的风水师说，季刀上寨是一块风水宝地，照屏山是村寨的龙脉，不能随便开挖；巴拉河是村寨的财源之河，为村民们带来源源不断的钱财。

资料来源：袁茏．基于三大认知主体的山地风景旅游资源评价体系研究［D］．贵州师范大学，2012：17–18.

在季刀上寨及其周边环境中，山与水、树与屋都有不同的韵味和含义，人与自然达成和谐一致的关系，“水—寨—山—林”建构起山地乡景，彰显着季刀上寨“天—地—人—神”四位一体、不容分割的宇宙观。大自然为季刀人提供创造乡景的凭依，季刀人的文化想象和文化创造不断建构着这一迷人的乡景，成为雷公山下“世界苗族文化遗产保留地”的典型代表。

三、乡景的构成

（一）象征人类学意义上的乡景

乡景的形成与演化深受乡村文化机制的影响，我们要更好地认知乡景，则需要去研究乡景背后的文化。象征人类学（Symbolic Anthropology）将文化视为一种能够传递信息和表达观念的象征体系，从主位和客位相结合的角度来研究不同社会中的文化

① 巴拉河乡村旅游示范区位于黔东南苗族侗族自治州凯里市东面，它以凯里市三棵树镇的怀恩堡为起点，沿巴拉河逆流而上20公里，直至雷山县境内。总面积约120平方公里。这一示范区由分布沿河两岸的南花、郎德、季刀、怀恩堡、猫猫河、南猛、脚猛7个苗族村寨构成。这是贵州与新西兰合作的国际项目地，也是《贵州省旅游发展总体规划》9大项目的示范区之一，涉及项目区1082户农户，共4758人。其中，苗族人口占98%以上。

象征符号所包含的多重意义（瞿明安，秦莹，陈玉平，等，2014）。因符号（Sign）与仪式（Ritual）丰富的象征意义，它们往往成为象征人类学的重要研究内容。人类学家通过对符号和仪式的研究，将二者放置在特定的社会文化环境中，利用“深描”的方式，以文化拥有者的内部眼光来分析它们的地位和作用，从而破译文化的基因密码。符号与仪式成为文化DNA的双螺旋，建构起了地方文化内核，推动着人类文化的发展。从这一角度看，符号和仪式是支撑乡景形成和演化的文化力量，也是乡景的精华呈现。

1. 符号

在日常生活中，我们一般会将用来代表另外一种事物的“东西”称为“符号”，比如，地图上蓝色的图形常常表示各类形式的水体，蓝色图形就成了水体的符号。这就告诉我们，符号实际上是由符号本身及其所指的内容构成，如此，符号才有价值和意义。西方现代符号学的奠基人索绪尔（Saussure）创造性地提出了符号学能指（Signifier）和所指（Signfied）两大基本概念，并指出任何一个符号都是由能指和所指构成的统一体（瞿明安，陈玉平，2013）。张宪荣、季华妹与张萱（2013）继承了索绪尔的符号学理论，也认为符号是能指和所指的双面体（见图3–1）。“能指”是指符号的可感的形式，也即“符号形式”，直接来源于某个物理实体；“所指”是指符号的抽象内容，它隐藏在符号形式的背后，并通过符号形式传达出来。

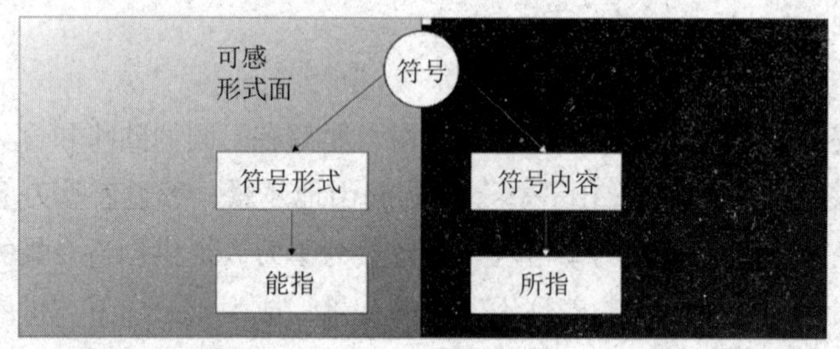

图3–1　符号双面体

资料来源：张宪荣，季华妹，张萱．符号学Ⅰ——文化符号学［M］．北京：北京理工大学出版社，2013：82.

乡景最典型和最直观的物质符号表达形式是什么，我们可以从其英文单词Landscape中窥见端倪。从Landscape的构成上看，它由Land和scape组成，Land译为土地，scape为形态、形式和外貌、外形之意，二者合起来，即为土地的形态。在牛津词典中，Landscape的释义为：Everything you can see when you look across a large of land，especially in the country。故此，乡景与“土地形态”密切相关。乡村作为从事农业生产的地域，在风景形态上表现为“农用地”，并与城市大规模的“商业用地”和“工业用地”相区别，这一切正是乡景存在的物质根基。乡景因农用地呈现“农”的特色，城景因“商业用地”和“工业用地”等而呈现“商”与“工”的色彩。农用地包含了耕地、园地、林地、草地、养殖与捕捞水域以及农业设施用地等类型，使乡景呈现出

多样化的特征。农用地引发了各种乡村生产生活方式，在草原产生了以游牧为特征的乡景，在滨海产生了以捕捞为特征的乡景，在平原产生了以种植为特征的乡景……这些乡景的符号构成也不尽一样。

2. 仪式

仪式是一种特殊的活动，它存在于人们的各种生产生活中。譬如，每年入大学的新生都会参加开学典礼，典礼开始前，整个礼堂乱哄哄一片，但当主持人拿起话筒宣布“开学典礼马上开始，请全体起立，奏国歌”，这时，礼堂就会迅速安静下来，开学典礼的各项议程在接下来的过程中就会有条不紊地进行。这样一场开学典礼其实就是一场新生的大学入学仪式，仪式过后，标志着新生正式成为一名大学生。从这样一场开学典礼中我们可以发现，仪式由一系列行为组合而成，具有象征性的特征。大学新生入学的开学典礼至少包含了入场、奏唱国歌、领导讲话、师生代表发言、退场等行为活动。在这场仪式活动中，国歌是一个国家精神的象征，奏唱国歌则是进行爱国主义教育的一种方式。

仪式有哪些类型？格兰姆斯根据仪式的实际用途，将仪式分为仪式化（Ritualization）、礼仪（Decorum）、典礼（Ceremony）、巫术（Magic）、礼拜（Liturgy）和庆典（Celebration）六类（Ronald L．Grimes，1995）。其中，仪式化是仪式的简单形态，是指具有仪式意味的动作或姿态（薛艺兵，2003）。彭兆荣（2002）先生援引了马林诺夫斯基象征主义首先满足人类交流的观点，从功能主义视角出发，遵循仪式在社会结构和人际关系中交流的基本原则，认为仪式展示了以下三种功能和三种表述范畴：展演功能（Exhibitions）——表述范畴为展示什么（What is shown）；行为功能（Actions）——表述范畴为做了什么（What is done）；指示功能（Instructions）——表述范畴为说了什么（What is said）。

仪式内容丰富多彩，而仪式的展演、行为和指示三种功能更是一个不可分割的有机整体，人们在多样化的仪式情景中完成了某种需要，使仪式成为人们生产生活中不可或缺的重要内容。例如，人们经常说“生活要有仪式感”，于是有了生日 Party、结婚纪念日、百年诞辰等，这本身就是对仪式功能和作用的最佳阐释。以下我们以云南哈尼族开秧门的个案来讨论乡景中的仪式。

每年农历三月的第一个属羊日，在云南省红河县大羊街乡鲁初村的哈尼族都要举行一场插秧前的浓重祭祀——开秧门。在哈尼语中，开秧门叫“康俄波”，意为“节日里的狂欢”。开秧门作为当年的头等大事，除了在很远的地方打工的村民，较近的都要按时返乡，参与这一活动。

在开秧门的这天，主持各种祭祀活动的专门人员——“摩批”钱思吼要置办一席祭祀宴，并在祭祀宴的五谷碗里放上三片锥栗树叶。这是哈尼族万物之神的化身，它与族人的整个发展历史息息相关。无论在哪里安寨，最要紧的事就是在寨子附近的山林中认定一棵标直的锥栗树为“神”，哈尼族以不同的方式祭祀树神，以虔诚的心态崇拜森林，寻求生活的寄托。接着，钱思吼持一把唢呐率先到田边吹开秧调。哈尼人把唢呐叫作“车减”，意即催发庄稼的声音。这声音在告诉人们栽秧的时间到了，也有唤醒梯田的意思。

吃过早饭，钱思吼带领一众族人，向着距离村寨约3公里远的一片梯田径直往下走。在一大片梯田汇聚的山谷，参加开秧门活动的妇女和男人们欢欢喜喜地跳下秧田，开始栽秧。吆喝声、欢叫声、嬉戏声，此起彼伏，沉寂了一个冬天的田畈，顷刻间就被稻农的喧腾所覆盖。

资料来源：罗涵.云南哈尼族“开秧门”唤醒梯田［EB/OL］.（2018-06-01）［2019-10-10］. http：//yuxi.yunnan.cn/html/2018-06/01/content_5233953.htm.

这场“开秧门”的仪式，实际上是山地民族生产仪式的展演，有着浓厚的崇拜和祈福的功能。在乡村，类似的仪式活动丰富多彩，它常常作为天、地、人、神沟通的纽带和桥梁，人们通过各种仪式活动来实现和达成某种愿望。因仪式的神圣和世俗，它往往成为乡村最为恢宏的展演和文化风景，成为透视乡村文化的重要载体和途径。于是，仪式与符号如经似纬，共同编制起千变万化的乡景，使其具有了更加灵动的色彩。

（二）人文地理学意义上的乡景

乡景是一个乡村地域文化的集中呈现。人文地理学意义上的乡景大致由物质乡景、行为乡景和精神乡景三者错综交织而成。

1. 物质乡景

物质乡景包括乡村自然环境和依托这一环境所创造的一切有形物，如建筑、水利、农田、菜园、果园、服饰、食品等，具有可观感的形态和色彩。这些有形物是在一定技术条件下人与自然不断适应、改造和创造的结果，反映了某一时期村民的思想意识、价值观念、审美判断和科技水平，以农业、民居、服饰和饮食为典型代表。

2. 行为乡景

行为乡景是乡村族群在社会生产实践中的各类活动，它以自然地理环境为活动空间，不断进行人与人之间的交流和互动，从而对乡景不断施加影响和丰富乡景。行为乡景不仅受乡村自然地理环境的间接影响，还深受许多文化的直接影响，主要包括乡村风俗习惯、人际关系、国家权力和社会制度，从这种意义上讲，“行为乡景”亦可称为“制度乡景”。

3. 精神乡景

精神乡景是指生活在乡村族群的社会心理现象，主要包括宗教信仰、道德规范、心理与思维、审美情趣、文学艺术、礼仪习俗等方面，它是维系乡景形成和演化的动力，并直接作用于物质乡景和行为乡景，使乡景变得异常丰富多彩。

（三）风景园林学意义上的乡景

从风景园林学上看，乡景由地貌、水体、乡路、场地、植物和建筑六个基本要素构成。

1. 地貌

地形地貌构成了乡景的骨架，不仅影响乡景的美学特征、空间构成和人们的空间感受，还制约着人们的生产和生活方式。在不同地质背景下形成的乡村地形地貌，风景美学特征独特多样。如重峦叠嶂的山地、平缓起伏的丘陵、水网密布的长江中下游平原等造就了中国大地气质迥异的乡景。

2. 水体

乡景因水而灵动，河流、溪涧、湖泊、泉瀑等水体使乡景层次更加丰富和立体。例如，因为有了水体，乡村产生了不同的驳岸、堤、桥等景物。

3. 乡路

乡路不同于城市道路，乡路与乡村地形地貌和村民的生产生活相结合，形成了乡景的经络。尽管乡路一般等级较低，但它属于向心型道路，方便乡村人们的生产生活，把人们紧密地联系在一起。

4. 场地

场地是乡村公共开敞空间，一般与乡路进行连接，承载着乡村的集散功能。但在乡景的场地构成要素中，场地更多地作为乡村的公共文化空间，具有典型的文化意义。例如，苗寨的古歌堂。

5. 植物

植物富有生命活力，使乡景充满了无限生机和美感，是乡景中变化最大的构成要素。乡景植物包括乔木、灌木、藤本、草本等类型，在不同的季节呈现出不同的色彩，它们美化乡村环境、净化空气，使乡村生机盎然。

6. 建筑

乡景建筑包括民居建筑和功能性建筑。民居建筑是乡景中最丰富的部分，它受制于当地的自然地理环境和族群文化。功能性建筑是除民居以外的为乡村提供公共服务的构筑物，由点景游憩类、文教展示类、文娱体育类、服务类和管理类五个基本类型的建筑物所构成。

四、乡景特征

乡村文化创造了乡景，乡景本质上是文化。根据文化景观的特征[①]，结合乡村实际，乡景除了具有一般文化景观的特征外，还与文化景观有着些许差异，其基本特征如下。

第一，乡景是人与自然共同作用下形成的文化地景，反映了乡村人与土地的关系，是乡村地方性知识（Local Knowledge）的表征。

第二，乡景是能够观察和感觉得到的事物现象，包括物质乡景和非物质乡景，由具有乡土性的符号与仪式编制而成。

第三，乡景随着时间的推移而不断变化，人类（特别是生活在乡村的人）按照自身的文化传统对自然环境施加影响，每个历史时代的人都对乡景发展有所贡献。

第四，乡景完全不同于城景，它本质上是文化了的自然，以农用地作为重要的物质支撑，大自然是乡景产生的基础、背景和依托。

第五，乡景拥有一定的话语体系，能直观反映出某种内涵，具有易读性。例如，平原乡村——生活条件较好；山地乡村——生活较为艰辛。

第三节　乡景旅游资源评价

一、乡景旅游资源的概念

旅游发展实践表明，旅游资源是旅游业发展的基础，但不是决定旅游业是否发达或发展的唯一因素。旅游资源概念内涵丰富，具有很强的时代感。我们可以从不同学者和机构对旅游资源的不同见解，结合“乡景”的特殊性来定义乡景旅游资源。

（一）国内学者和相关机构对旅游资源的定义

（1）陈传康（1990）：旅游资源是在现实条件下，能够吸引人们产生旅游动机并进行旅游活动的各种因素的总和。

（2）王仰麟（1999）：客观存在的包括已经开发利用和尚未开发利用的，能够吸引人们开展旅游活动的一切自然存在、人类活动以及不同时期形成的各种产物的总称。

（3）中华人民共和国国家质量监督检验检疫总局，中国国家标准化管理委员会

---

① 陈慧琳在主编的《人文地理学》一书中，总结了文化景观的六个基本特征。具体是：第一，文化景观是人文化景观，是客观存在的一个地域单元，反映了人文现象的总特征；第二，文化景观反映了人文现象与环境的特定关系；第三，文化景观是能够观察和感觉到的事物现象，包括物质文化景观和非物质文化景观；第四，文化景观随时间的推移不断变化，人类按其文化标准对自然环境施加影响，并把它改造成文化景观，每个时代都对文化景观的发展有所贡献；第五，文化景观完全不同于自然景观，自然景观是文化景观产生的基础、背景和依托；第六，文化景观具有一定的话语体系，能直观反映一定的景观内涵，具有易读性的特点。

（2017）：自然界和人类社会凡能对旅游者产生吸引力，可以为旅游业开发利用，并可产生经济效益、社会效益和环境效益的各种事物和现象。

（二）对旅游资源内涵的理解

从前述定义中，我们可以总结出旅游资源几个重要的基本内涵。

1. 吸引力是旅游资源的本质属性

人们之所以选择去某地观光、休闲或度假，其中一个重要原因就是所选之地是他们心灵的向往之地，那里对他们有着不一样的吸引力，不管是美景、气候，还是风土人情……换句话说，如果人们心不“向”，也就不会“往”。研究表明，地方与地方之间的差异越大，空间异质性越强，对彼此居民的吸引力就会越大。

2. 能利用是旅游资源开发的前提

旅游资源开发利用深受四大基本条件的影响：①现实经济技术条件；②社会文化条件；③可进入性条件；④法律法规和政策条件。如果一个地区某旅游资源可进入性好、现实经济技术条件能满足，地方居民与政府对旅游开发热情程度高，法律法规和政策条件也许可，这表明其能利用。如果不具备，其能利用率就要大打折扣。

3. 有效益是旅游资源开发的动力

旅游业涉及多个产业和行业部门，因其综合性、包容性和绿色化而备受关注。从政府角度看，发展旅游业可以促进地方经济社会文化的发展，在很大程度上提高地区对外开放水平，不断改善人居环境质量，增加财政收入和就业机会，从企业的角度看，可以在发展旅游业的过程中获取相应利润；从地方居民来看，可以转变自身生产生活方式，分享旅游发展红利。

（三）乡景旅游资源定义

综上所述，我们可以将乡景旅游资源定义为：凡是对旅游者产生吸引力，在现实条件下能被乡村旅游发展所利用，并能产生经济效益、社会效益和环境效益的各种乡村事物和因素。它以乡村自然环境为根基，是人与自然单方或双方共同作用的结果。它除了具备一般旅游资源的特征外，还具备如下特点。

1. 乡土性

乡土文化意义颇深，它总与“地方”和“故乡”有着千丝万缕的联系。没有了“地方”，“乡土”也就成了空中楼阁。如果离开了“乡土”，乡村旅游的“乡村性”更无从谈起，也就没有了核心卖点。“乡土性”作为乡村旅游资源的本质属性，未尝不是乡景旅游资源区别于其他旅游资源的重要特征之一。在乡村，土地、村舍、族群、仪式等无一不是重要的乡景元素，村民以土地为根基，在大地上不断地营造，创造了和创造着多样化的乡景。

2. 多样性

从乡景旅游资源形成的原因来看，乡景旅游资源包括自然乡景旅游资源和人文乡景旅游资源。自然乡景旅游资源包括乡村所在地的地质地貌、森林、河流、湖泊、海湾、气象等，因时空不一样，而呈现多样化特征。人文乡景旅游资源在不同的自然地理背景下诞生，大自然是乡景产生的背景和依托，不一样的自然地理环境将会产生不一样的乡村生产生活方式，从而形成多样化的“乡景”，如草原——游牧乡景、山区——梯田、滨海——渔村。此外，乡景旅游资源的多样特征还表现在乡村文化的多样性方面，不同的民族、不同的支系与不同自然地理环境的结合，人文乡景旅游资源变得更加丰富多彩。

3. 季节性

乡村作为与农业生产有关的聚落形态，乡景旅游资源的季节性也较为突出。譬如，在中国西南山区，春天繁花似锦，田中油菜花、村头李子花和桃花等不断开放，村落在鲜花中变得异常美丽；夏天，万物翠绿，夏果累累，乡村变得生机勃勃；秋天，田中水稻金黄，稻香满园，乡村一片丰收之景；冬天，田中长满了冬小麦、白菜和油菜等农作物，乡村别有一番风味。

二、乡景旅游资源分类

乡景旅游资源是乡村各种自然和人文地理要素组合而成的相互联系、彼此关联的一个有机整体，它彰显着一个乡村地区的自然与文化特质。正因为有了各类资源要素的不同组合，才建构了能承载旅游业发展的多样化“乡景”空间。在乡景旅游资源的分类、调查与评价中，如果过于强调分类，就很容易产生资源的碎片化；如果过于强调整体，也很容易造成资源认识的浅表化。乡景旅游资源的分类、调查与评价是辩证统一的。我们要在分类、调查研究的基础上，从系统的角度出发，将其作为一个客观的空间地域单元去认识。现行的有关乡景旅游资源的分类主要有以下两个国家标准，我们可以根据工作实际来选择适合的标准进行评价。

（一）《旅游资源分类、调查与评价》（GB/T 18972—2017）

《旅游资源分类、调查与评价》依据旅游资源的现存状况、形态和特征，对稳定的和客观存在的实体旅游资源以及不稳定的和客观存在的事物和现象，建立了“主类”“亚类”“基本类型”三个层次的分类体系。此标准充分考虑了自 GB/T 18972—2003 颁布实施以来，旅游界对旅游资源的含义、价值、应用等多方面的研究和实践成果，重点对旅游资源的类型划分进行了修订，由原来的 8 个主类、31 个亚类和 155 个基本类型变成了 8 个主类、23 个亚类和 110 个基本类型（见表 3-1）。本标准规定了旅游资源分类、旅游资源调查、旅游资源评价和提交的文（图）件，适用于旅游资源开发，其他行业和部门也可参考。

表 3-1 旅游资源基本类型释义①

主类	亚类	基本类型	简要说明
A 地文景观	AA 自然景观综合体	AAA 山岳型景观	山地丘陵内可供观光游览的整体景观或个别景观
		AAB 台地型景观	山地边缘或山间台地状可供观光游览的整体景观或个别景观
		AAC 沟谷型景观	沟谷内可供观光游览的整体景观或个体景观
		AAD 滩地型景观	缓平滩地内可供观光游览的整体景观或个别景观
	AB 地质与构造形迹	ABA 断裂景观	地层断裂在地表面形成的景观
		ABB 褶曲景观	地层在各种内力作用下形成的扭曲变形
		ABC 地层剖面	地层中具有科学意义的典型剖面
		ABD 生物化石点	保存在地层中的地质时期的生物遗体、遗骸及活动遗迹的发掘地点
	AC 地表形态	ACA 台丘状地景	台地和丘陵形状的地貌景观
		ACB 峰柱状地景	在山地、丘陵或平地上突起的峰状石柱
		ACC 垄岗状地景	构造形迹的控制下长期受溶蚀作用形成的岩溶地貌
		ACD 沟壑与洞穴	由内营力塑造或外营力侵蚀形成的沟谷、劣地，以及位于基岩内和岩石表面的天然洞穴
		ACE 奇特与象形山石	形状奇异、拟人状物的山体或石体
		ACF 岩土圈灾变遗迹	岩石圈自然灾害变动所留下的表面痕迹
	AD 自然标记与自然现象	ADA 奇异自然现象	发生在地表一般还没有合理解释的自然奇特现象
		ADB 自然标志地	标志特殊地理、自然区域的地点
		ADC 垂直自然带	山地自然景观及其自然要素（主要是地貌、气候、植被、土壤）随海拔升高呈递变规律的现象
B 水域景观	BA 河系	BAA 游憩河段	可供游览的河流段落
		BAB 瀑布	河水在流经断层、凹陷等地区时垂直从高空跌落的跌水
		BAC 古河段落	已经消失的历史河道现存段落
	BB 湖沼	BBA 游憩湖区	湖泊水体的观光游览区与段落
		BBB 潭地	四周有岸的小片水域
		BBC 湿地	天然或人工形成的沼泽地等带有静止或流动水体的成片浅水区
	BC 地下水	BCA 泉	地下水的天然露头
		BCB 埋藏水体	埋藏于地下的温度适宜、具有矿物元素的地下热水、热汽
	BD 冰雪地	BDA 积雪地	长时间不融化的降雪堆积面
		BDB 现代冰川	现代冰川存留区域
	BE 海面	BEA 游憩海域	可供观光游憩的海上区域
		BEB 涌潮与激浪现象	海水大潮时潮水涌进景象以及海浪推进时的击岸现象
		BEC 小型岛礁	出现在江海中的小型明礁或暗礁

① 表3-1、表3-3、表3-4、表3-5和表3-6均引自《旅游资源分类、调查与评价》(GB/T 18972—2017)，其中，表3-3略有改动。

续表

主类	亚类	基本类型	简要说明
C 生物景观	CA 植被景观	CAA 林地	生长在一起的大片树木组成的植物群体
		CAB 独树与丛树	单株或生长在一起的小片树林组成的植物群体
		CAC 草地	以多年生草本植物或小半灌木组成的植物群落构成的地区
		CAD 花卉地	一种或多种花卉组成的群体
	CB 野生动物栖息地	CBA 水生动物栖息地	一种或多种水生动物常年或季节性栖息的地方
		CBB 陆地动物栖息地	一种或多种陆地野生哺乳动物、两栖动物、爬行动物等常年或季节性栖息的地方
		CBC 鸟类栖息地	一种或多种鸟类常年或季节性栖息的地方
		CBD 蝶类栖息地	一种或多种蝶类常年或季节性栖息的地方
D 天象与气候景观	DA 天象景观	DAA 太空景象观赏地	观察各种日、月、星辰、极光等太空现象的地方
		DAB 地表光现象	发生在地面上的天然或人工光现象
	DB 天气与气候现象	DBA 云雾多发区	云雾及雾凇、雨凇出现频率较高的地方
		DBB 极端与特殊气候显示地	易出现极端与特殊气候的地区或地点，如风区、雨区、热区、寒区、旱区等典型地点
		DBC 物候景象	各种植物的发芽、展叶、开花、结实、叶变色、落叶等季变现象
E 建筑与设施	EA 人文景观综合体	EAA 社会与商贸活动场所	进行社会交往活动、商业贸易活动的场所
		EAB 军事遗迹与古战场	古时用于战事的场所、建筑物和设施遗存
		EAC 教学科研试验场所	各类学校和教育单位、开展科学研究的机构和从事工程技术试验场所的观光、研究、实习的地方
		EAD 建设工程与生产地	经济开发工程和实体单位，如工厂、矿区、农田、牧场、林场、茶园、养殖场、加工企业以及各类生产部门的生产区域和生产线
		EAE 文化活动场所	进行文化活动、展览、科学技术普及的场所
		EAF 康体游乐休闲度假地	具有康乐、健身、休闲、疗养、度假条件的地方
		EAG 宗教与祭祀活动场所	进行宗教、祭祀、礼仪活动场所的地方
		EAH 交通运输场站	用于运输通行的地面场站等
		EAI 纪念地与纪念活动场所	为纪念故人或开展各种宗教祭祀、礼仪活动的馆室或场地

续表

主类	亚类	基本类型	简要说明
E 建筑与设施	EB 实用建筑与核心设施	EBA 特色街区	反映某一时代建筑风貌，或经营专门特色商品和商业服务的街道
		EBB 特性屋舍	具有观赏游览功能的房屋
		EBC 独立厅、室、馆	具有观赏游览功能的景观建筑
		EBD 独立场、所	具有观赏游览功能的文化、体育场馆等空间场所
		EBE 桥梁	跨越河流、山谷、障碍物或其他交通线而修建的架空通道
		EBF 渠道、运河段落	正在运行的人工开凿的水道段落
		EBG 堤坝段落	防水、挡水的构筑物段落
		EBH 港口、渡口与码头	位于江、河、海沿岸进行航运、过渡、商贸、渔业活动的地方
		EBI 洞窟	由水的溶蚀、侵蚀和风蚀作用形成的可进入的地下空洞
		EBJ 陵墓	帝王、诸侯陵寝及领袖先烈的坟墓
		EBK 景观农田	具有一定观赏游览功能的农田
		EBL 景观牧场	具有一定观赏游览功能的牧场
		EBM 景观林场	具有一定观赏游览功能的林场
		EBN 景观养殖场	具有一定观赏游览功能的养殖场
		EBO 特色店铺	具有一定观光游览功能的店铺
		EBP 特色市场	具有一定观光游览功能的市场
	EC 景观与小品建筑	ECA 形象标志物	能反映某处旅游形象的标志物
		ECB 观景点	用于景观观赏的场所
		ECC 亭、台、楼、阁	供游客休息、乘凉或观景用的建筑
		ECD 书画作	具有一定知名度的书画作品
		ECE 雕塑	用于美化或纪念雕刻塑造、具有一定寓意、象征或象形的观赏物和纪念物
		ECF 碑碣、碑林、经幢	雕刻记录文字、经文的群体刻石或多角形石柱
		ECG 牌坊牌楼、影壁	为表彰功勋、科第、德政以及忠孝节义所立的建筑物，以及中国传统建筑中用于遮挡视线的墙壁
		ECH 门廊、廊道	门头廊形装饰物，不同于两侧基质的狭长地带
		ECI 塔形建筑	具有纪念、镇物、标明风水和某些实用目的的直立建筑物
		ECJ 景观步道、甬路	用于观光或游览行走而砌成的小路
		ECK 花草坪	天然或人造的种满花草的地面
		ECL 水井	用于生活、灌溉的取水设施
		ECM 喷泉	人造的由地下喷射至地面的喷水设备
		ECN 堆石	由石头堆砌或填筑形成的景观

续表

主类	亚类	基本类型	简要说明
F 历史遗迹	FA 物质类文化遗存	FAA 建筑遗迹	具有地方风格和历史色彩的历史建筑遗存
		FAB 可移动文物	历史上各时代重要实物、艺术品、文献、手稿、图书资料、带包性实物等，分为珍贵文物和一般文物
	FB 非物质类文化遗存	FBA 民间文学艺术	民间对社会生活进行形象的概括而创作的文学艺术作品
		FBB 地方习俗	社会文化中长期形成的风尚、礼节、习惯及禁忌等
		FBC 传统服饰装饰	具有地方和民族特色的衣饰
		FBD 传统演艺	民间各种传统表演方式
		FBE 传统医药	当地传统留存的医药制品和治疗方式
		FBF 传统体育赛事	当地定期举行的体育比赛活动
G 旅游商品	GA 农业产品	GAA 种植业产品及制品	具有跨地区声望的当地生产的种植业产品及制品
		GAB 林业产品与制品	具有跨地区声望的当地生产的林业产品及制品
		GAC 畜牧业产品与制品	具有跨地区声望的当地生产的畜牧业产品及制品
		GAD 水产品及制品	具有跨地区声望的当地生产的水产品及制品
		GAE 养殖业产品与制品	具有跨地区声望的当地生产的养殖业产品及制品
	GB 工业产品	GBA 日用工业品	具有跨地区声望的当地生产的日用工业品
		GBB 旅游装备品	具有跨地区声望的当地生产的户外旅游装备品和物品
	GC 手工艺品	GCA 文房用品	文房书斋的主要文具
		GCB 织品、染品	纺织及用染色印花织物
		GCC 家具	生活、工作或社会实践中供人们坐、卧或支撑与贮存物品的器具
		GCD 陶瓷	由瓷石、高岭土、石英石、莫来石等烧制而成，外表施有玻璃质釉或彩绘的物器
		GCE 金石雕刻、雕塑制品	用金属、石料或木头等材料雕刻的工艺品
		GCF 金石器	用金属、石料制成的具有观赏价值的器物
		GCG 纸艺与灯艺	以纸材质和灯饰材料为主要材料制成的平面或立体的艺术品
		GCH 画作	具有一定观赏价值的手工画成作品

续表

主类	亚类	基本类型	简要说明
HA 人文活动	HA 人事活动记录	HAA 地方人物	当地历史和现代名人
		HAB 地方事件	当地发生过的历史和现代事件
	HB 岁时节令	HBA 宗教活动与庙会	宗教信徒举办的礼仪活动以及节日或规定日子里在寺庙附近或既定地点举行的聚会
		HBB 农事节日	当地与农业生产息息相关的传统节日
		HBC 现代节庆	当地定期或不定期的文化、商贸、体育活动等

注：如果发现本分类没有包括的基本类型时，使用者可自行增加。增加的基本类型可归入相应的亚类，置于最后，最多可增加 2 个。编号方式为：增加第 1 个基本类型时，该亚类 2 位汉语拼音字母 +Z；增加第 2 个基本类型时，该亚类 2 位汉语拼音字母 +Y。

（二）《风景名胜区规划规范》（GB 50298—1999）

为适应风景名胜区保护、利用、管理和发展的需要，全面发挥风景名胜区的功能和作用，提高风景名胜区规划设计水平和规范化程度，1999 年 11 月，国家建设部发布了《风景名胜区规划规范》，自 2000 年 1 月 1 日实施。本规范适用于国务院和地方各级政府审定公布的各类风景名胜区的规划。《风景名胜区规划规范》将风景资源按照大类、中类和小类分为 2 个大类、8 个中类和 74 小类（见表 3–2）。

表 3–2　风景资源分类表[①]

大类	中类	小类
自然景源	1. 天景	①日月星光；②虹霞蜃景；③风雨阴晴；④气候景象；⑤自然声象；⑥云雾景观；⑦冰雪霜露；⑧其他天景
	2. 地景	①大尺度山地；②山景；③奇峰；④峡谷；⑤洞府；⑥石林石景；⑦沙景沙漠；⑧火山熔岩；⑨蚀余景观；⑩洲岛屿礁；⑪ 海岸景观；⑫ 海底地形；⑬ 地质珍迹；⑭ 其他地景
	3. 水景	①泉井；②溪流；③江河；④湖泊；⑤潭池；⑥瀑布跌水；⑦沼泽滩涂；⑧海湾海域；⑨冰雪冰川；⑩其他水景
	4. 生景	①森林；②草地草原；③古树古木；④珍稀生物；⑤植物生态类群；⑥动物群栖息地；⑦物候季相景观；⑧其他生物景观

① 本表与表 3–7 以及第八章的表 8–3 和表 8–4 均引自《风景名胜区规划规范》（GB 50298—1999）。

续表

大类	中类	小类
人文景源	1. 园景	①历史名园；②现代公园；③植物园；④动物园；⑤庭宅花园；⑥专类游园；⑦陵园墓园；⑧其他园景
	2. 建筑	①风景建筑；②民居宗祠；③文娱建筑；④商业服务建筑；⑤宫殿衙署；⑥宗教建筑；⑦纪念建筑；⑧工交建筑；⑨工程构筑物；⑩其他建筑
	3. 胜迹	①遗址遗迹；②摩崖题刻；③石窟；④雕塑；⑤纪念地；⑥科技工程；⑦游娱文体场地；⑧其他胜迹
	4. 风物	①节假庆典；②民族民俗；③宗教礼仪；④神话传说；⑤民间文艺；⑥地方人物；⑦地方物产；⑧其他风物

三、乡景旅游资源调查

乡景旅游资源调查是进行乡村旅游发展和乡村旅游规划的基础性工作之一，也是进行乡景旅游资源评价和乡村旅游产品开发建设的前期工作。只有摸清乡村旅游地的旅游资源家底，乡村旅游的发展才会有坚实的基础。

（一）基本要求

根据《旅游资源分类、调查与评价》（GB/T 18972—2017），乡景旅游资源调查的基本要求有如下三点：首先，应保证成果质量，强调整个运作过程的科学性、客观性和准确性，切实做到内容简洁和量化。其次，应充分利用与乡景旅游资源有关的各种资料和研究成果，完成统计、填表和编写调查文件等工作。调查方式以收集、分析、转化和利用这些资料和研究成果为主，并逐个对乡景旅游资源单体进行现场调查核实[①]。包括访问、实地观察、测试、记录、绘图、摄影和航拍等，必要时还需进行采样和室内分析。最后，乡景旅游资源调查可以分为“乡景旅游资源详查”和“乡景旅游资源概查”两个档次，其调查方式和精度要求也有所不同，二者区别如表 3-3 所示。

表 3-3 乡景旅游资源详查与概查的适合范围和要求

乡景旅游资源详查	乡景旅游资源概查
适用于了解和掌握整个区域乡景旅游资源全面情况的调查 应完成全部乡景旅游资源调查程序，包括调查准备、实地调查 应对全部乡景旅游资源单体进行调查，提交全部“乡景旅游资源单体调查表”	适用于了解和掌握特定区域或专门类型的乡景旅游资源调查 应对涉及的乡景旅游单体进行调查

① 根据《旅游资源分类、调查与评价》（GB/T 18972—2017）中的术语和定义，所谓旅游资源单体，是指可作为独立观赏或利用的旅游资源类型的单独个体，包括“独立型旅游资源单体”和由同一类型的独立单体结合在一起的“集合型旅游资源单体”。

（二）调查程序和方法

1. 调查准备阶段

（1）组织专家队伍：组建好专业齐全的调查组是进行乡景旅游资源调查的保证。调查组成员应具备与调查区旅游环境、旅游资源、旅游开发有关的专业知识，专家队伍需由旅游、环境保护、地质学、地理学、植物学、生态学、林学、生物学、建筑学、风景园林、历史文化、民族学、人类学等专业背景的专家构成。

（2）制订调查计划：乡景旅游调查工作计划包括调查目的、调查任务、调查范围、调查对象、调查方式、时间安排、精度要求、成员分工、调查成果表达方式与调查经费预算等内容。

（3）进行技术培训：依据《旅游资源分类、调查与评价》（GB/T 18972—2017）的相关要求，进行技术培训。

（4）准备仪器设备：准备好实地调查所需的仪器和设备，如负氧离子检测仪、GPS、测量仪器、影像设备等。

（5）收集相关资料：①调查工作底图，根据《旅游资源分类、调查与评价》（GB/T 18972—2017）的规定，工作底图包括等高线地形图和调查区行政地图等。其中，等高线地形图的比例尺视调查区面积的大小而定，较大面积的调查区，比例尺为1∶200000~1∶50000；较小面积的调查区，比例尺为1∶25000~1∶5000；特殊情况下的调查，比例尺会更大。②与乡景旅游资源单体及其赋存环境有关的各类文字描述资料，包括地方志、乡土教材、乡村旅游区与旅游点介绍、规划与专题报告等。③与乡景旅游调查区有关的各类图形资料，重点反映乡村旅游环境与乡景旅游资源的专题地图。④与乡景旅游资源调查区和乡景旅游资源单体有关的各类照片、影像资料。

（6）准备多份乡景旅游资源单体调查表（见表3–4）。

表3–4 旅游资源单体调查表

基本类型	
资源名称	
行政位置	
地理位置	东经 ° ′ ″，北纬 ° ′ ″
性质与特征（单体性质、形态、结构、组成成分的外在表现和内在因素以及单体生成过程、演化历史、人事影响等主要环境因素）	
旅游区域及进出条件［单体所在地区的具体部位、进出交通、与周边旅游集散地和主要旅游区（点）之间关系］	

续表

保护与开发现状（单体保存现状、保护措施、开发情况）			
共有因子评价问答（你认为本单体属于下列评价项目中的哪个档次，应该得多少分数，在最后的一列内写上分数）			
评价项目	档次	本档次规定得分	你认为应得的分数
单体为游客提供的观赏价值，或游憩价值，或使用价值如何	全部或其中一项具有极高的观赏价值、游憩价值、使用价值	30~22	
	全部或其中一项具有很高的观赏价值、游憩价值、使用价值	21~13	
	全部或其中一项具有较高的观赏价值、游憩价值、使用价值	12~6	
	全部或其中一项具有一般观赏价值、游憩价值、使用价值	5~1	
单体蕴含的历史价值，或文化价值，或科学价值，或艺术价值如何	同时或其中一项具有世界意义的历史价值、文化价值、科学价值、艺术价值	25~20	
	同时或其中一项具有全国意义的历史价值、文化价值、科学价值、艺术价值	19~13	
	同时或其中一项具有省级意义的历史价值、文化价值、科学价值、艺术价值	12~6	
	历史价值或文化价值、或科学价值、或艺术价值具有地区意义	5~1	
物种珍稀性、景观奇特性、现象遍在性在各地的常见性	有大量珍稀物种，或景观异常奇特，或此类现象在其他地区罕见	15~13	
	有较多珍稀物种，或景观奇特，或此类现象在其他地区很少见	12~9	
	有少量珍稀物种，或景观突出，或此类现象在其他地区少见	8~4	
	有个别珍稀物种，或景观比较突出，或此类现象在其他地区较多见	3~1	
个体规模大小，群体结构丰满性和疏密度，现象常见性	独立型单体规模、体量巨大；组合型旅游资源单体结构完美、疏密度优良级；自然景象和人文活动周期性发生或频率极高	10~8	
	独立型单体规模、体量较大；组合型旅游资源单体结构很和谐、疏密度良好；自然景象和人文活动周期性发生或频率很高	7~5	
	独立型单体规模、体量中等；组合型旅游资源单体结构和谐、疏密度较好；自然景象和人文活动周期性发生或频率较高	4~3	
	独立型单体规模、体量较小；组合型旅游资源单体结构较和谐、疏密度一般；自然景象和人文活动周期性发生或频率较小	2~1	
自然或人为干扰和破坏，保存完整情况	保持原来形态与结构	5~4	
	形态与结构有少量变化，但不明显	3	
	形态与结构有明显变化	2	
	形态与结构有重大变化	1	

续表

知名度和名牌度	在世界范围内知名，或构成世界承认的名牌	10~8	
	在全国范围内知名，或构成全国性的名牌	7~5	
	在本省范围内知名，或构成省内的名牌	4~3	
	在本地区范围内知名，或构成本地区名牌	2~1	
适游时间或服务游客情况	适宜游览的日期每年超过 300 天，或适宜于所有游客使用和参与	5~4	
	适宜游览的日期每年超过 250 天，或适宜于 80% 左右游客使用和参与	3	
	适宜游览的日期超过 150 天，或适宜于 60% 左右游客使用和参与	2	
	适宜游览的日期每年超过 100 天，或适宜于 40% 左右游客使用和参与	1	
受污染情况，环境条件及保护措施	已受到严重污染，或存在严重安全隐患	–5	
	已受到重度污染，或存在明显安全隐患	–4	
	已受到轻度污染，或存在一定安全隐患	–3	
	已有工程保护措施，环境安全得到保证	3	

本单体得分		本单体可能的等级	级	填表人		调查日期	年　月　日

注 1：单体序号：由调查组确定的旅游资源单体顺序号码。

注 2：单体名称：旅游资源单体的常用名称。

注 3："代号"项：代号用汉语拼音字母和阿拉伯数字表示，即"表示单体所处位置的汉语拼音字母 – 表示单体所属类型的汉语拼音字母 – 表示单体在调查区内次序的阿拉伯数字"。

如果单体所处的调查区是县级和县级以上的行政区，则单体代号按"国家标准行政代码（省代号 2 位 – 地区代号 3 位 – 县代号 3 位，参见 GB/T 2260）– 旅游资源基本类型代号 3 位 – 旅游资源单体序号 2 位"的方式设置，共 5 组 13 位数，每组之间用短线"–"连接。

如果单体所处调查区是县级以下的行政区，则旅游资源单体代号按照"国家标准行政代码（省代号 2 位 – 地区代号 3 位 – 县代号 3 位，参见 GB/T 2260）– 乡镇代号（由调查组自定 2 位）– 旅游资源基本类型代号 3 位 – 旅游资源单体序号 2 位"的方式设置，共 6 组 15 位数，每组之间用短线"–"连接。

如果遇到同一单体可归入不同基本类型的情况，在确定其为某一类型的同时，可在"其他代号"后按另外的类型填写，操作时只需改动其中"旅游资源基本类型代号"，其他代号项目不变。

填表时，一般可省略本行政区及本行政区以上的行政代码。

注 4："行政位置"项：填写单体所在本行政区归属，从高到低填写行政区单位名称。

注 5："地理位置"项：填写旅游资源单体主体部分的经纬度（精度到秒）。

注 6："性质与特征"项：填写旅游资源单体本身个性，包括单体性质、形态、结构、组成成分的外在表现和内在因素以及单体生成过程、演化历史、人事影响等主要环境因素，提示如下。

1）外观形态与结构类：旅游资源单体的整体状况、形态和突出（醒目）点；代表形象部分的细节变化；整体色彩和色彩变化、奇异华美现象，装饰艺术特色等；组成单体整体各部分的搭配关系和安排情况，构成单体主体部分的构造细节、构景要素等。

2）内在性质类：旅游资源单体的特质，如功能特性、历史文化内涵与格调、科学价值、艺术价值、经济背景、实际用途等。

3）组成成分分类：构成旅游资源单体的组成物质、建筑材料、原料等。

4）成因机制与演化过程类：表现旅游资源单体发生、演化过程、演变的时序数值；生成和运行方式，如形成机制、形成年龄和初建时代、发现或制造时间、盛衰变化、历史演变、现代运动过程、生长情况、存在方式、展示演示及活动内容、开放时间等。

5）规模与体量类：表现旅游资源单体的空间数值，如占地面积、建筑面积、体积、容积等；个性数值，如长度、宽度、高度、深度、直径、周长、进深、面宽、海拔、高差、产值、数量、生长期等；比率关系数值，如矿化度、曲度、比降、覆盖度、圆度等。

续表

6）环境背景类：旅游资源单体周围的境况，包括所处具体位置及外部环境，如目前与其共存成为单体不可分离的自然要素和人文要素，如气候、水文、生物、文物、民族等；影响单体存在与发展的外在条件，如特殊功能、雪线高度、重要战事、主要矿物质等；单体的旅游价值和社会地位、级别、知名度等。 7）关联事物类：与旅游资源单体形成、演化、存在有密切关系的典型的历史人物与事件等。 注 7："旅游区域及进出条件"项：包括旅游资源单体所在地区的具体部位、进出交通、与周边旅游集散地和主要旅游区（点）之间的关系等。 注 8："保护与开发现状"项：旅游资源单体保存现状、保护措施、开发情况等。 注 9："共有因子评价问答"项：旅游资源单体的观赏游憩价值、历史文化科学艺术价值、珍稀或奇特程度、规模丰度与几率、完整性、知名度和影响力、适游期和使用范围、污染状况与环境安全。

2. 实地调查的程序和方法

首先，确定调查区的调查小区和调查线路。在实地调查过程中，可将整个调查区分为若干调查小区。调查小区一般按行政区划分（如省级一级调查区，可将地区一级的行政区划分为调查小区；地区一级的调查区，可将县级一级的行政区划分为调查小区；县级一级的调查区，可将乡镇一级的行政区划分为调查小区；乡镇一级的调查区，可以将行政村作为调查小区），也可以按现有或规划中的旅游区划分。调查线路需按实际要求进行设置，应贯彻调查区内所有的调查小区和主要旅游资源单体所在的地点。

其次，选定调查对象。宜选下述单体进行重点调查：①具有旅游开发前景，有明显经济、社会、文化价值的乡景旅游资源单体；②集合型乡景旅游资源单体中具有代表性的部分；③代表调查区形象的乡景旅游资源单体。

对下列乡景旅游资源单体暂时不宜进行调查：①明显品位较低，不具有开发利用价值的；②与国家现行法律、法规相违背的；③开发后有损社会形象的或可能造成环境问题的；④影响国计民生的；⑤某些位于特定区域内的。

再次，积极采用切合实际的方法。在实地的乡景旅游资源调查中，调查组应通过野外实地踏勘，积极采用测量、采样、填绘、问卷、访问座谈等方式直接获取乡景旅游资源的相关信息。同时，要积极采用先进的仪器设备，提高乡景旅游资源的调查效率和科学水平。

最后，填写《旅游资源单体调查表》。应对每一调查单体分别填写一份《旅游资源单体调查表》。

四、乡景旅游资源评价

（一）乡景旅游资源评价的意义

乡景旅游资源评价是乡村旅游发展的基础工作之一。要使一个地区的乡景旅游资源优势转化为乡村旅游产品优势，使其产生良好的经济效益、社会效益、环境效益和文化效益，就需要在对乡景旅游资源进行深入调查研究的基础上，依据一定的标准进行系统性和科学性的评价，为该地区乡村旅游规划提供重要支撑。通过乡景旅游资源的评价，对乡景旅游资源进行系统认识，进一步发现乡村旅游特色，找准乡村旅游地的定位和发展方向。

（二）乡景旅游资源评价的原则

乡景旅游资源评价是一项复杂的系统工程，涉及面广，要素复杂。为了使乡景旅游资源评价更加科学合理、结果准确，需要遵循以下几条基本评价原则。

1. 赋权与共生

在旅游资源评价实践中，我们一直采用专家认知的方式进行评价。不可否认，专家认知主体在很大程度上为旅游资源的利用提供了重要的专家智慧。但在旅游资源评价过程中，特别是对乡景旅游资源的评价，不能忽视了东道主与游客的认知。如果忽视东道主对乡景旅游资源的认知，可能会对乡景旅游资源产生一些误读，从而导致对乡景旅游资源浅表性分析评价现象乃至规划性破坏的发生。如果忽视游客的认知，势必很难把握游客的需求，极易导致区域旅游产品规划建设与旅游市场需求的脱节与浅表性开发。

鉴于此，东道主、游客和专家的认知是三个不可分割的共生性认知维度。东道主认知彰显着自己与乡景旅游资源所达成的创造和被创造的关系，这是把握和提炼一个地区乡景旅游资源本身文脉的切入点，也是评估乡景旅游资源所在地社会文化环境容量的重要突破口，处于基础地位。游客认知关系着一个地区乡景旅游资源的市场价值评估、产品类型及形象定位，也是一个乡村旅游地能否保持持续吸引力的命脉所在，处于核心地位。专家认知评价是对乡景旅游资源的科学阐释，进一步提升了乡景旅游资源的价值品位，处于引导地位。在对乡景旅游资源评价的过程中，我们需要对东道主和游客赋予一定的评价权利，即所谓的“赋权”。作为评价主体的专家，根据东道主和游客对乡景旅游资源的认识与评价，结合自己的专业领域认识乡景旅游资源，最终得出评价结论。通过专家、东道主和游客三大认知主体的智慧，最终构建起乡景旅游资源评价的三维认知系统（见图 3–2）。

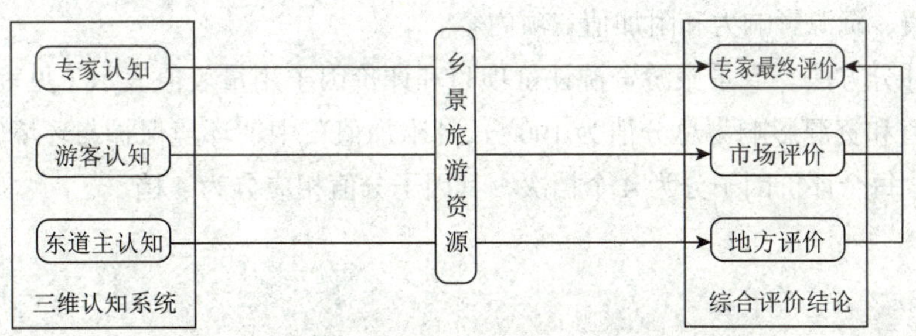

图 3–2　三大认知主体与乡景旅游资源的评价关系

2. 客观与公正

在乡景旅游资源评价的过程中，评价专家主体须根据评价对象，在充分尊重游客和东道主评价认知的前提下，对乡景旅游资源价值进行充分的认知和评价。尽管乡景旅游资源评价有着可供参考的国家标准，但因东道主与游客两大认知主体的缺失，加之专家本身的专业背景、经验、经历和偏好以及委托方的话语权等，都会对乡景旅游资源评价带来不良的影响。作为评价者，应竭尽全力排除干扰，力求在乡景旅游资源评价中更加客观和公正，科学、准确地对乡景旅游资源价值进行评价。

3. 定性与定量

乡景旅游资源评价既需要定量评价，又需要定性评价。定量评价是定性的基础，定性是定量的出发点与结果。如果乡景旅游资源只停留在纯粹的数字上，得到的仅仅是单纯的数量关系，无法显示出乡景旅游资源的特性；如果其只停留在主观经验的定性上，也难以对乡景旅游资源做出科学、客观的评价。乡景旅游资源定性和定量评价相结合是对客观与公正原则的延伸与深化，也是确保乡景旅游资源评价客观与公正的重要保证。

（三）乡景旅游资源评价的方法

乡景旅游资源评价可以根据目前现行的两个国家标准，选择适合自身实际的标准来进行评价，下面分别就这两个国家标准中的评价方法进行介绍。

1.《旅游资源分类、调查与评价》(GB/T 18972—2017)

（1）总体要求。本标准对旅游资源评价的总体要求如下：①应按照本标准的旅游资源分类体系（见表 3-1）对乡景旅游资源单体进行评价；②应采用打分评价的方法；③评价应由调查组完成。

（2）评价体系。根据旅游资源共有因子综合评价系统赋分。所谓旅游资源共有因子评价，即按照旅游资源基本类型所共同拥有的因子对旅游资源单体进行的价值和程度评价。在本标准的评价系统中设“评价项目”和“评价因子”两个档次；评价项目包含资源要素价值、资源影响力和附加值三项内容。

（3）计分方法。乡景旅游资源评价项目和评价因子用量表值表示（见表 3-5）。资源要素价值和资源影响力总分值为 100 分，“附加值”中“环境保护与环境安全”分正分和负分。每个评价因子分为 4 个档次，其因子分值相应分为 4 档。

表 3–5　旅游资源评价赋分标准

评价项目	评价因子	评价依据	赋值
资源要素价值（85 分）	观赏游憩使用价值（30 分）	全部或其中一项具有极高的观赏价值、游憩价值、使用价值	30~22
		全部或其中一项具有很高的观赏价值、游憩价值、使用价值	21~13
		全部或其中一项具有较高的观赏价值、游憩价值、使用价值	12~6
		全部或其中一项具有一般观赏价值、游憩价值、使用价值	5~1
	历史文化科学艺术价值（25 分）	同时或其中一项具有世界意义的历史价值、文化价值、科学价值、艺术价值	25~20
		同时或其中一项具有全国意义的历史价值、文化价值、科学价值、艺术价值	19~13
		同时或其中一项具有省级意义的历史价值、文化价值、科学价值、艺术价值	12~6
		历史价值、或文化价值、或科学价值、或艺术价值具有地区意义	5~1
	珍稀奇特程度（15 分）	有大量珍稀物种，或景观异常奇特，或此类现象在其他地区罕见	15~13
		有较多珍稀物种，或景观奇特，或此类现象在其他地区很少见	12~9
		有少量珍稀物种，或景观突出，或此类现象在其他地区少见	8~4
		有个别珍稀物种，或景观比较突出，或此类现象在其他地区较多见	3~1
	规模、丰度与几率（10 分）	独立型旅游资源单体规模、体量巨大；集合型旅游资源单体结构完美、疏密度优良；自然景象和人文活动周期性发生或频率极高	10~8
		独立型旅游资源单体规模、体量较大；集合型旅游资源单体结构很和谐、疏密度良好；自然景象和人文活动周期性发生或频率很高	7~5
		独立型旅游资源单体规模、体量中等；集合型旅游资源单体结构和谐、疏密度较好；自然景象和人文活动周期性发生或频率较高	4~3
		独立型旅游资源单体规模、体量较小；集合型旅游资源单体结构较和谐、疏密度一般；自然景象和人文活动周期性发生或频率较小	2~1
	完整性（5 分）	形态与结构保持完整	5~4
		形态与结构有少量变化，但不明显	3
		形态与结构有明显变化	2
		形态与结构有重大变化	1

续表

评价项目	评价因子	评价依据	赋值
资源影响力（15分）	知名度和影响力（10分）	在世界范围内知名，或构成世界承认的名牌	10~8
		在全国范围内知名，或构成全国性的名牌	7~5
		在本省范围内知名，或构成省内的名牌	4~3
		在本地区范围内知名，或构成本地区名牌	2~1
	适游期或使用范围（5分）	适宜游览的日期每年超过 300 天，或适宜于所有游客使用和参与	5~4
		适宜游览的日期每年超过 250 天，或适宜于 80% 左右游客使用和参与	3
		适宜游览的日期超过 150 天，或适宜于 60% 左右游客使用和参与	2
		适宜游览的日期每年超过 100 天，或适宜于 40% 左右游客使用和参与	1
附加值	环境保护与环境安全	已受到严重污染，或存在严重安全隐患	–5
		已受到中度污染，或存在明显安全隐患	–4
		已受到轻度污染，或存在一定安全隐患	–3
		已有工程保护措施，环境安全得到保证	3

注："资源要素价值"项目中含"观赏游憩使用价值""历史文化科学艺术价值""珍稀奇特程度""规模、丰度与几率"和"完整性"5 项评价因子。"资源影响力"项目中含"知名度和影响力""适游期或使用范围"2 项评价因子。"附加值"含"环境保护与环境安全"1 项评价因子。

根据对旅游资源单体的评价，得出该乡景旅游资源单体共有因子评价赋分值（见表 3–5）。依据乡景旅游资源单体评价总分，将乡景旅游资源评价划分为五个等级（见表 3–6）。未获等级旅游资源得分小于或等于 29 分。

表 3–6　旅游资源评价等级与图例

旅游资源等级	得分区间	图例	使用说明
五级旅游资源	≥ 90 分	★	1. 图例大小根据图面大小而定，形状不变 2. 自然旅游资源（旅游资源分类表中主类 A、B、C、D）使用蓝色图例；人文旅游资源（旅游资源分类表中主类 E、F、G、H）使用红色图例
四级旅游资源	75~89 分	■	
三级旅游资源	60~74 分	◆	
二级旅游资源	45~59 分	▲	
一级旅游资源	30~44 分	●	

注：五级乡景旅游资源称为"特品级旅游资源"；五级、四级、三级乡景旅游资源通称为"优良级旅游资源"；二级、一级乡景旅游资源通称为"普通级旅游资源"。

2.《风景名胜区规划规范》(GB 50298—1999)

(1)评价指标选择。根据《风景名胜区规划规范》(GB 50298—1999)中风景资源评价规定，乡景资源评价指标的选择应该符合表 3-7 中的有关规定，同时还应符合下列的规定：①对风景区或部分较大景区进行评价时，宜选用综合评价层指标；②对景点(由若干关联景物构成、具有相对独立性和完整性并具有审美特征的基本景域单位)或景群(由若干相关景点构成的景点群落或群体)进行评价时，宜选用项目评价层指标；③对景物(指具有独立欣赏价值的风景素材的个体，是风景区构景的基本单元)进行评价时，宜在因子评价层指标中选择。

表 3-7　风景资源评价指标层次

综合评价层	赋值	项目评价层	权重	因子评价层
1. 景源价值	70~80 分	(1)欣赏价值 (2)科学价值 (3)历史价值 (4)保健价值 (5)游憩价值		①景感度②奇特度③完整度 ①科技值②科普值③科教值 ①年代值②知名度③人文值 ①生理值②心理值③应用值 ①功利性②舒适度③承受力
2. 环境水平	10~20 分	(1)生态特征 (2)环境质量 (3)设施状况 (4)监护管理		①种类值②结构值③功能值 ①要素值②等级值③灾变率 ①水电能源②工程管网③环保设施 ①监测机能②法规配套③机构设置
3. 利用条件	5 分	(1)交通通讯 (2)食宿接待 (3)客源市场 (4)运营管理		①便捷性②可靠性③效能 ①能力②标准③规模 ①分布②结构③消费 ①职能体系②经济结构③居民社会
4. 规模范围	5 分	(1)面积 (2)体量 (3)空间 (4)容量		

(2)乡景资源分级标准。景源评价分级必须分为特级、一级、二级、三级、四级 5 个等级。应根据景源评价单元的特征及其不同层次的评价指标分值和吸引力范围，评出乡景资源等级，具体如下。

①特级景源应具有珍贵、独特、世界遗产价值和意义，有世界奇迹般的吸引力；

②一级景源应具有名贵、罕见、国家重点保护价值和国家代表性作用，在国内外著名和有国际吸引力；

③二级景源应具有重要、特殊、省级重点保护价值和地方代表性作用，在省内外闻名和有省际吸引力；

④三级景源应具有一定价值和游线辅助作用，有市县级保护价值和相关地区的吸引力；

⑤四级景源应具有一般价值和构景作用，有本风景区或当地的吸引力。

在对乡景旅游资源评价的过程中，无论选择哪一个国家标准，一定要在分类的基础上注重各乡景旅游资源单体之间的联系，即既分又合，切记贪多而导致碎片化。要强调各个乡景旅游资源单体的组合优势和乡景旅游地的整体性和系统性，如此，乡景旅游资源评价才更加有价值和意义。

【复习思考题】

1. 试比较景观与风景的异同。
2. 试比较乡景与乡景旅游资源的异同。
3. 乡景具有哪些基本特征？
4. 乡景旅游资源分类、调查与评价的依据有哪些，其程序和方法是什么？

【课后实践】

以某乡村旅游区为例，进行乡景旅游资源的分类、调查与评价。

第四章　乡村旅游规划

【学习目标】

- 认识旅游规划和乡村旅游规划的区别；
- 掌握乡村旅游规划的类型；
- 掌握各类乡村旅游规划的主要任务和编制内容；
- 掌握乡村旅游规划图制作的基本内容与要求。

第一节　旅游规划与乡村旅游规划

一、旅游规划

"二战"后，许多国家和地区都在不同程度地致力于恢复和发展本国经济，社会生产力得到了显著提升。经济社会的发展提高了居民的可自由支配收入，社会保障体系逐步完善。生产力的发展有效增加了人们的闲暇时间，有效推动和促进了全球旅游业的迅速发展。如何更好地发展旅游业，作为战略性思考和行动指南的旅游规划（Tourism Planning）应运而生。

西方国家旅游发展较早，是全世界旅游规划的先驱。20 世纪 30 年代中期，以英国、法国、爱尔兰等为代表的西方国家开始为一些旅游项目、旅游接待服务设施进行基础性的市场评估与场地设计。1959 年，在美国夏威夷州规划制定的过程中，旅游规划正式成为区域规划中的一个重要组成部分，标志着真正的旅游规划诞生（马勇，李玺，2002）。

旅游规划是在分析研究规划区旅游业发展条件的基础上，在特定历史背景下，为实现某一目标对规划区旅游系统要素的安排和部署。旅游规划作为一项系统工程，需要在充分研究旅游市场需求和发展趋势、规划区旅游发展条件的基础上，精准定位目标市场，创意策划出满足市场需求的产品与项目，通过产品开发和项目的落地，拉动、聚合形成大旅游产业，进一步促进规划区经济社会的发展以及人与环境的和谐共生。为此，旅游规划的编制需要经济、市场、建筑、文化、艺术、环保、市政、植物、景观、生态、地质、金融、人类学等方面的专家组建起“旅游智库”方可完成。

根据《国家旅游规划通则》（GB/T 18971—2003）的规定，不同层级的旅游规划，其规划任务和编制内容有很大区别。从发展规划层面看，旅游规划编制主体内容应该包括：①背景研究，全面分析规划区旅游业发展历史与现状、优势与制约因素，并与相关规划进行衔接；②市场分析，分析规划区的客源市场需求总量、地域结构、消费结构及其他结构，预测规划期内客源市场需求总量、地域结构、消费结构及其他结构；③发展目标与战略；④产品体系规划；⑤空间布局规划与分区项目规划；⑥旅游市场营销规划；⑦环境保护规划；⑧基础设施与旅游服务设施规划。从旅游区总体规划上看，旅游规划编制的主体内容除上述 8 项内容外，还应增加：①旅游区范围界定、现状调查和分析与旅游资源评价；②土地利用规划；③旅游容量规划；④内外交通规划；⑤景观系统与绿地系统规划；⑥安全防灾规划；⑦投融资规划。在上述编制内容中，除背景研究外，其他编制内容均可独立成为一个专项规划，如旅游市场营销规划、旅游环境保护规划、旅游服务设施规划等。

在旅游开发实践中，为了旅游项目更好地落地，可在旅游规划和相关上位规划的指导下编制具体的旅游项目开发规划。该类规划从某种意义上讲，属于旅游区规划。可视项目占地的大小，选择不同旅游区规划类型。如果项目占地很大，可按照旅游区总体规划的体例进行编制；如果项目占地一般，就要兼顾项目定位、空间布局、土地利用和规划设计效果的表现，也就是说，此类规划在编制过程中兼顾了旅游区总体规划、控制性详细规划和修建性详细规划的内容。如果落地的旅游项目仅仅涉及某一具体小地块，可直接编制修建性详细规划，甚至可完成初步设计阶段的相关任务。为了进行项目前期立项和展示项目概念，甚至还出现了以展示项目定位、理念和效果的“概念性规划”。因此，旅游项目规划是相对宏观、中观和微观的关系。旅游规划类型如图 4-1 所示。

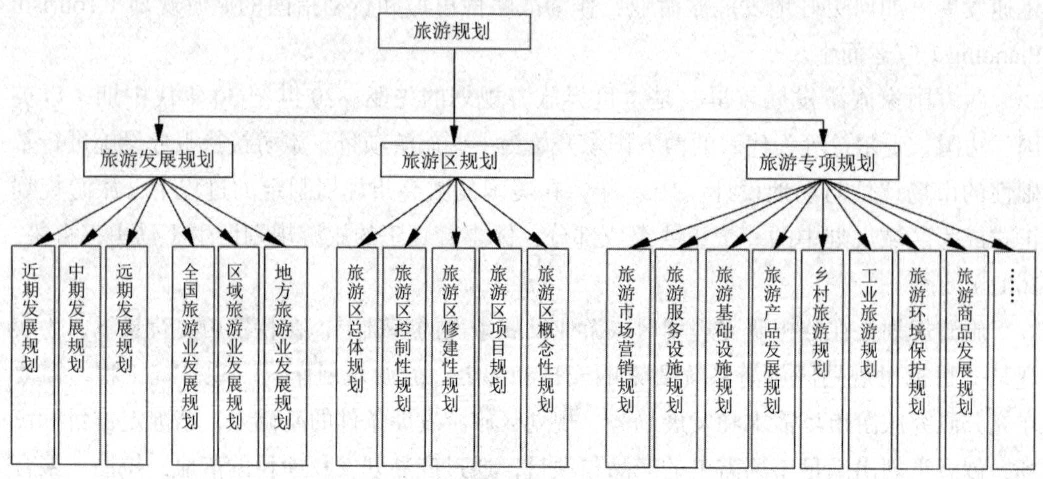

图 4-1　旅游规划分类体系

二、乡村旅游规划

乡村旅游规划（Rural Tourism Plan）是在对规划区乡村旅游资源、乡村旅游发展历史、现状以及旅游市场进行调查研究的基础上，明确乡村旅游发展的战略重点，在特定历史条件下，为实现某一发展目标而所做的总体部署和具体安排。乡村旅游规划的对象是乡村旅游系统，该系统由客源市场子系统和旅游供给子系统构成。

三、乡村旅游规划类型

乡村旅游规划作为旅游规划中的一种特殊类型，根据《国家旅游规划通则》（GB/T 18971—2003）①，结合乡村旅游规划的实践，乡村旅游规划可以分为：乡村旅游发展规划和乡村旅游区规划两大基本类型。

乡村旅游发展规划是根据乡村旅游的历史、现状和市场要素的变化所制定的目标体系，以及为实现目标体系在特定发展条件下对乡村旅游发展要素所做的具体安排。乡村旅游发展规划划分标准不同，可划分为不同的类型。根据规划期限的长短，可分为近期发展规划、中期发展规划和远期发展规划。近期发展规划为3~5年，中期发展规划为5~10年，远期发展规划为10~20年。根据规划范围和政府管理层次，乡村旅游发展规划可划分为全国乡村旅游发展规划、区域乡村旅游发展规划和地方乡村发展规划。其中，地方乡村旅游规划又可进一步划分为省级乡村旅游发展规划、地市级乡村旅游发展规划、县级乡村旅游发展规划等。

乡村旅游区规划按照规划层次和编制深度，可以分为总体规划、控制性详细规划、修建性详细规划和概念性规划。乡村旅游规划分类体系图如图4–2所示。

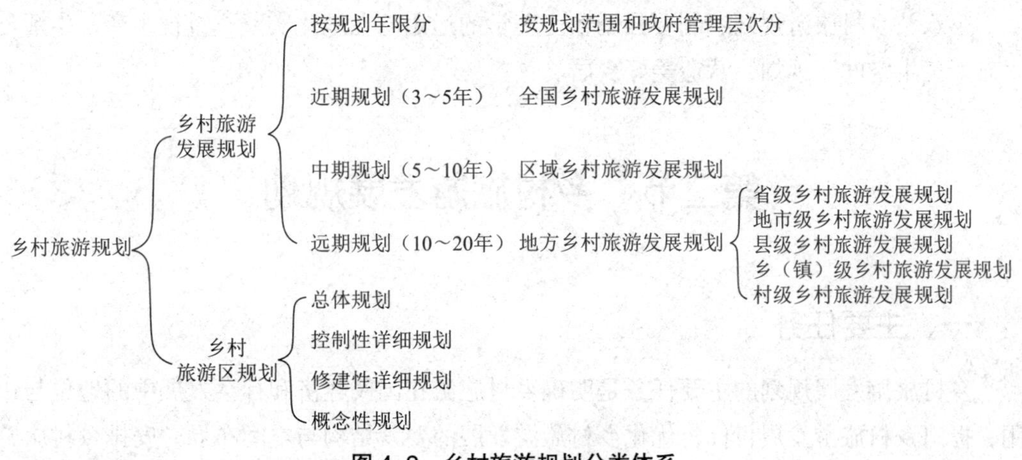

图4–2 乡村旅游规划分类体系

① 为规范旅游规划的编制工作，提高我国的旅游规划工作总体水平，符合旅游规划的科学性、前瞻性和可操作性的要求，促进旅游业可持续发展，由原国家旅游局（现为文化和旅游部）规划发展与财务司、清华大学建筑学院在参照住房和城乡建设部城市规划编制相关技术规范的基础上，起草了《国家旅游规划通则》（GB/T 19871—2003），中华人民共和国国家质量监督检验检疫总局于2003年2月24日发布，并于2003年5月1日起实施，成为指导我国旅游规划编制的最高技术文件。

四、乡村旅游规划编制的要求

乡村旅游规划的编制要求需与《旅游规划通则》（GB/T 18971—2003）中旅游规划编制的要求相一致，同时又确保规划的“乡村性”，具体如下：

第一，乡村旅游规划编制要以国家和地区社会经济发展战略为依据，以旅游业发展方针、政策及法规为基础，与城市总体规划、国土空间规划和主体功能区规划相适应，并与其他相关规划相协调。

第二，乡村旅游规划编制要坚持以旅游市场需求为导向，以乡景旅游资源为基础，以村民为主位，经济、社会和环境效益可持续发展为指导方针。

第三，乡村旅游规划编制要突出地方特色，注重区域协同，强调空间一体化发展，避免近距离不合理重复建设，加强对乡景旅游资源的保护，减少对乡景旅游资源的浪费。

第四，乡村旅游规划编制鼓励采用先进方法和技术。在编制过程中应当进行多方案的比较，并征求各有关行政管理部门的意见，尤其是当地村民的意见。

第五，乡村旅游规划编制工作所采用的勘察、测量方法、图件、资料等要符合相关国家标准和技术规范，并增设相应的指标。

第六，乡村旅游规划技术指标，应当适应乡村旅游业发展的长远需要，具有适度超前性。

第七，乡村旅游规划编制人员应有比较广泛的专业构成，应涵盖城乡规划学、建筑学、环境科学与工程、风景园林学、市政设施、经济学、管理学、地质学、地理学、农学、设计学、文化人类学、旅游管理等方面。

第八，乡村旅游规划编制要强调乡土美学的运用与在地化实践，重视生产、生活与生态“三生空间”规划，营造美好乡居。

第二节　乡村旅游发展规划

一、主要任务

乡村旅游发展规划的主要任务是明确乡村旅游在国民经济和社会发展中的地位与作用，提出乡村旅游发展目标，优化乡村旅游发展的要素结构与空间布局，安排乡村旅游发展优先项目，促进乡村旅游持续、健康、稳定与和谐发展。

二、规划主要内容

（1）全面分析规划区乡村旅游发展历史与现状、优势与制约因素，并与相关规划进行衔接。

（2）分析规划区的客源市场需求总量、地域结构、消费结构及其他结构，预测规划期内客源市场需求总量、地域结构、消费结构及其他结构。

（3）提出规划区的乡村旅游主题形象和发展战略。

（4）提出乡村旅游发展目标及其依据。

（5）明确乡村旅游产品开发的方向、特色与主要内容。

（6）提出乡村旅游发展重点项目，对其空间及时序做出安排。

（7）提出乡村旅游要素结构、空间布局及供给要素的原则和办法。

（8）按照可持续发展原则，注重保护开发利用的关系，提出合理的措施。

（9）提出规划实施的保障措施。

（10）对规划实施的总体进行投资分析，主要包括旅游设施建设、配套基础设施建设、旅游市场开发、人力资源开发等方面的投入与产出方面的分析。

（11）制订 3~5 年的乡村旅游行动计划。

三、规划成果

（1）规划文本。在完成规划编制说明书的基础上，进行提炼，参照法律文本的写法，形成规划的法定文本。

（2）规划图表。规划的图表包括区位分析图、乡景旅游资源分析图、乡村旅游客源市场分析图、乡村旅游发展目标图表、乡村旅游产发展规划图等。

（3）附件。规划成果的附件包括规划说明和基础资料等。

第三节　乡村旅游区规划

一、乡村旅游区总体规划

（一）主要任务

乡村旅游区总体规划的任务是分析乡村旅游区客源市场，确定旅游区的主题形象，划定乡村旅游区的用地范围及空间布局，安排乡村旅游区基础设施建设内容，提出发展措施。

（二）规划主要内容

（1）分析乡村旅游区的上位规划与相关规划，与乡村旅游区上位规划和相关规划进行衔接。

（2）界定乡村旅游区范围，进行现状调查和分析，对乡村旅游区的旅游资源进行科学评价。

（3）对乡村旅游区客源市场的需求总量、地域结构、消费结构等进行全面分析与预测。

（4）确定乡村旅游区的性质和主题形象。

（5）确定乡村旅游区的功能分区和土地利用，提出规划期内的旅游容量。

（6）规划乡村旅游区对外交通系统的布局和主要交通设施的规模、位置以及乡村旅游区内部的其他道路系统的走向、断面和交叉形式。

（7）规划乡村旅游区的景观系统和绿地系统的总体布局。

（8）规划乡村旅游区其他基础设施、服务设施和附属设施的总体布局。

（9）规划乡村旅游区的防灾系统和安全系统的总体布局。

（10）完成乡村旅游区的居民社会调控规划。

（11）研究并确定乡村旅游区资源的保护范围和保护措施。

（12）规划乡村旅游区的环境卫生系统布局，提出防止和治理污染的措施。

（13）提出乡村旅游区近期建设规划，并对重点项目进行策划。

（14）提出总体规划的实施步骤、措施和方法以及规划、建设、运营中的管理意见。

（15）对乡村旅游区开发建设进行总体投资分析。

（三）规划成果

（1）规划文本。在完成规划编制说明书的基础上，进行提炼，参照法律文本的写法，形成规划的法定文本。

（2）规划图表。包括乡村旅游区区位图、综合现状图、乡村旅游市场分析图、乡村旅游资源评价图、总体规划图、道路交通规划图、功能分区图等其他专业规划图、近期建设规划图等。

（3）附件。包括规划说明书和基础资料等。

二、乡村旅游区控制性详细规划

（一）主要任务

乡村旅游区控制性详细规划在乡村旅游区总体规划或相关规划的指导下，为了近期建设的需要，可编制乡村旅游区控制性详细规划。乡村旅游区控制性详细规划的任务是以总体规划或者相关规划为依据，详细规定规划区内建设用地的各项控制指标和其他规划管理要求，为规划区内一切乡村旅游的建设与发展活动提供指导。

（二）规划主要内容

（1）分析规划区的上位规划与相关规划，与规划区上位规划和相关规划进行衔接。

（2）详细划定规划范围内各类不同性质用地的界线，规定各类用地内适建、不适建或者有条件地允许建设的建筑类型。

（3）划分地块，规定建筑高度、建筑密度、容积率、绿地率等控制指标，并根据各类用地的性质增加其他必要的控制指标。

（4）规定交通出入口方位、停车泊位、建筑后退红线、建筑间距等要求。

（5）提出对各地块的建筑体量、尺度、色彩、风格等要求。

（6）确定各级道路的红线位置、控制点坐标和标高。

（7）完成规划区的居民社会调控规划。

（8）提出规划保障措施和实施意见。

（三）规划成果

（1）规划文本。在完成规划编制说明书的基础上，进行提炼，参照法律文本的写法，形成规划的法定文本。

（2）规划图表。包括乡村旅游区综合现状图，各地块的控制性详细规划图，各项工程管线规划图等。其中，规划图纸的比例尺≥1∶2000。

（3）附件。包括规划说明书和基础资料等。

三、乡村旅游区修建性详细规划

（一）主要任务

对乡村旅游区当前要建设的地段应编制修建性详细规划。乡村旅游区修建性详细规划的任务是在总体规划或控制性详细规划或者其他相关规划的基础上，进一步深化和细化，用以指导各项建筑和工程设施的设计和施工。

（二）规划主要内容

分析规划区的上位规划与相关规划，并与规划区上位规划和相关规划进行衔接；综合现状与建设条件分析；用地布局；景观系统规划设计；道路交通系统规划设计；绿地系统规划设计；乡村旅游服务设施及附属设施系统规划设计；工程管线系统规划设计；竖向规划设计；环境保护和环境卫生系统规划设计。

（三）规划成果

规划设计说明书；规划图件，包括规划区综合现状图，修建性详细规划总图、道路交通规划设计图、景观系统规划设计图、绿地系统规划设计图、工程管网综合规划设计图、竖向规划设计图、鸟瞰或透视等效果图。其中，规划图纸的比例尺≥1∶1000。

四、乡村旅游区概念性规划

乡村旅游区概念性规划不属于《旅游规划通则》（GB/T 18971—2003）中旅游区规划的某一类型，而是旅游规划实践诞生的一种新型规划类型。此类规划有着策划的性质，兼顾了乡村旅游区总体规划、控制性详细规划和修建性规划的部分内容。

（一）主要任务

乡村旅游区概念性规划的任务是为了充分展示和表达某一乡村旅游区未来一段时期的发展蓝图，分析乡村旅游区客源市场，提出乡村旅游区初步发展思路，制定乡村旅游区的发展目标与战略，完成乡村旅游区的空间布局和分区项目规划，提出项目建设用地规划和拟开发建设措施，安排基础设施建设内容，进行投融资与效益分析，促进乡村旅游可持续发展。

（二）规划主要内容

全面分析规划区发展历史与现状、优势与制约因素，并与相关规划进行衔接；分析规划区的旅游客源市场需求总量、地域结构、消费结构及其他结构，预测规划期内客源市场需求总量、地域结构、消费结构及其他结构；分析规划区现状与建设条件；对规划区的规划区主题形象进行定位；制定规划区的规划区发展目标及战略；完成规划区空间布局与分区项目规划；提出规划区产品开发的方向、特色与主要内容；对规划区的旅游基础设施、附属设施和工程管网进行初步规划；完成规划区景观系统初步规划；划定规划区各类建设用地和非建设用地；按照可持续发展原则，注重保护开发利用的关系，提出合理的措施；对规划实施投融资与效益进行分析；制订近期3~5年的规划区行动计划；提出规划实施的保障措施。

（三）规划成果

向业主方提交图文并茂的规划文本，包含系列图表、区位分析图、乡景旅游资源分析图、乡村旅游区空间布局图、总平面图、规划项目布置图、基础设施规划图、土地利用规划图、景观系统规划图、重点项目规划设计图（或示意图）、鸟瞰图（或示意图）、乡村旅游客源市场分析图等。

第四节　乡村旅游规划制图

制图是乡村旅游规划的重要技术工作，专业性强，涉及内容庞杂，需要在遵循相关制图规范、原则和习惯的基础上，综合运用专门的制图软件来辅助完成各类乡村旅游规划图的设计与制作。

一、地图基础知识

（一）地图的含义

所谓地图，是指在一定数学法则下，通过对所要绘制的地理信息进行科学抽象和概括后，运用系列符号系统、制图技术工具和方法将其表达在一定载体上的专门图形。从考古发掘来看，古埃及和巴比伦在4000多年前就将地图刻录在陶片上，我国长沙马王堆汉墓也曾出土了2000多年前绘制在缣帛上的三幅古地图。经过几千年的发展，地图被人们广泛应用于军事、航海、气象、区划等领域，成为人们认识地球、了解世界、管理事务和科学研究等的重要手段和工具。

（二）地图的特征

地图作为一种表达客观世界的科学工具，具有如下几个重要的基本特征。

1. 地图具有一定的数学法则

地图总以缩小版的形式来表达地理事物，就需要按照一定的比例来进行缩小或者放大，这就涉及“比例尺”大小的问题。地球作为一个不规则的球体，需要把地球曲面上的事物和现象转换为平面状态来表示，这就涉及地图的投影问题。此外，地物分布在不同地理空间中，在地图绘制中必须准确地反映地物所在的地理位置，这就涉及各种坐标系统的问题。因此，我们可以这样认为，地图实际上就是数学模型的物质再现和表达。

2. 地图是科学概括和抽象的产物

地图要将现实世界超大空间中的事物和现象在有限幅面上进行表达，这就需要对大量的地理信息按照一定的比例进行“缩放”处理，进行系统的分类、简化、夸张和符号化，完成对所要表达的地理信息的概括和抽象。

3. 地图拥有完整的符号系统

地图的符号系统是对事物和现象的抽象表示，不仅有图形符号（如图例），广义上还包括地图上的文字注记。地图表现的对象是地球上的事物和现象，地理信息庞杂，数量巨大，只有运用完整的符号系统，才能更好地将其表达出来，才能以有限的幅面再现宽广世界中事物和现象的时空分布规律。

（三）地图的构成要素

一幅完整的地图由诸多要素所构成，这些要素可以分为数学要素、地理要素和图廓外辅助要素三种类型（何宗宜，宋鹰，李连营，2016）。数学要素是地图科学性的基础，包括比例尺、控制点、地图投影等内容。地理要素是地图所要表达的内容，包括自然要素、社会经济要素和其他重要的标志物。图廓外辅助要素则是指为阅读和使用地图时提供的具有一定参考意义的说明性内容或工具性内容。

（四）地图的分类

地图类型种类繁多，根据不同的分类标准，可以把地图分为诸多类型。

1. 按照地图内容分类

根据地图内容，可以将地图分为普通地图和专题地图两种类型。普通地图是指表达自然地理和社会经济一般特征的地图，此类地图不会专门偏重和说明某个要素。专题地图所表达的东西恰好与普通地图相反，是指专门表示一种或几种主题要素及其相互关系的地图，如人口分布图、矿产资源分布图、旅游地图等，乡村旅游规划图就属于专题地图。

2. 按照比例尺分类

按照比例尺，地图分为大比例尺地图、中比例尺地图和小比例尺地图三种类型。其中，比例尺≥ 1∶100000，为大比例尺地图；1∶1000000 ＜比例尺＜ 1∶100000，为中比例尺地图；比例尺≤ 1∶1000000，为小比例尺地图。

3. 按照载体分类

按照载体来分，可将地图划分实物地图和虚拟地图。实物地图是以各种物质实体为载体的地图，如纸质地图；虚拟地图是以数字化技术为手段进行虚拟呈现的地图，也称数字地图，如各类电子地图。

二、乡村旅游规划图

（一）乡村旅游规划图的含义

乡村旅游规划图是用于反映一段时期乡村旅游发展的一种专题地图，为乡村旅游建设发展、决策管理和科学研究提供重要依据。乡村旅游规划图不是由一张图纸来完成的，而是由若干图纸组成的，从这种意义上讲，乡村旅游规划图实际是一套完整的专题地图集。

（二）乡村旅游规划图的特点

乡村旅游规划图除了具有一般地图的基本特征外，还有专业指向性和层次性的特点。

1. 专业指向性

乡村旅游规划图是乡村旅游地实施规划建设和运营管理的重要手段和工具，具有极强的专业向性特征，它需要从多个方面来反映乡村旅游地的规划建设问题，涉及区位分析、规划边界、生态红线管控、产业布局、旅游功能分区、项目土地利用、工程管网、旅游客源市场等，这些专门的图件都具有重要的主题和规划意义，都在从不同的角度反映了乡村旅游的规划建设内容，为乡村旅游的发展指明了方向。

2. 层次性

参照国家相关的标准，乡村旅游规划根据规划深度，可以分为宏观层次、中观层次和微观层次不同的类型和层级，不同类型和层级的乡村旅游规划所要求的图件类型是不一样的。

宏观层次的乡村旅游规划图主要是乡村旅游发展规划类的图纸和乡村旅游区总体规划的部分图纸。乡村旅游发展规划图纸制作在一定程度上没有要求用多大的比例尺，基本能反映乡村旅游规划区的区位关系、产业空间布局、重大项目分布、基础设施和旅游服务设施布局就可以。

中观层次的乡村旅游规划图主要是乡村旅游区总体规划和控制性详细规划的绝大部分图纸。在乡村旅游总体规划中，除了具备一般发展规划所必有的图件，还要求有景观、绿地、道路断面等图件。控制性详细规划更强调地块的管控，因此，乡村旅游规划图中，地块开发控制图就显得极为重要，它由若干的分图构成，并且规划图纸的比例尺不能小于1∶2000。

微观层次的乡村旅游规划图是指乡村旅游区修建性详细规划的图纸，乡村旅游区修建性详细规划图带有了更强的“设计”色彩，图纸要能指导乡村旅游区的各项建筑和工程设施的设计和施工，规划图不仅有平面的，还要有三维的，而且对比例尺的要求更高，通常为1∶500。

（三）乡村旅游规划图的分类

根据《城市规划制图标准》（CJJ/T 97—2003），乡村旅游规划图纸可以分为现状图、规划图和分析图三种类型。乡村旅游规划的现状图是记录规划工作起始的乡村状态的图纸，应包括乡村用地现状图和各专项现状图。乡村旅游规划的规划图是反映规划意图和乡村旅游规划各阶段规划状态的图纸。乡村旅游规划的分析图是指在规划过程中对规划区某一要素和多个要素进行分析后的结果表达图纸，如乡景旅游资源分析评价图、高程分析图、坡度分析图等。

三、乡村旅游规划图的绘制

（一）规划设计表达

规划设计表达是指规划设计人员综合运用各种技术手段向业主、公众或团队成员等展示规划设计思想和未来蓝图的专业技术活动。规划设计表达与人类的营建活动密不可分，表达的方法和技术手段随着人类科技发展而不断进步。根据表达载体的形式可以将规划设计表达划分为纸质表达、模型表达、数字表达和集成表达四种形式。

1. 纸质表达

纸质表达是规划设计中最为常见的一种表达方式，即规划设计人员将规划设计的思想、理念和想法等绘制在纸上的专业技术活动。譬如，各类规划设计的手绘草图和通过计算机辅助设计后打印出来的各类纸质规划设计图等。手绘作为规划设计技术人员的基本功，要求规划设计人员具备一定的绘画基础，掌握素描、透视、色彩、画法几何等专业知识和技能，以更好地进行纸质表达。

2. 模型表达

规划设计的模型表达历史悠久。在封建社会建设城市或者宫殿的过程中，营造师会根据规划设计图纸用泥土捏成模型，模拟和展示规划设计后的场景，从而使二维的规划图纸以三维的方式来呈现整个规划设计效果，成为现代"沙盘"的雏形。模型表达作为最接近现实的一种表达方式，可以逼真地向人们展示未来的规划图景，使非专业技术人员能简单、快捷地了解规划设计的整体效果。

3. 数字表达

伴随着现代科学技术的进步，计算机辅助设计进入规划和工程设计领域，大幅度提高了人们的规划设计能力。以 3ds Max、AutoCAD 、Adobe Photoshop 等专业技术软件的诞生为标志，人类规划设计步入了计算机辅助设计时代。人们通过多种软件的配合使用，将规划设计通过数字化的形式展现出来。

4. 集成表达

集成表达是指规划设计人员综合运用纸质、模型和数字等多种方式向人们展示其规划效果的一种表达方式。在规划设计中，纸质表达、模型表达和数字表达各有优劣，作为一个合格的规划设计人员，要善于发挥各种表达方式的优点，向业主全方位、多角度地表达规划设计的思想和展示规划设计的效果。

（二）绘制工作程序

目前，乡村旅游规划图绘制的工作程序可分为三大阶段来完成。

1. 明确编绘任务

各种类型和层次的乡村旅游规划所需要提交的图纸是不一样的，同时根据乡村旅游规划业主方的要求，可能还会增加超出国家相关规划规范所要求的图纸。制图员在进行乡村旅游规划图绘制之前，首先要明确乡村旅游规划图的编绘任务，在此基础上，确定相应的规划制图方案。

2. 资料准备

制图员根据确定的乡村旅游规划图的编绘任务，收集与编绘任务有关的资料。这些资料包括：①地图资料。地图资料可以为制图员提供许多绘制乡村旅游专题地图时所

需的信息，如规划区的行政区划图、交通图、地质图、地形图和植被图等，制图员可以通过叠加分析，进行相关地理信息的提取，形成乡村旅游规划图的地理要素。②遥感影像。随着技术的进步，卫星遥感影像的分辨率越来越高，可通过遥感解译，更加精确地提取制图所需的信息。③统计与文字资料。统计文字资料包括乡村旅游市场的客源市场统计、国内生产总值、人口统计、相关规划文本、研究报告等。

3. 内容设计

首先，制图员根据每一张图所反映的内容多寡、复杂程度、比例尺和图幅大小等，选择适合的表达方式。其次，设计完整的符号系统，乡村旅游专题地图的符号系统设计要遵循科学、合规与美观的原则进行设计。科学是指能准确地反映要表达的信息；合规就是要求符号系统的设计应该合乎国家、行业和地方标准的相关规定；美观就是指地图符号色彩要协调，线条要在科学的基础上符合形式美的法则，讲究艺术感。再次，配置设计。一幅完整的乡村旅游规划图可能会主附图共存，还拥有附表、图名、图例和文字说明等内容，在有限的图面上要表达如此多要素，制图员就需要对此进行精心设计。

（三）设计制作的主要规定

乡村旅游规划图的设计制作要遵循国家、行业和地方的相关制图规范，并符合国家现行有关强制性标准的规定，使乡村旅游规划图满足“完整、准确、清晰和美观”的总体要求。乡村旅游规划制图作为一项专业的技术性工作，其遵循和参照的制图规范主要有两个国家国标准——《国家旅游规划通则》（GB/T 18971—2003）、《旅游资源分类、调查与评价》（GB/T 18972—2017），以及一个行业标准——《城市规划制图标准》（CJJ/T 97—2003）。

《国家旅游规划通则》（GB/T 18971—2003）规定了各类各层次旅游规划需要提交的规划图纸类型，乡村旅游规划作为旅游专项规划，可以参照此标准提供必要的规划图纸。《旅游资源分类、调查与评价》（GB/T 18972—2017）专门规定了旅游资源图的编绘和图例使用要求，在制作乡景旅游资源分布图中要符合此标准规定的相关内容。《城市规划制图标准》（CJJ/T 97—2003）尽管是适用于城市总体规划和城市分区规划（城市详细规划可参考使用）的行业标准，但城市规划制图是在长期的城乡规划实践中不断总结和完善起来的，专业技术性强、规范性程度高，且极为严谨，对乡村旅游规划制图具有很强的参考价值。因此，乡村旅游规划制图应积极参照此标准的相关规定，进一步提高乡村旅游规划制图的专业性和科学性。

本教程根据《城市规划制图标准》（CJJ/T 97—2003），对乡村旅游规划制图进行介绍。乡村旅游规划制图（除详细规划外）与城市总体规划图一样，也应有图题、图界、指北针、风向玫瑰、比例尺、规划期限、图例、署名、编制日期和图表等内容。乡村旅游详细规划除了要参考此标准外，还应该执行所涉及的其他专业门类的制图规范，如建筑设计、工程管网和给排水等。

首先，要科学设计图纸符号系统。图纸的符号系统不是胡乱设计的，在设计符号系统之前，首先要明确所涉及的符号系统是否拥有相关标准的规定和约定俗成的习惯，使规划设计图纸的符号系统合规和合乎习惯。有国家、行业和地方标准规定的符号，就要采用标准所规定的符号，没有标准规定的，乡村规划制图者才能根据实际需要进行设计。例如，当要制作一张乡景旅游资源分析评价图时，其图例的设计就应遵照《旅游资源分类、调查与评价》（GB/T 18972—2017）的规定去执行，而不能想当然地去另行设计。

其次，规划图纸要素系统要齐全，具体包括图题、图界、指北针、风向玫瑰、比例、比例尺、规划期限、图例、署名、编绘日期、图标、文字与说明（中华人民共和国建设部，2003）。

1. 图题

图题应是各类乡村旅游规划图的标题，乡村旅游规划图纸均应书写图题。有图标的乡村旅游规划图，应填写图标内的图名并应书写图题。图题内容应包括：项目名称（主题）、图名（副题），副题的字号宜小于主题的字号。图题宜横写，不应遮盖图纸中现状与规划的实质内容。位置应选在图纸的上方正中，图纸的左上侧或右上侧，不应放在图纸内容的中间或图纸内容的下方。

2. 图界

图界应是乡村旅游规划图的幅面内应涵盖的用地范围。所有乡村旅游规划的现状图和规划图，都应涵盖规划用地的全部范围、周临用地的直接关联范围和该乡村旅游规划图按规定应包含的规划内容的范围。

当一幅图完整地标出全部规划图图界内的内容有困难时，可将图纸图边外部的内容标明连接符号后，把连接符号以外的内容移至图边以内的适当位置上。移入图边以内的内容、方位、比例应与原图保持一致，并不得压占规划或现状的主要内容。必要时，可绘制一张缩小比例的规划用地关系图后，再将规划用地的自然分片、行政分片或规划分片按各自相对完整的要求，分别绘制在放大的分片图内。

乡村旅游规划图的图界，应包括乡村旅游规划用地的全部范围。乡村旅游区分区规划图、详细规划图的图界，应至少包括规划用地及其以外 50 米内相邻地块的用地范围。

3. 指北针与风向玫瑰

乡村旅游区总体规划图和现状图应绘制指北针和风向玫瑰图。乡村旅游发展规划的规划图和现状图可根据规划实际决定是否绘制风向玫瑰图，乡村旅游区详细规划可不标绘风向玫瑰图。指北针与风向玫瑰图可一起标绘（见图 4–3），也可单独标绘，指北针的标绘应符合现行国家标准 GB/T 50001 的有关规定。指北针与风向玫瑰图的位置应位于图幅图区内的上方左侧或右侧。

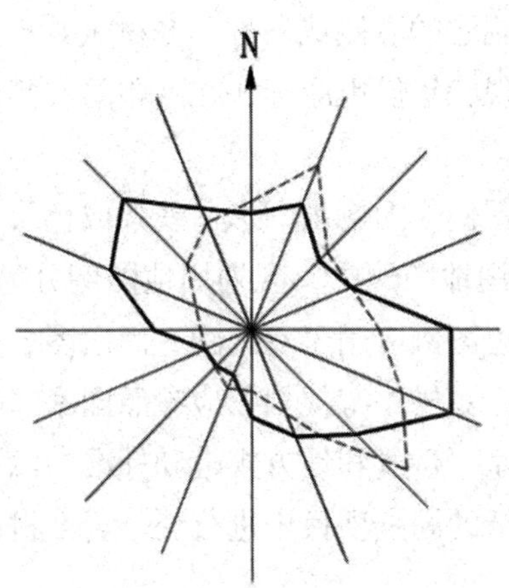

图 4-3　结合风向玫瑰图标绘的指北针[①]

需要说明的是，对那些组合型的乡村旅游规划图纸，图纸上应标绘乡村各组合部分的风向玫瑰图，各组合部分的风向玫瑰图应绘制在其所代表的图幅上，也可以在其下方用文字标明该风向玫瑰图的适用地。风向玫瑰图应以细实线绘制风频玫瑰图，以细虚线绘制污染系数玫瑰图，风频玫瑰图与污染系数玫瑰图应重叠绘制在一起。

4. 比例、比例尺

乡村旅游规划图上标注的比例应是图纸上单位长度与地形实际单位长度的比例关系。乡村旅游规划图（除与尺度无关的规划图以外），必须在图上标绘出表示图纸上单位长度与地形实际单位长度比例关系的比例与比例尺。在原图上制作的乡村旅游规划图的比例，应用阿拉伯数字表示。乡村旅游规划图经缩小或放大后使用的，应将比例数调整为图纸缩小或放大后的实际比例数值或加绘形象比例尺。形象比例尺应按图 4-4 所示绘制。根据《国家旅游规划通则》（GB/T 18971—2003）的规定，乡村旅游区控制性详细规划图的比例尺一般为 1∶2000~1∶1000，乡村旅游区修建性详细规划图的比例尺一般为 1∶2000~1∶500。乡村旅游规划图比例尺的标绘位置可在风向玫瑰图的下方或图例的下方。

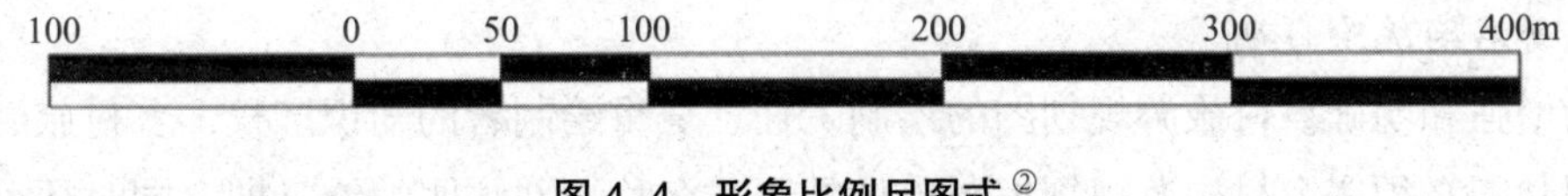

图 4-4　形象比例尺图式[②]

5. 规划期限

规划期限是指规划期的起始年份至规划期末年份的一段时期。乡村旅游规划图应标注规划期限，即注明乡村旅游规划的起止年份，用公元年表示。此期限应与规划文本中

① 本章图 4-3、图 4-5、图 4-6 和表 4-1 均引自：《城市规划制图标准》（CJJ/T 97—2003）。

② 图上一小格代表地形实物实际长度 50 米。

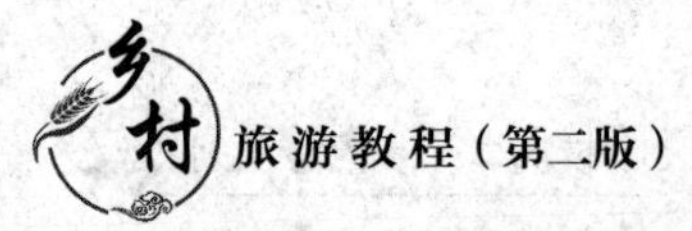

的期限一致，标注位置位于副题的右侧或下方。乡村旅游规划图中的现状图纸只注明现状年份，不标注规划期限，现状年份也应标注在副题的右侧或下方。

6. 图例

乡村旅游规划图应标绘图例。图例由图形（线条或色块）与文字组成，文字是对图形的注释。在乡村旅游规划用地图例中，规划用地图例分为彩色图例和单色图例两种。彩色图例应用于彩色图；单色图例应用于双色图、黑白图、复印或晒蓝的底图或彩色图的底纹、要素图例与符号等。乡村旅游规划图应参照国家、行业和地方相关规范和标准所规定的图例进行绘制，国家、行业和地方规范和标准中没有规定的，制图者可以进行适当设计，并在规划系列图纸的同一项目中进行统一。乡村旅游规划图的图例应绘在图纸的下方或下方的一侧。

乡村旅游规划图中的用地图例选用和绘制应符合《城市规划制图标准》（CJJ/T 97—2003）中表 3.1.3 的规定，彩色用地规划图的图例按用地类别分为十类，对应《城市用地分类与规划建设用地标准》（GBJ 137）中的大类、中类和小类。彩色用地图例在大类主色调内选色，当在大类主色调内选择有困难时，应按照《城市规划制图标准》（CJJ/T 97—2003）第 3.1.5 条的规定执行，即“总体规划图中需要表示到中类、小类用地时，可在相应的大类图式中加绘圆圈，并在圆圈内加注用地类别代号”（见图 4–5）。单色用地图例按照用地类别也分为十类，对应标准也与彩色用地对应的标准一致。中类、小类图例也应按照《城市规划制图标准》（CJJ/T 97—2003）第 3.1.5 条的规定执行。

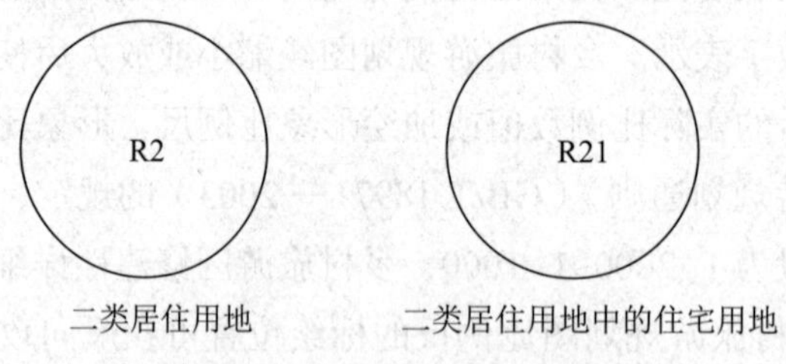

图 4–5　中类、小类用地的表示

7. 署名与编绘日期

为增强和明确乡村旅游规划图的绘制责任，尊重绘制者的知识产权，乡村旅游规划图与现状图必须署乡村旅游规划编制单位的正式名称，并注明编绘日期，同时还可加绘制编制单位的徽记。有图标的乡村旅游规划图，在图标内署名；没有图标的乡村旅游规划图，在规划图纸的右下方署名。编绘日期是指全套成果图完成的日期。复制的乡村旅游规划图，应注明原成果图完成的日期。修改的规划图纸，成为新的成果图的，应注明修改完成日期。有图标的乡村旅游规划图，在图标内标注编绘日期；没有图标的乡村旅游规划图，在规划图纸下方，署名位置的右侧标注编绘日期。

8. 图标

乡村旅游规划图上可用图标记录规划图编制过程，规划设计人与规划设计单位技术责任关系和项目索引等内容。用于张贴、悬挂的现状图和规划图可不设图标；用于装订成册的乡村旅游规划图，在规划图册的目录页后面统一设图标或每张图纸分别设置图标，图标应位于规划图的下方。对于那些图纸内容较宽、一幅图纸底部难以放下图标的规划图，宜把图标等内容放到图纸的一侧，如图 4–6（a）所示；一幅图纸下部能放下图标的规划图，图标应放在图纸的下方，如图 4–6（b）所示。

9. 文字与说明

乡村旅游规划图上的文字、数字和代码均应笔画清晰、文字规范、字体易认、编排整齐、书写端正。标点符号的运用应准确、清楚；图纸上的文字应使用中文标准简化汉字；涉外的乡村旅游规划项目，可在中文下方加注外文；数字应有阿拉伯数字，计量单位应使用国家法定计量单位；代码应使用规定的英文字母、年份应用公元年表示。文字高度应按照表 4–1 所列数字选用。

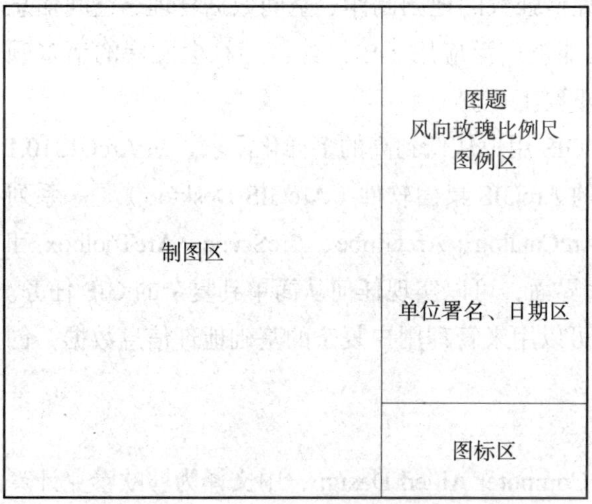

<table>
<tr><td rowspan="3">制图区</td><td>图题
风向玫瑰比例尺
图例区</td></tr>
<tr><td>单位署名、日期区</td></tr>
<tr><td>图标区</td></tr>
</table>

图 4–6（a）　乡村旅游规划图纸样式

图题 风向玫瑰、比例尺区
制图区
图标区
单位署名、日期区

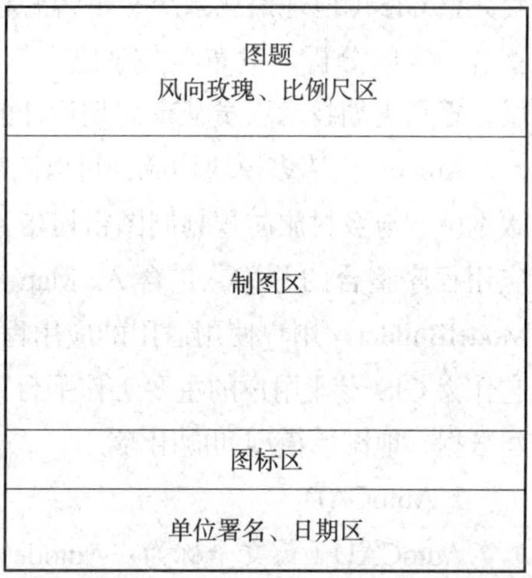

图 4–6（b）　乡村旅游规划图纸样式

表 4–1　文字高度

类别	文字高度（单位：mm）
用于蓝图、缩图、底图	3.5、5.0、7.0、10、14、20、25、30、35
用于彩色挂图	7.0、10、14、20、25、30、35、40、45

注：经缩小或放大的乡村旅游规划图，文字高度随原图图纸缩小或放大，以字迹容易辨认为标准。

乡村旅游规划图上的文字字体应易于辨认。中文应使用宋体、仿宋体、楷体、黑体、隶书体等，不得使用篆体和美术字体；外文应使用印刷体、书写体等，不得使用美术体等字体；数字使用标准体、书写体。

乡村旅游规划图上的文字、数字，应用于图题、比例、图标、风向玫瑰（指北针）、图例、署名、规划期限、编制日期、地名、路名、桥名、道路的通达地名、水系名、名胜地名、主要公共设施名称、旅游服务设施名称、规划参数等。

（四）常用计算机辅助设计软件

随着计算机技术的不断发展，计算机辅助设计在乡村旅游规划制图中得以广泛的应用，但因各家开发的计算机辅助制图软件侧重点不一样，各具优劣，故在乡村旅游规划制图过程中需要对相关软件进行综合运用。作为乡村旅游规划设计者，要熟练掌握几种常用的计算机辅助设计专业软件，可以极大地提高规划制图的工作效率。

1. ArcGIS

ArcGIS 软件是美国环境系统研究所公司（Environmental Systems Research Institute, Inc. 简称 ESRI 公司）集几十年来地理信息系统咨询和研发经验，为用户专门研发的一套完整 GIS（地理信息系统）平台。它凭借强大的地图制作、空间数据管理、空间信息整合、空间分析、发布与共享能力等功能被广泛应用于国民经济与社会发展的诸多领域，更是规划技术人员从事规划设计的重要工具。

ArcGIS 由诸多模块构成，可以满足 GIS 用户从低到高的多样化需求。在 ArcGIS10.1 版本中，与乡村旅游规划制图密切相关的 ArcGIS 桌面软件（ArcGIS Desktop）是一系列应用程序整合的总称，包含 ArcMap、ArcCatalog、ArcGlobe、ArcScene、ArcToolbox 和 ModelBuilder。用户使用通用的应用程序界面，可以实现任何从简单到复杂的 GIS 任务。它作为 GIS 专业用户的主要工作平台，可以用来管理用户复杂的基础地理信息数据，创建数据、地图、模型和应用等。

2. AutoCAD

AutoCAD（英文全称为：Autodesk Computer Aided Design，中文译为：欧泰克计算机辅助设计）是 Autodesk 公司开发的一款计算机辅助设计专业软件，使用率极高。该软件自 1982 年 11 月问世以来，经过不断改版和完善，现已成为国际上广为流行的绘图工具之一，被广泛应用于建筑、机械、电子、服装、化工、规划、风景园林和室内装潢等工程领域。

AutoCAD 用户界面友好，用户可通过对交互菜单或快捷命令进行操作轻松实现数据设计和图形绘制等多项功能，可以极大地提高乡村旅游规划制图人员的工作效率，理应成为乡村旅游规划专业技术人员必须掌握的工具。

3. Adobe Photoshop

Adobe Photoshop 是由美国著名的跨国电脑软件公司——Adobe 系统公司（中文名为“奥多比”）开发的图像处理软件，简称“PS”。此软件是集图像扫描、编辑修改、图像制作等多个功能于一体的图形图像处理专业软件，是 Adobe 公司旗下最出名的软件，深受广大平面设计和美工人员的喜爱。

Adobe Photoshop 与 ArcGIS、AutoCAD、SketchUP 等软件相比，具有鲜明的比较优势，主要体现在对图纸色彩的把控和修饰上。譬如，当运用 AutoCAD 绘制好某乡村旅游区的规划平面图时，就需要将此图纸导入 Adobe Photoshop 软件中进行上色和美化。利用 Adobe Photoshop 软件制作的规划图纸，不仅能够在其他绘图软件的基础上制作出满足乡村旅游规划需要的专题图件，而且可以凭借其强大的色彩处理能力，以绝佳的艺术效果来很好地表达规划设计者的思想，彰显乡村旅游规划效果。

4. SketchUP

SketchUP 是一个在设计界非常受欢迎的 3D 设计软件，简称“SU”，中文名为“草图大师”，有电子设计“铅笔”之称。该软件最早由 @Last Software 公司开发，2006 年被 Goolge 公司收购后，相继发布了多个版本。

SketchUP 软件可直接面向设计过程，具有三维设计环境，能进行便捷的实时场景渲染，并拥有几何体创建与编辑技术等功能，加之界面简单，易学易会，故其常被广泛应用于建筑设计、风景园林设计、城乡规划、游戏场景设计、室内设计与机械设计等众多领域。乡村旅游规划设计者可以通过使用该软件方便地创建、观察和修改三维创意，将自己的规划设计方案充分地表达出来。

此外，SketchUP 软件还能与 AutoCAD、3ds Max、Photoshop、Vray、Maya 等多种类型的计算机辅助设计软件兼容，产生或导出各种软件格式的文件，例如：*.dwg、*.dxf、*.3ds、*.pdf、*.jpg、*.tif、*.eps、*.bmp 等，具有较好的兼容性。在乡村旅游规划设计工作中，规划设计技术人员应能熟练操作此软件，更好地实现方案构思、施工图与效果图绘制的完美结合。

5. 3ds Max

3ds Max 最早由 Discreet 公司（1999 年被美国 Autodesk 公司收购）基于 PC 系统专门开发的一款三维建模与动画设计软件，全称为是 3D Studio Max。人们利用 3ds Max 软件不仅可以设计出绝大部分的建筑模型，还可以较好地制作出具有仿真效果的图片和动画。随着此软件功能的不断升级和完善，3ds Max 现已被广泛应用于建筑效果图设计、游戏开发、角色动画、影视视觉效果和规划设计行业等领域。

6. Adobe InDesign

Adobe InDesign 与 Adobe Photoshop 一样，也是由美国 Adobe 系统公司专门为排版设计领域开发的新一代专业排版软件，适用于编辑各类出版物，包括书籍、杂志、海报、广告、传单等，打破了传统排版软件的局限。集成多种排版工具的优点，融合了多种图形图像处理技术，使用户能够在排版过程中直接对图形图像进行高要求的调整、图文配置和设计，为专业排版工作提供了较为优秀的平台（麓山文化，2009）。它不仅可以对文字进行排版和编辑，还可以绘制简单的图形、置入图片，并对图片进行编辑处理，使排版变得更加轻松、灵活、自由和美观。在对乡村旅游规划成果的展示过程中，乡村旅游规划设计者可以使用该软件进行图文混排的专业化编排，增强规划成果的展示和表达效果，进一步提高规划成果质量。

（五）规划设计的未来趋势

随着数字设计的进步和完善，未来数字设计将与工程建设相互融合，业主单位、规划设计人员、工程施工人员和监理人员将通过大型的综合性平台，以协同作战的方式完成从规划设计、工程施工到最后交付业主的全过程。譬如，在某乡村旅游区规划中，规划设计方可将规划区的地形、地质地貌、气候水文、土壤植被等地理信息数据导入综合平台后，就可以在平台上展开多样化的规划设计。工程技术人员通过调用规划设计数据来完成最终的设计和施工。业主方也可以通过调用各类规划设计数据，查看规划设计效果。一旦发现规划设计有问题，工程设计、施工人员和业主方可以及时反馈规划设计方进行调整，进一步增强规划设计的科学性和可操作性。

【复习思考题】

1. 乡村旅游规划类型有哪些？
2. 乡村旅游发展规划的规划任务和编制内容分别是什么？
3. 乡村旅游区总体规划的规划任务和编制内容分别是什么？
4. 乡村旅游区控制性详细规划的规划任务和编制内容分别是什么？
5. 乡村旅游区修建性详细规划的规划任务和编制内容分别是什么？
6. 乡村旅游区概念性规划的规划任务和编制内容分别是什么？
7. 地图的特征及其构成要素是什么？
8. 何谓乡村旅游规划图，它有哪些基本特点？
9. 乡村旅游规划图可以分为哪些基本类型？
10. 何谓规划设计表达？它有哪些基本形式？
11. 乡村旅游规划图的绘制工作程序是什么？
12. 乡村旅游规划图制作的主要规定有哪些？

【课后实践】

以某乡村旅游区为例，尝试完成总体规划、控制性详细规划或修建性详细规划方案。

模块三　市场与产品

市场是乡村旅游发展的命脉，只有在把握乡村旅游市场需求和精准定位目标市场的基础上有针对性地进行乡村旅游产品规划建设，乡村旅游蓬勃发展才有可能实现。市场与产品作为乡村旅游发展的主旋律，每一位乡村旅游经营管理者都应高度关注。乡村旅游产品作为乡村旅游地的吸引物，是基于旅游市场需求和乡村旅游地资源的再创造。同时，与众不同的乡村旅游产品在一定程度上又会激发和创造新的市场需求。

第五章 乡村旅游市场分析与目标市场选择

【学习目标】

- 理解市场与乡村旅游市场的含义；
- 认识乡村旅游市场分析的意义；
- 掌握乡村旅游市场分析的主要内容；
- 掌握乡村旅游市场调查的概念、内容、程序与方法；
- 掌握乡村旅游市场细分的含义、意义、原则和依据；
- 理解乡村旅游目标市场选择的含义、步骤和策略。

第一节 乡村旅游市场概述

获得源源不断的客群是乡村旅游持续发展的不竭动力。乡村旅游产品的开发需要以市场需求为导向，才有可能获得市场的认可，乡村旅游发展也才有可能。

一、市场

何谓市场（Market）？在日常生产生活中，人们习惯于将市场理解为“商品交易的场所”，如商场、集市、商城等。经济学认为，市场是社会经济发展到一定阶段的产物，具有深刻的内涵。市场不仅仅是指商品交易的场所，它还是一种供求关系。经济学家和管理学家从人类社会的交换活动和经济活动的运行规律来认识和看待市场，他们认为，所谓市场，是指供给和需求的关系。供给和需求的此消彼长调整着人们的经济活动。现代营销之父菲利普·科特勒（Philip Kotler）从生产者角度出发，将市场定义为某种产品的实际购买者和潜在购买者，这是市场较为经典的定义。

二、乡村旅游市场

从经济学角度看，乡村旅游市场（Rural Tourism Market）是乡村旅游产品供给与需求的关系。乡村旅游市场与一般旅游市场的区别在于，乡村旅游市场的实际购买者和潜在购买者以城镇居民为主，且消费场所在乡村。此外，因旅游供给的特殊性，乡村旅游的经营管理者和服务人员以当地居民为主。

（一）乡村旅游市场产生的背景

乡村旅游市场是城市化进程中的产物。城市化一方面创造了前所未有的文明，一方面也带来了一系列问题。居住在城市的人们为了逃避拥挤、嘈杂与喧嚣的城市环境，他们纷纷在假期选择逃离城市，去乡村寻找自然、宁静、淳朴、健康或“乡愁”……一些经营者敏锐地发现了这一商机，组织城市居民前往乡村开展旅游活动，乡村响应此种需求投资建设相关的旅游服务设施，如农家乐、乡村民宿、宿营地等，乡村旅游供求关系形成。经过不断的发展，乡村旅游在一些国家和地区取得了巨大成功，并成为振兴乡村的重要手段而备受关注。

（二）乡村旅游市场的定义

乡村旅游市场即乡村旅游客源市场或乡村旅游需求市场。从乡村旅游产品生产者的角度看，乡村旅游市场是指乡村旅游产品的现实购买者和潜在购买者。现实购买者是指已经具备购买乡村旅游产品能力和购买意愿的人群；潜在购买者指现在尚未具备购买能力或没有购买意愿，但在条件具备时就会购买乡村旅游产品的人群。这两种人群构成了乡村旅游市场中的现实市场和潜在市场。在乡村旅游市场营销中，乡村旅游市场营销人员不仅要重视现实市场的开拓，更要发掘潜在市场，使自己立于不败之地。

（三）乡村旅游市场的影响因素

乡村旅游市场受到诸多因素的影响。简单而言，其规模取决于具有乡村旅游需要并拥有一定条件且愿意支付一定时间和金钱的人数。乡村旅游市场是人口规模（p）、旅游权利（r）、旅游购买力（e）、旅游意愿（w）、城市化水平（c）和时间距离（t）的函数，即 $M=f(p, r, e, w, c, t)$。

1. 人口规模

游客是旅游活动存在的前提，也是一个地区旅游业发展的命脉。如果没有一定数量的游客，旅游市场就无从谈起。乡村旅游市场中的游客规模，不仅受到客源地的人口总数的制约，还受客源地人口性别、年龄、职业、家庭结构及地理分布等诸多因素的影响。在不考虑其他因素影响的前提下，乡村旅游市场潜力与客源地人口规模成正比。

2. 旅游权利

旅游权利是游客合法旅游行为的保障。在法律的允许和保护下，游客具有购买某种乡村旅游产品的权利，使乡村旅游产品的交换有法可依。同时，这有助于供需双方之间、供给与供给之间以及游客与游客之间形成良好的“契约”关系，以确保乡村旅游市场的繁荣稳定。在乡村旅游国际市场中，因客源国与旅游目的地国政策的规定，有些国家和地区有可能限制出境，即使居民有购买意愿和购买能力，也无法购买目的地国家和地区的乡村旅游产品。反之，如果不予限制，目的地国家的签证手续简单便捷，如落地签或者免签，就会促进乡村旅游国际市场的繁荣。

3. 旅游购买力

旅游购买力是指游客付出金钱和时间购买旅游产品的能力，它深受游客所在的国家和地区社会经济发展水平的影响，根本上取决于游客的可自由支配收入和闲暇时间。一个国家和地区经济社会越发达，居民的可自由支配收入越高和闲暇时间越多，则其旅游购买力就越强。

4. 旅游意愿

旅游意愿作为游客购买某种旅游产品的动机或者欲望，它是旅游行为得以实现的根本动力。乡村旅游作为一种特殊的旅游产品，并不是所有的游客都有意愿购买。如果没有意愿，即使他们有足够的闲暇时间和旅游购买能力，也不会形成现实的乡村旅游市场。

5. 城市化水平

城市化是一个国家和地区乡村旅游人口不断转变为城市人口的过程。乡村旅游市场群体绝大部分来自城市，如果一个国家和地区城市化水平越高，其城市人口的比重就越大，也就意味着乡村旅游市场规模就会越大。同时，城市化高度发达将带来乡村不断改变，乡村成为一种日益稀缺的资源而备受人们关注，这无疑又会促进城市人口向乡村流动，进一步刺激乡村旅游的发展。

6. 时间距离

时间距离影响着乡村旅游地的可进入性和乡村旅游客源地的分布与规模。这里的时间距离是指客源地居民到达旅游目的地所花的时间。在现代交通网络日益完善的今天，“空间距离”已经不是衡量两地远近的指标，“公里”在某种程度似乎已经失去衡量“距离”的意义。如地处西南边陲的贵州，长期以来交通不便，关山阻隔，可进入性大打折扣，旅游市场规模小。高铁与航空尚未开通之前，北京直达贵阳的火车至少需要 26 个小时。而现在，高铁 8 个多小时即可抵达；如果选择飞机，3 小时内抵达。2014 年 12 月，贵阳至广州高铁开通后，最快运行时间 4 小时 9 分，将两地的时间距离缩短了逾 16 小时，在高铁的拉动下，贵州旅游市场连续呈现出爆发性增长态势，旅游接待人数从 2014 年的 3.20 亿人次增加到 2018 年 9.69 亿人次，年均增长 31.91%。

（四）乡村旅游市场的基本特征

1. 供给特征

（1）产品供给多样。为提高乡村旅游地的旅游吸引力，增加乡村旅游收益，许多乡村旅游地都在不断进行产品创新，逐步形成了以乡村观光、休闲、度假、文化体验等多元化的产品体系。

（2）市场主体复杂。乡村旅游作为一种新兴产业，国有资本、集体资本和民营资本不断涌入，它们之间的独立或者交叉组合形成了不同类型的市场主体，共同推动着乡村旅游的发展。

（3）经营模式灵活。在乡村旅游发展历程中，因特殊原因，各乡村旅游地的运营模式不尽相同，大致可以分为政府主导、企业主导、村民自主和复合型四种。如在经济欠发达地区的乡村旅游发展初期，因基础设施和村民意识相对滞后，会以政府主导的模式来助推发展。然而，当营商环境有所改变，政府主导模式可能逐步转向企业主导或者村民自主的发展模式。

2. 需求特征

（1）以城镇居民为主，消费潜力大。乡村旅游客源以城镇居民为主。据统计，2000年以来，我国城镇化率由36.09%提高到2019年的60.60%，城镇人口达到8.48亿，如果以20%的出游规模计算，市场规模可达1.70亿人次，随着我国城市化进程的加剧，这一规模将会越来越大。

（2）以自驾和公交为主要出行方式。区域交通运输条件逐步改善，城乡融合互动日益增强，私人轿车的保有量越来越大，越来越多的城镇居民选择公交系统或者自驾通往城郊开展乡村旅游活动，抑或自驾前往更远的乡村地区开展观光、休闲、度假和体验。据统计，2009—2019年，我国私人轿车保有量从2605万辆增加到13701万辆，年均增长18%，自驾游时代已经来临。

（3）人们更加青睐乡味浓郁和品位较高的乡村旅游地。调查显示，城镇居民非常倾向于环境优美、文化保存完好、淳朴好客而又不失精致服务的乡村旅游地，“乡味”和“品位”直接决定了乡村旅游地的知名度、美誉度和游客的忠诚度。

（4）健康、怀旧和情感是人们开展乡村旅游最主要的三大动机。相对于城市的喧闹与繁华，乡村则是安静淳朴之地。亚健康人群渴望逃离城市到乡村环境中去放松自我，呼吸乡村新鲜空气，品尝乡村生态美食，进行深度睡眠；中老年群体渴望到曾经生活过的乡村去寻找当年的记忆，在怀旧中寻找乡愁；年轻家庭渴望带着孩子去乡村开展各类亲子活动，进行自然教育，在体验乡村生产生活方式中寓教于乐；亲人、朋友渴望有机会前往乡村相聚，在愉悦的乡村环境中增进感情……

三、乡村旅游市场分析的意义

（一）洞察需求，精准定位

洞悉需求是经营管理成功的重要秘诀之一。乡村旅游作为以人为本的服务产业，对乡村旅游市场进行分析和研究，有助于了解乡村旅游市场的需求变化，及时调整乡村旅游经营管理目标，精准定位目标市场，切实做到及时应对，使乡村旅游产业更具有生命力。

（二）把握方向，制定战略

乡村旅游市场的分析和研究为乡村旅游地、乡村旅游企业和乡村旅游经营户提供了运营管理依据，把握乡村旅游市场规律和趋势变化，有助于经营管理者及时调整战略，实现自身的经营管理目标。

（三）规避红海，开辟蓝海

欧洲工商管理学院 W. 钱 · 金和靳妮 · 莫博涅在 2005 年 2 月出版的《蓝海战略——超越产业竞争，开创全新市场》一书中以太阳马戏团的成功案例引出了由红色海洋和蓝色海洋（分别简称"红海"和"蓝海"）构成的市场天地。"红海"指代现今存在的所有产业，为已知的市场空间；"蓝海"则象征着当今尚未存在的产业，为未知的市场空间。在商业实践中，红海战略与蓝海战略有着重大的区别（见表 5–1），作为乡村企业经营管理者，要对乡村旅游市场进行深入的调查分析和研究，以发现新的商机或者在经营上另辟蹊径，避免异常激烈的市场竞争，跳离"红海"。通过创新和创造，开辟新的天地，进军"蓝海"，引领乡村旅游发展，从而立于不败之地。

表 5–1　红海战略与蓝海战略的比较

红海战略	蓝海战略
竞争于已有的市场空间	开创无人争抢的市场空间
打败竞争对手	甩脱竞争
开发现有需求	创造和获取新需求
在价值和成本之间权衡取舍	打破价值与成本之间的权衡取舍
按差异化或低成本的战略选择协调公司活动的全套系统	为同时追求差异化和低成本协调公司活动的全套系统

资料来源：W. 钱 · 金，勒尼 · 莫博涅. 蓝海战略——超越产业竞争，开创全新市场［M］. 吉宓，译. 北京：商务印书馆，2005：40.

（四）创新产品，主客互动

乡村旅游产品开发必须以市场需求为导向，只有以市场需求为导向开发出适销对路的乡村旅游产品，游客才有可能来买单。只有认真分析和研究乡村旅游市场，特别是对供给市场和需求市场进行研究，清晰地知道乡村旅游产品的供给现状和市场需求，才能创造出差异化的乡村旅游产品，才能有助于东道主把握乡村旅游市场偏好，更好地为游客提供个性化和人性化服务，真正做到主客之间的良性互动。

第二节　乡村旅游市场分析

乡村旅游市场分析研究是一切乡村旅游开发活动的基础。只有对乡村旅游市场进行充分的研判，开发出市场所接受的乡村旅游产品，乡村旅游发展才有可能成功。乡村旅游市场分析主要包括乡村旅游市场环境分析、乡村旅游动机分析和乡村旅游购买行为分析三项。

一、乡村旅游市场环境分析

乡村旅游发展深受大市场环境的影响，对乡村旅游地和乡村旅游企业而言，虽然难以把控，但却对乡村旅游地和乡村旅游企业市场营销的成功与否起着至关重要的作用。乡村旅游经营管理人员必须根据市场环境中的各种影响因素和变化趋势制订出切实可行的营销策略，以实现最佳的经营目标。乡村旅游市场环境分析的内容包括宏观环境分析和微观环境分析。

（一）宏观环境分析

乡村旅游市场的宏观环境包括经济环境、自然环境、技术环境、政治—法律环境以及社会—文化环境五个方面的内容。

1. 经济环境

一个地区经济发展程度和状况将会对乡村旅游发展产生直接的影响。从宏观上分析乡村旅游市场的经济环境时，应该重点分析国内生产总值（Gross Domestic Product，GDP）、可自由支配收入与外贸收支三项主要因素。

（1）国内生产总值（GDP）。国内生产总值常被人们用来衡量一个国家或地区经济发展状况的重要指标，它是指一个国家或地区利用生产要素在一定时期内（通常是一年）生产的全部最终产品和服务的市场价值总和。相对于国内生产总值，人均国内生产总值更能反映出一个国家和地区人民的富裕程度。一个国家或地区人均国民收入达到 300~400 美元时，居民将会产生国内旅游的动机（徐汎，2004）。改革开放以来，我国经济快速发展，根据国家统计局发布的《国民经济与社会发展统计公报》，1990—2022 年期间，国内 GDP 年均增长 14.18%，从 17400 亿元增到 1210207 亿元，2022 年的 GDP 是 1990 年的 69.55 倍，根据年均汇率折算，国内人均 GDP 从 312 美元增加到 12753 美元（见图 5-1），人均 GDP 年均增长 12.29%。2000—2022 年，国内出游人数从 7.44 亿人次增加到 25.3 亿人次，国内人均出游次数从 0.6 次增加到 1.8 次。

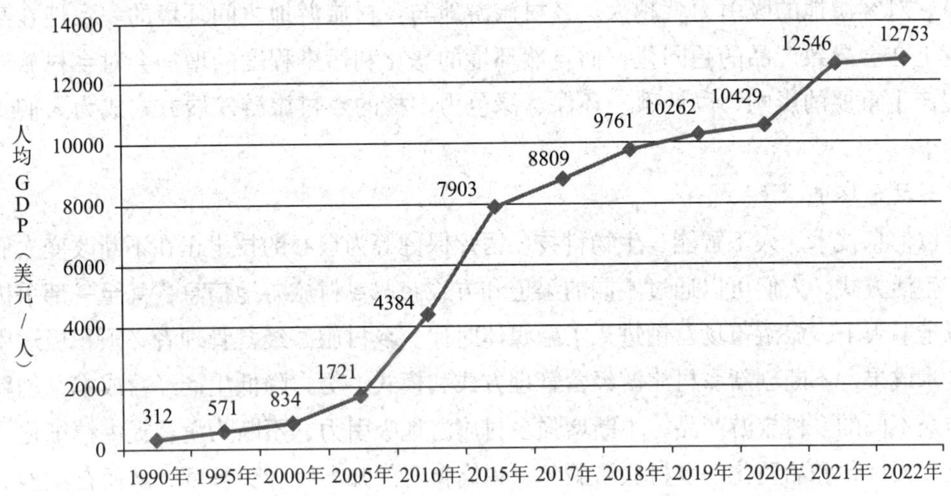

图 5-1　1990—2022 国内人均 GDP 增长情况

（2）可自由支配收入。可自由支配收入是指个人或者家庭在一定时期（通常是一年或者一个月）的全部收入扣除个人或家庭所得税、医疗、保险和日常生活必须消费、社交费用和预防意外开支后剩下的收入。可自由支配收入的多寡直接决定着居民的旅游购买能力，一个居民或者家庭的可自由支配收入越高，其用于旅游和文化娱乐的支出就会越多。可自由支配收入大小的重要衡量指标可以选用恩格尔系数，即食物支出与总支出的百分比。20 世纪 70 年代，世界粮农组织（FAO）将恩格尔系数作为评价一个国家或地区贫富程度的重要标准之一（安传艳，2014）。当恩格尔系数≥ 60% 时，为绝对贫困；50% ≤恩格尔系数＜ 60% 时，为勉强度日；40% ≤恩格尔系数＜ 50% 时，为小康；20% ≤恩格尔系数＜ 40% 时，为富裕生活；恩格尔系数＜ 20% 时，为绝对富足。

恩格尔系数揭示了这样一个规律：一个家庭或个人收入越少，在其支出中用于购买生存性食物支出的比例就越大，随着个人或家庭收入的不断增加，用于购买生存性食物支出的比例则会越来越小，人们只有在满足基本的物质生活需要后，才有可能去购买生活必需品之外的娱乐、奢侈品和其他消费，旅游消费才有可能发生。

（3）外贸收支。国家间的外贸是各国争取外汇的主要途径。当一国的国际贸易出现顺差时，将会使本国的货币升值，使出国旅游的价格变得较低，居民国际出游的比重亦会大幅度增加。反之，如果国际贸易出现逆差时，不仅会造成本国货币贬值，使得出国旅游的价格变得较为昂贵，而且贸易逆差国还会采取鼓励国内旅游代替国际旅游的政策，以进一步缩小国际贸易逆差，从而使旅游目的地国家的国际游客大幅度减少。

2. 自然环境

在乡村旅游开发过程中，乡村旅游地自然环境承载力是有限度的，自然环境承载力的大小制约着乡村旅游发展规模。同时，乡村旅游地多样化的自然环境为开发多元化的乡村旅游产品提供了基础和可能。乡村旅游目的地与客源地自然环境的差异性越大，它对客源地的吸引力就越大。乡村旅游地与乡村旅游地之间环境的一致性在某种程度上亦会导致产品的趋同化，而自然环境的恶化和污染程度的增加会对乡村旅游地发展产生重要的影响，以低碳、环保、绿色为内核的乡村旅游发展方式成为人们永恒的追求。

3. 技术环境

以信息技术、人工智能、生物科技、医疗保健等为核心的技术正在不断改变人们的生产生活方式。人们可以通过不同的渠道和方式获取乡村旅游地信息，甚至一部手机就可以走遍天下，旅游市场营销进入了融媒体时代。乡村旅游经营管理者必须积极运用新的技术成果，不断创新乡村旅游经营管理方式和模式，努力降低生产经营成本，创新开发与众不同的乡村旅游产品，不断增强乡村旅游地吸引力，不断为游客提供精细化、个性化、人性化和品质化的乡村旅游服务，提高自身的知名度和美誉度，从而在激烈的乡村旅游市场竞争中立于不败之地。

4. 政治—法律环境

世界政治格局的稳定与否直接影响到旅游业的发展。如受 2001 年美国“9・11”恐怖袭击事件的影响，国际旅游发展进入了一段低迷期和缓慢的复苏期。2002 年 9 月世界旅游组织（UNWTO）发布的研究报告数据显示，与 2000 年相比，2001 年世界旅游收入下降了 2.6%。此外，乡村旅游业的发展不仅与目的地国的政治—法律密切相关，而且还与客源国的政治—法律有着一定的联系。政府法令与条例的颁布实施，特别是与乡村旅游有关的政策和法令，对乡村旅游市场需求和乡村旅游发展具有较大调节作用。

5. 社会—文化环境

（1）地位阶层。地位阶层的不一样使乡村旅游消费呈现出极差化的特征。改革开放以来，中国社会经济发生了较大变化，现代化进程的不断推进和经济体制的转轨，使社会阶层发生了明显变化。2002 年，陆学艺先生主编的《当代中国社会阶层研究报告》中以职业分化和三种资源（组织资源、经济资源和文化资源）占有状况为划分标准，形成由五大社会等级、十大社会阶层组成的当代中国社会阶层的基本形态（见图 5–2）。一般而言，同一社会阶层，其乡村旅游消费、产品偏好和乡村旅游动机等均有着较大的相似性，身份地位较高的人对乡村旅游的品质要求较高，更倾向环境优美、文化浓郁、服务质量好、客流量较少的乡村旅游地。因此，研究不同地位阶层的旅游需求对乡村旅游产品的开发具有显著的价值和意义。

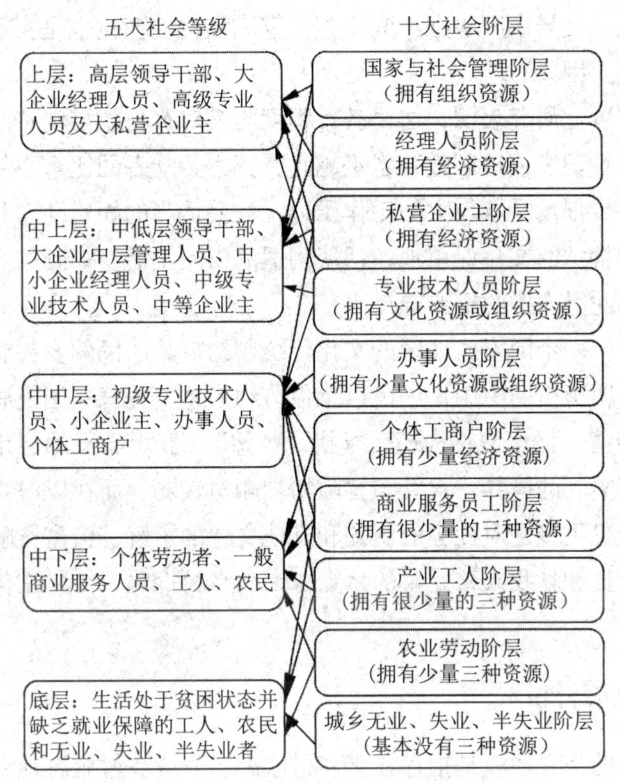

图 5-2　当代中国社会阶层结构

资料来源：陆学艺.当代中国社会阶层研究报告［R］.北京：社会科学文献出版社，2002：9.

（2）人口规模。从人口规模上看，在不考虑经济发展、社会文化、政治—法律、居民收入等因素影响的前提下，乡村旅游市场规模大小与人口数量成正比，人口规模越大，乡村旅游市场规模就越大。在经济发展水平一致的国家和地区，人口数量的增加对乡村旅游人次贡献就会越大。从人口城市化程度看，城市化程度越高，乡村反而成为一种稀缺资源而备受城市人口的青睐，城市人口增加将会为乡村旅游地提供源源不断的客源。从人口年龄上看，不同年龄阶段的人群对乡村旅游产品的需求呈现出差异化和多样化的特征。

（3）家庭结构。家庭作为社会组成的细胞和构成单元，家庭结构直接影响着出游的方式和目的地选择。按照家庭的代际层次和亲属关系，将家庭划分为核心家庭、主干家庭、联合家庭和变异家庭四种类型。核心家庭是由父母及未婚子女组成的家庭；主干家庭是由两代或两代以上夫妻组成，但每代最多不超过一对夫妻，且中间无断代的家庭；联合家庭是指家庭中任何一代含有两代以上夫妻的家庭，如兄弟姐妹结婚后不分家的家庭；变异家庭即不符合通常所理解的家庭概念的生活组织形式，如夫妻自愿不育的丁克家庭、生育子女但子女不在身边共同生活的空巢家庭等（邓伟志，徐新，2006）。欧美国家以核心家庭为主，随着经济社会的发展，中国国内家庭结构正从联合家庭和主干家庭向核心家庭转变，变异家庭也在不断增多，家庭结构的变化也是当前乡村旅游经营过程中需要考虑的重要因素。

（4）受教育程度。研究表明，居民教育程度与其对乡村旅游消费的期望值有着显著的正相关关系。一个国家或地区教育水平越高，智力劳动者的比重也越高。在这部分人群中，他们绝大多数都承受着较大的工作压力，需要适当的娱乐活动和旅游方式来缓解和释放。乡村作为特殊的文化保留地，恬淡闲适的田园生活与如画的乡景对他们的吸引力倍增，从而成为此类人群的重要选择之一。

（5）文化传统。一个国家或地区的文化传统制约着其居民的乡村旅游行为。如有着几千年传统农耕文明历史的中国，国民以勤俭节约为重要美德，国内居民的乡村旅游动机主要在于增强亲情、强化情感沟通，寻找“乡愁”，获得心灵的慰藉，在“行走”过程中追求“至善至美”的境界，求真与冒险精神相对较弱。而在以海洋文明为主的欧美国家，乡村旅游动机更多是对社会的认知和其他文化的了解，极富冒险、征服和科学精神，具有显著的求真和自我人格完善的特点，因而乡村探险、乡村文化考察、乡村怀旧颇受青睐。

（二）微观环境分析

乡村旅游市场的微观环境是指存在于乡村旅游企业或乡村旅游地周围，并直接影响乡村旅游企业或乡村旅游地营销活动的各种因素和条件，包括供应者、竞争者、购买者、中间商和公众。

1. 供应者

供应者是乡村旅游市场分析的一个重要方面，它关系到乡村旅游企业或乡村旅游地供应链管理问题。作为乡村旅游企业或乡村旅游地的市场营销管理者，要充分掌握乡村旅游供应者的基本情况，时刻与他们保持密切联系。乡村旅游供应者不仅包括以营利为目的的供应商，也包括直接提供相关公共服务的政府部门。不同的乡村旅游经营单位供应者也不尽相同，如乡村旅游民宿的供应者涉及酒店用品商店、水电部门、公安部门、菜市场和村集体等，而农家乐恐怕更多地涉及菜市场和生活日用品商店。

2. 竞争者

乡村旅游竞争者可以划分为乡村旅游地竞争者和乡村旅游独立竞争者两大基本类型。乡村旅游目的地竞争者是从乡村旅游地的整体发展而言的，是以地域单元存在的整体竞争者，如浙江安吉与南京高淳、安徽省黄山市黟县的西递与宏村等。独立竞争者是指乡村旅游企业和乡村旅游经营户，如在某一乡村旅游村寨的民居旅馆之间、农家乐之间、旅游商品店之间等的竞争。当需要对乡村旅游地与乡村旅游经营单位在乡村旅游市场中所处的地位进行衡量时，可采用乡村旅游市场占有率（乡村旅游地或经营单位在乡村旅游市场需求中所占的份额）的多寡来比较。计算公式如下：

$$MSRM = \frac{U}{T} \tag{5.1}$$

公式（5.1）中，$MSRM$：乡村旅游市场占有率；U：经营单位的乡村旅游接待人数；T：乡村旅游接待总人数。

3. 购买者

乡村旅游购买者是影响乡村旅游地和乡村旅游经营单位最基本的微观环境因素，从购买者的角度来看，乡村旅游购买者可以分为乡村旅游消费者和组织购买者两大类型。

（1）乡村旅游消费者。乡村旅游消费者是指乡村旅游产品最终的购买者，主要是购买乡村旅游产品和服务的个人和家庭，如乡村文化体验者、乡村休闲度假者、乡村怀旧者等。乡村旅游消费者购买乡村旅游产品和服务的目的主要是满足自身的物质和精神需要，以放松、猎奇、怀旧、体验、观光、休闲、度假等为基本内核，不以赚钱为目的。此类群体具有以下基本特征：

第一，人多面广、规模大。乡村旅游消费者囊括了各种类型、不同年龄阶段和各个阶层的人员，每一个人或家庭几乎都有可能参与乡村旅游活动。

第二，需求差异明显。乡村旅游消费者因年龄、性别、家庭结构、文化背景的不同，对乡村旅游产品和服务的要求也不尽相同。如老年群体更喜欢怀旧和慢节奏的乡村恬淡生活，而青年人则对乡村旅游的情调和动感程度要求相对较高；核心家庭注重子女教育，主干家庭则更加注重情感的沟通与交流等。

第三，小型购买多，购买频率高。乡村旅游消费以个人和家庭购买为主，购买的数量较少，但因消费需求的多样性和人群广泛，所以购买频率较高。一些乡村旅游地很可能是一个人和一个家庭多次的出游地。

第四，购买流动性较大。乡村旅游消费者受购买能力和时间的限制，在选择乡村旅游产品过程中一般都需要经过深思熟虑后才会做出最终的选择。乡村旅游产品的多样化又为他们提供了更多的选择机会，一旦因价格和时间等原因，他们将会选择适合自己的乡村旅游产品和服务，从而使乡村旅游消费者的购买行为在不同地区、企业和机构之间流动，乡村旅游产品和服务的替代性也随之发生。

（2）组织购买者。乡村旅游组织购买者是指为开展业务经营或者发放员工福利而购买乡村旅游产品和服务的各种企事业单位或机关团体组织。如旅行社对某乡村旅游地产品的批量采购，某企业到某一乡村旅游地举行年会，机关事业单位前往某一乡村旅游地参观学习等。与乡村旅游消费者相比，组织购买者具有以下特点。

第一，购买者数量较少，但购买规模大。此类购买者多是旅行商、企事业单位和机关团体等组织，与乡村旅游者相比，尽管购买者数目要小得多，但因为是商务、会务、公务、参观学习等业务性用途购买，故而购买规模较大。

第二，需求弹性小。作为组织机构的业务性购买，费用通常由单位进行统一支付。因此，组织机构购买者对乡村旅游产品和服务的需求受价格影响较小，但对乡村旅游的服务品质和专业化程度要求更高。

4. 中间商

乡村中间商是指处于乡村旅游生产者和乡村旅游者之间，参与乡村旅游产品流通业务，并促使买卖行为发生的集体和个人，包括经销商、代理商、批发商、零售商等。乡村旅游中间商不仅要把有关乡村旅游产品的信息告知乡村旅游者，还要采用各种措施使乡村旅游者能到达有乡村旅游产品的地方，促进乡村旅游者乡村旅游行为的实现，并在此过程中获取利润。

5. 公众

本书中的“公众”是指与乡村旅游地或乡村旅游经营主体有着相互联系和作用的各种社会群体、个人和组织机构的总称。公众作为乡村旅游市场微观环境中的重要因素，在乡村旅游市场营销中的作用不可忽视。从公共关系的角度看，公众作为公共关系管理的客体，很多时候可以决定乡村旅游市场营销的效果。通常而言，乡村旅游地的公众一般可以包括政府、媒体、金融、保险、旅行商、乡村旅游地居民以及有关的行动组织，如旅游协会、消费者协会、环境保护组织等。

二、乡村旅游动机分析

作为乡村旅游经营管理者，一定要清晰地知道人们为何要去乡村开展旅游。从心理学的角度出发，人们乡村旅游行为产生的直接心理动因是其动机，而在动机的背后则隐藏着人的需要，于是就构成了“需要—动机—行为”模式，即需要产生动机，动机产生了行为，整个过程又受到行为主体的人格因素和外在环境的影响，三者之间的关系如图5-3所示（孙喜林，2002）。

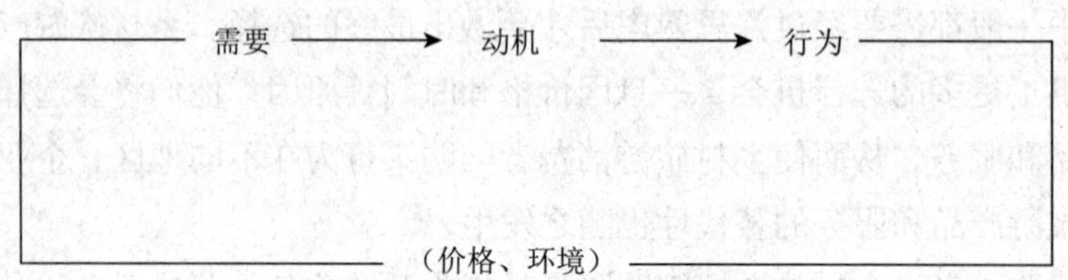

图 5-3　需要、动机与行为的关系

资料来源：孙喜林．旅游心理学［M］．广州：广东旅游出版社，2002：64.

（一）乡村旅游需要

当人们在生活中感到某种欠缺或不平衡并力求获得满足时，就会产生一种主观心理状态，心理学将此称为“需要”。它往往以意向、向往和愿望等的形式表现出来，最终发展成为推动人们进行各种活动的动机（陈秋红，王媛媛，2016）。乡村旅游需要（rural tourism demand）主要有以下几种类型。

1. 情感需要

乡村旅游的情感需要主要表现在城镇居民回乡村老家或者前往乡村进行各种家庭聚会、寻根问祖、探亲访友或寻找曾经的记忆，以增进感情或获得情感慰藉的一种需要，这使乡村旅游脱离了以挣钱为目的的过度商业化，而是以情动人、以情留人。

2. 逃避需要

现代城市快节奏的工作和生活往往使城镇居民每天疲于奔命，加之各类环境污染和城市人际关系的冷淡，城镇居民盼望在工作之余逃避城市，去往乡村进行各种消遣、娱乐和休闲，以使疲惫的心灵得到慰藉。在火炉城市和冰柜城市的居民在夏季和冬季纷纷逃离前往其他乡村进行避暑和避寒，也是逃避需要的一种反应。

3. 安全需要

根据美国心理学家亚伯拉罕·马斯洛的需要层次理论，当人们的生理需要得以满足后，以生命健康和人身财产等为核心的安全成为人们又一重要的需要。乡村优美的环境、新鲜的空气、绿色的农产品和优质的饮用水可以较好地满足现代城市人生活安全的需求。

4. 知识需要

对知识的渴望与追求是人类进步的动力。乡村作为人类创造的文明遗产之一，拥有丰富的地方性知识。同时，一些乡村所在地还是自然遗产地，它们不仅为人们开展自然与社会科学研究提供了重要的样本地，还为研学旅行和自然教育提供了鲜活的课堂。

（二）乡村旅游动机

20 世纪 60 年代，旅游动机备受旅游学界的关注（Pearce P. L.，2005）。乡村旅游动机（Rural Tourism Motivation）是激发和维持人们开展乡村旅游的内在驱动力，它作为一种内部的心理动力，很难被乡村旅游经营管理者直接观察得到。在现实生活中，人们可以通过乡村旅游者的购买行为来进一步推断其背后的动机，进而把握乡村旅游需求。

乡村旅游动机具有多样化的特点，并且深受其社会文化的影响。Duk-Byeong Park、Yoo-Shik Yoon 以韩国为例，将乡村旅游动机分为家庭团聚（Family Togetherness）、被动陪伴（Passive Tourists）、猎奇（Want-it-all）和学习体验（Learning and Exctement）四种类型（Duk-Byeong Park，Yoo-Shik Yoon，2009）。德国斯图加特大学的 Wolfgang Rid、南非约翰内斯堡大学的 Ikechukwu O. Ezeuduji 和奥地利维也纳农业与科学大学的 Ulrike Pröbstl-Haider 将乡村旅游的动机分为遗产与自然（Heritage & Nature）、原真乡村体验（Authentic Rural Experience）、学习（Learning）、阳光与沙滩（Sun and Beach）（Wolfgang Rid，Ikechukwu O. Ezeuduji，2014）。可见，学者们对乡村旅游动机的分类不尽一致。乡村旅游动机作为一种普遍的心理活动，虽然具有多样性，但也具有一定的普适性。这种普适性反映了乡村旅游动机的一般规律和特征，就像马斯洛的需要层次理论一样，可以广泛地被应用到许多地方进行分析。乡村旅游动机可大致概括为五种类型（见表 5–2）。

表 5–2 乡村旅游动机分类

序号	动机类型	表现形式
1	怀旧与乡愁动机	（1）探亲访友 （2）重访旧地 （3）寻根问祖 （4）寻找记忆
2	娱乐与休闲动机	（1）乡村 party （2）参与农事活动 （3）逃避日常工作和生活的烦恼
3	观光与体验动机	（1）田园观光 （2）游览乡村自然山水 （3）参加乡村节庆节事活动 （4）做短暂的农民
4	教育与文化动机	（1）了解乡村自然与人文 （2）学习民艺（音乐、舞蹈、绘画与传统技艺等）
5	康养与度假动机	（1）养老 （2）户外运动 （3）保健疗养 （4）避寒避暑

三、乡村旅游购买行为分析

乡村旅游者的购买行为（Purchase Behavior）因受个人性格特点、文化背景和环境因素等的影响而不同。下面根据乡村旅游者的性格特点和购买目的对乡村旅游的购买行为进行分类。

（一）根据乡村旅游者的性格特点划分

1. 定式型

定式型乡村旅游者也称“习惯型”乡村旅游者，此类人群通常是根据自己的习惯来购买某种乡村旅游产品，他们往往对某一类乡村旅游地、某类乡村旅游产品情有独钟，或者忠实于某一乡村旅游品牌，当有乡村旅游需求时，就会自然而然购买，从而使自己的购买成为一种思维定式或习惯。

2. 冲动型

冲动型乡村旅游者往往容易受到场景的蛊惑或激发而购买，一般没有经过事前认真考虑就会做出购买决策。这类人群通常喜欢追求具有新意的乡村旅游产品，对乡村旅游产品的效用和性能不太讲究，容易受到乡村旅游产品广告宣传的影响。

3. 理智型

理智型乡村旅游者与冲动型、定式型乡村旅游者有很大差别。这类乡村旅游者在做出乡村旅游购买决策之前，往往都要进行充分的咨询、比较和思考，之后才会理性地做出购买决策，他们不易受到场景蛊惑和乡村旅游广告宣传的影响。

4. 经济型

经济型乡村旅游者对价格极为敏感，一般只有在价格较低的时候才会选择购买。同时，在选择乡村旅游产品过程中，善于发现他人不易察觉的价格差异。一旦价格发生变化，他们就会通过价格判断来选择可以替代的乡村旅游产品，以最少的价格实现自己最优的选择。

5. 怀疑型

怀疑型乡村旅游者对营销人员、营销广告和营销宣传不信任，他们只相信自己的思考和判断，在对某种乡村旅游产品购买之前都要经过深入的思考，即使做出了购买决策，他们都还有所疑虑，防骗心理强。

（二）根据乡村旅游者的购买目的划分

1. 观光型

这类乡村旅游者对乡景的优劣颇为在意，风景是刺激他们是否做出决策的重要影响因子。他们以欣赏乡村田园风光为主要目的，停留时间短，消费较低。

2. 怀旧型

怀旧型乡村旅游者以到乡村寻找“乡愁”和感悟“乡愁”为主，他们深入乡村，体验乡村生活，一般文化素质相对较高，停留时间较长。

3. 度假型

这类乡村旅游者将乡村当作自己的第二居所，为了某一种目的离开自己的常住地前往乡村进行 3 天以上 1 年以下的居住，如重庆老年群体每年夏季前往贵州遵义、贵阳和毕节等地避暑。此类群体停留时间长、消费高，是乡村旅游地的优质客源。

4. 康养型

这类乡村旅游者为了缓解疲劳、治疗慢性疾病或者增强体质等健康方面的原因，选择条件较好的乡村旅游地进行有氧运动、呼吸新鲜空气，洗心洗肺，进行深度睡眠，开展食疗、SPA，购买绿色、有机农副产品等活动，文化素质高，消费能力强。

5. 亲子型

这类乡村旅游者以年轻家庭为主，他们以孩子为中心，前往乡村开展各类亲子活动，如参与农事体验、进行自然教育、体验乡村文化等。

6. 娱乐型

这类乡村旅游者到乡村开展多种多样的娱乐消遣活动，以获得精神的放松和心情的愉悦，如乡村音乐节、乡村 Party、农业嘉年华等。

7. 公务型

这类乡村旅游者以完成公务为主要目的，他们在某段时期内在外地出差，顺便参加乡村旅游活动或直接因公务原因前往乡村旅游地开展公务活动。

8. 知识型

这类乡村旅游者以前往乡村了解当地的风土人情、生产生活、自然地理为主要目的，以增加自己的知识见闻，或者前往乡村开展人类学田野调查或者自然科学考察，以完成某种科学研究、科普教育或自然教育为目的。

第三节　乡村旅游市场调查

市场调查是人们了解市场、认识市场的一项技术经济活动。在现代市场经济活动中，市场调查日趋重要，它直接关系到企业经营管理的成败，乡村旅游经营管理者更应该要充分把握旅游市场需求，及时调整经营管理策略，切实应对旅游市场需求与变化。

一、乡村旅游市场调查的概念

对于市场调查（Market Investigation）概念的认知，人们的认识不尽相同。狭义上的市场调查是指对某一消费群体的调查，它包括消费需求、消费水平、购买动机、购买行为、购买渠道等信息的收集、记录、整理和研究。广义的市场调查是从市场营销学的角度来理解和定义的，它除了对特定消费群体的调查外，还要对企业的营销环境、营销状况、产品供给等方面进行全维度的调查。乡村旅游市场调查（Rural Tourism Market Investigation）作为市场调查的一种，它运用科学方法，有目的地系统化收集、记录、整理和分析乡村旅游市场的信息资料，从而了解乡村旅游市场的现状，把握其发展变化和趋势，为乡村旅游市场预测、经营管理和决策提供扎实、有效的科学依据。乡村市场调查的这一定义，包括如下几层含义。

第一，乡村旅游市场调查是一项有目的的技术经济活动。任何一项乡村旅游市场调查都不是盲目进行的，它是建立在科学方法、人财物现状基础上的活动，围绕着乡村旅游经营管理活动中存在的问题而展开，具有很强的目的性。同时，它需要借助一套科学的方法体系来完成，如问卷调查法、实验设计、数据挖掘、抽样调查等，同时还要辅以专门的统计数据处理技术。

第二，乡村旅游市场调查对象是一个完整的市场体系。具体而言，乡村市场调查包括乡村旅游供给调查和乡村旅游需求调查两大部分。乡村旅游供给调查包括乡村旅游产品供给现状、竞争者和政策环境；乡村旅游需求调查则包括乡村旅游消费群体特征（家庭结构、年龄、性别、职业、收入、人口规模）、旅游动机、产品偏好、旅游购买行为等内容。

第三，乡村旅游市场调查的主要任务是收集、记录、整理和分析乡村旅游市场信息。乡村旅游市场信息直接构成了乡村旅游市场调查的核心内容。

二、乡村旅游市场调查的内容

围绕乡村旅游市场分析研究目标，乡村旅游市场调查由影响营销活动的宏观环境调查和微观环境调查两大部分构成。宏观环境调查和微观环境的具体调查内容与所要分析的内容相一致，可参见本章第二节内容。

三、乡村旅游市场调查的程序

乡村旅游市场调查程序根据乡村旅游市场调查研究目标与服务对象来确定，通常可以分为三个阶段进行（见图 5-4）。

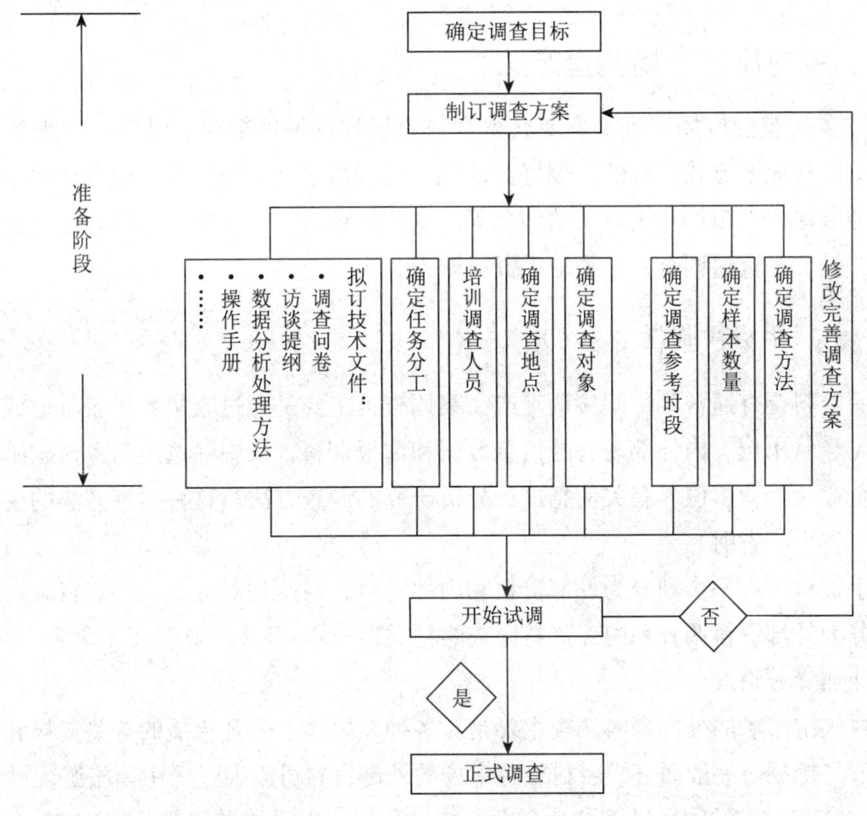

图 5-4　乡村旅游市场调查程序

（一）准备阶段

在此阶段需要根据乡村旅游市场调查研究的目标和服务对象的要求，确定乡村旅游市场调查的对象、范围、工作组织、人员分配以及采用的方法和技术手段。

（二）试调阶段

准备工作就绪以后，需要根据制订的乡村旅游市场调查方案，选取调查对象展开试调工作，以发现调查方案存在的问题和不足，如问卷是否合适、技术路线是否可行、人员安排是否恰当等。根据试调发现的问题和不足进一步修改和完善调查方案，使调查问卷、技术路线、人员安排等符合调查研究实际，再进行进一步的试调，直至调查方案切实可行为止。

（三）正调阶段

正调，顾名思义即“正式调查”。试调结束后，根据最新调整和修改完善的方案，开展最终的正式调查，系统获取相应的乡村旅游市场信息，为乡村旅游市场分析研究提供坚实支撑。

四、乡村旅游市场调查方法

通过乡村旅游市场调查，主要获得乡村旅游地的游客数量、结构、地理和季节分布，以及乡村旅游方式、目的、偏好、动机和消费水平、竞争者等，或者获得乡村旅游企业（经营单位）市场营销有关的信息等。这些信息资料的获取一般可以通过两种渠道获得：一是二手资料调查，二是一手资料调查。

（一）二手资料调查

二手资料调查通常又称间接调查或文案调查，主要是通过收集乡村旅游地或乡村旅游企业（经营单位）内外部现有的信息数据和情报资料，从中筛选出与乡村旅游地或乡村旅游企业（经营单位）有关信息进行分析研究的调查方法。这种调查方法的主要特点是省时、省力、省财。

二手资料可进一步划分为外部资料和内部资料，与此相对应，二手资料调查可以进一步细分为外部资料调查和内部资料调查两种类型。

1. 外部资料调查

乡村旅游市场的外部资料调查主要是对各种在媒体上公开传播的有关资料和出版文献的获取与挖掘。一般而言，乡村旅游市场的外部资料可以通过《中国旅游统计年鉴》、历年来国家和地方的国民经济与社会发展统计公报、世界旅游组织（UNWTO）报告和相关专业研究机构发布的报告等来获取。外部资料的获取一定要注意数据的实效性和权威性。

2. 内部资料调查

乡村旅游市场调查的内部资料调查是指对乡村旅游地或乡村旅游企业（经营单位）内部档案、统计资料、财务报表和相关文件等的调查。如要了解某家民宿的市场占有率，只有获取该民宿内部统计的年入住人数和全国民宿市场数据后方可计算得出。

（二）一手资料调查

通过直接调查或者实地调查获得原始资料的调查方法称为一手资料调查。这种调查方法的主要特点恰好与二手资料调查相反，虽然针对性较强、实效性最好，但调查成本较高。为了获得一手资料，可以采用以下调查方法。

1. 询问调查法

询问调查法是指调查人员根据所要调查的问题，制订好调查问卷或者访谈提纲后，以各种方式询问被调查者，最后通过对调查问卷进行分析处理和访谈资料的归纳整理以获得相关资料的方法。问卷调查法一般可以通过户外现场填答和网络平台填答来实现。

2. 观察记录法

我们将调查人员直接去现场或者通过仪器设备观察获得有关信息的方法称为观察记录法。如某投资商要到一乡村旅游地投资建设乡村房车与自驾车营地之前，项目开发部市场调查人员将摄像头设置在附近高速公路匝道口采集每天下匝道的汽车数量，以此作为重要的投资参考指标。

3. 实验调查法

实验调查法是心理学常用的研究方法，该方法也常被用于乡村旅游市场调查中。它是把调查对象放在特定的控制环境中，通过调整控制相关变量来发现因果关系。这种方法对研究乡村旅游者的动机、购买行为、购买决策等方面较为实用。同时，它还对研究乡村旅游市场的因果关系也较为有效。

第四节 乡村旅游市场细分

乡村旅游市场营销不仅关系到乡村旅游企业和乡村旅游地的产品开发问题，还关系到如何卖和怎么卖得更好的问题。“市场调研→市场细分→目标市场选择→营销策略制定”是乡村旅游市场营销一以贯之的四步法，市场调研为乡村旅游市场经营管理者提供重要的信息，而市场细分则是在市场调研基础上更深一层的认识，它作为市场营销工作的第二环节，关乎乡村旅游企业和乡村旅游地目标市场的选择。因乡村旅游市场群体庞杂，乡村旅游企业和乡村旅游地的人、财、物和时间又有限，不可能将整体的市场都作为自己的目标市场，这就需要在市场细分的基础上选择适合的目标市场。

一、乡村旅游市场细分的含义

市场细分（Market Segmentation）又称为“市场细分化”或“市场分割”，是 20 世纪 50 年代由美国市场学家温德尔·史密斯（Wendell Smith）提出来的有关市场营销学的重要概念。它是指市场营销者根据整体市场上消费者的需求差异，以消费者某种特定的需求、习惯、年龄与性别等为参考依据，将一个整体市场划分为若干群体的过程。通过这种方法，所划分出来的具有需求相似的消费者群体就构成了一个细分市场。

根据这一定义，我们不难得出乡村旅游市场细分（Rural Tourism Market Segmentation）的定义。所谓乡村旅游市场细分，是指乡村旅游市场营销管理者根据乡村旅游者需求的差异性，按照一定的标准将整体的乡村旅游市场分解为若干细分市场的过程。乡村旅游市场细分以扎实的乡村旅游市场调研为基础，是乡村旅游企业和乡村旅游地市场营销者的一项综合研判过程，为乡村旅游目标市场的选取抉择提供了重要依据。

二、乡村旅游市场细分的意义

乡村旅游市场细分对乡村旅游企业和乡村旅游地发展有着积极的影响，不仅为目标市场的选择提供决策参考，其主要意义还表现在以下几个方面。

（一）有利于市场开拓

通过乡村旅游市场细分，乡村旅游企业和乡村旅游地不仅可以对细分市场的乡村旅游需求特征、购买行为、满足程度和乡村旅游市场竞争状况等有充分的认识和了解，还可以发现那些乡村旅游需求尚未满足的细分市场，这些市场就会成为乡村旅游企业和乡村旅游地进军的“蓝海”，为自己提供新的乡村旅游市场空间。

（二）有利于资源配置

乡村旅游企业和乡村旅游地根据乡村旅游市场细分结果确定自己的目标市场后，以乡村旅游目标市场的特点作为参考依据，有针对性地制订乡村旅游市场营销计划，切实做到取长补短，将乡村旅游企业和乡村旅游地有限的人、财、物等有关资源调配起来协同作战，集中优势兵力攻克目标市场，以取得事半功倍的效果。

（三）有利于策略制定

乡村旅游市场营销策略对于日益变化的乡村旅游市场需求而言，具有相对的滞后性，而市场信息又是乡村旅游企业和乡村旅游地准确制订营销策略的基础。作为乡村旅游市场营销管理者，要及时捕捉相关的乡村旅游市场信息，及时对已有的乡村旅游市场营销策略进行调整或另行制订新的乡村旅游市场营销策略，以适应乡村旅游市场的变化。乡村旅游市场的细分化恰好为乡村旅游企业和乡村旅游地提供切实有效的相关信息，便于乡村旅游企业和乡村旅游地深入了解和把握乡村旅游市场需求的变化和不同乡村旅游细分市场的特点，从而使获取的乡村旅游市场情报信息更加准确、可靠。

三、乡村旅游市场细分的原则

乡村旅游市场细分不能流于形式，因细分而细分，而是要使细分能有效地服务于乡村旅游市场营销决策。乡村旅游市场营销管理者在进行细分时，需要遵循一定的基本原则。根据李天元和曲颖（2013）的观点，乡村旅游市场细分亦遵循可识别性、可测性、规模性、可影响性、持久性、内聚性和可行性七项基本原则，具体如下。

（一）可识别性

可识别性是指乡村旅游市场细分出来的乡村旅游者必须具有某些清晰可辨的共同特点，此类乡村旅游者对某一乡村旅游产品或乡村旅游服务都有相同的利益追求。如果细分出来的乡村旅游者对此类乡村旅游产品和乡村旅游服务不是出自相同的需要或利益追求，就不能将其划成同一个细分市场。

（二）可测性

此原则意味着，对所划分出来的任何一个乡村旅游细分市场，乡村旅游营销管理者都应能测量和评估此类细分市场群体的规模和购买潜力。如果不能，细分就变得毫无价值和意义。因为它无法测算投入和产出之比，究竟是亏还是盈便无从知晓。

（三）规模性

细分出来的市场要有足够大的规模，这种规模的大小要能为乡村旅游企业或乡村旅游地带来足够大或者令人满意的投资回报。从高质量和集约型发展的角度来看，乡村旅游发展没有必要追求庞大的人流量，而是要在人均消费上做文章，最大限度地提高乡村旅游的人均消费。虽然细分出来的市场规模不大，但是也能给乡村旅游企业和乡村旅游地带来丰厚的经济回报，对于此类细分市场，乡村旅游市场营销管理者要区别对待，它们也可以作为特殊的细分市场。

（四）可影响性

对于细分出来的乡村旅游市场，乡村旅游市场营销管理者要能够通过相应营销活动的开展，有效地对其施加积极的影响。否则，乡村旅游经营管理者面对该细分市场所实施的一切营销策略和措施将会徒劳无功，白白浪费了大量的时间和金钱。

（五）持久性

乡村旅游市场细分的持久性原则要求所细分出来的市场要具有较长时期的潜力。在乡村旅游市场中，一些群体属于短期或中期的市场，其存在期一般不会超过五年，甚至有些市场群体是某些事件突发后的结果，根本就不可持续，尽管这些市场在短期内能给乡村旅游企业或乡村旅游地带来不菲收益，但却不能支撑乡村旅游企业和乡村旅游地长久的发展，这显然是不太适合的。

（六）内聚性

内聚性是指所划分的细分市场在人群特征上能清楚地识别出来，他们会因具有某种需求和特征的相似聚合在一起，从而相对独立于其他市场和能够测量，便于乡村旅游市场营销管理者针对他们的需要和利益追求进行精准的乡村旅游产品定位，制订有效的乡村旅游市场营销组合策略。

（七）可行性

乡村旅游企业或乡村旅游地因受某些实际情况的制约，尤其是自身资源条件或市场营销能力的限制，乡村旅游经营管理者可能会对某些乡村旅游者心有余而力不足，无法开展相应的经营活动。鉴于此，划分出来的细分市场就必须具有可行性和现实性，必须切合乡村旅游企业或乡村旅游地的现实条件，这样的乡村旅游市场细分才会变得有价值和意义。

四、乡村旅游市场细分的依据

乡村旅游市场营销管理者在进行市场细分的过程中，需要较多的依据或标准作为参考和选择，尽可能使所选的依据或标准能充分反映市场细分的规律和乡村旅游市场未来的发展趋势，并切合乡村旅游企业或乡村旅游地具体实际。事实上，在乡村旅游市场细分中，主要是对两大类市场的细分。一类是乡村旅游消费者市场，是指直接前往乡村旅游地开展乡村旅游活动的现实人群和潜在人群；一类是乡村旅游产业市场，是指购买乡村旅游产品进行再生产（包括为职工提供福利和奖励的购买）的组织和机构，如旅行社。

（一）乡村旅游消费者市场细分

综合学者们研究的成果和旅游市场营销的实践，目前对与乡村旅游消费者市场细分的依据和标准主要有以下四种。

1. 按照地理因素

地理因素是乡村旅游消费者市场细分的重要依据之一，也是最常用的一种标准。这种观点认为，处于一定地理环境的人，他们在行为习惯上有着相对的一致性，如云、贵、川、湘地区的人通常好辣，而江、浙、沪、闽一带的人却通常好甜。根据地理因素，可以将国际、国内乡村旅游市场大致划分如下。

（1）国际乡村旅游市场。可以划分为美洲乡村旅游市场、欧洲乡村旅游市场、亚太乡村旅游市场、非洲乡村旅游市场和中东乡村旅游市场。

（2）国内乡村旅游市场。可以划分为东北乡村旅游市场、华北乡村旅游市场、华东乡村旅游市场、华中乡村旅游市场、华南乡村旅游市场和西北乡村旅游市场。

2. 按照人口学统计特征

按照人口学统计特征因素进行乡村旅游市场细分的标准包括性别、年龄、收入、职业和家庭等（见表5-3）。

表5-3　按照人口统计学特征细分的乡村旅游市场

序号	细分标准	细分类型
1	性别	男性市场、女性市场
2	年龄	儿童市场、少年市场、青年市场、中年市场、老年市场
3	收入	低收入市场、中收入市场、高收入市场
4	职业	公务市场、商务市场、专业技术市场、农民市场、学生市场等
5	家庭	情侣市场、婚庆蜜月市场、儿童家庭市场、丁克市场、空巢家庭市场等

3. 按照购买目的

人们外出进行乡村旅游活动有着不同的目的，根据此种分类标准，可以将乡村旅游市场分为观光市场、休闲市场、度假市场、探亲访友市场、避暑市场、避寒市场、户外运动市场、保健疗养市场、文化体验市场、自然教育市场、探险市场等。

4. 按照购买行为

采用购买行为标准进行乡村旅游市场细分时，较为常见的标准有品牌忠诚度、乡村旅游者地位与购买率等。例如，根据乡村旅游者购买乡村旅游产品和服务的频率，可以将乡村旅游市场划分为经常性购买者市场、一般程度购买者市场、偶尔购买者市场和完全不购买者市场四种类型。

（二）乡村旅游产业市场细分

乡村旅游产业市场作为乡村旅游企业和乡村旅游地的大宗购买者，它以组织或机构的名义进行批量采购，是乡村旅游企业和乡村旅游地的优质客户群。根据其特点，乡村旅游市场的细分依据主要有以下几种。

1. 按照采购规模

按照采购规模，可以将乡村旅游产业市场细分为大型企业、中型企业和小型企业。不同类型企业的乡村旅游购买力、购买行为、购买方式、购买频率都不尽相同。

2. 按照购买行为

乡村旅游产业市场购买行为的因素可以包括品牌忠诚度、购买者地位、使用方式和使用频率等。例如，根据购买者地位和使用频率，可以将乡村旅游产业市场购买者分为重点客户、常用客户、一般客户和临时客户。

3. 按照行业类别

乡村旅游业是一个涉及众多行业的产业门类，它与诸多行业都有一定的融合和交叉。乡村旅游业包括交通运输业、住宿业、景区景点业、旅游餐饮业、旅游娱乐业、旅游商品业、旅行社业、保险业和金融业等。在乡村旅游发展过程中，前述这些行业彼此之间或多或少都会发生相应的业务往来，由于具体行业的不同，需求亦会有很大差异，乡村旅游市场营销管理者要善于把握，积极与相应的行业部门建立紧密的业务关系。

需要说明的是，乡村旅游市场细分的标准和依据不是单一的和唯一的，更不是一成不变的，乡村旅游市场营销管理者可以根据乡村旅游市场细分实际需要和乡村旅游市场的变化，选取相应的标准和依据即可。

第五节　乡村旅游目标市场选择

目标市场的选择是一个乡村企业和乡村旅游地开展市场营销工作的前提，当乡村旅游市场营销管理者完成市场细分后，如何选择适合乡村企业和乡村旅游地的目标市场成为迫切需要解决的重要问题。

一、乡村旅游目标市场选择的含义

乡村旅游目标市场（Rural Tourism Target Market）是指乡村旅游企业或乡村旅游地在乡村旅游市场细分的基础上，拟以相应的产品和服务满足其需要的市场。这种市场可以是划分出来的所有细分市场当中的一个或者若干个。当乡村旅游市场细分出来后，受乡村旅游企业或乡村旅游地现有条件的限制，并不是所有的细分市场都能作为自身的目标市场，只有那些符合自身实际和能满足自己市场营销目标的细分市场才有真正的价值和意义。由此，所谓的乡村旅游目标市场选择，是指乡村旅游企业或乡村旅游地通过对乡村旅游细分市场的评估和竞争对手的分析后，依据自身的条件从乡村旅游细分市场中选择一个或多个细分市场作为自己营销对象的活动。从这种意义上说，乡村旅游市场细分是乡村旅游目标市场选择的基础、手段或过程，而乡村旅游目标市场的选择则是乡村旅游市场细分的目标和结果。

二、乡村旅游目标市场选择的步骤

在目标市场选择的过程中，人们经过长期实践，总结出了目标市场选择的基本步骤，即评估细分市场→认知自我能力→研究竞争者→确定目标市场，乡村旅游目标市场亦是如此。

（一）评估细分市场

乡村旅游市场营销管理者在细分市场工作完成后，要对乡村旅游细分市场进行仔细评估和预测，看所划分出来的各个细分市场的市场前景和市场潜力如何。在乡村旅游市场需求预测方面，有诸多预测方法可以运用，本教程仅介绍几种简单的、常用的方法。

1. 定性预测法

定性预测法主要是指预测者充分利用市场调查中获取的各种信息，凭借个人的知识、经验和主观判断，对未来一段时期市场发展趋势做出相应估计和判断的方法。此类方法的优点是：①简单易行；②省时省力；③比较节约费用；④灵活性强，便于预测者主观能动性的充分发挥。但这种方法也有较大缺陷，主要表现在：容易受个人主观因素的影响，个人知识、经验、能力和偏好直接会影响到预测的准确度。乡村旅游市场定性预测的代表性方法有经验估计法、德尔菲法和游客意见法等。

（1）经验估计法。预测者依据所收集到市场信息资料，凭借自己的经验对市场未来所做的判断。这种方法比较适合具有丰富运营管理经验的管理者和从事此类研究的特邀专家。三点估计法就是其中的代表性方法之一。三点估计法将市场预测划分为乐观值、悲观值和最可能值三种，以三个值的特定均值作为预测结果，计算公式如下：

$$p = \frac{a + 4b + c}{6} \tag{5.2}$$

公式（5.2）中，p：特定预测均值；a：悲观值；b：最可能值；c：乐观值；$a < b < c$。

§例 5.1：某乡村旅游地市场营销经理对下个月的乡村旅游接待人数做出估计，乐观值 30 万人次，最可能值 15 万人次，悲观值 5 万人次，使用三点估计法预测下月的乡村旅游接待人次。

根据公式 5.2 得：

$$p = \frac{5 + 4 \times 15 + 30}{6} = 15.83（万人次）$$

在实施此类方法预测中，我们可以在个人判断的基础上，通过咨询会议进行集体预测，将与会专家和代表的意见综合起来，采用相对重要度的数学处理方法来减少个人主观影响，进一步寻求预测一致。计算公式如下：

$$p = \frac{\sum_{i=1}^{n} w_i x_i}{\sum_{i=1}^{n} w_i},（i = 1, 2, \cdots, n） \tag{5.3}$$

公式（5.3）中，p：预测值；w_i：第 i 个预测者的重要度（即权重）；x_i：第 i 个预测者的估计值。

§例 5.2：某乡村旅游地邀请五位专家对明年的乡村旅游接待量做出如下估计，专家 A：50 万人次；专家 B：20 万人次；专家 C：40 万人次；专家 D：30 万人次；专家 E：35 万人次，A、B、C、D、E 五位专家的相对重要性程度为 1∶1.5∶0.8∶2.5∶1.2，计算明年该乡村旅游地的乡村旅游接待量。

根据公式（5.3），得

$$p = \frac{1 \times 50 + 1.5 \times 20 + 0.8 \times 40 + 2.5 \times 30 + 1.2 \times 35}{1 + 1.5 + 0.8 + 2.5 + 1.2}$$

$$= 32.71 \text{（万人次）}$$

（2）德尔菲法。德尔菲法（Delphi Method）是指采用匿名发表方式征求专家意见的方法。20 世纪 40 年代由赫尔姆（Helmer）和达尔克首创，后经戈登（Gordon）与兰德公司进一步发展而成。“德尔菲”一词源自古希腊地名，此地建有阿波罗神殿，传说中的太阳神阿波罗具有预见未来的能力。1946 年，兰德公司首次运用这种方法进行预测，后被广泛使用（杨治良，郝兴昌，2016）。此种方法比较适合历史乡村旅游市场统计数据缺乏或需要对乡村旅游市场进行长期预测的情况。德尔菲法的预测步骤如下：第一步：拟订专家意见征询表；第二步：选定征询专家；第三步：反复征询专家意见；第四步：做出预测结论。

此类方法应采用匿名形式进行征询，征询专家组的专家背对背，在很大程度上减少了征询者对专家以及专家对专家的相互影响，更容易使专家意见表达更为充分，便于集思广益，具有很好的统计性和简便性。当然，此种方法也有缺陷。受预测专家认识的制约和专家思维局限性的影响，客观标准缺乏，预测所需时间较长。

（3）游客意见法。为掌握游客未来需求的变化，直接对乡村旅游企业或乡村旅游地产品的购买意向、购买意见进行调查，从而预测游客的需求变化趋势。这种方法通常被用来预测客源地的出游规模。

§例 5.3：乡村旅游地甲以 A 市为主要客源地，为预测 A 市的乡村旅游出游规模。该乡村旅游地向 A 市随机发放了 1000 份问卷，调查问题是：“您明年打算到甲地进行乡村旅游吗?”其中，有 120 人回答打算去。统计部门数据显示，该市常住人口 380 万人，则可大致预测明年 A 市前往甲乡村旅游地的规模。即 380×（120/1000）=45.60（万人次）。

2. 时间序列预测法

时间序列预测法是将历史资料和统计数据，按照时间顺序排列成系列，根据时间序列所反映的经济现象的发展过程、方向和趋势，将时间序列外推或延伸来预测未来经济可能达到的水平的方法（叶智美，叶媛秀，2007）。这种方法应用广泛，包括简单平均法、移动平均法、指数平滑法、趋势外推法和季节指数法等类型。本教程仅对简单平均法和移动平均法略做介绍。

（1）简单平均法。简单平均法是指将一定观察期内的预测目标值的算术平均数作为下一期预测值的一种简便预测方法。可以分为简单算术平均法、加权算术平均法和几何平均法（雷江，李玲，2013）。

第一，简单算术平均法。指将观察期内的预测目标时间序列值求和，取其平均值，并将其作为下一期的预测值的一种预测方法。此种方法使用简便、花费少，比较适用于短期预测或当对预测结果精度要求不高的情况。计算公式如下：

$$\bar{x}=\frac{\sum_{i=1}^{n}x_i}{n}，（i=1, 2,\cdots，n）\tag{5.4}$$

公式（5.4）中，$\bar{x}$：观察期内预测目标的算术平均值；x_i：预测目标在观察期内的实际值；n：预测目标在观察期内实际值数据的个数。

§例 5.4：某乡村旅游地 2018—2022 年的游客接待规模如表 5-4 所示。利用简单算术平均法，预测该乡村旅游地 2023 年的游客接待规模。

表 5-4　2018—2022 年某乡村旅游地游客接待规模（万人次）

年度	2018 年	2019 年	2020 年	2021 年	2022 年
接待人次	14.26	14.78	15.62	16.78	17.08

根据公式（5.4）得：

$$\bar{x}=\frac{14.26+14.78+15.62+16.78+17.08}{5}=15.70（万人次）$$

第二，加权算术平均法。指在对观察内的每一个数据确定权重的基础上计算加权平均数，并将其作为下一期预测值的方法（刘学明，2008）。此种方法预测的关键在于确定每个观察值的权重。一般地，离预测值越近的数据对预测值影响越大，权重也相对较大，反之则相对较小。计算公式如下：

$$\bar{x}=\frac{\sum_{i=1}^{n}w_i x_i}{\sum_{i=1}^{n}w_i}，（i=1, 2, 3, \cdots，n）\tag{5.5}$$

公式（5.5）中，$\bar{x}$：观察期内预测目标的算术平均值；x_i：预测目标在观察期内的实际值；w_i：与 x_i 相对应的权重。

§例 5.5：采用加权算术平均法，根据例 5.4 所给的数据（其中，2018—2022 年各年的观察值权重依次为 1，2，3，4，5），预测该乡村旅游地 2023 年的游客接待规模。

根据公式（5.5）得

$$\bar{x}=\frac{14.26\times1+14.78\times2+15.62\times3+16.78\times4+17.08\times5}{1+2+3+4+5}$$
$$=16.21\text{（万人次）}$$

第三，几何平均法。指运用观察期内的N个比率乘积的N次方根来作为下一期预测值的一种方法。此种方法适用于计算平均比率和平均速度（乔冬梅，2009）。简单几何平均法的计算公式如下：

$$G=\sqrt[N]{x_1\cdot x_2\cdots x_N} \qquad (5.6)$$

公式（5.6）中，G：几何平均数（也即预测值）；x：观察期内的变量值；N：观察期内的变量值个数。

§例 5.6：某乡村旅游民宿 2018—2022 年的客房出租率表 5–5 所示。利用简单几何平均法，预测该乡村旅游民宿 2023 年的客房出租率。

表 5–5　2018—2022 年某乡村旅游民宿客房出租率（单位：%）

年度	2018 年	2019 年	2020 年	2021 年	2022 年
客房出租率	60.78	78.87	75.66	80.88	86.26

根据公式（5.6）得：

$$G=\sqrt[5]{60.78\times78.87\times75.66\times80.88\times86.26}=75.97$$

（2）移动平均法。移动平均法（Moving Average，MA）是时间序列预测中的一种常用方法。该方法是以时间序列数据为基础，通过逐项推移，依次计算一定项数的序时平均数，一边移动一边平均，得到由移动平均数构成的新时间序列来反映长期发展趋势的方法。移动平均法包含简单移动平均法和加权移动平均法两种类型。其中，根据运用移动平均法的次数，简单移动平均法又可细分为一次移动平均法、二次移动平均法和多次移动平均法等。移动平均法在使用过程中，分三个步骤进行（王冲，李冬梅，2013）。

第一步：将观察期的数据按时间先后顺序进行排列，确定跨越期数（即参加移动平均的历史数据的个数）后再平均。

第二步：随着观察期的推移，向前移动平均期的相应观察数据，即每向前移动一步，则需要去掉最早期的一个数据，增添原来观察之后期的一个新数据，并依次求取移动平均值。

第三步：将接近预测期的最后一个移动平均值作为预测值。

本书主要介绍一次移动平均法。根据上述定义，一次平均法的计算公式如下：

$$F_t=\frac{a_{t-1}+a_{t-2}+\cdots+a_{t-n}}{n} \qquad (5.7)$$

公式（5.7）中，F_t：第 t 期的预测值；a_{t-1}：$t-1$ 期的实际值；n：移动平均的跨越期。

§例 5.7：以表 5–4 某乡村旅游地游客接待规模的变化为时间序列，跨越期为 3，预测 2023 年的规模。

由一次移动平均法的公式直接预测，2023 年为第 6 期，根据公式（5.7）得：

$$\begin{aligned} F_6 &= \frac{a_3 + a_4 + a_5}{3} \\ &= \frac{15.62 + 16.78 + 17.08}{3} \\ &= 16.49 \end{aligned}$$

3. 回归分析预测法

回归是研究自变量与因变量之间关系的方法，其目的在于根据已知变量来估计和预测因变量的值。譬如，乡村旅游消费与家庭可自由支配收入有着紧密的依存关系，通过这一依存关系的定量化测定，就可以在已知家庭可自由支配收入的条件下，对其乡村旅游消费进行预测。由此可以发现，回归分析预测法与时间序列预测法有着根本的区别。即时间序列预测方法是根据因变量自身的历史变化规律来加以预测，而回归分析方法则根据自变量来预测因变量（李志强，蔡宏宇，2014）。在回归分析预测中，如果只涉及一个自变量，此方法则为一元回归分析，如果自变量的数目≥2，则为多元回归分析。如果自变量与因变量之间的因果关系是线性的，数学模型即为线性回归方程，反之则为非线性回归方程。本教程只介绍最简单的一元线性回归预测法。

一元线性回归预测法常常被应用于以年为时间单位的乡村旅游需求量变化预测。预测数学模型为：

$$y = \alpha + bx \tag{5.8}$$

式中：y：因变量；x：自变量；α：常数；b：y 对 x 的回归系数。

因变量 y 是乡村旅游需求或乡村旅游消费的度量，如某乡村旅游地的游客接待人数、乡村旅游总收入、人均乡村旅游消费等。自变量 x 则是时间，通常是年。在预测过程中，需要根据以往一段时期的数据，建立起一元线性回归方程，才可预测。

采用最小二乘法和求偏导数的方法得到下面的方程组：

$$\begin{cases} \sum y_i = n\alpha + b\sum x_i \\ \sum x_i y_i = \alpha\sum x_i + b\sum x_i^2 \end{cases} \tag{5.9}$$

依据已知的 x 和 y 的观察值，即可求解（5.9）线性方程组，得到 α 和 b。即

$$b = \frac{n\sum x_i y_i - \sum x_i \sum y_i}{n\sum x_i^2 - \left(\sum x_i\right)^2}, \alpha = \frac{\sum y_i - b\sum x_i}{na}$$

把 α 和 b 的值代入公式（5.8）中，即可得到一元线性回归分析预测模型，给定 x_i 的值，就可以得到因变量 y_i 的预测值①。

§例 5.8：2017—2022 年某地休闲农业与乡村旅游接待人数统计如表 5-6 所示，请预测 2023—2025 年的规模。

表 5-6　2012—2017 年中国休闲农业与乡村旅游接待人数统计

时间（x_i）	2017 年	2018 年	2019 年	2020 年	2021 年	2022 年
接待量 / 亿人次（y_i）	7.2	10.0	12.0	22.0	24.0	28.0

将中国休闲农业与乡村旅游年接待量在坐标上标识出来，表现出游客量与时间的关系近似一条直线，故可以在时间与接待人数之间建立一个一元线性回归方程，结果如图 5-5 所示。

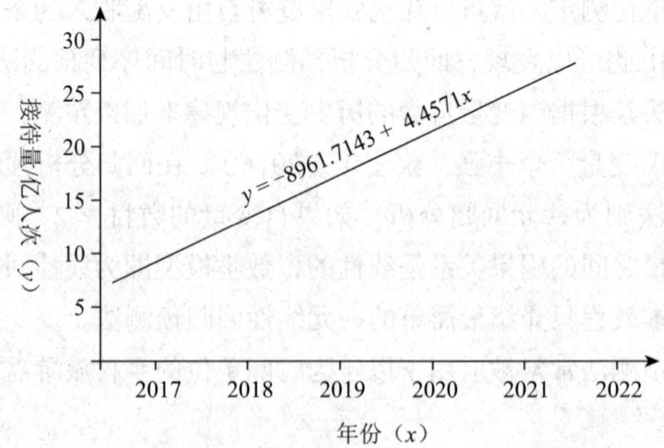

图 5-5　中国休闲农业与乡村旅游接待人次回归方程

通过计算，得

$$y = -8961.7143 + 4.4571x \tag{5.10}$$

式（5.10）中，y：接待量（单位：亿人次）；x：年份；r：相关系数。

经检验，相关系数 $r = 0.9762$，y 与 x 关系密切，可利用该模型进行预测，预测结果见表 5-7。

① 在利用一元线性回归预测的过程中，需要对变量的相关性进行分析，模型建好后，还需要进一步对模型的优良性进行检验，以确定模型是否用于预测。常见的统计检验有拟合优度检验、标准离差检验、T 检验等。可参阅李志强、蔡宏宇主编的《市场调查与预测》（第 2 版）第 335 至 344 页。

表 5-7　2017—2022 年实际值与预测值比较及 2023—2025 年预测值

年度	2017 年	2018 年	2019 年	2020 年	2021 年	2022 年
接待量 / 亿人次	7.2	10.0	12.0	22.0	24.0	28.0
拟合值	6.0	10.4	14.9	19.3	23.8	28.3
年度	2023 年	2024 年	2025 年			
预测值	32.7	37.2	41.6			

（二）认知自我能力

通过评估细分市场，我们知道了哪些乡村旅游细分市场前景较好，哪些乡村旅游市场潜力较大，但不是所有市场前景较好和市场潜力较大的细分市场都可以成为乡村旅游企业和乡村旅游地的目标市场。因为乡村旅游目标市场的确定还要取决于乡村旅游企业和乡村旅游地产品和服务的供给能力与经营管理能力，一旦乡村旅游企业和乡村旅游地产品和服务的供给能力不足，经营管理能力有限，在一段时期内又不能改变，哪怕这些细分市场前景好、潜力也大，乡村旅游市场营销管理者最终也不能不忍痛割爱，退而求其次。

（三）研究市场竞争状况

评估完了细分市场，也对自身的供给能力和经营管理能力有了科学的认知，但这仅仅完成了乡村旅游目标市场选择的前两步工作。因为，乡村旅游市场竞争状况还深深影响着乡村旅游企业和乡村旅游地目标市场的选择。通过对乡村旅游市场竞争状况的充分研究可以发现哪些细分市场竞争激烈、哪些细分市场竞争一般、哪些细分市场至今还无人进军，如此，才能对乡村旅游目标市场的最终选定做出正确决策。

三、乡村旅游目标市场选择的策略

乡村旅游目标市场选择是在对乡村旅游地或乡村旅游企业进行市场细分的基础上选定的。根据目标市场选择基本策略的研究与实践，乡村旅游目标市场选择的基本策略也与之相同，分为集中性目标市场策略、差异性目标市场选择策略和无差异目标市场选择策略三种类型（杨艳蓉，2016）。

（一）集中性目标市场策略

乡村旅游集中性目标市场策略是乡村旅游地或乡村旅游企业以一种或少数几种乡村旅游产品及相应的营销组合策略，集中在一个或少数几个乡村旅游细分市场，提供专业化的乡村旅游产品和乡村旅游服务。

在这种策略中，乡村旅游地或乡村旅游企业不是去占领全部的乡村旅游细分市场，而是集中精力服务一个或少数几个乡村旅游细分市场。该策略一般普遍适用于两种情况：一是那些实力较差、资源不足的中小型乡村旅游企业或乡村旅游地，它们可以以较低的成本及时赢得市场；二是那些专注于乡村旅游高品质服务的企业或乡村旅游地，它们通常面向高端消费的乡村旅游细分市场，以高端化、品质化和个性化乡村旅游产品和乡村旅游服务取胜。这类乡村旅游企业或乡村旅游地把乡村旅游产品和服务做到了金字塔的顶端，使其他的乡村旅游企业和乡村旅游地望尘莫及。这类乡村旅游企业或乡村旅游地一般都有忠实的粉丝消费群体。

（二）差异性目标市场选择策略

在差异性目标市场选择策略的运用中，乡村旅游地或乡村旅游企业将市场细分后的所有乡村旅游细分市场都作为自己的目标市场，再针对不同的乡村旅游细分市场分别设计出不同的乡村旅游产品和乡村旅游服务，以实施不同的营销组合策略，以此来全面满足各类乡村旅游细分市场的需要。

乡村旅游企业或乡村旅游地采用此种策略能够很好地适应各类乡村旅游者的需求，有利于扩大乡村旅游地或乡村旅游企业的销售额和在差别中寻找到自己的竞争优势。与此同时，因乡村旅游企业或乡村旅游地把资金分别投向多个细分市场中，在一定程度上能降低集中经营带来的风险。然而，此种策略成本费用高昂，比较适用于那些实力雄厚的乡村旅游企业或乡村旅游地。

（三）无差异目标市场选择策略

无差异目标市场选择策略强调细分市场需求的同质性。乡村旅游企业或乡村旅游地在运用这种策略时，以乡村旅游市场整体作为一个目标市场，以一种乡村旅游产品、一种乡村旅游服务和一种营销组合策略去供应所有的乡村旅游者，尽可能地满足所有乡村旅游者的共同需求。

虽然此种策略简单、粗暴，但却有专业化程度高、能实现大批量生产和获得规模经济效益的优点。此外，因乡村旅游产品单一，还可以极大地降低乡村旅游企业或乡村旅游的运营成本。之所以说它简单、粗暴，是因为它忽视了乡村旅游者需求的差异性，不适应乡村旅游的个性化发展和市场竞争要求，风险系数比较大。这种策略主要适用于垄断型强、知名度高的乡村旅游地与垄断经营的乡村旅游企业。

【复习思考题】

1. 乡村旅游市场分析主要包括哪些内容？
2. 乡村旅游市场调查内容有哪些？
3. 如何进行乡村旅游市场调查？
4. 何谓乡村旅游市场细分，有哪些意义？
5. 乡村旅游市场细分的原则有哪些？

6. 乡村旅游市场细分的依据是什么？
7. 乡村旅游细分市场和乡村旅游目标市场有哪些异同？
8. 乡村旅游经营管理者如何来选择目标市场？
9. 乡村旅游目标市场选择策略有哪些？
10. 浅谈如何构建高水平的社会主义旅游市场经济体制？

【课后实践】

选取某乡村旅游区为例，对其目标市场进行选择。

第六章　乡村旅游产品开发与营销策略

【学习目标】

- 理解乡村旅游产品的含义；
- 理解乡村旅游产品的特点；
- 了解乡村旅游产品的构成；
- 了解乡村旅游产品的分类；
- 掌握乡村旅游产品开发的战略、思路与层次；
- 掌握乡村旅游市场营销策略。

第一节　乡村旅游产品概述

乡村旅游产品（Rural Tourism Product）作为乡村旅游地、乡村旅游企业或相关乡村旅游经营管理单位的经营对象，是由诸多要素产品所构成的一个有机整体，体系庞杂。在一个乡村旅游地，农家饭菜作为餐饮服务的一种产品，满足了某些乡村旅游者“食”的需求；民宿作为住宿服务的一种产品，满足了某些乡村旅游者“住”的愿望；乡村骑行、渔舟唱晚、森林火车等诸多旅游交通则为乡村旅游者提供了“行”的独特体验……这些均是旅游产品的核心内容，而保险、金融、通信、医疗、救援等为乡村旅游者提供了安全及相关保障，这些服务虽然相对独立于乡村旅游产业之外，但却是乡村旅游过程中不可或缺的服务。

一、乡村旅游产品概念

从需求的角度看，乡村旅游产品就是指旅游者离开居住地前往乡村地区开展旅游活动再返回居住地的一次完整经历。从供给的角度看，乡村旅游产品是指为满足人们完整的乡村旅游经历所提供的各种服务组合。以上这两种认识均属于整体旅游产品（Total Tourist Product）的概念。然而，对于乡村旅游企业来说，他们所经营的产品自然也属于乡村旅游产品，这是乡村旅游企业凭借自己的设施和服务向乡村旅游者专门提供的某种服务，属于单项旅游产品（Specific Product）。本章所讨论的乡村旅游产品主要是针对乡村旅游地而言的整体性旅游产品。

二、乡村旅游产品构成

从前述定义可知，乡村旅游产品具有明显的组合特征、需求导向性和体验感。因旅游消费需求的多样化，乡村旅游产品的组合必将呈现出多元化的特征。但不管怎么组合，乡村旅游产品都具有一般的构成。王宏星和崔凤君（2005）在考察多个国外乡村旅游项目和分析我国乡村旅游特色与不足的基础上，提出了乡村旅游产品体系的系统概念，从产品域上将乡村旅游分为核心产品域、辅助产品域和扩张产品域三个层次（见图6-1）。

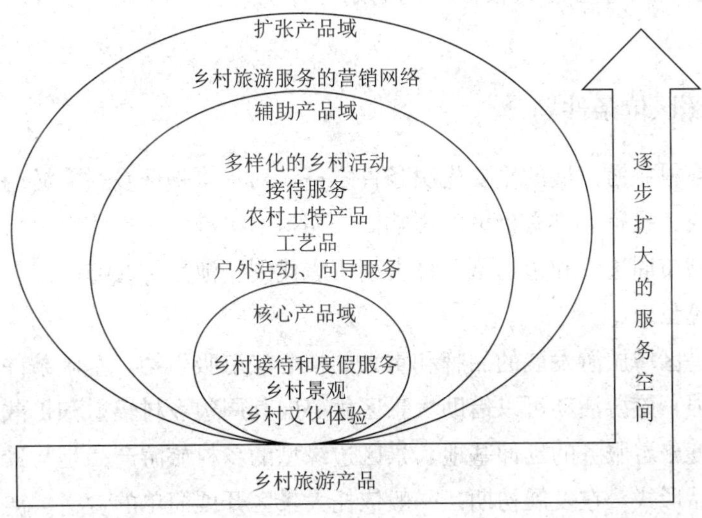

图6-1 乡村旅游产品模型

资料来源：王宏星，崔凤君.我国乡村旅游产品体系及其研究［J］.西藏大学学报，2005，20（1）：84.

（一）核心产品域

乡村旅游地位于农村地区，乡景是乡村旅游发展的根基与灵魂。乡村旅游核心产品包括：乡村接待和度假服务、乡村景观和乡村文化体验。核心产品是旅游者获取乡村旅游体验的主要对象，主要内容是在乡景中与当地村民分享和体验乡村生活。

（二）辅助产品域

辅助产品超越了核心产品的范畴，其服务对象不仅包含了乡村旅游者，还服务于本地的乡村居民。辅助产品可以作为乡村旅游体验的重要组成部分，以增强核心产品的吸引力。它不仅包括当地社会餐饮、博物馆、古建筑、民间工艺品和土特产品作坊，登山、溯溪、骑行等各类户外活动，还包括为乡村旅游者提供的向导服务等。

（三）扩张产品域

为提高乡村旅游服务质量和经营管理水平，政府、企业、行业协会、科研单位和非营利性机构（NGO）等组织将会参与到乡村旅游发展中来，逐步构建起乡村旅游营销管理体系或服务网络体系，乡村旅游产品的扩张域随之形成。扩张产品是乡村旅游发展到一定阶段的产物，游客通过乡村旅游网络获得旅游信息、预订、咨询及其他增值服务。同时，乡村旅游从业人员亦可通过该网络共享相关的资源并开展营销活动。

三、乡村旅游产品分类

乡村旅游产品类型多样，根据不同的划分标准，乡村旅游产品可以划分为不同的类型。

（一）按照区位条件划分

区位作为乡村旅游发展的重要先决条件之一，对一个地区乡村旅游的发展类型、路径、特点、规模、投资等都有极大的影响。按照这一标准，可以将乡村旅游产品划分为景区边缘型、城市周边型和边远型三种类型（唐代剑，池静，2005）。

1. 景区边缘型

大型景区是区域旅游发展的品牌和重大的核心旅游吸引物，基础条件好、游客流量大、可进入性强，旅游活动可以借助大景区优势向其周边乡村辐射和扩散，这些乡村可以作为景区深度旅游服务的延伸基地。景区边缘型的乡村旅游产品是与景区发展相伴生的一种旅游产品形式。在发展初期，一般依托大景区开展简单的食宿、徒步和探险等服务，在很大程度上它仅仅是大景区的配角。随着旅游业的进一步发展和市场需求层次的逐步提高，景区边缘型乡村旅游产品开始不断转型升级，乡村旅游业态也不断丰富，并成为与大景区既伴生又相对独立的旅游产品。

2. 城市周边型

城市周边型乡村旅游产品也称“环城市型”乡村旅游产品，它主要位于城镇（特别是大中城市）的周边地区，以满足城镇居民摆脱快节奏、污染大、喧嚣繁杂的城市环境的需求。在城市郊区，人们常常会利用相对较好的自然生态环境、独特的乡村生产生活方式和便捷的公共交通条件，以村落为基础，积极发展观光、采摘、垂钓、品尝、运动等活动吸引周边城市居民来休闲度假，从而形成了以城市为中心的环城市乡村休闲度假带。这类产品是我国目前发展速度快、市场潜力大和分布范围广的一种乡村旅游产品类型。

3. 边远型

偏远地区乡村交通不便，可进入性较差，但旅游资源丰富，生态环境保存完好，文化丰度厚，对游客吸引力巨大。这种旅游产品根植于村寨优美的田园风光和浓郁的地方传统文化中，配套适度的乡村旅游接待服务设施，属于乡村深度体验型旅游产品。在初期阶段，这种产品主要吸引文化探秘的境外游客和专家学者，深受国际游客的青睐。随着乡村旅游市场的发展、各类资本的不断涌入和政策扶持，偏远型乡村将会得到迅速发展，从而成为乡村旅游胜地。

（二）按照旅游对象划分

肖佑兴、明庆忠和李松志（2001）从乡村旅游资源主导利用角度，按照旅游对象，将乡村旅游分为田园型、民俗型、居所型和复合型四种。

1. 田园型

田园型乡村旅游产品主要以农业生产活动、农业景观、生态环境和乡村聚落共同建构起来的田园风光为旅游对象。将乡村旅游发展与富有特色的种植业、渔业、牧业、果业和副业深度融合，形成诸如葡萄园、蓝莓园、苹果园、花卉园、基塘地、茶园、牧场、花田等为特色的乡村旅游产品。在国外，主要表现为各种各样的农场和牧场。

2. 民俗型

民俗型乡村旅游产品主要以地方传统的民族风俗为旅游对象，主要体现在民族节日、民族生活习惯、民族婚俗、民族手工艺等方面，这为开展多姿多彩的乡村文化体验提供了丰富多样的活动内容。如在贵州黔东南苗族侗族自治州，以苗族和侗族文化为核心，游客在这里可以体验不一样的民族节庆、音乐、服饰、饮食、民艺、生产以及娱乐活动，感受苗乡侗寨的好客与淳朴。

3. 居所型

居所型乡村旅游产品以乡村地区传统的建筑形式和聚落形态为旅游对象。主要表现为聚落景观、乡村民居和其他建筑形式，如贵州侗寨、苗寨与布依寨、福建土楼、黄土高原的窑洞以及徽州古民居和东北林区的木格楞等。同时，受制于自然地理环境而呈现团状、带状、环状、点状和串珠状等聚落形态。

4. 复合型

在一些地区，乡村旅游对象不是以某一种类型为主，而是包括多种内容。它不仅拥有独特的农业景观、丰厚的民族风俗、多样的建筑和聚落形态，甚至还拥有优美的山水自然风光和良好的生态环境，这些地区乡村旅游资源组合好、禀赋高，通过精致化的营建和业态创新，可以成为人类弥足珍贵的自然与文化双遗产以及知名的乡村休闲度假胜地。

（三）按照主导功能划分

乡村旅游产品具有一定的功能，能满足不同乡村旅游者的消费需求。从乡村旅游产品的主导功能来划分，乡村旅游产品可以划分为观光型、度假型、康养型、娱乐型、运动型、知识型和亲子型七种。

1. 观光型

观光是旅游产品的初级形式，也是人类旅行的重要动机之一。乡村诗画的田园风光、优美的自然环境和人文风景无一不是激发人们前往乡村开展旅游活动的重要因素。因自然环境的地域分异和族群差异，乡景呈现出多元化的色彩，可以形成不同的乡村观光旅游产品。如山地乡村观光、渔村观光、牧村观光、水乡观光、农业观光等。同时，每一种乡村观光旅游产品又可以进一步细分不同的类型。譬如，在农业观光中有花卉观光、茶园观光、果园观光等。

2. 度假型

度假型产品是乡村旅游发展的高级形式，也是乡村旅游转型升级和提质增效的必然要求。一般来讲，乡村度假型产品会依托乡村优美的自然风光、良好的气候条件和保存完好的乡村文化来进行打造，乡村旅游配套服务设施齐全，专业化程度高，能满足游客对精致化度假服务的需求。

3. 康养型

《国家康养旅游示范基地》（LB/T 051—2006）将康养旅游（Health and Wellness Tourism）定义为：通过养颜健体、营养膳食、修身养性、关爱环境等各种手段，使人在身体、心智和精神上都达到自然和谐的优良状态的各种旅游活动的总和。健康是人类永恒的追求，康养型乡村旅游产品具有巨大的市场前景，它紧密围绕现代人的健康和养生需求，依托乡村适宜的自然地理条件，综合运用现代医学、传统中医、民族医药、理疗保健等康养方法、技术和手段，让游客居住在生态良好的乡村中享受大自然，并为其开展一系列疗养、保健、养生、深睡眠、有氧运动、养心等有关健康的服务。

4. 娱乐型

在乡村，传统的农业劳动具有周期性的间歇，村民们通常在此时段走访亲友，开展聚会和举办节日庆典，形成了多样化的乡村文化娱乐方式。娱乐型乡村旅游产品绝大多数是将乡村传统文化娱乐活动进行包装宣传或将现代娱乐活动引入乡村加以改造，以吸引游客前来参与的一种乡村旅游产品，如赛龙舟、斗牛、采摘、垂钓、骑行、慢跑等。

5. 运动型

运动型乡村旅游产品是将体育活动项目与乡村地脉、文脉进行嫁接，整合形成充满活力的新型乡村旅游产品。例如，地处钱塘江中游的兰溪市从 2015 年开始，连续 5 年成功举办了五届国际乡村马拉松赛，比赛设置半程马拉松、3 公里亲子跑和迷你马拉松 3 个项目，线路为“兰芝风情线”，参赛选手与观赛市民不仅可以欣赏乡村田园景致，还可以感受古村落的韵味，该项活动每年吸引了上万人前来参加和观看。兰溪国际乡村马拉松由此被誉为“浙江首马”，其线路也被誉为“全国最美马拉松赛道”，成为具有一定市场影响力的乡村娱乐型旅游产品。

6. 知识型

知识型乡村旅游产品主要是面对青少年群体和专家学者。一些乡村地区凭借自身丰富的地方性知识以及绝佳的生态、独特的地景和天象景观吸引青少年群体、专家学者们前往开展文化探秘、民艺体验、科学考察、自然教育等活动，满足他们猎奇和求知的需求，知识型乡村旅游产品随之诞生。

7. 亲子型

随着人们受教育水平和家庭可支配收入的不断提高，将教育、情感和旅游相结合的亲子旅游产品日益受到市场的欢迎。乡村广袤的原野和相对安静的环境为孩子提供自由奔跑和亲近自然的空间。亲子型乡村旅游产品就是人们利用乡村大自然、田园农事、作物、文化活动等形成寓教于乐的产品，吸引家庭带着孩子前往乡村开展休闲、体验和度假。例如，北京市大兴区黄村镇鹅房南村永定河东岸的奥肯尼克农场围绕“还给孩子一个绿色童年”的发展目标，规划建设了一系列的亲子游园项目，如农业耕种体验、童话城堡、戏水乐园、欢乐雪世界等，成为重要的乡村亲子型旅游产品。在我国台湾地区众多牧场中，许多牧场都拥有亲子主题，如飞牛牧场、平林休闲农场、绿世界生态农场等。

四、乡村旅游产品特点

旅游者所购买的乡村旅游产品是一个组合，它作为一种专项旅游产品，既有与一般旅游产品的相同部分，又有所差异。乡村旅游产品属于乡村服务性产品，具有如下几个特点。

（一）乡村性

乡村旅游产品姓“乡”，而不姓“城”，“乡村性”是乡村旅游产品区别于其他旅游产品最本质的特点。乡村旅游活动发生在乡村地区，以“乡景”为在地化吸引物，无一不体现出乡村的元素。乡村旅游产品的乡村性主要体现在以下三个方面。

1. 设施的乡村性

乡村旅游产品的基础设施和旅游配套服务设施与乡村自然地理环境和人文环境要高度契合，在规划与建设过程中，强调乡村本土材料、文化符号和文化元素的运用，既保证设施功能现代化，又不失“乡味”和“传统”。

2. 环境的乡村性

乡村旅游产品根植于乡村，其环境必须有乡村味道，而不能简单地套用城市标准把乡村环境变成城市环境。乡村环境的营造必须遵循乡村的地脉与文脉，强调乡土材料、本土植物在环境营造和美化中的应用，切实做到去城镇化，使乡村风貌得以较好的保存和延续，培育出人们心向往之的乡愁福地。

3. 服务的在地性

乡村旅游产品的本质是服务，乡村旅游服务的在地性是指乡村旅游地村民的参与度、乡村旅游福利的地方惠及度以及乡村旅游服务在地文化的利用度。作为一项振兴乡村的产业，乡村旅游服务者应以乡村旅游地居民为主，使其在乡村旅游发展过程中公平享有与外界共同发展的机会，享有因发展乡村旅游而带来的整体福利。同时，乡村旅游服务应强调本土文化的挖掘和利用，要让本土文化充分体现在乡村旅游服务的过程中。

（二）微型性

乡村旅游产品的微型性主要表现在三个方面。第一，体量小。除极个别的产品外，一般规模相对较小，其经营主体大多以农户为经营单位散布在村落乡间，一户农家可能就是一家乡村旅馆、一家农家乐或一家旅游商品经营户。第二，投资规模小。除极为特殊的项目外，一般农户在投资初期，绝大部分乡村旅游要素产品少则几万元、多则几十万元就可以投资打造。第三，建设周期短。因规模小、投资少，故建设速度相对较快，只要不出现大问题，就能很快产生效益。

（三）多样性

乡村旅游产品是满足乡村旅游者不同旅游需求的系列组合，加之因乡村旅游资源的多样性和市场需求的多元化，乡村旅游产品多样性的特征就更为突出了，哪怕是在一个乡村旅游地，其乡村旅游产品也都呈现出多样化的特征。比如，住宿产品就有民宿、客栈、营地等，有星级的，也有非星级的。

第二节　乡村旅游产品开发

一、开发战略

（一）市场导向

市场导向是乡村旅游产品开发的第一原则，它关乎乡村旅游地是否能生存。乡村旅游经营管理者必须在充分研究乡村旅游市场、把握乡村旅游市场发展趋势的基础上，选择适合乡村旅游地的目标市场群体，根据目标市场群体的需求，有针对性地进行乡村旅游产品的开发建设。

（二）差异崛起

乡村旅游要跨越观光旅游时代，体现时代精神，依托气候优势、生态度假环境优势以及乡村文化多样性，打造特色鲜明、差异性强、体验丰富、文化多元的乡村旅游产品体系，就必须强化地域总体品牌形象的凝练，突出乡村的稀缺性和独特性，开发独一无二的乡村旅游产品，大力提升乡村旅游形象，力争做到唯一。

（三）创新驱动

创新驱动战略主要体现在以下四点：一是创新发展方式和发展模式，构建乡村旅游产品创新体系。二是以精致化和创新型的乡村旅游产品建设为突破口，着力构建起乡村休闲度假与康养乐活产品体系。三是充分利用旅游大数据，创新现代营销方式，形成精准化的乡村旅游市场营销体系。四是通过“精准营销 + 精致产品 + 共享发展”模式，形成乡村旅游创新驱动发展的路径体系。

（四）精品引领

按照“当代精品、后代遗产，千年经典，永续经营”的要求，大力实施乡村旅游精品引领战略，以精品乡村旅游项目为龙头，构建乡村旅游吸引物核心、品牌名片、产业链和资本平台。以重点带一般，促进乡村旅游发展，增强乡村旅游地发展实力和后劲。以精品乡村旅游项目，提高产品吸引力和核心竞争力，进一步聚合优势资源，构建乡村旅游全产业链，强化品牌塑造，打造乡村地旅游名片。

（五）国际品质

以低碳、环保、有机、精致、细微为基本要求，充分吸收和借鉴国际成功理念和经验，实现发展理念国际化。从乡村基础设施、服务设施、全域景观、人文环境、国际形象、旅游安全性等方面提高乡村旅游地的国际竞争力，实现品质国际化。通过吸引全球知名品牌旅游服务企业入住，实现产品国际化。在有条件的乡村，通过多样化的方式对国际市场进行营销，以国际市场引爆或拉动国内市场，实现营销国际化。

二、开发思路

（一）产业融合，全产业发展

充分发挥乡村旅游地优势，推进乡村旅游产业与文化产业、农业、体育等融合，培育复合型乡村旅游产品和交叉型乡村旅游新业态，形成乡村文创、休闲农业、乡村户外运动等新亮点，构建起以乡村旅游业为龙头，相关产业协同发展的乡村泛旅产业体系。

（二）五力协同，聚力发展

以实现乡村旅游可持续发展为目标，通过市场吸引力、集散服务力、全域发展力、国际影响力和区域聚合力的高度协同（见图 6–2），全面推进乡村旅游跨越式发展。

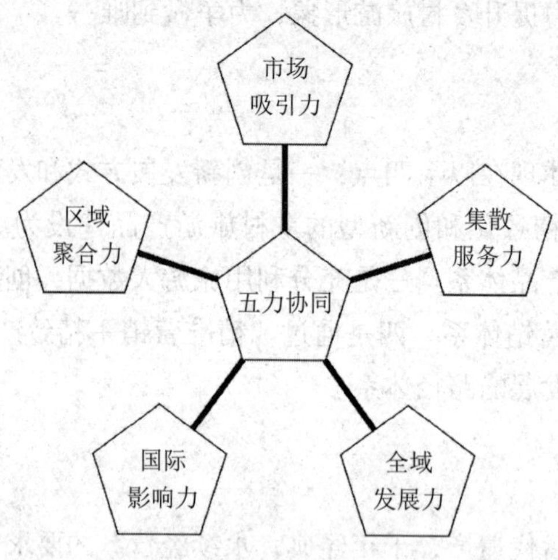

图 6–2　乡村旅游五力发展模型

（三）复合产品，全景化发展

乡村旅游产品要跳出“景区”做“境区”，跨越观光做复合，打造现代乡村旅游吸引物。为此，乡村旅游产品开发需要按照“慢活”“静思”“细微”“精致”“深度”和“保育”六大基本理念（见图 6–3），变“笼养”为“散养”，变“环境”为“产品”，变“生态”为“健康”，变“文化”为“体验”，变“旅游”为“生活”，为现代人群提供第三生活空间、心灵的乐享地和栖息地。

1. 慢活

从国际慢城到国际慢村，倡导并实践“慢”的哲学，在乡村旅游产品建设中强调慢旅、慢食、慢品、慢疗、慢养和慢享……为游客创造诗意的“慢生活”。

2. 静思

充分发挥在地声景（Sound Scape）价值，推动乡村声景教育，提升国民聆听文化素养，推动乡村环境公共政策制定，建设以声学为基础的环境关怀理念，以实现环境永续之目标。

3. 细微

精雕细琢乡村旅游产品。乡村旅游产品从规划建设者到运营管理者需要拥有匠人精神，按照“当代精品，后代遗产”和“千年经典，永续经营”的要求，实现生产、生活、生态和生命四位一体。

4. 精致

以精致化的建设、服务与管理凸显乡村旅游品质，注重细节管理，充分体现生态、低碳、艺术、人本和品位，打造精致化的乡村旅游目的地。

5. 深度

深度发掘乡村在地文化，深度链接游客情感，深度融入创意，深度设计情景体验游程，深度进行故事营销。在充满文化创意的环境中，让游客在心里留下最深的印记，使其重复到访、主动分享。

6. 保育

以环境保育为根基，开展负责任的乡村旅游，体验乡村生态之美，感悟乡村人文之魅，保护乡村生态和乡村在地文化，实现旅游、保育和乡村发展三者相共生。

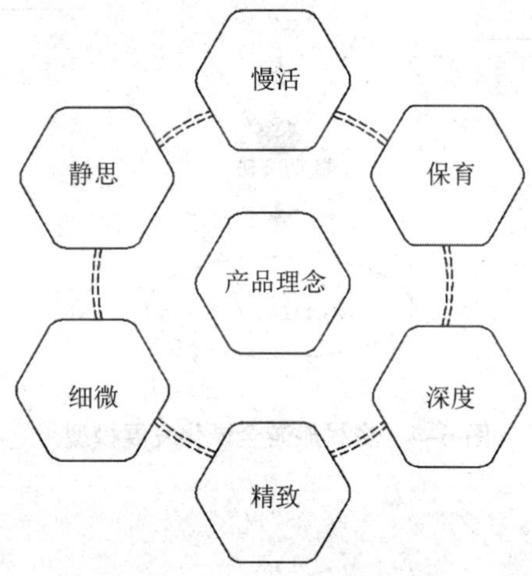

图 6–3　乡村旅游产品理念模型

（四）点线面结合，全域化发展

强化重点乡村旅游区（点）的打造，依托交通环线、干线、河流、绿道体系等线性廊道，串联村落田园，形成乡村旅游产业带和乡村旅游走廊，积极推进乡村旅游业态向有条件的村落适当聚集，形成体量适宜的乡村旅游产业集聚区，构建起“点—线—面”结合的全域化发展格局（见图 6–4）。

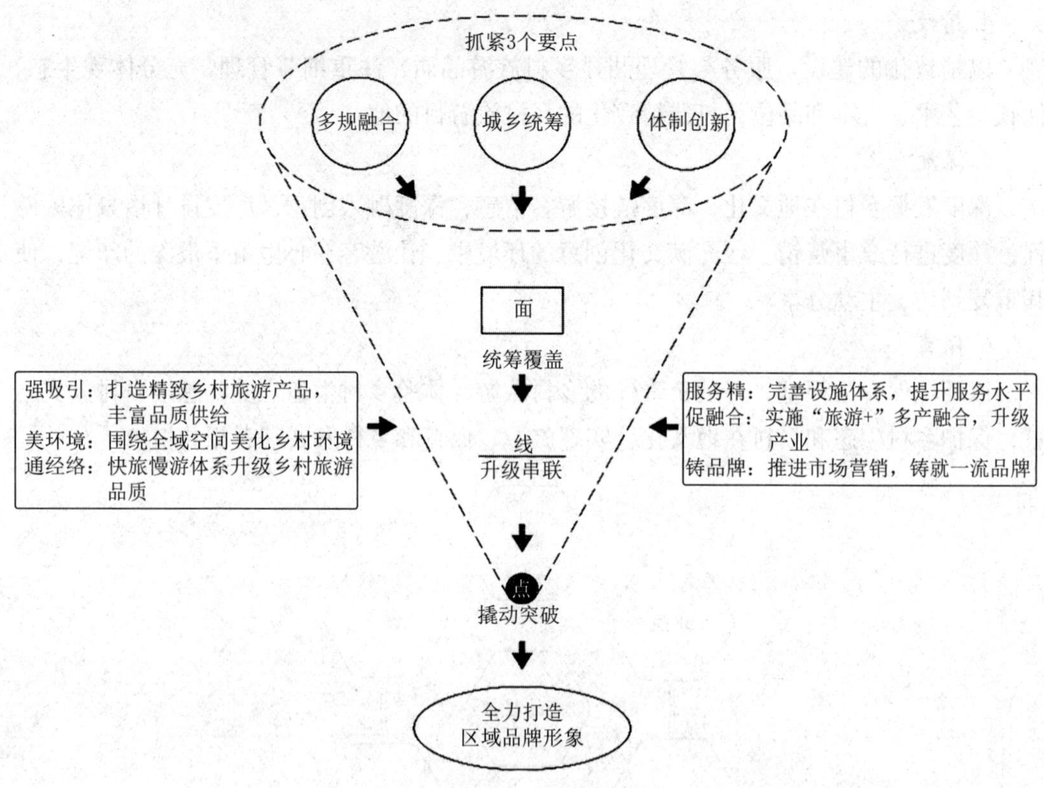

图 6-4　乡村旅游全域化发展模型

三、开发层次

从差异化和创新发展的角度来看，乡村旅游产品的开发共有四个基本层次。

（一）第一层次：人无我有

人无我有就是要在乡村旅游供给调查研究的基础上，把握目前乡村旅游市场上产品的供给类型、现状和特点等内容，结合乡村旅游市场需求和未来发展趋势，深入挖掘在地乡村旅游资源，根据企业或乡村旅游地的自身特点进行“另类”的产品开发建设，为乡村旅游市场提供与众不同的乡村旅游产品，这是乡村旅游产品开发建设最基本的层次。

（二）第二层次：人有我新

人无我有的产品最易被市场所模仿，为提高乡村旅游产品的市场竞争力，当别人对已有的产品进行模仿时，乡村旅游经营管理者必须对乡村旅游产品的类型、内容和形式等方面进行创新，进而实现乡村旅游产品开发建设的差异化。例如，张三利用自己的住宅改扩建后开了一家农家乐，随着游客的逐渐增加，村里的农家乐越来越多，竞争越来越激烈。

为此，张三决定对自己所经营的农家乐进行提升和改造。经过调查分析后发现，村里的农家乐基本上停留在简单的餐饮层面，绝大部分的农家乐的果蔬从镇上采购，且服务内容较为单一，难以满足游客对健康和多元体验的需求。于是，张三决定将农家乐周边的承包地开辟为开心农场，为游客提供农事体验和租赁服务。同时，还流转了村里土地，逐步对土壤进行改良，有计划地种植时令蔬菜，一部分供自己的农家乐使用，一部分做成旅游商品卖给食客，经过多年的努力，张三的农场取得了有机认证，将农家乐餐厅改为“农家有机餐厅”，为游客提供名副其实的高品质有机餐饮，游客因此纷至沓来。

（三）第三层次：人新我特

当市场都在积极开发新型的乡村旅游产品时，以“特”取胜变成了乡村旅游取胜的法宝之一。乡村旅游产品的“特”根植在乡村旅游地的自然与在地文化中，乡村旅游经营管理者应积极探索乡村旅游地大自然的奥秘，要充分发掘乡村旅游地那些与众不同的在地文化，通过自然与在地文化的叠加和创造，形成个性十足的特色乡村旅游产品，从而以不可复制的在地特色赢得市场的青睐。

（四）第四层次：人特我绝

“绝”是乡村旅游产品开发的最高层次。在乡村旅游产品开发的过程中，追求特色是诸多乡村旅游地产品开发和建设的重要目标，“特”会因其自然与文化的在地性而不可复制，于是，差异化格局有时候会“特在一起”，最终造成彼此吸引力旗鼓相当。从“特品”到“绝品”就成为乡村旅游经营管理者必须思考的问题和努力的目标。所谓“绝”，就是要把乡村旅游产品的开发建设努力做到金字塔的顶端，是唯一的、极端的和绝无仅有的，别人无法超越。这样，“绝品”就成为皇冠上的宝石而熠熠生辉。

第三节　乡村旅游市场营销策略

乡村旅游市场营销策略是乡村旅游市场营销的具体战术体现，这些策略重点表现在产品、定价、渠道和促销四个方面，主要解决乡村旅游产品如何卖和怎么卖得更好的问题。

一、乡村旅游产品策略

乡村旅游产品营销策略较多，本书仅从产品生命周期的角度来介绍乡村旅游产品在不同时期的策略。

旅游产品一般会经历投入期、成长期、成熟期和衰退期阶段（见图 6–5），乡村旅游产品亦是如此。为此，乡村旅游营销管理人员要善于根据产品生命周期的不同阶段来实施不同的营销策略，实施的关键在于乡村旅游营销管理人员对产品所处具体生命周期阶段的准确把握，可运用销售量增长率判断法来进行判断，判断公示如下：

$$C_t = \frac{Q_2 - Q_1}{T_2 - T_1} = \frac{\Delta Q}{\Delta T}$$

式中，C_t：乡村旅游产品的生命周期；ΔQ：乡村旅游产品销售量的变化量；ΔT：乡村旅游产品销售时间的变化量。

据此，计算出 C_t 的值，当 $0 < C_t < 1\%$ 时，为投入期；$C_t > 10\%$ 时，为成长期；$1\% < C_t < 10\%$ 时，为成熟期；$C_t < 0$ 时，为衰退期。

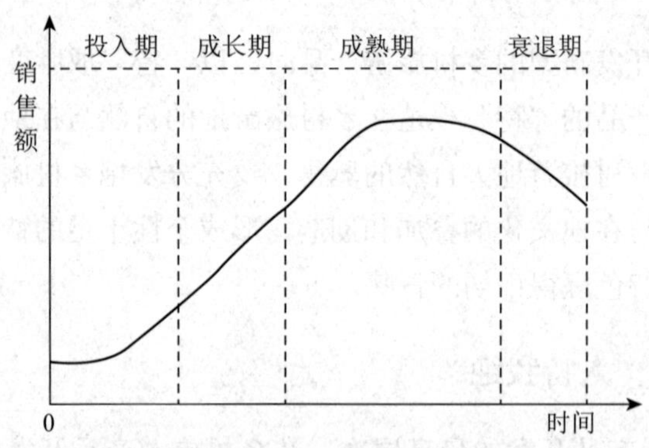

图 6-5　旅游产品生命周期曲线

资料来源：陈柱国．旅游市场营销学［M］．天津：天津大学出版社，2010：133.

（一）投入期营销策略

乡村旅游新产品在首次进入市场时，销售量增长通常比较缓慢。在这种情况下，乡村旅游市场营销管理者要加强与乡村旅游者的沟通与交流，使乡村旅游者熟悉和了解乡村旅游产品，提高乡村旅游产品的知名度；积极与各类经销商和旅游代理商开展合作，扩大乡村旅游市场营销渠道；提高乡村旅游产品的市场占有率，增加乡村旅游地或乡村旅游企业的利润。

（二）成长期营销策略

当乡村旅游产品满足市场需要，具备一定的知名度后，就会进入成长期。这时，乡村旅游产品不仅有一定的购买者，而且会吸引更多的后来者，在乡村旅游利润的诱惑下，一些竞争者开始进入市场，同时还可能提供更好的乡村旅游产品。

乡村旅游企业或乡村旅游地因有了投入期的相关经验，建立了相对完整的运营管理体系，利润在此时期会得到较快的增长。由于有了竞争者的进入，乡村旅游企业和乡村旅游地需要在高市场份额和高额利润之间做出权衡和适当取舍。如果要谋取乡村旅游市场的控制地位，就需要牺牲当前利润最大化的目标，对乡村旅游产品建设、促销和分销方面进行巨额的投入。

为保证乡村旅游尽可能长期地维持市场增长，乡村旅游企业或乡村旅游地就需要通过以下措施来实现：第一，提高乡村旅游产品质量，有效增加乡村旅游产品的特色和类型。第二，开辟“蓝海”，进入新的乡村旅游细分市场。第三，更加密切与各销售渠道成员协作，给予中间商适当的优惠，增加新的分销渠道，扩大乡村旅游产品的销售范围。第四，创立品牌，提高乡村旅游产品的知名度、美誉度和忠诚度。第五，在适当的时期降低价格，吸引更多的乡村旅游者。

（三）成熟期营销策略

当乡村旅游产品销售额增长在某一节点上开始转向缓慢时，其就进入了成熟期。与前两个阶段相比，成熟期持续的时间会比较长。在这个时期，乡村旅游产品市场竞争进入白热化阶段，乡村旅游企业或乡村旅游地面临着极大的市场竞争压力和诸多挑战。为此，乡村旅游企业或乡村旅游地要么调整市场，寻找新的乡村旅游细分市场；要么调整产品，满足乡村旅游者的不同需要，进一步吸引不同需要的乡村旅游者；要么调整营销组合，通过改变一个或多个营销组合要素来增加乡村旅游产品的销售量。

（四）衰退期营销策略

乡村旅游产品销售额最终都会有下降的时候，只是衰退时间持续的长短而已。随着乡村旅游市场需求的不断变化和竞争者产品的创新与发展，乡村旅游企业或乡村旅游的产品也会存在老化问题。乡村旅游营销管理人员就要定期和不定期地关注乡村旅游产品的销售情况、市场份额、成本利润等趋势，及时对乡村旅游产品是否进入衰退期进行判断，以做出相应的营销策略。根据陈柱国（2010）在《旅游市场营销学》一书中的观点，乡村旅游产品衰退期的市场营销策略有以下五种。

1. 维持策略

由于此阶段乡村旅游产品的竞争者们纷纷退出市场，经营者不断减少，处于有利地位的乡村旅游企业或乡村地可以暂时不退出，仍然继续使用已有的市场定价、分销渠道和促销方式，直到这种产品完全退出乡村旅游市场为止。

2. 集中营销策略

乡村旅游企业或乡村旅游地可以简化产品，缩小经营范围，把乡村旅游企业或乡村旅游地的资源集中在最有利的目标市场和分销渠道上，进一步缩短乡村旅游产品退出市场的时间，最大限度地为自己创造更多的利润。

3. 收缩营销策略

乡村旅游企业或乡村旅游地大幅度降低促销水平，尽量最大限度地降低促销费用。在最短期内，虽然乡村旅游企业或乡村旅游地的销售额会有所下降，但因成本降低，乡村旅游企业或乡村旅游地仍能获取一定的利润。

4. 放弃策略

对于衰退比较迅速的乡村旅游产品，乡村旅游企业或乡村旅游地应该立即将其淘汰，可以采取完全淘汰的方式，也可采取逐步淘汰的方式，使其所占用的相关资源逐步转向其他的乡村旅游产品开发建设和运营管理中。

5. 重新定位

通过对乡村旅游产品的重新定位，为乡村旅游产品寻找新的目标市场、新的乡村旅游功能和新的乡村旅游体验，使得衰退期的乡村旅游产品再次焕发生机与活力，从而进一步延长生命周期，或者成为一个新的乡村旅游产品重新投放乡村旅游市场。

二、乡村旅游产品定价策略

乡村旅游价格是指某一乡村旅游产品作为商品出售时的价值货币表现。李天元（2009）认为，乡村旅游产品价格由战略价格（Strategic Price）和战术价格（Tactical Price）构成。战略价格也称为常规价格（Regular Price）或标准价格（Standard Price），是指乡村旅游企业或乡村旅游地就有关乡村旅游产品或乡村旅游服务事先对外公布的长期价格。战术价格也称折扣价格（Discounted Price）或促销价格（Promotional Price），是指乡村旅游企业或乡村旅游地在营业过程中根据具体情况的需要，在某些特定区域或特定时刻所推出的临时性乡村旅游产品售价。随着乡村旅游市场竞争的加剧，乡村旅游产品定价在市场竞争中变得至关重要。

（一）定价影响因素

根据王月辉、杜向荣和冯艳（2017）的观点，乡村旅游定价因素主要分为两大类：一类是乡村旅游企业或乡村旅游地的内部因素，一类是乡村旅游企业或乡村地的外部因素。这两类因素共同对乡村旅游产品的定价产生影响。

1. 内部因素

内部因素包括营销目标、营销组合策略、乡村旅游产品成本和价格决策机制。乡村旅游企业或乡村旅游地在为乡村旅游产品进行定价时，需要有明确的营销目标，即明确本项乡村旅游产品或本次乡村旅游营销活动需要达到什么样的目的，是维持乡村旅游企业或乡村旅游地生存，还是争取当期利润最大化？是争取最大限度的乡村旅游市场占有率，还是产品质量领先？如果是维持企业生存，乡村旅游产品定价应尽量压低，以尽量回收资金，聚人气和聚财气，克服财务困难。如果是争取当期利润最大化，乡村旅游产品定价就相对较高。价格作为营销组合的重要因素之一，乡村旅游产品的定价策略必须与乡村旅游产品的整体设计、分销渠道选择以及促销等相互匹配，最终形成一个协调一致的乡村旅游市场营销组合。例如，一个乡村旅游企业研究城市中产阶层所能接受的价格范围，然后在这个范围内设计了一种乡村旅游产品，在这种情况下，价格就会成为乡村旅游产品市场定位的主要因素。如果乡村旅游产品是在非价格因素的基础上进行定位，则乡村旅游产品质量、渠道和促销等的决策就会对定价产生影响。乡村旅游产品成本是价格构成中最基本和最主要的因素，它等于固定成本和变动成本之和，乡村旅游企业和乡村旅游地的利润等于价格与成本的差额，一般而言，乡村旅游产品的定价最低要与成本相平衡。乡村旅游企业或乡村旅游地的价格决策机制对乡村旅游产品的定价决策具有较大的影响。譬如，小型乡村旅游企业通常由最高层管理者来负责定价，而那些大型的乡村旅游企业则由部门经理来负责定价。在实际的定价操作中，乡村旅游企业或乡村旅游地的高层管理人员应在充分听取基层一线管理人员和推销人员意见的基础上，负责确定乡村旅游产品定价的目标。

2. 外部因素

影响乡村旅游产品定价的外部因素包括乡村旅游市场需求、竞争者的价格反映和其他外部环境因素。乡村旅游市场需求作为影响乡村旅游产品定价的重要外部因素，在某种程度上决定了乡村旅游产品的最高上限，即乡村旅游产品价格既不能高到无人购买，又不能低到供不应求和市场脱销。在考虑乡村旅游市场需求的影响时，还要充分研究乡村旅游市场需求和乡村旅游供给的关系、乡村旅游者对乡村旅游产品价格与价值的感受以及乡村旅游需求价格弹性。在乡村旅游产品供给日益多样化的今天，乡村旅游企业或乡村旅游地在定价时应该参照竞争者的产品和价格，如果自己的产品与主要竞争者的产品类似，则必须价格也近似；如果自己的产品比主要竞争者逊色，则必须采取较低的价格。此外，在定价过程中，乡村旅游企业和乡村旅游地还必须充分考虑其他的外部环境因素，如国际政治关系、通货膨胀、汇率与利率等，这些都会影响到定价的策略。

（二）常用定价方法

乡村旅游产品的定价方法是乡村旅游企业或乡村旅游地为了在目标市场实现定价目标，对乡村旅游产品制订基本的价格和浮动的合理范围的活动。乡村旅游企业和乡村旅游地在自己的产品进行定价的过程中，需要充分考虑价格的影响因素，采用合适的方法进行定价。参照张黎明（2016）在《市场营销学》中的定价方法，本教程主要对乡村旅游产品的三种定价方法进行阐述。

1. 成本定价法

成本定价法是指企业以产品成本为基础，在充分考虑企业利润和税金后形成价格的一种定价方法。此种方法因简单易行和实用，是现阶段最基本和最普遍的定价方法，可利用成本加成定价公式计算。如下：

$$P=AC(1+N) \tag{6.1}$$

公式（6.1）中，P：单位产品售价；AC：单位产品成本；N：成本加成率。

例：某乡村旅馆共有客房10间，房子租金：50000.00元/年；租期为10年。投资人装修费：200000.00 元；员工工资：180000.00 元 / 年；物料费：109500.00 元 / 年；水电费：3500.00 元；税率：5.6%；利润率：30%，客房出租率：60%。请问该投资人应如何确定此乡村旅馆客房均价？

非税成本 = 房子年租金 + 装修投资年分摊 + 员工工资 + 物料费 + 水电费 =50000.00+20000.00+180000.00+109500.00+3500.00=363000.00（元）；

乡村旅馆产品库存 =365 天 ×10 间 =3650（天间）；

年销售量 = 乡村旅馆产品库存 × 客房出租率 =3650×60%=2190（天间）；

单个客房成本（AC）= 非税成本 ÷ 年销售量 =363000÷2190=166（元）；

成本加成率（N）= 利润率 + 税率 =30%+5.6%=35.6%；

根据公式（6.1），客房均价（P）=166×（1+35.6%）=225（元）。

2. 需求定价法

需求定价法是指以市场需求为导向的定价方法。在乡村旅游产品定价中，乡村旅游企业或乡村旅游地根据乡村旅游市场需求变化情况，以乡村旅游产品的历史价格为基础，在一定幅度内变动价格。当某类乡村旅游产品的需求量较大时，定价就高，反之，定价就低。如果需求量适中，定价就适中。乡村旅游企业或乡村旅游地一旦采用这种定价方法，就会使同一种乡村旅游产品按照两种或两种以上的价格进行销售，可以较好地对乡村旅游市场变化做出积极的反应，有利于提高乡村旅游产品的市场占有率，增强乡村旅游产品的渗透率。然而，这种定价方法却不利于乡村旅游企业和乡村旅游地对乡村旅游产品成本的控制。

3. 竞争定价法

竞争定价法是以市场竞争状况和市场竞争对手同类产品价格为依据的定价方法。在乡村旅游产品定策略中，这种定价方法比较适合于市场竞争十分激烈的乡村旅游产品，此类定价不能仅仅考虑成本和需求，只能以竞争对手的价格为基础进行定价。只要竞争对手价格不发生变化，即使自身成本和市场需求有所变化，其价格也保持不变。一旦其竞争对手的价格有了变动，无论情况如何，也要对其价格做出适当的调整。

（三）常用价格策略

前述三种定价方法属于乡村旅游产品基础价格的定价方法，是基于成本、需求和竞争三个方面来考虑的。然而，在乡村旅游产品的定价实践中，基础价格尚未考虑折扣、营销渠道和通货膨胀等因素的影响。鉴于此，乡村旅游企业和乡村地在定价过程中还需要综合考虑各种因素，充分利用灵活多变的定价策略，不断修正和调整乡村旅游产品的基础价格，以更好地实现自己的经营目标（卓骏，2015）。本教程将从五个方面来介绍乡村旅游产品常用的几种价格策略。

1. 新乡村旅游产品定价策略

对乡村旅游企业和乡村旅游地新推出来的新型乡村旅游产品，可以采用三种定价策略。一是撇脂定价策略，如果新推出的乡村旅游产品特色鲜明，具有唯一性，在短期内不容易被乡村旅游市场所模仿，乡村旅游企业或乡村旅游地就可以采取此策略，即通过较高的定价，在短期内获利和收回投资，减少经营风险，当竞争者进入后，就可以以正常的价格水平来定价。二是渗透定价策略，该策略与撇脂定价策略恰好相反。新型乡村旅游产品在进入市场之初，为了吸引更多乡村旅游者，迅速占领市场，扩大乡村旅游市场占有率，进一步谋求长期的市场领先地位，乡村旅游企业或乡村旅游地就可以将其定价定得相对较低。三是满意定价策略，也即适中定价策略，此种定价策略介于撇脂定价和渗透定价之间，既不利用过高的价格来获取高额利润，也不利用较低价格来抢占市场，而是以比较合适的价格进行定价，这种定价既能使乡村旅游者感到物有所值，也不会引起竞争者的反弹，是一种较为公平和正常的定价。

2. 乡村旅游产品组合定价策略

当乡村旅游产品是某乡村旅游产品组合的一部分时，乡村旅游企业或乡村旅游地必须对定价方法进行调整，使整个乡村旅游产品组合的整体利润最大化，乡村旅游产品组合定价法应运而生。这种定价策略是指乡村企业或乡村旅游地为了实现整个乡村旅游产品组合整体利润的最大化，在充分考虑不同乡村旅游产品之间的关系以及个别乡村旅游产品定价高低对乡村旅游企业或乡村地总利润的影响等因素的基础上，系统地调整乡村旅游产品组合中相关产品的价格。譬如，某乡村旅游地将景点门票、电瓶车和娱乐项目进行捆绑销售，就属于组合定价。

3. 折扣价格策略

折扣价格策略是企业为调动中间商或鼓励消费者做出有利于企业的购买行为而经常使用的一种定价策略。这种策略通常用于乡村旅游产品生产商与批发商、批发商与零售商、零售商与乡村旅游者之间，较为常见的有四种折扣方式。

第一，数量折扣。即按照乡村旅游产品购买数量的多少，分别给予不同的折扣，购买数量越多，折扣就会越多，通过这种折扣方式，鼓励中间商和乡村旅游者大量向本乡村旅游企业或乡村旅游地购买。譬如，某乡村旅馆推出折扣数量优惠，即预订者一次性预订满 10 间客房或预订满 10 晚，就会向预订者多赠送 1 间或 1 晚，如果预订者一次性预订满 20 间客房或预订满 20 晚，就会向预订者多赠送 2 间或 2 晚。

第二，现金折扣。为了鼓励消费，加速乡村旅游企业或乡村旅游地的资金周转，减少财务风险，通常可以采用现金折扣的方式。采用这种方式通常要考虑折扣比例、折扣时间限制和付清全款的期限三个重要因素。譬如，某乡村旅游地和各家旅行社约定付款时间是 30 天，如果成交后 15 天内付款，各大旅行商将享受 2% 的现金折扣，如果成交后在 7 天内付款，他们将享受 5% 的现金折扣。

第三，功能折扣，也称“贸易折扣”。在进行乡村旅游产品折扣定价中，因乡村旅游中间商在乡村旅游产品分销中所处的环节不同，其所承担的功能、责任和风险亦不同，乡村旅游产品的生产企业或乡村旅游地可以给予批发商或者零售商一种额外的折扣，以促进他们批量预订，并与之建立起更加友好的合作关系。

第四，季节折扣。在那些季节性强的乡村旅游地，季节性折扣是一种常用的定价策略。在淡季时，乡村旅游地为鼓励乡村旅游者购买而做出一定的减让，使乡村旅游地的客源保持稳定。例如，某乡村旅游地为了鼓励人们在冬季前往，乡村旅游地所有乡村旅馆价格下调30%，境内高速公路过路费减半，以此来确保淡季客源，减轻乡村旅游产品库存。

4. 心理定价策略

心理定价策略是企业根据消费者不同的消费心理进行定价，以激发消费者购买行为的价格策略，具体分的四类。一是数字定价策略。在该种策略的运用中，乡村旅游企业和乡村旅游地要充分利用价廉物美和物超所值的心理来制订价格。譬如，某乡村旅馆房间单价定为198元，而不是200元，这可以使乡村旅游者心中产生便宜和实在的效果。二是声望定价。这种方法经常用于那些具有品牌影响力的乡村旅游产品，通过较高的价格来显露出尊贵和声望的价值。三是招徕定价策略。此种策略又称“特价商品定价”，目的是通过非常高的价格或非常低的价格来引起乡村旅游者的好奇心理和观望行为，从而促进其他乡村旅游产品的销售。四是习惯定价策略。即根据乡村旅游者长期形成的习惯性价格来定价的策略。譬如，当人们提起乡村农家饭时，人们头脑中会浮现出一种参考的价格水平。

5. 地区定价策略

在乡村旅游发展过程中，为了稳定和巩固乡村旅游目标客源地市场，吸引更多的人群前往，乡村旅游企业或乡村旅游地通常会采用地区定价策略。如某乡村旅游地为了吸引全国火炉城市的居民前往避暑，实施门票和高速公路减半的措施。

三、乡村旅游产品分销渠道策略

乡村旅游产品分销渠道的设计与构建是每一个乡村旅游产品生产企业和乡村旅游地开展市场营销工作的重要任务之一，一个较好的乡村旅游产品分销渠道可以为乡村旅游产品生产企业和乡村旅游地带来源源不断的效益。在认知乡村旅游产品分销渠道之前，我们需要对乡村旅游中间商（Rural Tourism Intermediates）有一定的认识和了解。

（一）乡村旅游中间商

乡村旅游中间商是指在乡村旅游生产者和消费者之间从事乡村旅游产品市场营销的中介组织或个人。乡村旅游中间商实际上是乡村旅游产品的大宗购买者，其本身可以看成一个独立的乡村旅游市场。乡村旅游中间商在乡村旅游产品生产企业的市场营销中发挥着极为重要的作用，它可以为乡村旅游产品生产企业寻找到乡村旅游消费者并与其发生交易行为，进而实现乡村旅游产品从生产者到消费者的转移。

在对乡村旅游中间商的类型划分中，根据乡村旅游产品在营销渠道中流动时是否有所有权的转移，可以将其划分为乡村旅游经销商（Rural Tour Dealer）和乡村旅游代理商（Rural Tour Agent）。在乡村旅游经销商中，根据乡村旅游产品的销售对象，还可以将乡村旅游经销商进一步划分为乡村旅游批发商（Rural Tour Wholesaler）和乡村旅游零售商（Rural Tour Retailer），如图 6-6 所示。

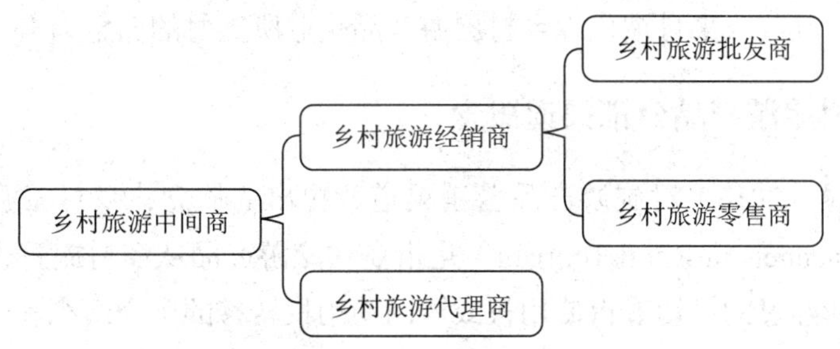

图 6-6　乡村旅游中间商的分类

1. 乡村旅游经销商

乡村旅游经销商是指从乡村旅游产品生产商处购买乡村旅游产品后再卖出的中间商，包括乡村旅游批发商和乡村旅游零售商，其利润主要来源于乡村旅游产品销售价与购买价之间的差额。

乡村旅游批发商是指那些从事乡村旅游批发业务的旅行社或旅游公司。乡村旅游批发商通过将航空、铁路、公路和水运等交通运输业的产品与乡村旅游地的服务组合形成整体性的乡村旅游产品，再通过某种销售途径推送给乡村旅游消费者。乡村旅游批发商一般是大批量订购“食、住、行、游、购、娱”和“商、养、学、闲、情、奇”等乡村旅游单项要素产品的中间商，他们将这些单个的要素产品进行组合，编排形成多种时间和价格的包价乡村旅游线路，然后再批发给乡村旅游零售商，最终卖给乡村旅游消费者。

乡村旅游零售商是指直接面向广大乡村旅游消费者从事乡村旅游产品零售业务的旅游中间商。它与乡村旅游者的联系最为紧密。乡村旅游零售商只有熟悉和掌握各种乡村旅游产品的有关信息，了解和掌握乡村旅游者的购买动机、购买能力和消费偏好等诸多情况，才能更好地帮助乡村旅游者挑选适宜于其要求的乡村旅游产品。同时，乡村旅游零售商在营销活动中应具备较强的沟通能力和应变能力，与乡村旅游地的住宿、餐饮、景点和交通等企业保持良好的联系，能根据乡村旅游市场和乡村旅游者的需要变化及时调整服务。乡村旅游零售商不仅承担了乡村旅游消费者决策顾问，还承担了乡村旅游产品推销员工作，具有双重角色，这是其他乡村旅游中间无法替代的。另外，乡村旅游零售商代表乡村旅游者向乡村旅游批发商或乡村旅游生产企业购买乡村旅游产品，为保护乡村旅游者的利益，乡村旅游零售商在与他们签订购销协议时，不仅要关注对方的质量和信誉，还要重视价格是否合理。

2. 乡村旅游代理商

乡村旅游代理商是指接受乡村旅游产品生产者或供应者的委托，在一定区域内代理销售其产品的旅游中间商。乡村旅游代理商通过与买卖双方的洽商，促使乡村旅游产品的买卖活动得以实现。乡村旅游代理商与经销商最根本的区别是自己并为取得乡村旅游产品的所有权，其收入来自被代理乡村旅游产品企业所支付的佣金。

（二）乡村旅游产品分销渠道概念

参照宋国琴（2016）对旅游产品营销渠道所提出的概念，乡村旅游产品分销渠道（Distribution Channels in Rural Tourism）是指乡村旅游产品从乡村旅游企业或乡村旅游地转移过程中所经过的一切取得使用权或协助使用权转移的中介组织和个人，即乡村旅游产品使用权转移过程中所经过的各个环节所链接起来形成的通道。乡村旅游产品分销道的起点是乡村旅游产品生产者，终点是乡村旅游消费者，中间环节包括乡村旅游产品批发商、零售商和代理商等。

（三）乡村旅游产品分销渠道类型与策略

乡村旅游产品分销渠道类型较多，按照不同的分类标准，乡村旅游产品分销渠道可分为不同的类型。按照乡村旅游产品在流转过程中是否经过中间商环节，乡村旅游产品分销渠道分为直接分销渠道和间接分销渠道；按照乡村旅游产品从生产者到最终旅游消费者之间流通环节的多寡，乡村旅游产品分销渠道可分为长分销渠道与短分销渠道；按照乡村旅游产品分销渠道的宽度，乡村旅游产品分销渠道可分为宽分销渠道和窄分销渠道。

1. 直接分销渠道与间接分销渠道

（1）直接分销渠道。乡村旅游产品的直接分销渠道是指乡村旅游产品在从乡村旅游企业或乡村旅游地向乡村旅游者转移过程中不经过任何一个中间商，而是由乡村旅游企业或乡村旅游地直接把乡村旅游产品销售给乡村旅游者的分销渠道（见图 6-7）。如乡村旅游企业或乡村旅游地通过自己的官方网站或 App 直接将乡村旅游产品卖给乡村旅游者、设立直销门市部、上门推销等都属于直接销售渠道。

直接分销渠道有很多的优点。一是便于乡村旅游企业或乡村旅游地直接与乡村旅游者接触，有助于乡村旅游产品的生产者及时、精准和全面了解乡村旅游者的需求，进而促进乡村旅游产品质量的提升。二是因为没有中间商，营销渠道的长度大幅度缩短，能迅速减少乡村旅游产品的流通时间，使得乡村旅游产品及时进入乡村旅游消费市场。三是乡村旅游产品的生产企业和乡村旅游地可以省去中间商的营销费用，以较小的成本获取更大的经济收益。

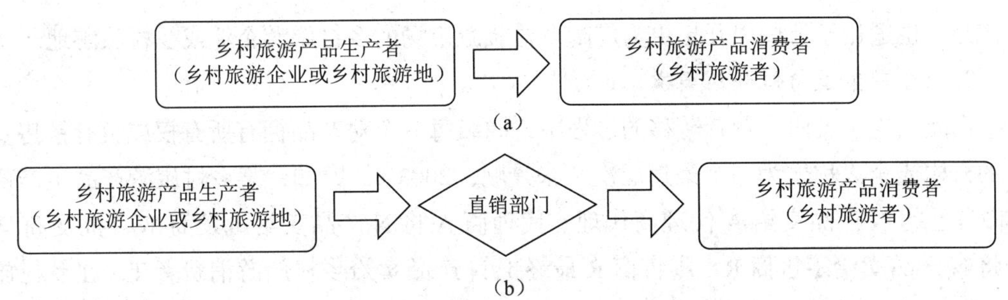

图 6–7　乡村旅游直销营分销渠道示意

当然，乡村旅游产品的直接营销渠道也不是没有缺点，主要表现在：乡村旅游产品的生产企业或乡村旅游地直接面对的乡村旅游者比较复杂，需要建立自身的销售机构，管理难度较大。特别是对于那些刚刚进入乡村旅游市场的产品或刚刚规划建设完毕的乡村旅游地，因为市场知名度较低，如果没有中间商的介入，要取得乡村旅游市场的认可，难度较大。

（2）间接分销渠道。乡村旅游产品间接分销渠道是指乡村旅游产品从乡村旅游企业或乡村旅游地向乡村旅游者转移过程中需要经过一个或若干个中间商的分销渠道（见图 6–8）。间接分销渠道属于乡村旅游产品的传统分销渠道。

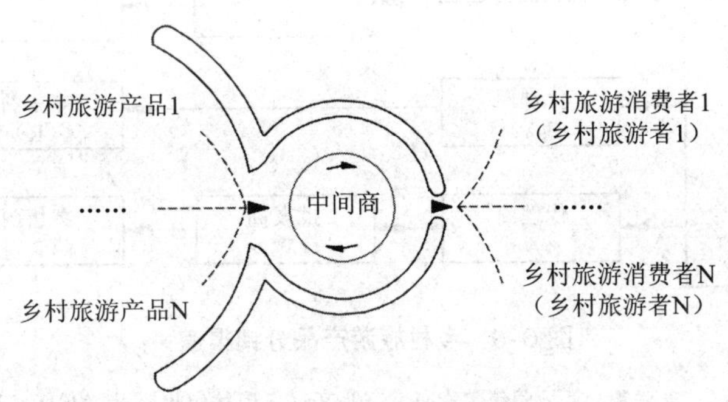

图 6–8　乡村旅游间接分销渠道示意

乡村旅游产品间接分销渠道的优点有：首先，因中间商介入，可以减少交易次数和简化分销渠道管理。其次，专业化的中间商拥有较为丰富的营销认知和实践，甚至有的中间商还有一些稳定的顾客群体，可以大大增强乡村旅游产品生产者的销售能力。最后，如果营销渠道越宽、越长，乡村旅游产品的市场扩展的可能性就越大。

此外，间接乡村旅游产品分销渠道也有自身的缺点，主要表现在：第一，如果中间商过多，势必会减缓乡村旅游产品流通速度，会延缓入市时间。第二，乡村旅游产品每经过一道中间商，就要分割一部分利润，会使乡村旅游产品价格抬高，从而降低了自身的竞争优势。

乡村旅游产品的间接分销渠道比较适合那些暂时知名度较低、影响力一般的乡村旅游产品，也适用于那些想开拓更为广阔乡村旅游市场的乡村旅游企业或乡村旅游地。

2. 长分销渠道与短分销渠道

产品从生产者向消费者转移的过程中，同级每一个对产品拥有所有权或负有销售责任的机构或个人称之为一个渠道层次（张景顺，2003）。譬如，某乡村旅游产品生产商P将自己的N产品交给A代理商代理，代理商A将N产品卖给批发商W，批发商W再将N产品卖给零售商R，零售商R最终把N产品卖给乡村旅游消费者T，在乡村旅游产品N向乡村旅游者T的转移过程中，历经了A、W、R三个环节，A、W、R就分属于不同的渠道层次。在市场营销的研究与实践中，通常用中间机构的级数来表征渠道的长度。当级数＜2级时，为短分销渠道；当级数≥2级时，为长渠道，如图6-9所示（杨小红，赵洪珊，2016）。在前案例中，N乡村旅游产品生产商P采用的分销渠道为3级分销渠道，属于长渠道策略。

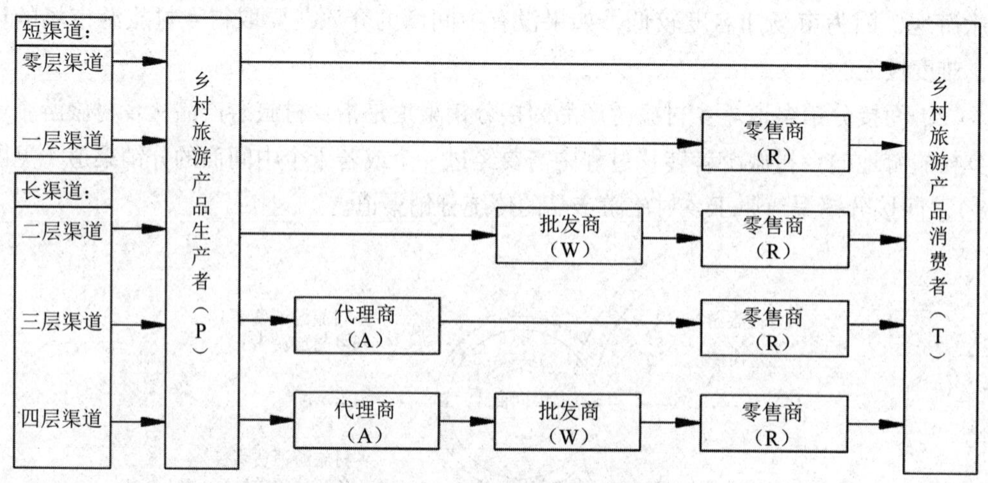

图6-9　乡村旅游产品分销渠道

资料来源：杨小红，赵洪珊．市场营销学［M］，北京：中国纺织出版社，2016：235，有改动。

3. 宽分销渠道与窄分销渠道

乡村旅游分销渠道的宽度是指在乡村旅游产品分销渠道中每一个层次使用同类型中间商数目的多寡。这些中间商有很多类型，如代理商、批发商和零售商。在乡村旅游产品分销渠道的设计中，如果一个乡村旅游产品的生产者在分销渠道的一个层次或诸多层次选用了较多的中间商，其分销渠道就属于宽渠道，反之就是窄渠道。在分销渠道宽窄的实践中，乡村旅游产品生产企业或乡村旅游地可以根据自身实际采取密集型分销、选择型分销和独家型分销三种分销策略。

（1）密集型分销。乡村旅游产品的密集型分销是指乡村旅游产品生产商尽可能多地与诸多批发商和零售商合作推销其乡村旅游产品。譬如，大众化乡村旅游产品中的要素性产品住宿、交通、餐饮和游览等。生产者通过采用密集型分销，使广大乡村旅游消费者能方便、快捷地购买。

（2）选择型分销。乡村旅游产品的选择型分销是指乡村旅游产品生产商在某些地区通过精选最合适的为数不多的几个乡村旅游中间商来推销其产品。这种策略一般适合所有类型的乡村旅游产品，便于乡村旅游产品生产商进行有效的分销渠道管理。

（3）独家型分销。乡村旅游产品的独家型分销是指乡村旅游产品生产商在某个地区仅仅选择一位乡村旅游中间商来推销其产品。选择这种分销策略的乡村旅游产品生产商通常具备雄厚的实力，品牌知名度极高，是为确保自身产品的尊贵感和荣耀感而实施的特殊分销策略。

四、乡村旅游产品促销策略

（一）乡村旅游促销定义

乡村旅游促销（Rural Tourism Promotion）是在乡村旅游产品设计、定价、分销等策略的基础上，通过广告、互联网、销售促进、人员推广、公共宣传或公共关系、印刷品、音像制品等方面的组合运用，使乡村旅游者了解和信赖并产生购买行为的系列市场营销活动。

（二）乡村旅游促销手段

1. 广告

广告，顾名思义，广而告之之意。在当今的现代市场经济体系中起，广告起着各类企业联系顾客的重要桥梁和纽带，是一种与我们日常生活密切相关的一种商业行为。根据《简明不列颠百科全书》的定义，广告是传播信息的一种方式，其目的在于推销商品和劳务，影响舆论，博得政治支持，推进一种事业或引起刊登广告者所希望的其他反应。广告与其他信息传递不同，通常需要登广告者向传播的媒介支付一定的费用。

从广告学原理出发，一则商业广告由广告主、广告信息、广告媒介和广告受众四个要素构成。在乡村旅游产品促销中，要专门针对目标市场，制订完整的广告促销方案并积极组织实施。同时，广告促销方案需要涵盖乡村旅游产品的广告目标、广告信息、广告媒体、广告预算等内容。

首先，广告目标要明确，是通知广告（即报道性广告）、劝说型广告（竞争性广告）还是提示广告（提醒性广告），抑或是这三者的组合，只有明确了广告目标，才能确定后续的相关工作。

其次，围绕乡村旅游产品的广告目标，确定乡村旅游产品的广告信息，广告信息要充分运用创意的手法，准确、客观地传达乡村旅游产品的特色和内容，使目标市场能迅速地接受。

再次，选择承载和传递广告信息的媒体。广告媒体的选择要在充分研究目标市场心理和行为习惯的基础上有的放矢地进行选择。可供选择的广告媒体有报纸、杂志、广播、电视、电影、户外（如广告牌、招贴、灯箱等）、DM（Direct Mail Adversting 的英文缩写，译为直邮广告）、POP（Point of Purchase 的英文缩写，译为销售点广告，如乡村旅游景区中的宣传折页）和网络。

最后，编制完成广告预算。

2. 营业推广

营业推广也称“销售促进”（Sales Promotion，SP），是指企业运用广告、人员推销、公共关系以外的各种短期诱因，在特定的市场范围内，刺激需求和鼓励购买的沟通活动（谭蓓，2017）。在乡村旅游产品的营业推广过程中，面对的对象不同，其营业推广的目标也会有所差异。

（1）针对乡村旅游者。营业推广的目标大致有三个：第一，尝试性购买，主要用来吸引新的乡村旅游者或者有新的乡村旅游产品上市时采用。第二，重复购买或足量购买，譬如，可以通过赠券、积分兑换或数量折扣等多种方式，来提高乡村旅游者的再次购买率，促进足量购买，以此减少库存，增加企业现金流量。第三，抵御竞争。在乡村旅游市场竞争日趋激烈的今天，竞争对手也会不时推出一些乡村旅游产品的促销活动，这时企业本身可以通过大幅度降价或买送结合，甚至还在此基础上给予更多的折扣或优惠，以此给竞争对手予以沉重打击。

（2）针对乡村旅游中间商。营业推广的目标有四：第一，批量采购。想方设法促进中间商批量采购乡村旅游产品，以减少库存。第二，招徕乡村旅游者。在乡村旅游营业推广活动中可通过展览、抽奖、回馈等多种方式招揽乡村旅游者，进行乡村旅游产品的推介。第三，配合乡村旅游市场。乡村旅游中间商与乡村旅游生产企业相互协同配合，进行乡村旅游产品的发布、展示和管理，促成乡村旅游产品销售。第四，获得初始分销机会。由于乡村旅游产品同质化和替代性的增强，乡村旅游中间商如何选择自己代售的乡村旅游产品成为竞争取胜的关键和核心，乡村旅游营业推广活动要使生产企业及时获取中间商的初始分销机会，率先抢占市场。

为实现上述目标，乡村旅游营业推广可以采取以下四种方式。

第一，以价格为中心的营业推广，即以价格来刺激乡村旅游消费。主要以价格折扣、优惠券卡、特价、返利和老带新的方式进行。

第二，以赠送为中心的营业推广。主要是乡村旅游企业在营业推广中，设定一系列的条件，当乡村旅游者购买满足时，给予一定的赠送。譬如，某乡村旅游餐饮店消费满300元，为每位顾客赠送一份地方特色点心。

第三，以展示为中心的营业推广，如参加旅游交易会、店内陈列和现场体验和示范等。

第四，以奖励为中心的营业推广，主要是为刺激乡村旅游消费而提供的不同级别的卡、现金或产品等的行为。譬如，某乡村旅馆实施金、银、铜会员奖励。如果到店旅客

一次性充值5000元，乡村旅游者成为金卡会员；一次性充值3000元，乡村旅游者成为银卡会员；一次性充值1000元，乡村旅游者成为铜卡会员。此外，这种推广方式还可以采用抽奖、兑奖、比赛等方式营造氛围，给予一定的奖励，进一步促进乡村旅游产品销售。

3. 公共关系

公共关系（Public Relations，PR）在市场营销活动中经常被运用，是指社会组织或公众人物在一定职业伦理规范指引下，为谋取有关公众的理解和合作而从事的一种交流、沟通和劝说的活动（居延安，2013）。乡村旅游产品生产企业可以积极运用多种公共关系手段展开行之有效的营销，一般主要有以下几种。

（1）参加公益活动。乡村旅游产品生产企业可以通过捐赠、赞助和资助等方式来提高企业的社会公众形象，增强企业的社会责任感，从而赢得公众的广泛赞誉。比如，为灾区捐赠，资助贫困儿童，慰问孤寡老人，赞助公益环保行动，等等。

（2）举办主题活动。乡村旅游产品生产企业可以围绕营销目标通过举办各类主题活动来吸引公众，提高组织的影响力，如记者招待会、新闻发布会、仪式庆典、展销展览等。

（3）宴请与游览活动。乡村旅游企业或者乡村旅游地可以借助某些主题活动、会议，专门宴请与自身营销活动至关重要的客户与嘉宾，邀请相关重要人物（也包括一定数量的普通游客）前往进行深入的体验，以此加深乡村旅游企业或乡村旅游地与他们的情感联系，从而进一步树立自己的形象。

（4）危机公关。在乡村旅游企业和乡村旅游地发展中，或多或少会碰上一些危机事件，这些危机事件如果处理不好，可能会影响企业的进一步发展。此时，企业要善于利用危机事件，及时开展“危机公关”，消除负面影响，变“害”为“利”。

4. 人员推销

乡村旅游人员推销是指通过乡村旅游产品销售人员与潜在客户和乡村旅游中间商的直接沟通来实现交易的一种促销方式。乡村旅游推销人员与乡村旅游中间商和潜在乡村旅游者进行直接交流，能够详细地介绍乡村旅游产品和服务，对乡村旅游客户的询问能及时、有效地解答和回应，从而能较好地了解乡村旅游者的需求，获取乡村旅游市场信息。

在乡村旅游人员推销实践中，乡村旅游推销人员所面对的对象绝大部分是乡村旅游中间商、团体购买者或批量购买者。乡村旅游销售人员不仅可以在为乡村旅游者服务的同时推销乡村旅游产品，还可以通过参加各种旅游交易会、旅游博览会和旅游发布会等接触潜在客户，集中宣传和促销。同时，也可在选定目标客户群的基础上，通过联系和走访乡村旅游中间商、团体购买者或批量购买者，采取多种方式进行宣传促销。

5. 融媒体促销

2014年是中国的融媒体元年。这一年，中央全面深化改革领导小组会议审议通过了《关于推动传统媒体和新兴媒体融合发展的指导意见》，对推动媒体的融合发展提出了明确的要求，为融媒体的发展指明了方向、提出了要求。融媒体是信息化时代的产物，它将传统媒体、新兴媒体和自媒体进行整合，是未来媒体发展的一种新趋势。

乡村旅游产品促销要善于运用融媒体思维，积极改变传统的促销方式。譬如，以大数据推进智慧乡村旅游营销体系建设，将旅游信息网络覆盖乡村旅游地，武装乡村旅游企业，加强移动终端载体普及、线上资讯系统的开发和维护，使乡村旅游消费者能适时、适地通过互联网获得资讯或及时分享。同时，通过大数据掌握乡村旅游消费行为与乡村旅游需求动向，适时调整乡村旅游产品建设与营销对策，实现乡村旅游精准营销。利用微信、微博、微电影、抖音等新兴媒体，迅速增强乡村旅游的促销影响力。

6. 反常规促销

反常规促销是一种不拘泥于一般促销的非常规手段，有赖于乡村旅游企业和乡村旅游地运营管理者的创造性思维、战略和眼光。这种反常规的促销手段，往往用人们意想不到的做法来引起人们的关注，激发人们的购买行为。如:（1）以国际影响提升国内关注。以国际品牌引领本土品牌，通过统一高调的乡村旅游国际推广和传播，力争在全球范围内引起社会关注，进而影响和带动国内乡村旅游市场热点。（2）以高端市场带动中低端市场。完善升级乡村旅游地交通、酒店、休闲、娱乐、度假等配套设施和基础设施条件，引入国际国内高端度假品牌入驻，以吸引高端消费人群，整体提升乡村旅游地的服务体验和品质，拉动中低端市场。

【复习思考题】

1. 乡村旅游产品的构成是什么？
2. 乡村旅游产品的分类有哪些？
3. 乡村旅游地产品主要开发思路有哪些？
4. 如何实现乡村旅游产品开发层次的递进？
5. 乡村旅游市场营销策略主要有哪些？

【课后实践】

选取长征国家文化公园重点建设区的某一红色乡村，设计乡村旅游产品，并制订其营销策略。

模块四　创意与项目

在新经济时代，旅游发展已经从依靠“资源”的时代向依靠“创意”和“服务”的时代迈进。项目作为乡村旅游发展的重要支撑和乡村旅游产品的载体和物质表现形式，它不能脱离“创意”而诞生，一个没有创意的项目是一个没有亮点和生命力的项目，注定要被市场抛弃。项目作为创意的转化和落实，它使创意产生了经济力、发展力和竞争力。

第七章　乡村旅游项目创意

【学习目标】

- 理解创意的内涵与特性；
- 理解乡村旅游项目的内涵和特点；
- 掌握乡村旅游项目的分类；
- 理解乡村旅游项目创意的内涵
- 掌握乡村旅游项目创意的程序；
- 理解乡村旅游项目创意的原则。

第一节　创意与乡村旅游项目概述

一、创意的内涵

创意（Creation）最早出现在我国东汉时期王充所著的《论衡·超奇》篇——“及其立义创意，褒贬赏诛，不复因史记者，眇思自出于胸中也”，这里的“创意”是指文章中提出的新见解，相当于“立意和构思”（季昆森，2008）。创意作为人们工作、学习和生活中的一种思维活动，通常指具有创新的意识和思想，含有“好想法”“好主意”或“好点子”之意。约翰·霍金斯（2006）认为：创意就是催生某种新事物的能力，它表示一个人或多人创意和发明的产生，这种创意和发明必须是个人的、原创性的，且有深远意义的。崔国、褚劲风与王倩倩等（2011）借鉴了菲宁格对创意的解释，对“创意”的内涵进行了阐释，即创意是产生于人类大脑的一种能力，这种能力能够促成某一事物在新环境的表现方式与原有特征和原则相协调，从长远来讲，创意具有将一种特定的表现形式转化为一件艺术品或者科学研究的能力。从上述学者的观点中可以发现，“创意”的内涵应包含两方面：首先，它是一种思维与方法；其次，它还是一种想法或思维的结果，这种思维、方法、想法与思维结果以独创性和新意为基本特征，从而与众不同。

二、创意的特性

创意受制于一个人的性格、知识储备、想象力与创造力。任何一个创意的诞生，并非是无本之木和无源之水，它和艺术一样来源于现实，又高于现实。创意作为一种标新立异的思维与结果，具有独特的品质。

（一）想象力和创造力是创意的第一特性

想象力是人们在已有形象和认知的基础上，从大脑中创造出新事物的能力，通常表现为人们头脑中出现的思想画面，具有电影感。康德在《纯粹理性批判》中第一次对想象力进行了详细而深入的讨论，将想象力看作客观知识所需要的先天能力之一（宫睿，2012）。创造力作为人类独有的综合性本领，它源于人类的想象力。创造力不仅有想象力的特点，还更加强调了想象力转化的创新结果。一个没有想象力和创造力的乡村旅游产品与乡村旅游项目，肯定是没有创意的。

（二）独立性和灵活型是创意的基本要求

创意活动在开展的过程中，具有不依赖现成答案、方法和路径的特点，更不会受他人左右，虽然在创意开展之前会受诸多条件的限制，但这并不影响创意者们另辟蹊径以达成目标，这就是创意的独立性。任何受制于他人以及墨守成规、依葫芦画瓢、照本宣科、拿来主义和从众心理都不可能产生好创意。创意的灵活性是指创意者可以根据创意活动所面临的实际情况，因时因地调整原来的方案、假设或路径，使之更加符合自己所追求的既定目标。灵活性与直线思维、认死理刚好相反，为追求创意效果，创意者们可能会采取曲线救国的方式，在不可能中创造可能。

（三）艺术性和有用性是创意的终极目标

创意滥觞于艺术，艺术丰富了创意。古今中外对艺术的本质讨论可谓莫衷一是。何谓艺术？艺术性为什么又是创意的终极目标之一？从马克思实践视野的角度看，艺术被看作人类实践的精神形式，主要由艺术生产、艺术交往和艺术共享所构成，艺术生产是艺术交往和艺术共享的前提，而艺术交往和艺术共享则是艺术的生产动力和目标，它们共同构成了一个完整的艺术实践（孙倩，2016）。我们的创意均植根在现实的生产生活中，作为人脑的反应，它倾注着创意者的情趣和理念，每一个创意出来后，都是耐人寻味的。同时，它作为一种精神生产，思想的碰撞和共享又往往促发了新创意的诞生。譬如，由鸟巢引发了“树屋”，人们又在创意的实践中，将“树屋”的形式与功能等进行不同程度的想象和创造，使它更加具有艺术品位。“树屋”不仅丰富了人们的住宿体验，还创立了人与自然和谐的新型景观，成为一项充满创意的住宿产品，被全世界众多的旅游地分享、借鉴和参考。实际上，在人类发展史上，这种类似的创意数不胜数。由此，如果创意不能实现艺术的要求，也就不存在所谓的美了。

创意的另一个终极目标是有用。2002 年 12 月，国际创意产业界著名专家约翰·霍金斯（John Howkins）在对创意产业市场委员会的评论中将“创意”简单地定义为“有新思想”，并将“有用处”与个人、原创和有意义作为这种新思想的四项标准。创意不是因为创意而创意，而是围绕着具体的目标而展开，为了实现既定目标，创意者们通过选取若干与目标有关的资料进行梳理和研判，从而产生达成目标的创意。如果创意不能解决实际问题或进行商业转化，它是没有任何价值的。

三、乡村旅游项目的概念

乡村旅游项目（Rural Tourism Project）是乡村旅游发展的重要抓手和引擎，甚至直接会关乎乡村旅游地发展的成败。认识乡村旅游项目，把握乡村旅游项目的科学内涵，对开展乡村旅游创意策划具有重要的价值和意义。

在旅游产业发展实践中，乡村旅游项目作为旅游项目的一种类型，是指人们在乡村为营造旅游体验环境开发建设的各类旅游吸引物。它与从项目管理角度定义的项目相比，存在着巨大的差异。乡村旅游项目更加强调了项目的实体性，而非过程性，只是在创意策划、规划建设和运营管理具体乡村旅游项目时才有着较为完整的过程性。根据华尔士和史狄文斯（1990）的观点，乡村旅游项目也具有五项特征：①吸引旅游者和当地居民到访，并为此目标而经营；②为到来的游客提供获得轻松愉快经历的机会和消遣方式，使他们度过闲暇时间；③将其发展的潜力发挥最大；④按照不同项目的特点进行针对性的管理，使游客满意度最高；⑤按照游客的不同兴趣、爱好和需要提供相应的设施和服务（王衍用，宋子千，秦岩，2012）。

四、乡村旅游项目特点

与其他旅游项目相比，乡村旅游项目具有以下三个基本特点。

（一）乡创性

乡创性，顾名思义，就是“乡村创意性”，这是乡村旅游项目的本质特点。乡村旅游项目作为乡村旅游的吸引物，它是人们根据乡村田园风光、自然山水、地方文化事项和游客需求等进行的智力创造，具有很强的创意性，但是这种创意不是想当然的，它必须根植在乡村的沃土之中，具有很明晰的乡土味道，或者说是“乡村性”，一个没有创意感的乡村旅游项目注定是丧失了旅游吸引力或者是旅游吸引力不足的项目。同时，乡村旅游项目如果没有体现乡村性，它就不能称为乡村旅游了。

（二）多维性

乡村旅游项目的多维性特点是指乡村旅游项目目标的多维性。主要表现在：一是目标群体的二元性。一个乡村旅游项目的诞生，不仅要吸引外来游客到访开展持续经营，同时要服务地方居民，让地方居民能分享因项目实施而带来的福利，进一步解决脱贫致富和共同富裕问题，从而实现游客和东道主的友好互动。二是效益的四维性。乡村旅游项目不仅要实现经济效益、环境效益和社会效益的统一，还要在三大效益目标的基础上实现文化效益目标，即乡村旅游项目需要通过对乡村文化遗产的生产性保护，探索传统文化的振兴之路，以增强乡村文化软实力和竞争力，进一步促进乡村人的全面发展。

（三）体验性

在体验经济时代，提供个性化体验，在体验中创造更高的价值是服务产业发展的重要路径之一。蔬果采摘、休闲垂钓、登山徒步、亲水溯溪、节日庆典、老家回访、食疗药浴和自然教育等乡村旅游项目几乎都以游客休闲娱乐、乡愁怀旧、研学旅行或康养保健等为主要目的，参与感和体验感颇强。乡村旅游项目须从体验经济的视角出发，以人为本创造不一样的乡村体验，增强乡村旅游的参与度和体验感，提高乡村旅游品质。

五、乡村旅游项目分类

乡村旅游项目种类繁多，根据不同的标准，乡村旅游项目可以划分为不同类型。

（一）根据旅游要素划分

1. 基础要素项目

基础要素即传统的六大旅游要素，由“食、住、行、游、购、娱”构成。围绕基础要素所开展的项目则称为基础要素项目（见表 7–1）。

表 7–1　典型基础要素项目

类别	代表性项目
食	农家乐、乡村宴席、地方风味美食、主题餐饮、野奢餐饮、药膳等
住	乡村旅馆、客栈、民宿、度假村、营地、青年旅舍、穴居、树屋等
行	观光小火车、热气球、氦气球、直升机、索道、缆车、游艇（轮）、山地自行车、畜力车、竹筏（排）等
游	农业观光园、休闲农场、采摘园、牧场、渔村、民族村寨、传统村落、节日节庆等
购	农副土特产品、工艺品、生活用品等
娱	登山、慢跑、骑行、滑翔、滑雪、滑草、划船、冲浪、潜水、帆船、赛事、球类活动、探险、采摘、垂钓、纺织、刺绣、捕捞、狩猎、种养殖、节庆、科幻、动漫、过山车等

2. 拓展要素项目

拓展要素是随着旅游业发展而逐渐衍生开来的要素，2015 年全国旅游工作会议报告在总结回顾改革开放以来旅游业发展的基础上，提出了由“商、养、学、闲、情、奇”组成的拓展要素。应该说，这六大拓展要素较好地反映了现代旅游市场经济新兴的相关业态，具有重大的理论和现实意义，其代表性项目如表 7–2 所示。围绕拓展要素所开展的乡村旅游项目，即为拓展要素项目。2015 年全国旅游工作会议报告对“商、养、学、闲、情、奇”的解释分别如下。

（1）“商”是指商务旅游，包括商务旅游、会议会展、奖励旅游等旅游新需求、新要素。

（2）“养”是指养生旅游，包括养生、养老、养心、体育健身等健康旅游新需求、新要素。

（3）“学”是指研学旅游，包括修学旅游、科考、培训、拓展训练、摄影、采风、各种夏令营和冬令营等活动。

（4）“闲”是指休闲度假，包括乡村休闲、都市休闲、度假等各类休闲旅游新产品和新要素，是未来旅游发展的方向和主体。

（5）“情”是指情感旅游，包括婚庆、婚恋、纪念日旅游、宗教朝觐等各类精神和情感的旅游新业态、新要素。

（6）“奇”是指探奇，包括探索、探险、探秘、游乐、新奇体验等探索性的旅游新产品、新要素。

表 7–2　代表性拓展要素项目

类别	代表性项目
商	农业博览会、农产品博览会、农夫集市等
养	药膳食疗、户外运动、避暑度假、避寒度假、森林浴、SPA、深睡眠等
学	自然教育、民艺体验、农业科普、乡村研学旅行等
闲	垂钓、采摘、踏青、郊游、乡村音乐会、草地音乐节等
情	乡愁怀旧、亲子旅行、寻亲访友等
奇	文化探秘、自然探秘等

（二）根据地理环境划分

根据地理环境特征的差异性，可以将乡村旅游项目划分为山地型乡村旅游项目、丘陵型乡村旅游项目、平原型乡村旅游项目、盆地型乡村旅游项目、草原型乡村旅游项目、滨海型乡村旅游项目和滨湖型乡村旅游项目等类型。

（三）根据项目投资者划分

1. 企业项目

业主为各种类型的企业，是企业为实现某种特定目标而开展的，并由企业在乡村投资的项目，具有明显的盈利特征。

2. 政府项目

即业主为国家或地方政府，是政府为实现某种目标而开展的由政府提供资金、政策扶持和相关资源的项目。通常而言，此类项目具有很强的公共性。

3. 非营利性机构项目

即行业协会、社会团体、基金会等非营利性组织和机构为满足自身的需求而开展的各种乡村旅游项目，社会公益性强。

第二节　乡村旅游项目创意

一直以来，“求新”“求奇”“求特”和“求异”是人们不断外出旅游的一组重要动机之一，随着人们旅游经验的不断丰富，旅游活动日趋个性化和多样化，旅游更加注重体验感和品质。然而，在发展过程中，乡村旅游地的资源和环境在一定程度上是固定的，如何在固定的资源和环境中满足人们源源不断新增的“新、奇、特、异”的旅游需求，这就需要在创意的引领下，使乡村旅游产品不断推陈出新，进一步增强吸引力，充分彰显乡村旅游魅力。

一、乡村旅游项目创意的内涵

乡村旅游项目创意是指以乡村旅游市场需求为导向，根据乡村旅游地的资源与环境条件，运用创意产业的思维方式，不断创造乡村旅游吸引物体系的过程。这一定义包含以下四层含义。

（一）市场需求是乡村旅游项目创意的导向

当一个乡村旅游项目建设完毕后，它会作为一个重要的乡村旅游产品投放到市场中，以收回项目建设投资和运营管理成本并获益。那么建设一个什么样的乡村旅游项目才能受市场的青睐？换句话说，这个项目会不会有旅游消费者来买单？研究需求、把握需求和引领需求不得不成为乡村旅游项目在进行创意时深入思考和研究的重要问题。当乡村旅游需求已经向康养方向发展时，我们不可能还在继续做观光型产品或者简单粗放的农家乐。然而，在乡村旅游发展的实践中，许多地区因没有对乡村旅游市场需求进行充分研究，就仓促上马建设乡村旅游项目，直接导致无人问津。

（二）乡景是乡村旅游项目创意的依据

乡景的唯一性是乡村旅游实现差异化发展的重要依据。乡村旅游项目创意并非天马行空和不着边际，创意的乡村旅游项目必须符合地方的资源和环境条件，能凸显乡村地方传统、元素或符号，能在乡村找到项目创意的来源和理由，既能与乡景相契合，又能实现新创意。如果在乡村旅游项目创意的过程中丧失了对地方唯一性的提炼和把握，我们的乡村旅游项目创意也很难实现创意的唯一性，从而使得乡村的吸引力和竞争力大打折扣。

（三）乡村旅游项目创意需要有创意产业思维

创意产业最早始于 20 世纪 90 年代末的英国，是指源自个人创意、技巧及才华，通过知识产权的开发和运用，具有创造财富和就业潜力的行业（林光旭，2011）。创意产业与创造力和知识产权密切相关，经过不断发展，它与一、二、三产业进行了深度融合，催生了一系列新兴产业态。创意产业的提出不仅创新了发展模式，还颠覆了传统产业的发展逻辑（厉无畏，王慧敏，2006），如表 7–3 所示。

表 7–3　传统产业发展逻辑与创意产业发展逻辑比较

内容	传统产业	创意产业
产业驱动	硬性资本（土地、金融资本等）	软性资本（知识、文化、人力资本等）
产业资源	一次性使用	反复使用
产业链	单向生产链	环状价值链
产业组织	垂直化	扁平化
产业导向	产品价值	顾客价值
产业效益	边际成本递减、边际效益递减	边际成本递减、边际效益递增
产业目标	经济	经济、社会、环境和人的发展

资料来源：厉无畏，王慧敏．创意产业促进经济增长方式转变——机理·模式·路径［J］．中国工业经济，2006（11）：8.

从某种意义上看，乡村旅游属于文化创意产业。它需要以创意为引领，构建起乡村旅游地的 IP 体系，以提高旅游市场竞争力。乡村旅游项目作为乡村旅游产业发展的重要支撑，项目之间不是孤立存在的，而是有机联系的创意产业项目系统，其创意需要充分运用新的理念、方法和技术手段，全方位营造全新的乡村生产、生活、生态空间，激发乡村活力，创造更多的乡村新价值，让乡村旅游体验感更足，让村民获得感更多。

（四）乡村旅游项目创意是构建旅游吸引物的过程

乡村旅游项目创意可以弥补一个地区没有吸引物或者吸引物平淡的短板。之所以要进行乡村旅游项目创意，最根本的一点是要提高乡村旅游吸引力——乡村旅游地吸引力大小取决于旅游吸引物的优劣。此外，吸引物还为人们提供了一个必去的理由。

二、乡村旅游项目创意的程序

为创意出经典的乡村旅游项目，我们需要按照一定的程序进行。在乡村旅游项目创意实践中，一般会通过“调研→判断→头脑风暴→提炼”四步法来实现。

（一）调研

乡村旅游项目创意的第一步工作为调研，这是开展乡村旅游项目创意之前重要的基础性工作。通过调研，把握乡村旅游市场需求，了解市场供给现状和项目地的实际情况。

1. 调研要求

调研要求包括：①调研要全方位覆盖乡村旅游的需求市场、供给市场以及项目地的区位、资源、环境和政策等内容；②调研必须保证市场信息的真实性和项目地的整体性，在调研过程中应充分运用科学的技术和方法，尽量做到内容的简洁与量化；③充分利用已有的研究成果和相关资料，结合实地踏勘和调查，全方位、系统化地掌握有关乡村旅游项目创意的情报资料。

2. 调研方法

（1）文献查阅。文献查阅是获得情报资料最快的一种方法，在实际工作中要充分运用各类统计年鉴、年度公报、相关科研院所的科研成果以及各级政府部门的调研资料、报告、规划资料汇编等，从中提取和项目有关的资料。

（2）实地踏勘。通过查阅文献初步了解乡村旅游项目地后，乡村旅游项目创意团队还要继续深入项目地进行实地踏勘，直接获得项目地的第一手资料，进一步建立对乡村旅游项目地的直观感受。在实地踏勘中，创意团队还要配备专业齐全（如地质、生态、植物、文化等相关领域）的专家团队，多角度去认识乡村旅游项目地。在专家的指导下，创意团队要勤于观察、善于发现，及时记录实地踏勘获取的信息。

（3）访问座谈。访问座谈是获取乡村旅游地二手资料的重要途径，同时也是充分掌握乡村旅游项目地行政管理和经营管理者意图的重要手段。该方法可以弥补实地踏勘因时间短、人力不足和资金有限等因素的影响。根据访问座谈对象，可以将访问座谈分为政府官员座谈、投资商座谈、乡村旅游地居民座谈三大基本类型，他们分别代表着不同的利益群体。为保证访问座谈的高效性和可靠性，承担乡村旅游项目创意的机构要充分挑选座谈人员和调研人员。

（4）问卷调查。问卷调查主要是用于乡村旅游市场需求的调查。问卷调查需要经过科学的设计，并经过试调修改完善后方可进行。此外，在问卷调查过程中，还要对样本容量大小、样本构成等进行系统的统计学技术规定，以确保问卷的信度和效度。

（5）遥感与物探调查。遥感技术是快速和精准获得乡村旅游项目地地理信息资料的重要调查方法。实践证明，该方法可以深入创意团队实地踏勘无法进入的区域，对发掘新的乡村旅游资源具有重要的现实意义。同时，还可以用于乡村旅游项目选址、规划与管理过程中。运用物探技术，可以调查乡村旅游项目地地下尚未发现的文物以及温泉等资源。

（6）比较调研。比较调研法主要分为区域比较法和分类对比法两种。区域比较法是指在乡村旅游地项目创意的过程中，创意团队经常选取国内外与之相似的乡村旅游地进行比对的方法。这种方法可以为乡村旅游地的项目创意提供参考和借鉴。分类对比法是指将乡村旅游资源或乡村旅游项目分门别类地进行对比研究的方法。通过这种方法，可以发现乡村旅游资源和乡村旅游项目的差异化特点，便于把握个性，创意出别具一格的乡村旅游项目。

（二）判断

乡村旅游项目创意团队在大量获得乡村旅游项目地的有关资料后，还需要对这些资料进行系统的归纳整理和深入的分析，进一步做出较为准确的判断，为乡村旅游项目创意提供参考，并提出相关的创意项目创意路径、方法和目标要求。

（三）头脑风暴

头脑风暴自 1939 年美国创造学家 A. F. 奥斯本提出来以后，就一直备受欢迎。创意团队通过前期的调研判断后，便会组织头脑风暴会议，让创意团队成员展开各种天马行空的创意想象，让彼此思维实现“共振”，不断诱导大家产生新观点、新思想和新想法。它作为一种群体式的创造性思维方法，创意团队成员之间将不断进行思想的碰撞和交锋，极大地激发了个体参与项目创意的想象力和创造力。根据学者们的研究成果，该方法需要遵守下述六条基本规则（陶理，1998）。

第一，不允许有批评他人的想法。

第二，提倡自由思考、畅所欲言。

第三，以议题为中心，提出的设想多多益善，并且要全部记录下来。

第四，不能在会议进行中做出任何总结和批判，不得阻碍他人的设想。

第五，参加会议者不管资历、地位和水平，一律平等对待。

第六，不允许私谈和代他人发言。

（四）提炼

对头脑风暴产生的诸多新思想、新观点、新理念和新方法，最后要根据市场需求和乡村旅游地实际进行系统的归纳和提炼，提炼出具有市场冲击力、影响力和号召力的创意，作为项目的内核和主题。同时，再将有价值的创意进行有机组合，构建起完整的乡村旅游创意项目体系。

【案例】

麻江县乡村旅游节日项目创意

麻江县地处贵州省黔东南苗族侗族自治州东部，包括宣威镇、龙山镇、贤昌镇、谷硐镇、坝芒乡、金竹街道、杏山街道，共4镇、1乡、2街道，63个行政村、328个村民组，6个居委会、44个居民小组，4个社区，总人口17.66万，贫困面广，经济基础薄弱。在以苗侗文化为品牌的黔东南州，麻江县并不占有绝对的优势。如何通过富有县域特色的乡村旅游项目来促进四季旅游的发展，构建起全县的乡村旅游IP？

项目组实地调查后发现，该县居住着苗族、布依族、瑶族、仫佬族和畲族五个世居少数民族，文化多样性较为突出。于是从体验经济和创意产业的角度出发，以苗族、布依族、瑶族、仫佬族和畲族节庆文化为依托，创意策划了“苗族、布依族、瑶族、仫佬族、畲族四季民俗嘉年华”项目（见图7–1）。

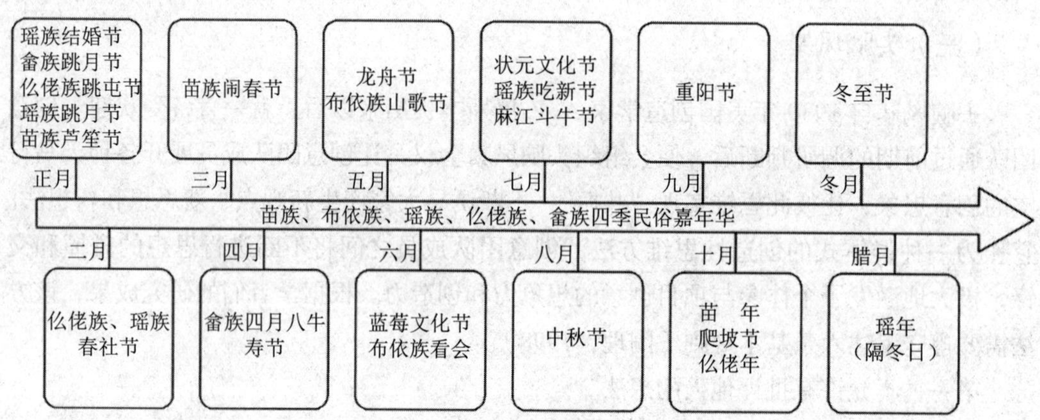

图7–1　麻江县苗族、布依族、瑶族、仫佬族、畲族四季民俗嘉年华图谱

资料来源：《麻江县山地全域旅游发展规划（2017—2030）》.

三、乡村旅游项目创意的原则

乡村旅游项目创意是一个智力再创的过程，因为有了创意，这才使得衰落的乡村重新焕发出新的活力，乡村旅游才会变得更有韵味、更有情趣、更有品质、更有内涵，人们丰富多彩的乡村旅游体验才有更多的可能。同时，乡村旅游也在创意的推动下实现了智创发展。然而，乡村旅游项目创意需要在遵循新（New）、奇（Surprise）、特（Special）、绝（Extremely）、实（Practical）、远（Long）、值（Value）七字原则的基础上才可能成功。

（一）新

乡村旅游项目创意要善于摒弃已有的东西，不断推陈出新，但不能抄袭他人已有的创意。只有切实做到人无我有、人有我新，乡村旅游产品才会与众不同，差异化发展才能实现。乡村旅游项目创意有了“新”，乡村旅游产品才会“亮”。

（二）奇

乡村旅游项目创意要追求“奇”，因“奇”而制胜。所谓“奇”，就是乡村旅游项目要令人感觉惊讶、惊奇，使之意想不到，却又在情理之中，这能大大地满足人们“猎奇”的心理。当别人的项目已经具有很强的新意，目前也很难再有创新时，如何使自己的项目与众不同，在“奇”字上下功夫将会成为乡村旅游项目创意的一个重要选择方向。

（三）特

乡村旅游项目创意的“特”即是指特殊、特别、不寻常、不一般，具有鲜明的个性特征。乡村旅游之所以对城市人群有着特殊的魅力，在于乡村保持了“乡土”和“原野”韵味，可以满足他们怀旧、体验、休闲和度假的基本要求。在乡村旅游项目创意的过程中，要善于发现乡村在地文化和自然地理所构筑起来的个性品质，使项目创意与在地文化、自然地理高度契合，形成独有的充满地域文化特色的乡村旅游项目，让在地文化得以再造和延续，让乡村旅游地生态环境更加优美，地方可持续发展力显著增强。

（四）绝

“绝”是乡村旅游项目创意所追求的最高境界，即乡村旅游项目创意以“绝品”“极品”为最高目标，在众多创意中独树一帜，从而做到区域唯一、国内唯一，甚至是世界唯一，把一个乡村旅游项目创意做到“极致”，才能把二流、三流的乡村变成一流的乡村，在“绝版”创意的拉动下，乡村旅游项目才能释放出巨大的市场吸引力，才能产生聚合力和生产力。

（五）实

“实”是指乡村旅游项目创意不能好高骛远，必须符合市场发展规律、现有经济技术条件和乡村旅游地发展实际。换句话说，乡村旅游项目创意必须接“地气”，有“尚气”，既要“高屋建瓴”，又要“落地生根”，而不能成为“空中楼阁”或“海市蜃楼”。

（六）远

“远”是指乡村旅游项目创意既要着眼于现实，又要面向未来，要有长远的战略思维和战略眼光。不仅要充分考虑乡村旅游项目创意运营的投资回收期，更要考虑创意落地运营后的生命周期。因此，乡村旅游项目在创意过程中必须对未来更长一段时期的市场趋势做充分的研判，使乡村旅游项目创意在立足现实的基础上，又着重长远，切实兼顾到近期和远期的利益。

（七）值

“值”是指乡村旅游项目创意要有价值，即创意所必须遵循的价值原则。价值是乡村旅游项目创意的不竭动力，也是乡村旅游项目创意的根本目的。乡村旅游项目创意作为人类智力劳动的结晶，通常情况下需要进行专门购买。也就是说，创意购买者必须给提供创意服务的群体支付费用。同时，创意群体为购买方提供的创意服务必须能在商业转化后产生更大的经济效益、社会效益和环境效益，否则这个创意就是失败的。

【复习思考题】

1. 何谓创意？它与创新有何区别？
2. 创意具有哪些特性？
3. 何谓乡村旅游项目？
4. 乡村旅游项目有哪些特点？
5. 乡村旅游项目有哪些类型？
6. 乡村旅游项目创意的内涵是什么？
7. 乡村旅游项目创意的基本程序是什么？
8. 乡村旅游项目创意有哪些基本原则？

【课后实践】

课程论文：试论创意与乡村旅游项目设计。

第八章　乡村旅游项目策划

【学习目标】

- 理解乡村旅游项目策划的含义；
- 掌握乡村旅游项目策划的特征；
- 掌握各类乡村旅游项目策划的内容与要求；
- 掌握乡村旅游项目策划的程序和方法。

第一节　乡村旅游项目策划的内涵

一、乡村旅游项目策划的定义

乡村旅游项目策划（Rural Tourism Project Planning）是指人们根据一个地区乡村旅游资源、乡村旅游发展现状和发展趋势，以市场需求为先导而进行的项目创意活动，该定义包含了如下几层含义。

第一，乡村旅游项目策划以现实为依据。在进行乡村旅游项目策划之前，必须对乡村旅游项目地进行系统的分析和研究，使所策划的乡村旅游项目符合项目地实际，最终能落地生根。

第二，乡村旅游项目策划具有前瞻性。所策划的乡村旅游项目不能滞后，更不能满足于现状，需充分考虑未来一段时期的发展趋势，引领未来的发展，切实做到高屋建瓴。

第三，乡村旅游项目策划具有鲜明的市场导向。乡村旅游项目策划作为一个创造旅游吸引物的过程，想要落地运营就需要得到市场的认可，进而获得经济效益、社会效益、环境效益和文化效益，如果得不到市场的认可，不仅不能获益，甚至连投资都会难以收回，这样的策划注定是失败的。

第四，乡村旅游项目策划是一项项目创意活动。策划作为一种筹谋和韬略，它创造了与众不同的东西。乡村旅游项目策划者需要有创意思维，敢于超越现实和突破常规，把创意发挥到极致。如此，所策划的乡村旅游项目才能推陈出新，有所差异和有吸引力。可以这样说，创意是策划的灵魂，策划一旦丧失了创意，将会注定平庸。

二、乡村旅游项目策划的特征

乡村旅游项目策划具有系统性、创造性和战略性三大基本特征。

（一）系统性

乡村旅游项目策划的系统性主要表现在以下三个方面。

第一，乡村旅游项目策划的要素系统性。乡村旅游系统是由市场需求子系统和供给子系统构成的复杂系统，从乡村旅游地供给子系统上看，它涉及“食、住、行、游、购、娱”等诸多要素，在对乡村旅游地乡村旅游项目策划的过程中，应从构建乡村旅游地产业经济系统出发，系统策划“食、住、行、游、购、娱”等要素项目，以此构建起完整的乡村旅游产业经济系统。

第二，乡村旅游项目策划的内部系统性。任何一个乡村旅游项目都可以看成一个系统，在项目策划过程中，应对关乎项目建设和运营中的诸要素进行系统的策划，为项目建设和运营提供重要的智力支撑。譬如，对某乡村旅游地的“交通”项目进行策划时，可以大致分为外部交通项目策划和内部交通项目策划，外部交通可能会包括航空、铁路、公路、水运等，内部交通则要包括车行系统和慢行系统。

第三，乡村旅游项目策划的过程系统性。乡村旅游项目策划的完成一般会经过“调研→判断→头脑风暴→提炼”的过程，策划的每一个阶段既相互独立又彼此联系。过程的系统性使得乡村旅游项目策划具有显著的科学依据，而非拍脑袋和想当然。

（二）创造性

乡村旅游项目策划的创造性表现在乡村旅游项目的不断推陈出新、不断标新立异和不断独辟蹊径，以确保乡村旅游地实现差异化发展。乡村旅游项目策划要在市场中保持竞争优势，策划团队就必须拥有创造性的新思路、新想法和新创意。任何“照本宣科”“依葫芦画瓢”和“东施效颦”的策划都不能算作真正意义上的乡村旅游项目策划，注定要被市场所淘汰。例如，一些乡村旅游地盲目跟风开发“花海”旅游项目，从而导致该旅游项目的同质化恶性竞争。

（三）战略性

战略作为实现目标的根本性计谋，与发展目标有着密切联系。乡村旅游项目策划必须在立足现实的基础上，对未来的发展趋势和变化趋势进行充分的预判，使所策划的项目具有超前性。此外，乡村旅游项目策划必须符合区域国民经济和社会发展战略以及旅游发展战略，使所策划的乡村旅游项目与区域发展战略相统一。

第二节　乡村旅游项目策划的内容

一、乡景项目策划

乡景项目策划是乡村旅游项目策划的重要工作内容，对提升乡村旅游品质具有显著的价值和意义。如何策划乡景项目，我们可以从中西方古典园林中获得一些灵感。

（一）中西方古典园林美学思想

中西方园林历史悠久，造园艺术丰富多彩。但因各自自然地理、历史文化、哲学思想和民族性格等的差异，使得中西方古典园林风格迥异。综观世界各国的园林艺术，尤以中法两国的古典园林最为璀璨，它们分别代表了东西方园林艺术的最高成就，并对现代风景园林设计产生深远的影响。荀志欣与曹诗图（2008）在《从文化地理的角度透视中西古典园林艺术特征》一文中专门对中西方古典园林的美学风格进行了如下总结。

1. 自然美与人工美

中国古典园林造园思想深受儒释道的影响，以自然美而著称于世。儒家“仁者乐山，智者乐水”，以“比德”而托物言志，故造园的山、石、林、木、花、草等都有着深远的象征含义。佛教传入中国后，便与传统文化相结合，形成了以“顿悟”为特点的“禅”宗，使得造园有了“空灵”的特点。道家讲究“无为”，一切顺应自然法则，使造园具有了“自然”的魅力。明代计成在《园冶》中对中国古典园林做了“虽由人作，宛自天开”的精辟总结，中国古典园林，尤其是私家园林，它既不求轴线对称，又无任何规则可循。叠山理水均师法自然，一切人工建筑也尽量顺应自然，力求与自然融合。西方古典园林深受文艺复兴和海洋文明的影响，不仅布局对称、规则和严谨，就连花草也都被修整成规规矩矩的几何图案，体现出人工美。

2. 意境美与形式美

“意境”是指一种能令人感悟和领略，但却令人难以言表的境界，它是一种情景交融形成的艺术之境。魏晋南北朝以来，文人、画家逐步介入到造园中，使中国古典园林深受绘画和诗词的影响，而中国诗画又以“意境美”作为艺术追求，园是一首诗，诗是一座园；园是一幅画，画是一座园。西方人认为自然美有缺陷，需要凭借提升自然美的某种理念去克服这种缺陷，从而达到完美的境地。于是，轴线对称、均衡布局、精美的几何图案以及强烈的韵律节奏感成为西方古典园林的重要造园手法，体现着明显的形式美追求。

3. 朦胧美与清晰美

中国古典园林造园讲究含蓄和虚幻，使人置身其中产生不可穷尽的感觉，这往往是中国人的审美习惯和观念使然。在造景中通过借鉴诗词和绘画力求产生含蓄的意境之美，从而实现情景交融，物我一体，呈现出“朦胧美”。西方古典园林受到理性主义的影响，在造园手法上主次分明，重点突出，边界和空间范围一目了然，次序分明，给人以秩序井然和清晰明确的印象，呈现出“清晰美”。

（二）中国古典园林的造园与构景

我们的先辈在几千年来的造园实践中形成了完整的造园与构景方法，对世界造园林艺术产生了极大的影响，并经常被运用于现代风景园林的规划设计与建设中。

1. 中国古典园林的造园方法

从形制上看，中国古典园林的造园手法可以集中表现在空间、庭院、建筑、植物与园路五个方面。

（1）空间叠合自然。中国古典园林在进行景观空间布局之前需要对基地情况做深入的踏勘了解。如基地大小规模、地形起伏、景观现状与周边情况等，然后再根据基地自然地理情况进行园林景观布局，从而实现景观空间与自然肌理高度融合。

（2）庭院巧变生美。绝大部分的中国古典园林几乎都可找到园中园庭院设计方式，即在一个庭院里面通过廊、屏风、月洞门等景观建筑进一步分割成为一些小的庭院，在大空间中产生了小空间，使得庭院层次更加丰富。

（3）建筑精巧生景。中国古典园林建筑大致可包括楼、堂、斋、馆、亭、廊、榭、轩、阁、舫、台等类型。每一种类型的建筑都有着不同的功能，并在园中选取适当位置来安放。比如，楼作为园中较大的高耸建筑，是园内主要的景观视觉对象，通常建在园中高处，其功能主要作观景之用。榭多为水边的建筑，游人在此可以凭栏观景。但无论哪种景观建筑，在园林造景中都需要进行科学的选择和组合，以实现人、景与自然高度融合与和谐。

（4）植物“比德”超然。植物种植是造园过程中必不可少的环节，花草树木使得园林生机盎然成趣。在古典园林植物种植中，虽然遵循“取其自然，顺其自然”的原则，但并非随意移栽种植。受儒家“比德”思想之影响，园林主人常常将欣赏植物作为自己修身养性的重要手段。如苏轼在《於潜僧绿筠轩》中写道：“宁可食无肉，不可居无竹。无肉令人瘦，无竹令人俗。”竹子中空有节，象征谦逊、有气节。托竹言志，君子比德于竹，故而园林多有竹。

（5）园路讲究韵律。园路连接着园林内部的各个景点，担负着重要的导览功能，是园林的游览动线。园路设计需要考虑人们的游园心态，从哪里进、哪里出都需要做认真的研究。整个游程讲究节奏感，在平淡中出乎意料，在游览中跌宕起伏。同时，园路的铺装也要极为巧妙，讲求构图完美。通过各种景观桥、汀步、回廊等连接和变换，使园路更增趣味性。

2. 中国古典园林的构景方法

中国古代在造园上形成了丰富多样的构景方法，古人概括为“构景十八法”——对景、借景、夹景、框景、隔景、障景、泄景、引景、分景、藏景、露景、影景、朦景、色景、香景、景眼、题景与天景（牛艳玲，2006），这些方法可以为乡景项目策划提供重要的参考和借鉴。

（三）乡景项目策划

1. 策划思路

依托乡村旅游地自然环境，充分发挥乡村地域优势，大力发展乡村休闲农业，充分利用本土花卉和其他植物，采用点、线、面相结合的方式，利用“景”“道”“群”建构的域面空间关系，因地制宜地进行全域化的乡景营造，形成全域化、全季候、多主题、体验强、品质高的乡村精品观光体系。

（1）“景”悦身心。将乡村风景道串联风景节点、景群，在乡村旅游功能板块聚合形成“景域”。

（2）“道”牵脚步。依托交通线、江河，按照“景观道，生态道，文化道”的要求，打造别具风格的乡景廊道系统。

（3）“群”聚眼球。依托乡村旅游景区（点）建设，重点对其进行绿化，聚合形成“景群”，吸引眼球，示范带动，重点突破。

2. 营造路径

（1）变农业为景观。在有条件的乡村地区，大力发展规模化、景观化的观光农业，寓景于农，以现代高效农业园区为支撑，打造具有视觉冲击力的“观光农业”。不具备条件的地区，应该注重乡村菜园和果园等的建设，以精细与多元来取胜。

（2）变交通为景线。依托交通线，通过沿途风景营造形成别具一格的乡村风景道系统，如美国 1 号公路。

（3）变庭院为花园。实施“乡村庭院美化计划”，充分利用乔木、灌木、藤本、花卉、草、农作物等进行美化，变庭院为花园，形成千姿百态的家庭花园，使乡村变成花园式的乡村，营造品质休闲空间。

3. 乡景营造原则

（1）维护生态安全。在进行乡景项目策划前，策划者需要研究乡村旅游地面临的主要生态安全问题，分析乡景营造如何降低环境污染以及如何构建乡村旅游地的生态安全格局，以保护乡村生态环境，提高乡村旅游地的可持续发展力。这种以乡村生态环境保护、生态恢复与保育、维护乡村生态安全为目标的乡景策划，应该成为所有乡景项目策划的第一原则。

（2）注重乡土美学。乡景项目策划需要用艺术家的眼光善于发现由土地、菜园、农田、村落等建构的乡土艺术之美。在乡景项目营造中，不仅要遵循乡村旅游地的地脉，还要通过系列乡土元素符号的挖掘和运用，彰显乡村之美，让乡土美学根植在村民心中，不断活化乡村文脉，营造出独具一格的乡村风景。

（3）强化复合功能。乡村每一寸土地都极其珍贵，我们要通过乡景项目策划提升乡村土地的产出价值，而不是简单地粗放营造。如当我们考虑发展观光农园的时候，就不能简单地从观光出发，还要考虑农园的农业发展问题。一些地区种植了上万亩的樱花，偌大的一个樱花园，仅仅为一个月的观光之用，未免太过浪费。如果将樱花种植成樱桃，我们不仅可以看樱花，还可以摘樱桃，不仅满足了观光需要，还进一步丰富了乡村旅游项目内容，提高了单位土地面积的产出。乡景策划不仅需要考虑景的“观”，还要考虑景的“产”，这就是乡景策划必须考虑的功能复合问题。

二、基础要素项目策划

乡村旅游基础项目策划，即是围绕“食、住、行、游、购、娱”六大基本要素的策划。这是乡村旅游项目策划的重要内容，也是乡村旅游产业发展的支撑性项目，在乡村旅游发展中起着基础性作用。

（一）“餐饮”项目策划

乡村旅游餐饮项目与住宿项目一样，亦是满足旅游者需要的基础性项目。目前，乡村旅游的餐饮已经不是解决温饱问题了，而是怎么吃得好、吃得健康、吃得有品位、吃得有情调。一个好的餐饮项目，哪怕是一道佳肴，亦会吸引人们不辞辛劳前来品尝。策划好乡村旅游餐饮项目，同样也可以构成吸引物，提高乡村旅游吸引力。

1. 策划原则

（1）制作特色化。在乡村旅游餐饮项目策划的过程中，策划者要深入挖掘具有地方特色的食品、食材和食俗，从餐饮上充分体现乡村旅游地的文化魅力。例如，地处贵州西北部的六盘水市盛产黑山羊，这种黑山羊由农户自家在山上放养，吃百草、喝山泉长大，肉质极佳。因高原山地气候极为湿冷，当地人有吃羊时喝羊肉汤御寒的饮食习惯。在野玉海景区的旅游餐饮业态中就专门策划了迄今为止全世界最大的羊汤锅——“名羊天下第一锅”。这口锅直径6.24米，高1.2米，可一次性炖煮60只羊，供500人同时食用。

（2）名称内涵化。餐饮名称的后面一般藏着深厚的文化内涵和不一样的故事，如闽菜之首“佛跳墙”、淮扬名菜“红烧狮子头”、川菜传统代表“麻婆豆腐”、杭州名菜“西湖醋鱼”等。在乡村旅游餐饮项目策划中，策划者要善于提炼地方的饮食文化，赋予菜肴佳酿内涵深远的名称，使得餐饮更具吸引力。

（3）经营品牌化。品牌是乡村旅游餐饮经营的必由之路。不仅要形成品牌菜肴、品牌佳酿、品牌饮品，还要形成独树一帜的品牌服务，使餐饮成为促进乡村旅游发展的重要因素。

（4）体验情景化。一个人每天都在吃饭，但能记住的可能没几次。乡村旅游餐饮项目策划要特别注重就餐环境的营造，为旅游者提供难以忘怀的餐饮体验。在情景策划中，策划者首先要进行情景编排，其次才进入情景空间的营造。譬如，我们现在需要策

划一个乡村餐饮项目，设定的场景为乡村田园餐饮。如何营造这一空间环境？可以从山水田园诗代表作——《过故人庄》中找到灵感，即由绿树、青山、村落、菜园、菊花形成的恬淡田园风光，使就餐环境呈现出田园诗画的意境。

2. 乡村餐饮项目主要类型

从形式上看，乡村餐饮项目主要有美食村、美食街、农家乐、特色餐馆、户外烧烤、宴会餐厅、主题餐饮等类型。在乡村旅游餐饮项目策划中，策划者可以根据乡村旅游的实际需要进行选择和创意。

3. 乡村餐饮项目经营模式

乡村餐饮项目的经营方式类型多样，可以将餐饮项目和其他项目进行结合，为旅游者创造不一样的体验。下面列举几种典型的经营模式。

（1）"餐饮＋歌舞表演"模式。游客可以一边就餐，一边欣赏当地的歌舞，既养胃，又养眼。在夏威夷群岛上的波利尼西亚文化中心，游客在享受夏威夷地道美食的同时，还可欣赏一场绝无仅有的波利尼西亚歌舞。

（2）"餐饮＋观景"模式。在乡村旅游餐饮项目策划的实践中，情景化的设计有时不需要刻意去营造，策划者只需要在绝佳的乡村风景视角选取餐厅的位置，把乡村风景请进餐厅，创设"观景餐厅"即可。游客一边品尝乡村地道的风味美食，一边可以欣赏美丽的乡村田园风光。

（3）餐饮主题化模式。乡村餐饮的主题化经营模式是策划者根据乡村旅游地独特的自然和文化条件，经过创意提炼，以某种鲜明主题为亮点的餐饮经营模式。在浙江省德清县莫干山镇的庾村，清境（上海）旅游投资管理有限公司面向进入莫干山的骑行者，将入口的废弃旧厂房改造为全国最大的自行车主题餐厅——Share·餐厅，设计师将工业时代的复古气息与乡村元素相融合，运用当地充满质感的原生材料和独特的设计手法，营造了风格迥异的室内空间和用餐氛围，成了当地有名的乡村主题餐厅和骑行者的集结地。

4. 乡村旅游餐馆设施与服务等级划分

根据《旅游餐馆设施与服务等级划分》（GB/T 26361—2010），以旅游餐馆的服务项目、菜品质量、安全卫生环境、建筑、设施设备等为依据，可以将乡村旅游餐馆从低到高依次划分为铜盘级、银盘级和金盘级三个等级（见表 8–1）。各级餐馆要分别满足设施设备及服务项目评分的最低得分与服务质量评定规定的得分最低率。

表 8–1　各级餐馆标准规定

标准	铜盘级	银盘级	金盘级
设施设备及服务项目评分（满分 352 分）	100 分	210 分	300 分
服务质量评定检查各等级餐馆规定得分率	85%	90%	95%

资料来源：《旅游餐馆设施与服务等级划分》（GB/T 26361—2010）。

（二）“住宿”项目策划

乡村旅游住宿项目是满足旅游者需要的基础性项目，也是提高乡村旅游服务质量和乡村旅游收入的重要内容。此外，经过策划，乡村旅游住宿项目也可以成为乡村旅游地吸引物的重要组成部分，从而增强乡村旅游地的吸引力。

1. 策划理念

乡村旅游住宿项目策划应该遵循体验经济时代发展理念，充分发挥乡土美学和乡村艺术在乡村旅游住宿项目策划的引领作用，将住宿功能、主体建筑与乡景营造紧密结合起来，给旅游者创造独特的乡村住宿体验。例如，贵州苗族吊脚楼与梯田风光、滨江侗寨、江南古镇与水乡等。

2. 住宿类型

根据乡村旅游地旅游资源类型、区位特征，可以策划出各种类型的乡村旅游住宿项目，形成多元化的乡村旅游住宿项目体系，为旅游者提供丰富多样的住宿体验。

（1）星级酒店。乡村旅游星级酒店是按照星级酒店管理评定标准而建设的酒店，提供标准化的星级服务，是目前管理最为规范的住宿设施。

（2）经济型酒店。经济型酒店是指那些提供优先服务，且房价较为便宜的酒店，如锦江之星、7 天、汉庭、如家、青年旅舍等。此类酒店不提供全面的服务，服务对象以大众游客和中小商务者为主，客房是其向住客提供的唯一或最为核心的产品。

（3）家庭旅馆。家庭旅馆属于最为地道的民宿，它是乡村旅游地居民利用自己闲置的住房改造后为旅游者提供住宿的产品。家庭旅馆成本和价格较低、规模较小，强调干净、卫生和安全。这类住宿项目实际上也属于经济型酒店的范畴，但与经济型酒店又有一定的差别，经济型酒店绝大部分由企业进行投资经营，而家庭旅馆以家庭经营为主要模式。

（4）休闲农庄。休闲农庄是依托观光农业而产生的一种住宿类型。作为农业旅游活动的重要载体，绝大部分的休闲农庄位于农业园区（或者农场）内，旅游配套设施相对齐全，不仅可以满足旅游者住宿的需要，还可以满足旅游者休闲观光、娱乐体验、主题教育、健康美食等需求。

（5）宿营地。宿营地是指供旅游者进行野营、扎营和露营的场所，营地一般会选址在环境优美的地方，虽然设施简单，但野趣十足。同时，也能为游客提供必备的补给。从形式上，可以将宿营地分为房车与自驾车营地、木屋营地、帐篷营地等类型。

（6）民宿。民宿兴起于欧美，以英国的 B&B 为代表。大多数国家用 B&B 来表示民宿，由于世界各地的文化有所差异，一些地方用 Home Stay、Family Hotel、Family Inn、Guest House 等来表示民宿。民宿还具有四个基本特征：①民宿相比传统酒店规模较小；②民宿由最初的家庭自营发展为专业经营，由政府和专门的组织进行管理；③民宿为游客提供了更多与旅游目的地社区居民交流的机会；④民宿服务强调地方文化和

“家”的感觉（张广海，孟禺，2017）。经过整理，民宿的代表性定义如表 8–2 所示。

表 8–2　民宿典型定义

作者 / 地区	定义	出处
Jackie Clarke	指能够体验旅游环境的住宿产品	Jackie Clarke. Farm Accomodation and the Communication Mix［J］.Tourism Management，1996，17（8）：611–616.
Dallen J. Timotyh	建在乡村环境中的为游客提供住宿与餐饮服务的旅舍，旅游者通过入住民宿，可了解当地居民的日常生活与当地文化	Dallen J. Timothy，Victor B Teye. Tourism and the Lodging Sector［M］. New York：Oxford，2009.
日本	日本的民家旅社是指都市游客以家庭为单位寄居于旅游目的地的农家民宅	孙明月 . 基于家庭生命周期的游客乡村精品民宿选择动机研究——以德清莫干山地区为例［D］. 上海师范大学，2016.
瑞士	私人经营的小型家庭旅馆，但要在国家旅游局和民宿组织的管理下经营，并对民宿环境、居家设备、卫生状况有严格的要求	朱颂瑜 . 在瑞士体验民宿的乐趣［J］. 中国乡镇企业，2013（5）：85–86.
中国台湾《民宿管理办法》	利用自用住宅的空闲房间，结合当地人文、自然景观、生态、环境资源和家庭副业方式，提供游客乡野生活的住宿场所	刘晴晴 . 民宿业态发展研究——台湾经验及其借鉴［D］. 青岛大学，2015.

资料来源：张广海，孟禺 . 国内外民宿旅游研究进展［J］. 资源开发与市场，2017，33（4）：503–507.

《旅游民宿基本要求与等级划分（GB/T 41648—2022）》将旅游民宿定义为利用当地民居等相关闲置资源，主人参与接待，为游客提供体验当地自然、文化与生产生活方式的小型住宿设施。所谓小型，是指旅游民宿经营用客房建筑物应不超过 4 层，且建筑面积不超过 $800m^2$。旅游民宿从低到高分为丙级、乙级和甲级三个级别。根据所处地域的不同，民宿可分为城镇民宿和乡村民宿。而民宿主人即是指民宿业主或经营管理者。参照《旅游民宿基本要求与评价（LB/T 065—2017）》，品质乡村民宿的评价需遵循以下五项原则。

第一，传递生活美学。民宿主人热爱生活，乐于分享；通过建筑和装饰为宾客营造生活美学空间；通过服务和活动让宾客感受到当地传统待客之道。

第二，追求产品创新。产品设计追求创新，形成特色，满足特定市场需求；产品运营运用新技术、新渠道，形成良性发展。

第三，弘扬地方文化。设计运营因地制宜，传承保护地域文化；宣传推广形式多样，传播优秀地方文化。

第四，引导绿色环保。建设运营坚持绿色设计、清洁生产，宣传营销倡导绿色消费。

第五，实现共生共赢。民宿主人和当地居民形成良好的邻里关系，经营活动促进地方经济、社会和文化的发展。

从目前国内民宿发展的实践上，开民宿无外乎两种动机：一是情怀，二是营利。真正的民宿，情怀是第一位的。纵观国内外乡村民宿的成功经验，需要有乡意、匠心、民本、故事、乡创和服务六大基本要素。这六大基本要素相互促进和影响，形成一个完整的乡村民宿内核（见图 8-1）。

“乡意”即乡村意向的简称，也就是乡村性，这是乡村民宿的第一内核，从建筑外观到室内装潢，无一不体现乡村元素。“匠心”表现为乡村民宿主人从建设到运营管理，整个过程都倾注自己的心血与情怀，用工匠精神精雕细琢而成，基于乡土，创造乡美，使民宿成为乡村艺术品。“民本”表现为乡村民宿的经营管理需要带动和服务乡村经济社会的发展，为村民创造应有的福利，体现乡村民宿的社会责任感。“故事”是乡村民宿的灵魂，也是乡村民宿传播、市场营销和品牌塑造的重要途径，一个乡村民宿从诞生到经营，都会产生一系列与爱情、乡情、友情或亲情等有关的情感故事。乡村民宿经营管理者要善于讲述这些故事，通过故事的不断传播，激发人们的向往与行动，使乡村民宿变得更加有情怀，为旅游者留下感动和感恩，从而让乡村民宿有了爱的温度。“乡创”即乡村文化创意产业。通过乡创激活乡村传统文化，增加乡村民宿的文化厚度，同时，乡村民宿要为游客提供丰富的民艺作品和伴手礼，提升乡村文化竞争力和影响力。“服务”是乡村民宿的第一生产力和软实力。从餐饮到住宿，从接客到送客，必须将精致化和人性化的服务贯穿始终，让游客在异乡也能感受家的温暖。

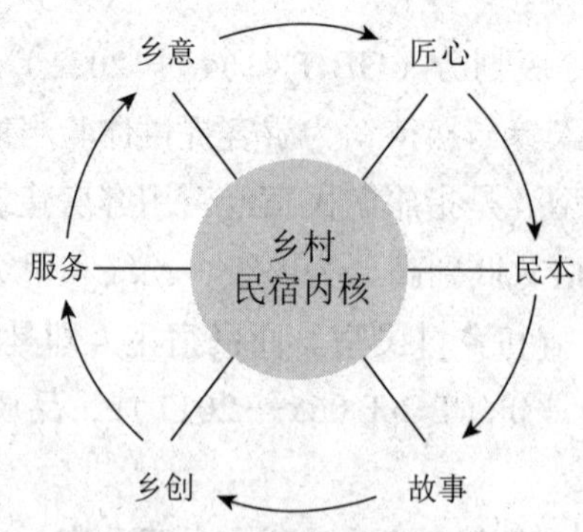

图 8-1　乡村旅游民宿内核

（三）“交通”项目策划

交通不仅仅是运输工具，还是可供体验的旅游产品。“交通”项目策划至关重要。从交通连接对象上看，可以把乡村旅游交通项目策划分为外部交通策划和内部交通策划两个部分。此类项目策划的目标就是要构建乡村旅游地的“快旅慢游”体系。

1. 外部交通

外部交通即乡村旅游地的“快进体系”。乡村外部交通是指乡村旅游地连接旅游客源地、外部旅游集散中心或其他旅游景区的交通，主要交通工具包括飞机、火车、汽车、轮船等。从乡村旅游地来说，关键要对旅游者进入乡村所选择的交通方式进行分

析，重点分析他们到达所耗费的时间，以便对乡村旅游地的可进入性进行优化。此外，在外部交通策划中，要关注航空、高铁和自驾车旅游方式，特别要更加关注乡村自驾。随着自驾车的不断增多，对乡村旅游地的道路、停车场和消费方式等都会产生巨大影响，在策划中，就需要对乡村旅游项目策划做出相应的调整。

2. 内部交通

内部交通即乡村旅游地的“慢游体系”。乡村旅游内部交通是指乡村旅游地内部连接各景点以及供旅游者开展游憩活动的各种交通系统。乡村旅游地的内部交通可以分为车行道、蓝道、步行道和特殊交通四种类型。

（1）车行道。车行道主要是供车辆行驶的各种道路，可以分为主干道、次干道和支路三种类型。车行道不仅解决了乡村旅游地主要旅游景点之间的连接问题，缩短旅游者抵达的时间，还方便了乡村旅游地的建设和运营管理。然而，乡村旅游地的道路建设可能会对乡村的生态环境造成影响，如占用耕地资源、砍伐林木、产生噪声和大气污染、干扰动物生活、破坏乡村风景的完整性等，进而降低旅游者的体验质量，助长“走马观花”的粗放式观光，通道效应突出，不利于增加乡村旅游消费，进而影响乡村旅游收益。一般来讲，乡村旅游地车行道不能按照城市道路来建设，应该按照风景道、文化道、生态道和健康道“四路合一”的标准来建设。在充分考虑安全性的前提下，选择适当的路幅宽度，顺应地形，能弯不直，切实做到车行道与乡景相协调。

（2）蓝道。蓝道是江河与溪流的统称。很多乡村旅游地都有江河、溪流水路贯通和串联，使乡村具有了灵气。与道路相比，蓝道最重要的功能通常不是交通，而是观光、休闲和娱乐，甚至还可以成为乡村旅游休闲度假带。大多数乡村旅游地的水域都有丰富多样的水上项目，如竹筏、漂流、游泳等。蓝道规划建设必须充分考虑污染问题和沿线风景，一切水上项目必须远离饮用水源保护红线，不得与生态红线相冲突。同时，水上游船必须采用环保船只，切实保护江河、溪流生态环境。乡村旅游地的江河溪流在风景营造过程中，应以软质生态驳岸为主，还原河流生态本底，保持原生和野趣。

（3）步行道。步行道指供旅游者步行，且不能通车的小路，也包括车型道旁的人行道。乡村旅游区里的步行道设计需要与游览动线和风景节点相结合，设计不宜过宽，在色彩、质感和铺装上要与乡村环境协调。材料使用应以乡土材料为主，可适当使用部分现代材料。沿途应根据地形和需要适当穿插桥、梯、汀步、廊、架等景观小品和休憩设施，凸显步道的趣味性、生态性、文化感和健康功能。此外，步行道规划建设不仅要充分考虑不同人群的需要，还要照顾到老、弱、病、残、幼等特殊群体，并兼顾动物迁徙的功能，使步行道具备人文和生态关怀。

（4）特殊交通。特殊交通是指乡村旅游地供游客开展体验的各种通行道和交通运载工具，如索道、缆车、观光火车、观光电梯、直升机、热气球、竹筏、滑道、滑竿、索桥、电瓶车、畜力车（如马车、牛车）、骑马、玻璃栈道等类型。一般地，策划者可以根据现代科技发展水平，结合乡村旅游区自然地理和社会文化条件，创造出多样的特殊交通，以丰富人们的乡村旅游体验，使枯燥的交通变为人们可体验的各种产品。

（四）“游览”项目策划

乡村旅游游览项目策划主要包括游览内容、游览线路、游览时间、解说系统和容量控制五个方面的基本内容。游览内容与乡村风景的营建有着密切关系，已在本节的乡景项目策划中进行了阐述，在此仅介绍其他四个方面内容。

1. 游览线路

（1）主题突出。游览线路为旅游者提供一段经历和体验，它由若干景区（景点）构成。游览线路的主题性要求将线上串联的景区（景点）通过主题化的包装，呈现出线路的特征，彰显出游览线路的价值和独特风格，以吸引人们做出相应的旅游选择。2018年4月，浙江省公布了100条休闲农业和乡村旅游精品线，在这100条精品线路中，覆盖了全省77个县（市、区）和502个观光点，每一条线路都有鲜明的主题。如杭州市富阳区富春山居经典山水2日游、桐庐县古风情·江南古村落休闲度假2日游、丽水市十里云河·最美梯田美丽乡村风景线2日游、青田世遗农耕探寻2日游等。

（2）线路闭合。乡村旅游区游览线路大致可以有闭合线路、组团线路、联点线路和单点线路4个基本类型，但在乡村旅游游览线路策划中，从总体格局上看，采用闭合线路较为适宜。游览线路一旦闭合后，游客不用走回头路，就会给乡村旅游者带来更多的体验，提高游览质量。如果采用直线型线路，游客游览完毕后势必需要折返，这就犯了游览线路策划的大忌。当然，在乡村旅游地游览线路策划中，根据乡村旅游地实际情况，有必要辅之组团线路、联线线路和单点线路策划，为“散得开”提供重要的游线支撑。

（3）空间合理。在游览策划过程中，策划人员需要在充分考虑游客心理的基础上，让无法移动的景点通过游览线路的编排，使之具有内在的逻辑联系和关联，在空间上实现合理的优化和组织，从而确保游客有兴趣游览足够多的景点。

（4）保护优先。乡村旅游地游览策划必须以可持续发展理念为指导，坚持保护优先的基本原则。游览线路策划需要避开乡村旅游地的生态敏感区与脆弱区，不得与生态保护红线相冲突，有效减少和规避对乡村旅游资源的损害。同时，在必要的地方应设置野生动物专用通道，防止野生动物的栖息地被游览线路切割，影响野生动物通过。

（5）安全为本。游览线路策划时，要充分对游览区的气象灾害、地质灾害和人为灾害等进行系统的综合灾害评估，有效避免因灾害导致的乡村旅游灾难。同时，应对游线游客容量进行测算和管控，避免游客拥挤、碰撞、阻塞线路，造成旅游安全事故。在游览线路上，应设置必要的旅游安全保护措施和安全救护措施。

2. 游览时间

游览时间策划是一项重要的内容，游客停留时间的长短直接关乎旅游消费，最终对乡村旅游地旅游经济收益产生至关重要的影响。一般而言，游览时间策划需要考虑四个方面的内容。

（1）全年利用时间。许多乡村旅游区季节性极强，如一些樱花观光园，三月为旺季，旺了1个月，淡了11个月，这显然是极其不利的。应综合考虑全年时间，实现季季有主题、月月有看点的目标，这对游览线路产品完善和提升具有显著的价值。

（2）游客总体时间。游客的总体时间由游客从出发地进入旅游目的地的时间和在目的地进行逗留的时间所构成。制约游客满意度的一个重要因素是“行游比”，即旅游者从出发地到目的地的时间与在目的地游览的时间的比例。研究表明，1:1是行游比的底线，我们在策划时应该想方设法缩短乡村旅游者“行”的时间，延长其在乡村“游”的时间。

（3）观光游览时间。乡村旅游者满怀期望进入一个乡村旅游地，如何让其满意而归？乡村旅游项目的策划者虽然不能完全做到一步一景，但是起码要做到游览途中有高潮，让旅游者觉得不虚此行。

（4）综合消费时间。乡村旅游综合消费时间是乡村旅游者进入乡村旅游地游览行走时间和其他消费时间的总和。乡村旅游者游览行走时间是指游览线路距离除以步行速度所耗费的时间，其他消费时间是指乡村旅游者在游览过程中排队、购票、途中休息、吃饭、参加活动等的时间。很多乡村旅游地一直摆脱不了单一门票经济的原因就是在综合消费时间的规划上没有下足功夫，旅游者进入乡村旅游景区后，除了走马观花式的观景以外，没有其他体验的旅游项目。根据旅游者行为的一般规律，当旅游者在一地停留时间达3小时，就会吃一顿饭；当停留时间达到6小时，旅游者就有可能留下来住宿。综合消费时间一旦跨越了3小时和6小时的临界点，乡村旅游地的旅游收入就会上一个台阶。

3. 解说系统

解说系统是游览策划的重要内容，它通过运用某种媒体、工具和表达方式将信息传达给相应的人群，是旅游地服务管理功能得以发挥的重要保障之一。吴必虎、金华与张丽（1999）在《旅游解说系统的规划和管理》一文中根据解说系统为旅游者提供信息服务的方式，将旅游解说系统分为“向导式解说系统”和“自导式解说系统”。

（1）向导式解说系统。向导式解说系统又称“导游解说系统”，它是由专门导游人员向旅游者进行信息传递的一种表达方式，这种解说方式能和旅游者进行及时的沟通和交流，针对性极强，可以提供个性化的解说服务，解说质量取决于导游人员的素质。

（2）自导式解说系统。自导式解说系统是指除导游人员解说以外的其他解说系统。它主要由标准公共信息图形符号、书面材料、音像制品等组成，形式多种多样，如乡村旅游地的标识标牌、导游地图、解说手册、电子触摸屏等。自导式解说系统是乡村旅游地游览的主要解说形式，一般经过规划建设而成，科学性和准确性高，使用不受时间限制，不足的是，此类解说系统互动性相对较差，容易受到自然灾害和人为破坏。随着科学技术的进步和发展，自导式解说系统将会日益先进，日趋人性化和智能化。例如，有的乡村旅游区就可以直接通过手机App完成全程解说。

4. 容量控制

（1）容量内涵。容量控制即旅游环境容量控制。旅游环境容量是指在不损害旅游地资源与环境条件以及影响游客心理舒适度和东道主生产生活最大耐受度的前提下，旅游地所能容纳的最大人口数量。旅游环境容量由基本容量和非基本容量所构成（保继刚，楚义芳，1999），其中，基本容量包括从旅游者角度来思考的旅游心理容量、从旅游资源保护利用角度来思考的旅游资源容量、从旅游地生态环境保护来思考的旅游生态容量、从经济发展水平来思考的旅游经济发展容量以及从旅游地人口构成、宗教信仰、民风民俗、生产生活方式和对外开放程度来综合思考的旅游地社会容量五种类型。非基本容量是基本容量在时间和空间上的具体化和外延，从而衍生出一系列的容量概念（楚义芳，1992），如旅游合理容量和旅游发展极限容量。

在《风景名胜区规划规范》中，与旅游环境容量相对应的是“游人容量”和“居民容量”。该规范将“游人容量”定义为：在保持景观稳定性，保障游人游赏质量和舒适安全以及合理利用资源的限度内，单位时间、一定规划单位内能容纳的游人数量。它是限制某时、某地游人过量集聚的警戒值。而“居民容量”是指在保持生态平衡和环境优美、依靠当地资源与维护风景区正常运转的前提下，一定地域范围内允许的常住居民数量，它是限制某个地区过量发展生产或聚居人口的特殊警戒值。

（2）容量控制。为保护乡村旅游地的旅游资源和自然生态环境，确保游客游览的舒适度，在不影响当地居民生产生活条件下，需要对乡村旅游地的容量进行测算和控制。在实践中，可以参照《风景名胜区规划规范》中的“容量、人口及生态原则”的相关规定来执行。游人容量应随着发展时期的不同而有所不同。对一定范围的游人容量，应综合分析并满足该地区的生态允许标准、游览心理标准和功能技术标准，并应符合下列规定。

第一，生态允许标准应符合表 8-3 的规定。

第二，游人容量由一次性游人容量、日游人容量和年游人容量三个层次来表示。其中，一次性游人容量（亦称瞬时容量），单位以“人 / 次”表示；日游人容量，单位以“人次 / 日”表示；年游人容量，单位以“人次 / 年”表示。

表 8-3　游憩用地生态容量

序号	用地类型	允许容人量和用地指标	
		hm^2/ 人	m^2/ 人
1	针叶林地	2~3	3300~5000
2	阔叶林地	4~8	1250~2500
3	森林公园	＜ 15~20	＞ 500~660
4	疏林草地	20~25	400~500

续表

序号	用地类型	允许容人量和用地指标	
		hm^2/ 人	m^2/ 人
5	草地公园	＜70	＞140
6	城镇公园	30~200	50~330
7	专用浴场	＜500	＞20
8	浴场水域	1000~2000	10~20
9	浴场沙滩	1000~2000	5~10

第三，游人容量计算方法宜分别采用线路法、卡口法、面积法、综合平衡法，并将计算结果填入表 8–4。

表 8–4　游人容量计算一览

1	2	3	4	5	6	7
游览用地名称	计算面积	计算指标	一次性容量	日周转率	日游人容量	备注
	m^2	m^2/ 人	人 / 次	次	人次 / 日	

第四，游人容量计算宜采用下列指标。

①线路法，以每个游人所占平均道路面积计，5~10m^2/ 人。

②面积法，以每个游人所占平均游览面积计。其中，主景景点：50~100m^2/ 人（景点面积）；一般景点：100~400m^2/ 人（景点面积）；浴场海域：10~20m^2/ 人（海拔 –2~0m 以内水面）；浴场沙滩：5~10m^2/ 人（海拔 0~+2m 以内沙滩）。

③卡口法，实测卡口处单位时间内通过的合理游人量，单位以“人次 / 单位时间”表示。

第五，游人容量计算结果应与当地的淡水供水、用地、相关设施及环境质量等条件进行校核与综合平衡，以确定合理的游人容量。

第六，乡村旅游地总人口容量测算应包括外来游人、服务职工、当地居民三类人口容量，并应符合下列规定：当策划区的居住人口密度超过 50 人 /km^2 时，宜测定用地的居民容量；当策划区的居住人口密度超过 100 人 /km^2 时，必须测定用地的居民容量；居民容量应依据最重要的要素容量分析来确定，其常规要素应是淡水、用地、相关设施等。

（五）"购物"项目策划

纵观旅游业发达的国家和地区，旅游购物收入通常占旅游总收入的 40% 以上，有的甚至高达 60%~80%。不仅如此，旅游购物还作为一种旅游吸引物，成为人们外出旅游的重要动机。乡村旅游购物策划包括旅游商品策划、购买场所策划和购买方式策划三种类型。

1. 旅游商品策划

旅游商品指人们在旅游过程中购买的各种商品。为激发游客的购买欲望，拉动消费，促进乡村旅游地产业经济的发展，旅游商品的策划需要遵循一些基本原则，策划出满足旅游消费需求的旅游商品。

（1）策划原则。

第一，市场导向原则。目前，因乡村旅游商品生产商缺乏对市场需求的研究，以致生产出来的旅游商品无人问津。乡村旅游商品策划必须充分研究旅游购物市场需求，把握旅游消费者购物的动机、偏好和购买方式，策划出适销对路的乡村旅游商品。

第二，地域文化原则。乡村旅游商品策划需要策划者充分挖掘乡村旅游地的文化，如工艺、饮食、特产、本土材料等内容，以文化创意产业发展的视角，提炼地方文化元素，通过元素再造，形成充分体现地方文化的"乡创"经济体系。

第三，质量底线原则。乡村旅游商品不能以假充真，以次充好，必须坚持质量底线的原则，确保乡村旅游商品的质量，实现以"质"取胜。比如，以质量为王的瑞士军刀、钟表和奶酪，不仅成为瑞士代表性旅游商品，还有力地带动了本国制造业和畜牧业的发展。

第四，品牌引领原则。品牌是旅游商品经营的核心理念，乡村旅游商品必须强调品牌塑造，只有拥有好品牌，才能在市场上占有一席之地。在乡村旅游购物策划中，必须选取乡村旅游地优秀旅游商品，策划形成主打品牌，在主打品牌引领下，形成若干子品牌，做大做强乡村旅游商品产业。

第五，功能艺术原则。乡村旅游商品的功能艺术原则是指乡村旅游商品不仅要满足旅游者的某种需求，还要有美感。乡村旅游商品功能性和使用价值是第一位的，但这种功能和使用价值不是靠粗制滥造或者丑陋表达出来的，而是通过十足的艺术感来呈现的，从而实现功能与艺术的完美结合。

（2）旅游商品类型。乡村旅游商品类型繁多，大致可以分为工艺品、日用品、视听觉品、生活美学品、食品伴手礼、模型与仿品六大基本类型。

第一，工艺品类。利用乡村旅游地传统工艺制作而成的商品和利用乡村本地材料开发的现代工艺品。如贵州乡村旅游地旅游商品主要是手工制作的旅游商品，具体表现为编织、印染、刺绣、挑花、雕刻、陶艺等。乡村工艺类型多样，可以开发形成多样化的传统民族民间手工艺品旅游商品。

第二，日用品类。乡村旅游商品的日用品主要是指具有乡村旅游地符号元素的能满足旅游者日常生活的商品，如服装、饰品、洗浴用品等。例如，泰国精油、手工皂等。

第三，视听觉品类。乡村旅游商品的试听觉品类是指具有乡村旅游地元素的图书、画册、明信片、纪念邮票、书签、音像制品、动漫、游戏等产品。这类旅游商品是乡村旅游地文化元素与现代科技相融合的新型旅游商品，具有较好的市场前景。

第四，生活美学品类。利用乡村旅游地传统工艺制作而成的商品和利用乡村本地材料开发形成的为人们现代生活所服务的商品。如苏州瑞富祥丝绸有限公司在深入挖掘江南水乡烟雨亭榭、青石小巷、小桥流水等江南水乡符号的基础上，将江南美景融入家居生活中，采用100%的桑蚕斜纹面料，研发了丝绸工艺品——江南印象靠垫，成为家居生活美学品的典型代表。

第五，食品伴手礼类。利用乡村的农副土特产开发的食品类旅游商品。比如，台湾凤梨酥、嘉兴粽子、加拿大枫糖、匈牙利鹅肝酱、锡兰红茶、泰国椰子糖等。食品伴手礼是乡村旅游商品中最具潜力的旅游商品，可以有效促进一、二、三产业的融合，产业拉动效应强。

第六，模型与仿品类。指乡村旅游地代表性景观、建筑物、人物、器皿、动植物、农业生产用具和农村生活用品的模型以及书画和古玩的仿制品，如小水车、龙舟、箩筐、锄头、熊猫抱枕等。

2. 购买场所策划

乡村旅游地购物场所不易多设，应该统一规划设置。购物区一般设置在乡村旅游地的出口或其他旅游者集聚的区域，如游客服务中心、休息节点等，游客游览完毕后通常会产生一定的购买欲望，在出口设置购物场所方便旅游者购买已是旅游发展长期以来的成功经验。如条件允许，购物区应该提供快递和物流服务，为游客提供更加便捷的购物服务。

乡村旅游购物场所的类型主要有农副土特产品商店、乡村旅游商品专卖店、纪念品商店、工艺品店、乡村超市等。在一些大型的乡村旅游地，这些场所往往会聚集在一起形成旅游商品购物街区或综合性的购物区。此外，在一些乡村旅游地，乡村旅游购物场所还常常以农副产品市集的形式存在，汇集了乡村旅游地内各种类型的旅游商品。

3. 购买方式策划

乡村旅游商品购买方式可以分为线上和线下两大部分。线下购买指人们在乡村旅游地的购买点进行的购买，线上购买是指旅游者通过电商平台进行的购买。在购买方式策划中，应将线上和线下两种方式紧密结合起来，最大限度打开乡村旅游商品市场。

（六）“娱乐”项目策划

在现代乡村旅游活动中，乡村旅游娱乐活动变得日益重要，娱乐项目是提高乡村旅游参与度和体验感的重要抓手，也是促进乡村旅游转型升级的重要内容。它依托乡村旅游地的社会文化和自然地理条件，借助一定的活动设施和人群来实现。

1. 策划原则

（1）特色与时尚原则。乡村旅游娱乐项目首先要具有地方感，只有延续乡村文脉和活化地方文化，乡村娱乐项目才有特色。策划者要将乡村旅游地风俗习惯、节庆节事充分与现代旅游活动进行嫁接，为游客提供充满乡土特色的文化娱乐活动。此外，乡村旅游活动并不是一成不变的，它可以依托乡村的自然地理条件，积极发展户外运动娱乐项目，如山地自行车、乡村有氧运动、乡野马拉松、直升机观光、热气球等现代时尚娱乐活动，提高乡村旅游吸引力。

（2）集中与分时原则。乡村旅游娱乐项目策划的集中性主要表现在策划者通过对乡村文化元素萃取、创意和包装后，集中在乡村娱乐场所进行展演或展示，让旅游者能够在短暂的旅游时间内全方位体验和感受乡村文化。所谓分时是指策划者将乡村娱乐活动按季、月、周与日进行编排后向社会发布，旅游者可以根据自己的时间安排选择适合的乡村旅游娱乐活动，使乡村旅游地季季有热点，月月有亮点，周周有高潮，天天有欢乐。

（3）体验与趣味原则。在乡村旅游娱乐项目策划的过程中，要充分考虑策划项目的体验感与趣味性，要特别注重旅游者的参与度，让他们在参与中获得实实在在的体验，深切感受乡村文化。同时，也要考虑策划项目的趣味性，增加诙谐和幽默，让游客参与中享受欢乐。

2. 娱乐类型

（1）民俗体验。指乡村旅游地依托地方的民俗文化所形成的娱乐活动，如参与传统民俗节庆活动。此类活动有傣族泼水节、贵州台江姊妹节、蒙古族那达慕等。

（2）农事体验。指依托农事活动所形成的娱乐活动。此类活动较多，可以与传统的民俗节日相结合。乡村旅游的农事体验娱乐活动主要有果蔬采摘、开心农场、庆丰收等。

（3）现代节庆。指依托传统的乡村文化和乡村自然环境，并与现代娱乐活动相结合创造的一种新型节庆活动。例如，乡村音乐节、乡村休闲避暑季、乡村野钓等。

（4）户外运动。将乡村的环境与体育活动项目结合，形成户外运动系列产品。如乡村马拉松、乡村慢跑、乡村骑行、溯溪、徒步、滑翔、滑雪、滑草、滑水、划船、游泳、潜水、登山、攀岩、穿越、探险、赛马等。

（5）其他娱乐。指除了民俗与农事体验、现代节庆和户外运动之外的在乡村开展的娱乐活动。譬如，斗茶、斗鸡、斗鸟、斗蟋蟀、迷宫、各类球类运动以及各种传统民艺和食品 DIY 等。

笔者在参与的《贵阳市北部喀斯特生态旅游度假区策划》中，通过对策划区资源梳理后发现，策划区拥有规模种植的草莓、樱桃、艳红桃、李子、梨、枇杷、柑橘、

猕猴桃、葡萄、金刺梨、茶叶、水稻、油菜、头花蓼、铁皮石斛等，农业基础好。为此，策划团队决定以黔中城市群和周边火炉城市群的家庭亲子、避暑养老、周末休闲市场为目标客源，依托农业产业策划了"喀斯特山地农业四季嘉年华"娱乐项目，具体如下。

春季：踏青嘉年华。围绕"春耕"和"春花"做好踏青嘉年华，形成不同主题的农事体验和赏花主题，如桃李报春等，同时辅以樱桃、草莓采摘。

夏季：采摘嘉年华。围绕枇杷、李子、杨梅、脆桃、葡萄、猕猴桃等夏季水果，做好采摘嘉年华。

秋季：丰收嘉年华。打造金色田园，形成"稻梦空间"。

冬季：年货嘉年华。以乡村年货大集为特点，通过年货嘉年华，吸引城市居民前往度假区进行年货采购，形成年货大比拼。

三、拓展要素项目策划

乡村旅游拓展要素项目策划是指围绕"商、养、学、闲、情、奇"六大拓展要素所做的策划。

（一）"商务"项目策划

商务旅游早已超越了经商和旅游活动的结合。在经济相对发达的地区，乡村成为承接企业董事会议、商务谈判、商业投资、商务视察、员工奖励度假、企业年会的又一重要地方。策划者应充分把握商务旅游需求，在有条件的乡村策划乡村商务旅游项目，如企业农场、乡村峰会、农产品博览会等，丰富乡村旅游业态。

（二）"养生"项目策划

养生旅游也称康养旅游，是现代旅游发展到一定阶段的新形式。根据《国家康养旅游示范基地（LB/T 051—2016）》的定义，康养旅游是指通过养颜健体、营养膳食、修身养性、关爱环境等各种手段，使人在身体、心智和精神上都达到自然和谐的优良状态的各种旅游活动的总和。乡村养生是以优良的乡村自然生态环境、在地健康文化为依托，将现代康养理念与技术植入乡村旅游活动中，以实现人们修身养性、保健疗养、延年益寿和回归自然为目标的一种健康旅游方式。乡村旅游养生项目策划主要由环境策划和内容策划所构成

1. 环境策划

绝佳的乡村自然生态环境是发展养生旅游的基础和前提条件。策划者需要从景观生态学和生态美学的角度，给大自然留白，给大自然种绿，营造出美丽的乡村生态空间，使乡村的山、水、林、田呈现"天人合一"和"道法自然"的景象，释放更多的负氧离子和芬多精，让乡村开敞的环境空间为旅游者带来愉悦和美的享受，使旅游者的心境超

然洒脱，与自然融为一体，进而气定神闲，释放郁闷与压抑，调节自身免疫系统，起到养心洗肺的作用。

2. 内容策划

乡村养生旅游类型多样，可以根据乡村旅游地的实际进行创意策划。一个好的乡村旅游养生项目应包括以下几项基本内容。

（1）健康体检中心。健康体检中心是对游客的身体做一次全方位的检查和体检，为旅游者制订完整的健康理疗方案提供科学依据。

（2）理疗养生馆。理疗养生馆作为乡村养生度假旅游的必备设施，集合了传统和现代的康复理疗技术，如针灸、中药熏蒸以及声、光、电、磁物理疗法等，为养生群体提供专业化的理疗养生方案。

（3）有机餐厅。饮食作为生命赖以存在的物质基础，对健康和疾病都会产生重要影响。有机餐厅配合“春生、夏长、秋收、冬藏”的时令养生之法，坚持“不时不食”的理念，为养生旅游者提供有机养生餐食，实现全方位的食补、食疗。

（4）度假村。为旅游者较长时间驻留专门规划建设的住宅群和乡村民居经过改造后的住宅群。度假村旅游配套设施齐全，环境景观优美，具有很强的艺术设计感。

（5）康体运动中心。康体运动中心由室内和室外两个部分构成，室内设置专门的健身器材和康体运动场所，室外与乡村大自然融为一体，可以提供慢跑、森林浴、户外瑜伽等内容，让养生度假者在运动中呼吸更多的负氧离子，享受更多的芬多精。

（6）SPA。依托乡村旅游地民间药浴、百草、温泉等健康资源，创意策划系列水疗养生项目，如温泉浴、海水浴、药浴等，为乡村养生旅游者提供水疗养生服务。

3. 服务模式策划

（1）泉疗模式。以温泉、矿泉作为乡村养生度假吸引物，围绕温泉和矿泉周边村落发展温泉养生和矿泉疗法养生，形成温泉度假村、矿泉度假村。这是目前乡村养生度假中最典型、最成熟的服务模式。

（2）候鸟模式。发挥乡村避寒避暑气候优势，配套系列养生度假服务设施，如医院、超市、文化娱乐中心等，吸引以老年人为核心的群体冬季避寒、夏季避暑，使得这些乡村成为夏季火炉城市和冬季冰柜城市人口的固定栖息地。

（3）农养模式。农养模式主要是以乡村田园风光为吸引物，通过发展以绿色、有机为核心的健康农业，植入养生度假元素，如养生农庄、有机餐厅、有机商店，形成以健康田园为载体的乡村养生度假模式。

（4）乡疗模式。一些乡村地区拥有良好的生态环境、长寿文化和民族民间医药，如苗药、彝药、瑶药等。许多民族还有上山采药熬汤泡澡去百病的习俗，这些都是极为珍贵的乡疗资源。依托这些乡疗资源发展养生旅游，形成乡疗模式。譬如，在贵州黔东南苗族侗族自治州从江县翠里乡高华村，当地的瑶族同胞都会到山里去采药，根据家传秘方配好后，用大锅熬制 2 个小时左右，再把熬好的药汤倒入木桶中供家人浸泡，久

而久之就形成了一套完整的瑶族药浴文化，并进入了《国家非物质文化遗产名录》。目前，高华瑶寨因独特的药浴吸引了越来越多的人前来保健养生，成为“乡疗模式”的代表。

（三）“研学”项目策划

乡村“研学”项目是指面向学生群体，吸引学生前往乡村拓展知识、开阔视野，进行自然教育、科考、科普、农学、文研等相关活动的旅游吸引物。这对丰富乡村旅游产品、增强乡村旅游地发展活力具有重要意义。

1. 策划原则

（1）安全保障。乡村研学旅游项目必须在保障安全的前提下开展。安全是研学旅游项目策划中的首要原则，只有确保项目的安全性，乡村研学旅游项目才有保障。乡村旅游地研学项目的选址应该有基地建设理念，虽然不是学校，但却有学校的安防设备、措施和完整的安全救援体系。

（2）科学有趣。乡村研学旅游项目策划需要科学有趣，不能生搬硬套、死板乏味。应针对不同年龄段的青少年群体策划创意不同的研学内容，在乡村研学项目的课程设计上将研学内容与乡村自然地理、人文活动紧密结合起来，让学生在体验中思考和感悟，在快乐中获取真知，启发心智。

（3）身心健康。乡村研学旅游项目必须以培养青少年健全人格为目标，策划者必须在这一目的指引下，策划创意出一批具有追求真理、感恩有爱、讲究团队协作等有利于青少年身心健康的项目类型，使他们能在乡村研学旅行完毕后有进步、有提高。

2. 研学旅游项目类型

根据《研学旅行服务规范》（LB/T 054—2016），按照资源类型，可以将乡村研学旅游项目分为知识科普型、自然观赏型、体验考察型、励志拓展型、文化康乐型五种类型①。

（1）知识科普型。主要指依托乡村各种类型的博物馆、科技馆、主题展览、动植物园、历史文化遗产、传统工艺、农业园区，以及具有地质演化代表的地质遗迹景观和人类学、历史学、社会学、艺术学意义的文化事项等资源进行策划创意的研学旅行项目。

（2）自然观赏型。主要指依托乡村的山体、河流、溪谷、湖泊、森林、草场等自然风景资源进行策划创意的研学旅行项目。

（3）体验考察型。主要指依托乡村农事、自然、文化等资源进行创意策划的以体验考察为主的研学旅行项目，如农庄、观光农园、乡村实践基地、夏令营营地、冬令营营

① 参见《研学旅行服务规范》（LB/T 054—2016）。该规范由原国家旅游局提出，于2016年12月19日发布，2017年5月1日起实施。

地以及团队拓展基地等。

（4）励志拓展型。主要指依托乡村区域的红色教育基地、革命历史纪念地、红色遗址遗迹、名人故居、典型工程等资源策划创意的以励志拓展为主题的研学旅行项目。

（5）文化康乐型。主要指依托乡村各种节庆节事活动、民间工艺、美食等资源策划创意的研学旅行项目。

3. 策划内容

根据《研学旅行服务规范》（LB/T 054—2016）的相关规定，研学旅游服务项目的策划内容应该包括教育服务策划、交通服务策划、住宿服务策划、餐饮服务策划和导游讲解服务策划四项内容。交通、住宿、餐饮和导游讲解前面已经涉及，在此仅对教育服务策划做进一步的阐释。

根据《研学旅行服务规范》（LB/T 054—2016）规定，教育服务项目由健身项目、健手项目、健脑项目和健心项目构成。

（1）健身项目。健身项目以培养学生生存能力和适应能力为主。例如，乡村徒步、挑战、乡村露营、野外拓展与生存、自救训练、乡村慢跑、骑行等。

（2）健手项目。以培养学生自理能力和动手能力主要目的。例如，综合实践、乡村生活体验训练、内务整理、传统手工艺品和乡村美食制作等。

（3）健脑项目。以培养学生观察能力和学习能力为主要目的。比如，农园参观、乡村森林游览、田野诵读、稻田迷宫等。

（4）健心项目。以培养学生的情感能力和践行能力为主要目的。例如，思想品德养成教育活动、团队游戏、情感互动、才艺展示、乡村榜样等。

（四）“闲暇”项目策划

闲暇项目是指依托乡村自然和田园风光、农事活动、传统习俗等开发出来的各种休闲度假项目。乡村休闲度假项目是乡村旅游转型升级和提质增效的重要抓手。实际上，在很多生态环境优美、传统民居保存完好的乡村几乎都是具有野奢品质的休闲度假村。

1. 策划原则

（1）乡土美学。在乡村旅游项目策划中，策划者必须尊重大自然和乡土创造，提炼出每个村落的乡土美学概念，如竹、石、木、瓦等元素无不彰显出乡村质朴、自然生态的美学品位。策划者要善于发掘和提炼，而不是野蛮式地推倒重建。

（2）诗画乡景。中国乡村的美体现在田园诗和山水画里，如孟浩然的《过故人庄》、陶渊明的《归园田居》、黄公望的《富春山居图》等。策划者要时刻保持着一颗敬畏和厚爱之心，尊重乡村地脉，延续乡村文脉，将一切休闲度假设施建设让位于大自然，注重从诗画的角度去营造乡村风景，为乡村休闲度假提供诗画空间。

（3）品质生活。乡村旅游项目策划创意的目标就是要使旅游者到乡村能坐下来和静下来，来了不想走，走了还想来，唯有这样，乡村休闲度假才有可能实现。变乡村环境为健康空间，将乡村生活健康化、养生化，进而实现品质化，使之成为城市人的诗和远方。

2. 项目类型

（1）田园综合体。国内田园综合体的发展最早可以追溯到2012年江苏无锡市阳山镇“田园东方”项目的实践，经过近几年的努力和发展，田园东方已经探索形成了集农、文、旅、居于一体的成熟模式。2017年，田园综合体作为培育宜居、宜业特色村镇的重要抓手首次写进了中央一号文件。此后，田园综合体便在河北、山西、山东、福建、广西、四川、云南、重庆、海南、陕西、浙江、广东等18个省份开展试点工作，田园综合体作为农村新型的发展理念备受关注。2017年中央一号文件将田园综合体定义为以农民合作社为主要载体、让农民充分参与和收益，集循环农业、创意农业和农事体验于一体园区。

田园综合体作为乡村旅游的新型发展模式，学界对此进行了相关的研究，袁媛（2017）认为，田园综合体是以自然生态为保障、以农业发展为导向、以农民合作社为主要载体，以村庄建设片区为开发单元，集农业园区、文化旅游区、新型社区建设于一体的多功能、复合型地域经济综合体（见图8–2）。庞玮与白凯（2018）通过对田园综合体的概念辨识和案例分析后，将田园综合体理解为一种新的乡村空间形式，集循环农业、创意农业和农事体验于一体的一、二、三产业融合的新业态，它以农业产业集聚为主导，同时也具备多项功能，是乡村性、地方性和创造性的集中体现（见图8–3）。

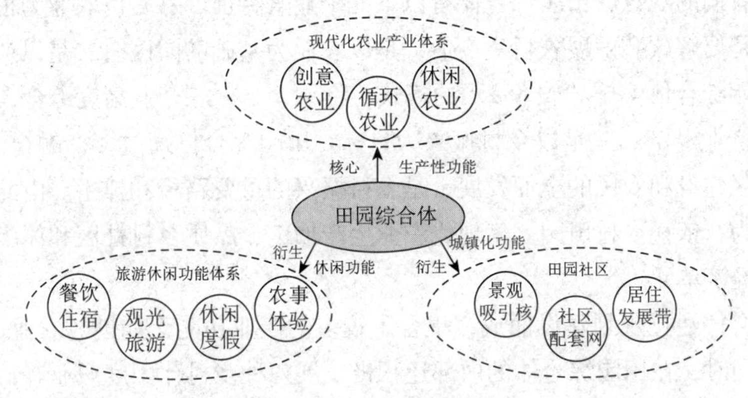

图8–2　田园综合体概念

资料来源：袁媛. 田园综合体目标导向下乡村旅游区规划建设——以思良江乡村旅游区规划（2017—2021）为例［J］. 规划师，2017（12）：137.

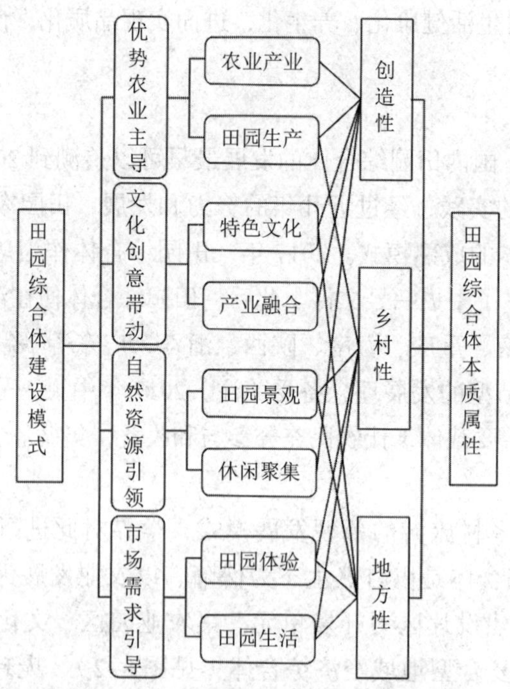

图 8–3 田园综合体建设模式与内涵结构

资料来源：庞玮，白凯．田园综合体的内涵与建设模式［J］．陕西师范大学学报（自然科学版），2018，46（6）：24.

根据学者们的观点，田园综合体有以下几个显著特征。一是以农业为根基。田园综合体的目标是要解放和发展农村生产力，是以农业为基础的园区。二是以产业融合为发展方式。田园综合体实施"农业 +"的模式，将一、二、三产业高度综合，创造了新型的现代农村产业经济。三是以乡村振兴为目标。田园综合体通过多产融合的发展方式，注重乡村社区建设和农民的全面发展，是乡村振兴的重要路径和抓手。由此，可将田园综合体定义为：依托乡村田园，集现代农业生产加工、品质乡村社区和休闲度假等为一体的复合型经济单元。

田园综合体通过规划建设而成，集合了较多的产业功能，如创意农业、休闲农业、养生农业。同时，在田园综合体的内部还积极发展各种乡村休闲度假业态，如现代休闲农庄、养生餐厅、食品制作工坊、特色农业观光等，形成了乡村休闲度假业态的亮点。

（2）民宿度假村。民宿作为一种乡村的新型业态，颇受市场青睐。它不仅是一种住宿设施，更是一种独具特色的乡村旅游产品和吸引物。一些知名景区和大城市周边的乡村利用自身独特的区位优势积极发展民宿，吸引人们前往度假。有的甚至在一个村就集聚了多家民宿，形成了闻名遐迩的民宿村。例如，在浙江海宁盐官，依托钱塘江观察景点，周边村子就积聚了一批民宿。

（3）乡俗体验休闲。依托乡村的生产生活方式，如农事、节庆、民艺等创意策划的系列文化休闲体验项目。比如，蔬果采摘、篝火晚会、垂钓露营、歌舞展演、体验乡村传统技艺（磨坊、豆腐坊、锦绣坊、陶艺坊）等，让游客在体验中愉快地度过假期。

（五）“情感”项目策划

乡村是一个承载家园梦想和追忆乡愁的地方，策划者应策划创意出以情感为纽带的乡村旅游项目，开启乡村情感旅游的新时代。情感项目策划要点如下：

1. 以情动人

人是情感的动物，策划者在乡村情感项目策划中，应该善于挖掘乡村的情感故事，在情感故事中找到项目和市场的结合点，让策划创意出来的项目打动人心、扣人心弦或震撼人心。让旅游者来了不想走，走了还想来。

2. 以品留人

情感旅游的关键在于“情”，短时来看，乡村旅游“以情动人”可以在短时内获得较大的客流和资金流，但如果不注重品质的提升，打“感情”牌往往不是长久之计。这时，以“品”留人就成了乡村旅游项目永葆竞争力的重要条件。以品留人强调了乡村旅游项目的质量和品质，而不是粗制滥造、简单上马，它凝聚着策划团队和业主的智慧与心血。

3. 以景悦人

乡村情感旅游可以大致概括为亲情、友情、爱情三种基本动机。“亲情”主要表现在探亲寻祖忆乡愁；“友情”主要表现在访友寻踪忆往昔；“爱情”主要表现在怀旧纪念求浪漫。这些动机支配下的行为都需要在一定“场域”中来完成。在乡村，这种“场域”是由不同的景物来构建的。例如，宗祠、老屋、小桥与流水唤醒了乡愁与记忆，桑麻、菊花、菜园与小酒彰显着重逢与别离，雨巷、丁香、油纸伞与玫瑰凝聚了愁怨与浪漫。策划者在乡村情感旅游项目策划中要充分注重景物建构的文化意象，实现景与项目的高度融合。

（六）“探奇”项目策划

猎奇是人类的本性，策划者在乡村项目策划中需要策划一些新奇项目以吸引更多的游客前往乡村开展旅游活动，不断丰富乡村旅游业态，增强乡村旅游地的吸引力。探奇项目不仅需要依赖于乡村旅游地那些充满“秘密”感的资源，更需要策划者有一双善于发现的眼睛和颇富猎奇感的创意。“探奇”乡村旅游项目类型如下：

1. 乡村探秘

利用乡村神秘天象、事件等资源，创意策划一系列满足人们好奇心的旅游项目。例如，天象探秘类（佛光探秘、云海探秘、海市蜃楼探秘等）、生物探秘（森林探秘、草地探秘、花卉探秘、野生动物栖息地探秘等）、遗址遗迹探秘（原始村落探秘、军事遗址探秘等）。

2. 乡村探险

乡村探险是指利用乡村旅游地人迹罕至或险象环生的特殊环境所开发的充满神秘感、危险性和刺激性的旅游项目。根据风险程度大小，可以将乡村探险项目分为硬探险项目和软探险项目。前者是指依托乡村危险之地开展的具有高危性和富有挑战性的项目，它对参与者的身体素质要求极高，如速降、溯溪、洞穴探险、丛林穿越等。后者是指乡村旅游地针对初级参与者而设计的一种新奇探险旅游活动，此类活动一般都有专业人员指导，游客参与具有一定的被动性，风险系数较小，如森林徒步、峡谷漂流、山地自行车等。

3. 新奇体验

新奇体验是指乡村旅游凭借现代科技手段、乡村生产生活方式和习俗等开发的新奇感强的旅游体验项目。例如，在一些现代休闲农业园区设计推出了热气球观光、氦气球观光、VR 体验馆等。内蒙古自治区巴彦淖尔市隆兴镇五原县联星村立足羊产业的发展优势，村民精选出膘肥体壮的山羊进行驯化后，在牛车、马车的基础上创意策划出“山羊拉车”的乡村旅游项目，深受亲子家庭的喜欢，“山羊拉车”让联星村“洋气”起来。

第三节　乡村旅游项目策划程序与方法

在乡村旅游项目策划实践中，没有完全相同的项目策划方案和一成不变的策划程序，而是策划团队因人、因地、因事和因时而异。为推进策划工作，人们根据策划实践的共性，通常会将项目策划过程划分不同阶段来进行，并辅之以不同的方法。

一、策划程序

根据沈祖祥（2007）旅游策划程序的阶段划分，可以将乡村旅游项目策划分为界定问题→拟订计划→策划创意→编制策划书→修改实施五个基本阶段。其中，调查分析在第三章、第五章和第九章已经做了相关介绍，本节仅对其他五个阶段进行阐述。

（一）界定问题阶段

界定乡村旅游地问题和明确项目目标是乡村旅游项目策划程序的第一步，也是至关重要的一步。如果策划团队对乡村旅游地存在的问题不清晰，缺乏对问题的研判和项目目标的把握，那么乡村旅游项目策划非但毫无意义，还会导致乡村旅游地业主的决策失误，最终带来损失。

为规避这一问题，首先要选择对的策划人。策划人可能是乡村旅游业主单位所属的相关机构，也有可能是被委托的专业策划咨询机构、科研院所或高等院校。但无论是哪一类策划人，应该是一个专业配置齐全的团队，策划团队的综合素质、能力和水平直接对乡村旅游项目策划质量起着决定作用。一个好的策划团队应该具备以下素质。

1. 对业主高度负责的精神

一个策划团队不论其水平高低，首先要有对业主高度负责的精神。策划作为一种市场经济行为，一些策划机构承接着大量的业务，因人力、精力和时间有限，根本无暇对自己所承接的每一个项目策划做深入研究，常常张冠李戴，将甲地的东西直接修改地名后，再用“剪刀加糨糊”的方式直接粘贴到乙地来，致使策划丧失了基本的创新精神，直接带来乡村旅游项目的同质化。

2. 要有强烈的问题意识

策划团队要有一双善于发现的眼睛，在实地调查中善于发现乡村旅游地存在的问题，不仅能够准确把握乡村旅游地存在的问题，还要能够发现新问题，同时还应具备一定的预判能力。

3. 要富有创造能力

策划的本质是思维的创意。一个好的策划团队应该具有综合、归纳、联想、演绎的能力以及想象力和创造力，能够综合运用乡村旅游地各种旅游资源、他人的研究成果、意见和建议，从存在的问题出发，创造出别具一格的项目方案，只有这样，策划才能引领乡村旅游地的发展。

（二）拟订计划阶段

策划咨询机构接受业主的委托后，需要组建专门的乡村旅游项目策划团队，选定项目负责人、专家组长，负责领导和指导整个乡村旅游项目策划的各项工作。结合项目策划委托的相关任务要求，明确策划团队成员的任务，有计划地开展策划的各项工作任务。

（三）策划创意阶段

1. 策划创意的来源

乡村旅游项目策划是为了寻求解决乡村旅游发展问题的方案，这种方案凝结着策划团队的创意，是集体智慧的结晶，是在调查研究基础上进行系统组织、整理和创造后形成的构想和方案。从策划创意实践来看，创意可能来自三个方面。

（1）业主单位。业主单位作为亲临乡村旅游经营的一线人员，他们是乡村旅游发展过程中的运营管理者，对乡村旅游市场有着独特的认识，并有着丰富的实践经验，他们往往会有许多好的创意，只是受制于很多因素，其创意没有被发现或者被重视，也有可能仅仅是一个想法，并没有经过认真的思考和推敲。策划团队在对乡村旅游项目地进行调查过程中，要充分和业主单位的相关人员进行正式和非正式的沟通和交流，充分听取和收集他们的意见和建议。

（2）社会公众。对乡村旅游项目地某一方面的问题，可能在其他地方已拥有了解决方案，甚至可以在已经出版的策划案例中找到。为此，策划团队在对乡村旅游项目进行调查的过程中，需要进行相关资料的检索和对标案例分析，以借鉴和寻找他人成功的经验，为乡村旅游项目策划提供参考。

（3）策划团队。项目策划团队作为专门从事此项工作的专业技术人员，一般来说，都是具有丰富策划经验的。在进行乡村旅游项目策划创意过程中，经过头脑风暴或者其他讨论，往往会激发策划团队成员的灵感，这些灵感往往会成为乡村旅游项目策划创意的来源。作为项目策划的负责人和专家组长要善于激发策划团队的想象力和创造力，通过集思广益、博采众长，形成富有创造性的策划创意方案。

2. 寻找创意线索

策划创意并不是无章可循，也并非没有秘诀。一个好的策划创意往往来自策划团队成员的灵感，通过对灵感的进一步论证、整理、加工、组合、丰富和完善，就会形成创意。也就是说，当我们寻找到创意灵感，创意的线索自然就会被发现。

3. 确立策划方案

乡村旅游项目经过策划小组创意研讨后，一般会形成若干的创意策划思路，这时，策划团队需要结合市场需求和未来发展趋势以及业主要求进行综合考虑，再选择可行的方案。方案的可行性应具备以下条件：

第一，方案具有科学性和可操作性。方案思路符合乡村旅游市场发展需求、发展趋势和乡村旅游项目地实际，无重大原则问题，如没有与生态保护红线和文物保护紫线等冲突，符合国家相关法律、法规和产业政策，并与上位规划进行了有效衔接，符合上位规划和相关规划的管控要求。

第二，方案得到业主领导的认可与支持。业主领导的认可和支持是推动乡村旅游项目策划方案实施的重要保障。只有这样，策划方案才能得到人、财、物的充分保障。反之，策划方案就可能在实施过程中夭折。

第三，方案得到其他相关部门的支持与配合。作为一个乡村旅游项目，除了得到业主方领导的认可和支持外，还需要得到其他部门的全力配合，特别是政府委托的项目策划，在实施过程中，经常会涉及农业、住建、环保、交通、资源、规划、发改等部门。为此，策划团队在项目策划过程中，要充分与上述相关部门进行沟通和交流，充分听取他们的意见和建议，将策划变成策划咨询机构与业主及其相关部门共同参与制订的策划，争得他们的认可，为今后策划方案的实施寻求更多的支持和配合。

（四）编制策划书阶段

经过策划创意阶段，策划进入了编制策划书阶段。这时，由策划团队相关成员负责起草策划书编制大纲，经过大纲会议研讨定案后，在专家组长（技术负责人）或项目负责人的牵头下，根据团队成员的专业优势进行编写任务分工，最后由专家组长完成策划稿总串，形成策划案文本。一般而言，策划案编制通常情况下会围绕以下三个方面进行。

（1）Why（为什么），即乡村旅游项目策划的背景和依据。

（2）What（是什么），即乡村旅游项目策划需要解决哪些问题。

（3）How（怎么办），即乡村旅游项目策划的主体内容，包含定位、目标、战略、产品、营销、投资与保障等内容。

（五）修改实施阶段

乡村旅游项目策划案编制完成后，策划咨询单位需要将成果提交业主单位，由业主单位组织专家对成果进行验收。验收形式一般会经历两个阶段，第一是中期征求意见阶段，这一阶段主要是将策划案征求业主方及其相关部门和专家的意见，策划编制单位根据征求意见，对策划案进行修改和完善后，进入第二个阶段——终期评审阶段。在这一阶段，策划编制需要在评审会上做认真细致的汇报，接受评审会的答疑和专家质询。在终期评审会上，评审专家组将会对策划案做出不予通过、原则通过和通过的决定，并附有相关的修改意见，修改意见通常会以会议纪要的形式呈现。如果乡村旅游项目策划案得以通过，还需要根据会议纪要精神进行最终的修订，最后才提交业主单位按程序报批实施。

二、策划方法

策划方法作为旅游策划知识体系的一部分，更是策划学的关键组成部分。在乡村旅游项目策划中，掌握策划学的方法，善于运用各种策划方法，对完成乡村旅游项目策划必将有所裨益。李庆雷（2009）在《旅游策划论》一书中就旅游策划的方法专门做了系统的论述，提出了一般方法、通用方法和专用方法三类旅游策划的方法，每一类方法中又进一步细分为十种具体方法，下面就这三类方法在乡村旅游项目策划中的应用进行简单介绍。

（一）一般方法

一般策划方法包括借势增值法、整合提升法、突出差异法、罗列细分法、重点强化法、移植模仿法、出奇制胜法、推陈出新法、衍生拓展法、连环伏笔法十种。

1. 借势增值法

将借助外部环境努力寻找和创造有利于策划对象的环境背景，赢得目标市场的心理认同，以获取更高市场价值的方法称之为“借势增值法”。在乡村旅游项目策划的过程中，策划团队往往会碰上一些比策划对象还有较大影响力的环境事物和因素，要善于运用和借助其力量来造就势不可当的理想局面。

继 2016 年 8 月 G20 杭州峰会之后，浙江省建德市便在当年的 10 月份借势策划了建德·钦堂“稻舞田间”首届稻乡节，活动地点选在钦堂乡蒲田村。开幕式完毕后，在

400 亩的“G20”彩稻田中上演了一场千人割稻秀，近千人同时挥舞镰刀体验丰收，取得了很好的市场影响力。

2. 整合提升法

乡村旅游项目策划的整合提升法就是根据市场需求，将乡村旅游项目地的旅游资源进行重新配置和优化组合，形成乡村旅游新产品或新品牌，提升自身的旅游核心竞争力。此种方法通常会用在乡村旅游地发展的初期阶段，以此盘活旅游资源，推进乡村旅游地的发展，更好地实现乡村旅游地的发展目标。

陕西省礼泉县烟霞镇九嵕山下袁家村，曾经是一个仅有 62 户、286 人的小村子，是当地有名的贫困村。为发展乡村经济，2007 年至今，袁家村在发展过程中通过发展三产，整合带动二产和一产的方式，实现了从简单的农家乐到乡村休闲度假和乡村产业化发展的华丽转变。比如，村里以乡村旅游餐饮业为引领，整合形成了以食品安全为核心的农副产品生产、加工和销售，开启了“前店后厂”的发展模式。从产业经济体系的角度出发，将产业链条的各个环节进行整合优化，实现农业围绕旅游提升，工业支撑旅游做强，文化服务旅游创意，乡村依托旅游做美，探索形成了“旅游 +”多产整合提升乡村旅游发展的路径和方法。

3. 突出差异法

突出差异法是解决乡村旅游同质化发展的一种重要方法。它是从相同中寻找差异，或者采用必要的技术手段来创造出有别于其他类型的乡村旅游项目，诱发乡村旅游市场的兴奋点，提高乡村旅游地的吸引力和竞争力。例如，在具有歌舞之州和生态之州美称的贵州黔东南苗族侗族自治州，苗乡侗寨乡村旅游一直是该州的一大特色和亮点，但如何在苗乡侗寨的文化品牌中异军突起，有效规避苗侗文化的同质化问题一直是该州各区（县、市）迫切需要解决的重大问题之一，贵州丹寨县龙泉镇的卡拉村充分利用全村编制鸟笼的绝佳手工艺，大力发展“鸟笼”旅游商品产业，成为远近闻名的“鸟笼编制艺术之乡”，成功走出一条非歌舞表演和节庆节事的差异化乡村旅游之路。

4. 罗列细分法

从系统论的角度和乡村旅游项目策划要素的多元性等特征出发，把所要策划的乡村旅游项目分为若干部分或环节以寻求独特卖点或解决方案的策划方法称为“罗列细分法”。通过罗列和细分，可以方便策划者更好地找到更多的差异、优势或被他人忽视的机会和卖点，从而在旅游红海中占有一席之地。譬如，在对某地区全季候的乡村旅游产品策划中，我们可以在充分调查此区域民间节庆和农事的基础上，找出每个月每个季节的亮点和热点，将其罗列出来后，再进行系统的乡村旅游产品创意策划，从而形成全季候的乡村旅游产品。

5. 重点强化法

重点强化法是与罗列细分法皆然相反的一种策划方法。乡村旅游策划项目受人力、财力、物力和其他不可控因素的影响和制约，策划项目不可能面面俱到，需要在充分的

调查研究中发现最佳的卖点和亮点来进行重点强化，形成较大的旅游市场影响力和冲击力。在此种策划方法中，策划者要善于找到乡村旅游地核心资源和代表性事物，集中精力进行重点策划，从而形成乡村旅游地的拳头产品和核心卖点，以此来引爆市场。

6. 移植模仿法

乡村旅游项目移植模仿法是策划团队借鉴别人成功的经验、产品、模式和案例，以其作为乡村旅游项目策划的样板，进行本土化和个性化复制的一种方法。移植模仿一定要切忌依葫芦画瓢、完全复制和盲目克隆，一定要进行本土化和个性化的改造，使舶来品在项目地能生根发芽。

7. 出奇制胜法

出奇制胜法也称逆向变通法，它是逆向思维在项目策划中的应用，就是策划者不从常规的和原有的思路出发，通过转换策划思路，反向设立和思考问题，再来进行策划的方法。

例如，“周末农场”和“观光农园”是韩国休闲农业发展的经典形式，如何在休闲农业中独树一帜？地处江原道旌善郡的大酱村，僧侣和大提琴家共同经营休闲农业产品，村里采用韩国传统手工艺制作大酱养生食品，举办以三个大酱缸为背景的大提琴演奏会，将佛家生活元素融入其中，形成绿茶冥想体验、赤脚漫步树林和品尝大酱拌饭等系列产品，增加游客的体验感和趣味性，使得大酱村闻名韩国。音乐、宗教和农业进行全方位融合，大酱村走出一条出奇制胜的休闲农业创新发展之路。

8. 推陈出新法

推陈出新法是指策划者在保持原有产品竞争力的同时，不断推出新产品，采取新方式以保持市场占有率的方法。推陈出新需要策划者善于把握乡村旅游市场的新动向和新需求，以全新的眼光和视野来看待和审视乡村旅游资源，并赋予新意义，使其具有新内涵，创造新价值。同时，要善于运用新的技术手段和方法来开发设计新型乡村旅游产品，取得新突破。

9. 衍生拓展法

衍生拓展法是指策划者围绕策划对象进行发散思维，进行积极衍生和拓展，获取新产品新业务范围，促进乡村旅游地或者企业（组织）得以持续发展的策划方法。衍生拓展法通常会与乡村旅游地的地脉、文脉一起延伸，与乡村旅游产品体系、产业体系、产业链条等进行结合，从而创立较为丰富的乡村旅游业态。譬如，某杜鹃花乡村旅游区以杜鹃花为媒介进行演绎和衍生，形成杜鹃花艺、杜鹃花疗、杜鹃花创等系列产品。

10. 连环伏笔法

连环伏笔法就是把握市场发展趋势，在当前的策划中为下一个可能会出现的市场需求与环境变化留下伏笔，以系列“点子”步步深入、层层递进，从而使得“精彩不断”的一种策划方法。

（二）通用方法

通用策划方法包括纲举目张法、借题发挥法、另辟蹊径法、主题提升法、板块支撑法、文脉延伸法、地脉强化法、内涵充实法、文化包装法和科技创新法十种。

1. 纲举目张法

乡村旅游项目策划的“纲”指“总体定位”，“目”则指乡村旅游产品设计、乡村旅游基础设施与服务设施以及市场营销等。纲举目张法要求策划人员以乡村项目的总体定位为核心，以此带动其他相关问题的解决，从而完成整个项目策划。策划者在使用此种方法中，要善于理清脉络、分清主次，充分把握和提炼乡村旅游项目策划的主题，将主题贯穿于项目策划的始终，形成富有冲击力的乡村旅游项目策划案。

2. 借题发挥法

借题发挥法是以乡村旅游项目地或与其相关的某种事物、现象或事件作为题材来创意策划旅游产品、进行市场营销和品牌塑造的策划方法。借题发挥法是乡村旅游项目策划中经常使用的方法，通常包括小题大做、古题今做、他题我做、外题内做、洋题土做等。譬如，可以利用陶渊明“归园田居”的诗歌，选取相应的村寨，创造颇富隐士风范的乡村旅游度假村。

3. 另辟蹊径法

另辟蹊径法就是旅游项目策划人员打破常规、另寻新路解决问题的一种策划方法。这种方法常常会用在那些知名度较低、资源禀赋一般，很难在市场上占有一席之地的乡村旅游地，或者是那些同质化程度较高、依附性强或屏蔽效应突出的乡村旅游地的策划上。这时，策划人员就不能循规蹈矩和按常规套路出牌，必须脑洞大开，巧妙选择，寻求差异化发展路径。

4. 主题提升法

乡村旅游地要有一定的主题，但随着旅游市场的变化和发展，已有的主题已不再适合市场发展的需要，这时就需要对旅游主题加以提升，以崭新的主题重新赢得市场的青睐，这就是主题提升法。

在观光旅游时代，风光主题是最好的引爆点，但在休闲度假时代，运动、康养、体验与生活等是人们的关注点，传统的观光旅游目的地就需要对旅游产品进行升级换代，及时通过主题提升来抢占市场。

5. 板块支撑法

乡村旅游发展主题确定以后，为了支撑既定的主题，需要结合目标市场和乡村旅游地资源特点，选取若干的线索进行实体细化，以形成支撑乡村旅游地的若干板块，我们将此种策划方法称之为“板块支撑法”（见图 8-4）。

笔者在《普安县茶文化生态休闲度假景区建设发展规划》中，为了凸显“中国茶源·自在普安”的主题，以茶文化为线索，根据景区资源的组合情况、类型结构、开发利用方向，综合考虑景区地形地貌、交通格局，产业布局、游客主要进出路径与项目地特色文化等要素，将景区划分为杨保井森林茶园静养区、大凹子有机茶园休闲观光区、茶山花果采摘体验区、森林温泉康养度假区和高山户外运动娱乐区。

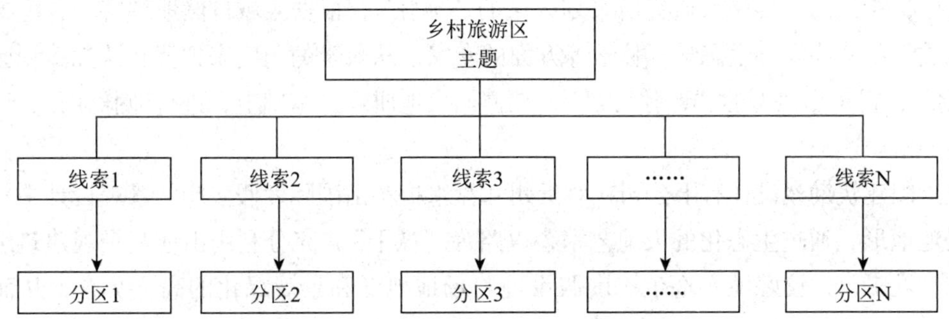

图 8–4　板块支撑法基本思路示意

资料来源：李庆雷．旅游策划论［M］．天津：南开大学出版社，2009：228，略有改动。

6. 文脉延伸法

文脉是旅游地文化脉络的简称，包括旅游地的历史文化、民风民俗、民居建筑、工艺美术等内容。文脉作为旅游地灵魂，往往影响着旅游地的旅游环境营造。通过活化和延伸旅游地文脉，以丰富旅游地体验，提高旅游吸引力，铸就旅游地独特品牌和个性的方法，称为“文脉延伸法”。

例如，贵州千岛文化旅游发展有限公司围绕贵州传统手工艺非物质文化遗产传承保护，在萃取贵州民族民间蜡染（染艺）、刺绣（绣艺）、纺织（织艺）、银饰（银艺）、陶艺、造纸（纸艺）和木雕（木艺）七大传统“民艺”的基础上，创造性地增加了创艺（文创），以文创来激活传统手工艺，搭建起从传统到现代的桥梁，从而形成了以“多彩贵州·八艺绽放”为主题的非遗生产性保护模式（见图 8–5）。

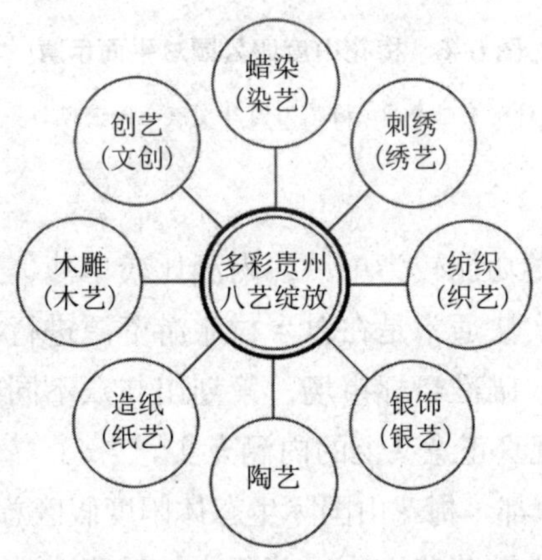

图 8–5　多彩贵州·八艺术绽放模型

7. 地脉强化法

地脉是旅游地自然地理环境特征的统称与概括，是文脉产生的背景和依托，同时也控制着旅游地资源分布与特色，对旅游地功能分区产生重要的影响。在乡村旅游策划过程中，策划团队要深入研究所策划区域的“地脉”，根据区域自然地理特征，配备诸如地质学、植物学、生态学、林学等方面的专家，从科学的角度来把握和认知策划区的“地脉”，提炼出典型的“地脉元素”，在遵循大地肌理的基础上，进行地脉强化，形成旅游冲击力。

贵阳建筑勘察设计有限公司在对贵州六盘水梅花山国际度假公园的景观设计中，利用场地地形，通过生态化的大地艺术，以路为“枝干”，充分利用山地及景观建筑组团建构“花瓣”，较好地实现生态度假设施与场地地形和景观绿化的高度契合，从而在景观总平图上建构起“梅花枝”形状的主题度假公园，有力地强化了梅花山的“地脉”（见图 8–6）。

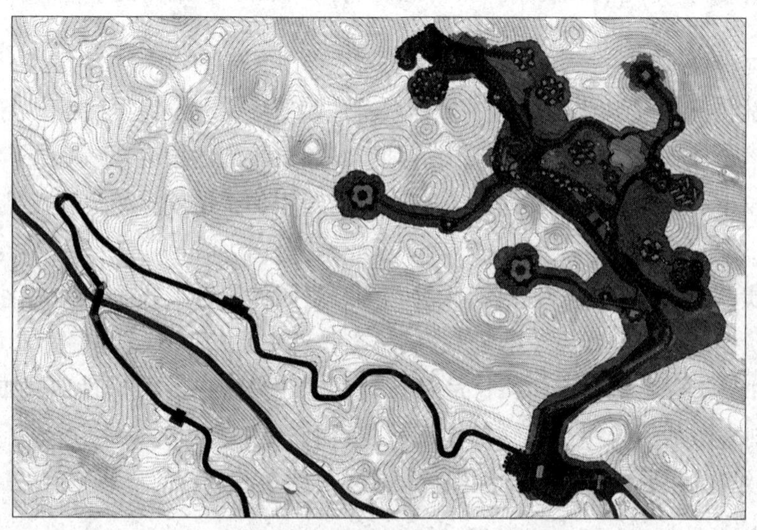

图 8–6　梅花山度假公园总平面示意

资料来源：贵阳市建筑勘察设计院有限公司 . 梅花山国际度假公园景观与亮化设计主要成果简介，2015.

8. 内涵充实法

一些乡村旅游区的旅游功能较为单一，内涵比较单薄，这时，就需要丰富其旅游功能，充实内涵。内涵充实法通常是在对乡村旅游资源进行深入研究的基础上，找出乡村旅游区的特色和亮点，瞄准目标市场，策划出与众不同的产品，以此来丰富和完善乡村旅游区的功能，实现真正意义上的内涵充实。

笔者在参与的《中国凉都 · 梅花山国际生态休闲度假区总体策划》中，策划区地形为喀斯特峰丛洼地，洼地中散落着一些规模极小的村寨，山名虽为梅花山，但山上仅仅有些金丝梅，山名名不副实，且在冬季为凝冻灾害的多发区，喀斯特石漠化严重。策划团队经过多轮的讨论，决定采用内涵充实的方法来进行策划，由五大功能主题（见图8–7）来支撑。

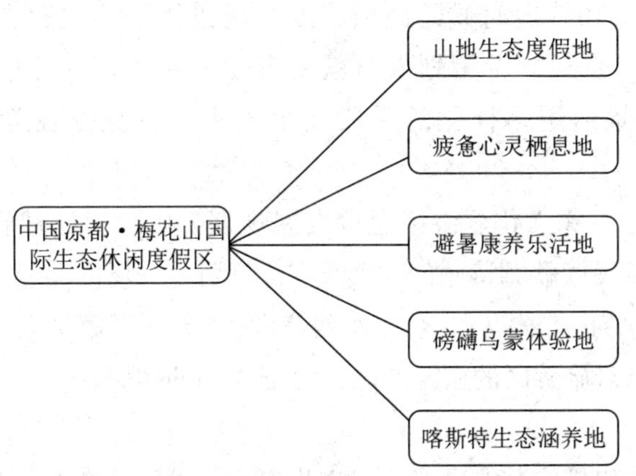

图 8–7 梅花山国际生态休闲度假区主题功能

9. 文化包装法

文化包装法是指策划团队根据策划区的文脉和地脉特征，以不同的形式为策划区注入鲜明的文化内涵，从而使策划区价值增值的一种策划方法。

湖北省荆门市东南部的屈家岭一带流传着神农和炎帝在此地种水稻的美丽传说。1956 年，考古学家们在发掘中发现了大量的稻谷和水稻茎秆，这些稻谷与今天种植的粳稻品种极为相近。这不仅是长江中游地区首次发现的史前稻作遗存，而且它还推翻了原来认为水稻生产始于 3700 年前的论断，将中国种植水稻的历史提前至 4600 多年前，进一步证明了中国是世界上水稻的原产地之一，屈家岭可以说是中国农耕文明的又一重要发祥地。2009 年，在讨论编制屈家岭现代农业示范区规划时，华中科技大学张培刚与张建华等专家创造性地提出了将屈家岭打造成“中国农谷”的构想（曹平斌，王焦成，王志强，2013）。此后，经过省市的共同努力和建设，屈家岭在“中国农谷”的文化包装下，一跃成为独特的地域文化品牌。

10. 科技创新法

科技创新法就是积极运用各种科技手段来推进旅游资源和旅游产品创新，增加旅游发展的科技含量，提高旅游业运营管理水平的一种方法。在乡村旅游项目策划中，如果条件允许，可以积极利用先进的科技手段来创新乡村旅游产品，也能起到事半功倍的效果。

（三）专用方法

专用策划方法就是实用于某一具体领域或某一类型的策划方法，主要有虚体实化法、文化展示法、情景模拟法、场景活化法、场地再造法、耦合共生法、集聚再造法、景观重构法、复原陈列法与有机更新法十种。

1. 虚体实化法

在乡村旅游开发规划实践中，经常会碰到有说头、没看头的乡村旅游资源，如历史遗址、传说故事和特定时候的民俗，因为场景已经不复存在，游客很难感知和体验。在这种时候，乡村旅游策划人员就要考虑采用虚体实化的方法，通过想象和创造，把特定的场景运用多样化的手段展示出来，为乡村旅游者提供物化的体验环境。

笔者在《大方县古彝文化旅游区建设发展规划》中，根据彝族的神话传说和地方历史"虚体"进行了民族歌舞诗画的"实化"，策划了一场由《经天纬地》《支嘎阿鲁》《六祖分支》《三国罗甸》《彝汉和融》《水西悲歌》《天下一家》七个部分构成的大型彝族歌舞诗，以此来丰富旅游区的旅游产品，增强人们的体验感。

2. 文化展示法

尽管人们常说文化是旅游的灵魂，但文化作为一种隐性资源，其表达需要一定的载体来给予呈现。譬如，饮食文化，起码应包含食材、烹调、菜品和就餐礼仪等，离开了这些要素，饮食文化就成了空谈。在乡村旅游项目策划中，应在把握乡村文脉的基础上，通过策划具体的"载体"来展现乡村旅游区的抽象文化或主题，使之符合乡村旅游体验的要求，我们将此种策划方法称为"文化展示法"。

中国美术学院创意公司及建筑艺术学院、青道房（李凯生）设计事务所和仲道文创产业研究院在《贵州修文县"桃源八寨"乡村建设及旅游发展综合规划——桃源计划·乡村建设实验（策划篇）》中，策划团队在对桃源八寨进行系统文脉梳理的基础上，分别提炼出了桃源八寨各自的文化主题，运用文化展示策划的方法，通过策划乡村产业、特色景观和旅游活动，并与各寨地脉特征相融合，从而聚合形成地域文化十足的乡村旅游区（见表 8–5）。

表 8–5　修文八寨文化主题与支撑

序号	村寨名称	文化主题	物质载体			
			地理特征	乡村产业	景观特色	旅游活动
1	金鸡	驿道羁旅	翠峰连绵	农业互联网 电商平台	芳草鲜美 落英缤纷	旅游集散 乡村购物
2	葛马	民族传说	低堰广畴	千亩桃源 十里茶山	桃花遍野 碧潭叠错	乡村迪士尼 儿童夏令营
3	长坡	古庙仙洞	高台重岗	水果庄园 生态牧场	翠竹夹道 万壑松风	户外探险 拜山祈福
4	阳明	渔猎文明	平湖出岛	生态水培 特色养殖	湖光山色 湿地滩涂	旅游服务 养老度假 水上运动
5	独山	民艺古村	青嶂托珠	民艺培训 有机水稻 菌菇种植	屋舍俨然 阡陌交通	手工体验 工艺展卖 古法耕作

续表

序号	村寨名称	文化主题	物质载体			
			地理特征	乡村产业	景观特色	旅游活动
6	西冲	茶马印象	山分两路	草药花卉 茶山彩林 冷水养殖	茶山药谷 彩林花海	徒步骑马 品茶观花 药膳养生
7	水头	山水客居	水系三村	有机果蔬 花卉盆景	原生河谷 水岸山居	客居民宿 水上漂流
8	大木	布依风情	千峰百谷	稀缺农产 万株银杏 草药基地	白色幽谷 花果满园	旅游集散 民族美食 红色记忆

资料来源：中国美术学院创意公司，中国美院建筑艺术学院，青道房（李凯生）设计事务所，等.贵州修文县“桃源八寨”乡村建设及旅游发展综合规划——桃源计划·乡村建设实验（策划篇），2015.

3. 情景模拟法

在乡村旅游项目策划中，通过具体的场景模拟展示民间传说、故事、神话等想象中的事物，使其更加形象和具体的方法称之为情景模拟法。通过此种策划方法的运用，可以让游客通过自己的感官获取更加真实和深刻的旅游体验。如某策划团队依托森林做文章，创意策划“森林童话”项目，以吸引更多的亲子家庭。

4. 场景活化法

场景活化法是指策划团队通过根植于乡村地脉和文脉的景观营造策划，形成意蕴十足的“场景”，这些场景环环相扣，起伏不断，成为一种“意境流”，从而为游客创造系列完整的物我交融体验空间。

笔者在贵阳市北部喀斯特生态旅游度假区的全域景观策划中，为响应贵阳市千园之城的建设要求，经策划团队的深入调查研究和讨论后一致认为，该度假区是以“乡”为特色的生态文化型旅游度假区，应以“乡园”场景来体现区域的自然与人文。为此，策划团队根据度假区的山水人文空间肌理，提出了“花海林竹添香纸”“南江禾风画水东”和“桃源牧歌颂阳明”三大景观主题。

（1）花海林竹添香纸。该主题为度假区的南部板块，属于乌当区。此区是贵阳市的万亩花木基地，可谓“花海”。此板块森林覆盖率最高，村寨与山林相伴。“竹”与贵阳市的简称“筑”谐音，不仅暗合贵阳，而且“竹”还是乌当区香纸沟景区的典型林木和贵阳市的市树，更是区内文化遗产——蔡伦古法造纸的重要原料。竹、林、花海与香纸理应成为该板块重要的景观元素。

（2）南江禾风画水东。该主题为度假区的东北板块，属于开阳县。“禾风”不仅暗指开阳县的“禾丰乡”，又凸显此板块全域景观的“乡村性”。可谓：云山茶海春芽绿，南江枇杷夏日黄。十里画廊秋稻熟，水东四季画千幅。

（3）桃源牧歌颂阳明。该主题为度假区的西北板块，属于修文县。“桃源”指桃源河和桃源八寨，遍植桃花，营造“世外桃源”之景。“牧歌”指苏格兰牧场，这片土地同时又是阳明文化的诞生地，充满着心学的光辉。

5. 场地再造法

对那些已经失去原有功能的遗产，策划者可以在对其文化内涵进行挖掘和提炼的基础上，充分利用原有的空间，通过注入现代元素赋予其新的功能，变废为宝，化腐朽为神奇，实现对遗产的活化和再利用，这种方法称之为“场地再造法”。场地再造法的应用关键在于策划团队对场地的阅读和创意，从而使场地文化气质和文化精神得以充分的彰显。

浙江莫干山的庾村拥有20世纪30年代下野的民国外交部部长黄郛隐居时尝试乡村改造的遗迹，绝大部分是当年黄郛兴办蚕种场遗留下来的11间废旧厂房。设计团队将这些建筑完整地保留下来，并加以修缮和美化，利用莫干山山区盛产的竹子搭建“竹棚”，把蚕种场的所有活动空间进行串联，再利用河滩上的石子铺装路面，统一规划设计屋顶，从而使曾经的蚕种场房舍变成一组与民宅风格相区别的双廊式建筑群。场地再造后，运营管理团队相继植入主题餐饮、民宿、艺术等新兴业态，使原本衰落的庾村重新焕发生机，成为国内首个乡村文创园。

6. 耦合共生法

乡村旅游属于综合性产业，需要相关产业来支撑和配套。耦合共生法是指从产业融合发展的角度，将乡村旅游产业和其他产业进行深度融合，形成“乡村旅游 +”或“+乡村旅游”的模式，从而耦合产生新的功能和新的业态。在乡村旅游发展过程中，最典型的就是将农业和乡村旅游结合，创造性地形成休闲农业。

7. 集聚再造法

集聚再造法是指按照某一个主题把不同时期和不同区域的事物集中在一起仿建，从而聚合形成新事物的方法。尽管此种方法经常被用在主题公园和博物馆的策划中，但对乡村旅游项目策划也有重要的指导意义。

在贵州省遵义市播州区乌江村的“初心涧”项目建设过程中，项目团队在充分研究贵州山地民居建筑的基础上，萃取贵州苗族、侗族、瑶族等山地民族杆栏式建筑的精华，将在异地收集购买的若干古老民居建筑运至此地进行组装和重建，配合道法自然的山地园林艺术，集聚再造形成文化内涵丰富的“古村落”，使初心涧的规划建设顺应山地自然肌理，成为乡村人居环境建设和乡村度假相结合的典范。

8. 景观重构法

景观重构法指利用各种技术手段，对策划区景观进行重新构建，以增强策划区旅游吸引力和改善旅游人居环境的目的。王衍用、宋子千和秦岩（2012）对景观重构常用的六种手段——移植、模仿、组合、微缩、夸张和变形以及文化包装进行了全面的论述。移植就是将甲地的景观迁移到乙地来，在不能移植的情况下，通过模仿也可使游客了解异地景观。将多种景观聚集到一个区域进行展示，就成了组合。在组合景观中，受制于空间、人力、财力、物力和政策等条件，还可以采用微缩的手段，对那些景区标志性景观，则可以采用夸张和变形的手段来形成视觉冲击力。文化包装则是为景观赋予一定的文化内涵，从而凸显其个性。

9. 复原陈列法

复原陈列法是采用科学处理和艺术加工手段，使已经消失或局部被破坏的文物、标本或文化遗存再现的一种方法（陈浩，2004）。复原陈列法常常被运用在遗址遗迹类旅游资源的开发利用和博物馆建设中。根据陈列方式，可以将复原陈列分为实物陈列和虚拟陈列两大基本类型。实物陈列是以文化遗存物质实体来进行展陈，虚拟陈列是通过三维数字化手段和声、光、电系统对所要陈列的事物进行虚拟成像的展陈。随着计算机图形学技术、人工智能和虚拟现实技术等发展，虚拟陈列将成为未来复原陈列的重要方式。

10. 有机更新法

有机更新法将乡村旅游地看作一个生命体。今天的村落格局和生活方式是过去历史的延续和现当代的丰富和完善。乡村是有机生长的，一味地大拆大建会把乡村的“遗传基因”消灭掉。乡村旅游项目策划者不仅要尊重乡村历史，还要延续和活化乡村文脉，尽量保存乡村的原真性、整体性、完整性和持续性，让衰落的乡村通过创造性的策划活动重新焕发出生机与活力。

文化是一条流淌的河，不断向前发展，每一个时期的人都对文化有着或多或少的贡献与影响。每个时期所留下来的文化遗存和当时人的生产生活方式密切相关。今天，它们中的一部分之所以无人问津的一个重要原因，是已经脱离了人们今天的生产生活，故遗产的保护与传承才会出现了严重的断层和危机。作为一位优秀的乡村旅游策划者，拥有文化保护意识固然重要，但用发展的眼光来实现文化遗存的生产性保护，通过有机更新来进一步延续和活化乡村文脉更有意义。

【复习思考题】

1. 何谓乡村旅游项目策划？
2. 乡村旅游项目策划有哪些特征？
3. 如何进行乡景项目策划？
4. 乡村旅游基础要素项目策划的内容是什么？
5. 乡村旅游拓展要素项目策划的内容是什么？
6. 乡村旅游项目策划的程序是什么？
7. 乡村旅游项目策划有哪些方法？

【课后实践】

以某一乡村旅游区为例，进行乡村旅游项目策划。

模块五　形象与品牌

形象与品牌作为一对孪生兄弟，共同对乡村旅游地的发展产生影响。形象是人们对某一事物的总体认知和反应，良好的乡村旅游地形象会对市场产生极大的吸引力。当乡村旅游地形象在市场上得到认可时，这就意味着乡村旅游品牌战略取得了进展，进而为抢占市场奠定了较好的基础。如何确立乡村旅游地形象和品牌，关键在于定位，重点在于实施乡村旅游品牌战略和对乡村旅游品牌进行设计以及实施科学的乡村旅游品牌管理。

第九章　乡村旅游地形象

【学习目标】

- 理解乡村旅游地形象的含义；
- 理解乡村旅游地形象的形成过程；
- 理解乡村旅游地形象定位的含义；
- 掌握乡村旅游地形象调查的内容、方法和步骤；
- 掌握乡村旅游地形象定位的原则、过程和方法。

当我们完成乡村旅游地的规划建设后，就要通过适当的方式将其传达给所选定的目标客源市场，树立良好的乡村旅游地旅游形象，以激发人们的旅游动机，吸引他们前来消费。在激烈的乡村旅游市场竞争中，与众不同的形象往往会成为一个乡村旅游地抢占市场的“秘密武器”。

第一节　乡村旅游地形象概略

一、乡村旅游地形象的概念

旅游形象通常是指人们对一个地方或者一个目的地的系列信任、想法和印象（Baloglu S，Mccleary K. W.，1999）。乡村旅游地形象除了应具备旅游目的地形象的一般内涵——印象、感知、信任、想法、情感唤起性和心智体验性等主要特点以外，还应具备乡愁和怀旧的特点。从印象观的角度出发，可以将乡村旅游地形象（Rural Tourism Destination Image）进行描述性定义：旅游者对乡村旅游地持有的感知、信任、印象或想法的总和。

二、乡村旅游地形象的构成

从 1971 年 Hunt 对旅游地形象的研究开始，旅游地形象的研究已经有近半个世纪的历史，虽然成果丰硕，但是对旅游地形成的构成依然缺乏统一的概念性框架，学界认识更是莫衷一是。分类标准不同，乡村旅游形象的构成内容亦不同。

（一）按照主客关系划分

根据王磊、刘洪涛和赵西萍（1999）旅游目的地形象的研究成果，从主客关系来看，可将乡村旅游形象分为发射性形象与接受性形象。

1. 发射性形象

发射性形象（Projected Destination Image，PDI）包括实际发射性形象（Realistic & Projected Destination Image，RPDI）和传播发射形象（Spread & Projected Destination Image，SPDI）。实际发射形象是乡村旅游地营销管理人员综合乡村旅游地实际特征，总结提炼后传递给现实乡村旅游者的形象；传播发射形象是传播给潜在乡村旅游者的形象。

2. 接受性形象

接受性形象（Received Destination Image，RDI）由个体化乡村旅游地形象（Individualized & Received Destination Image，IRDI）和社会化乡村旅游地形象（Socialized & Received Destination Image，SRDI）两个层次构成。个体化乡村旅游地形象即个体以一个潜在或现实乡村旅游者的眼光对一个乡村旅游地的评价，是其对该乡村旅游地的感知、印象和观念的综合；社会化乡村旅游地形象则是指乡村旅游目标市场普遍持有的感知、印象和观念的总和。这些概念间的关系如图 9–1 所示。

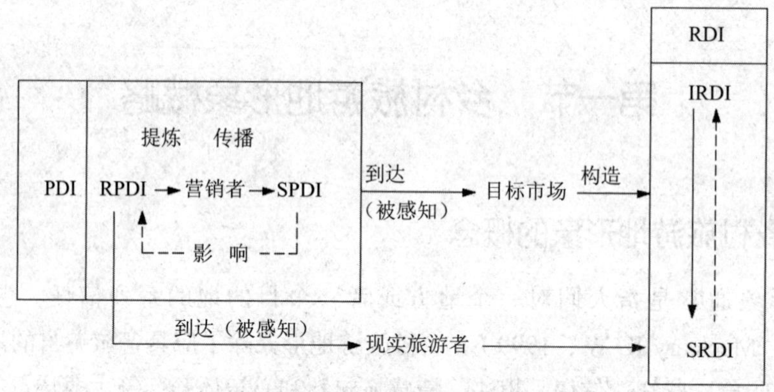

图 9–1 目的地形象的内涵

资料来源：王磊，刘洪涛，赵西萍．旅游目的地形象的内涵研究［J］．西安交通大学学报（社会科学版），1999，19（1）：26.

乡村旅游地发射性形象是乡村旅游地经营管理者从市场营销的角度出发，对旅游地的旅游资源特点和乡村旅游产品特色进行提炼后传递给旅游者的形象。接受性形象是乡村旅游者通过各种渠道获取乡村旅游地信息后所产生的认知。一般而言，当接受性形象与发射性形象基本吻合时，乡村旅游者的旅游满意度就高，反之则低。

（二）按照时间先后划分

乡村旅游地形象是在不同的时间阶段形成的，以乡村旅游地各种事物和因素的组合来共同表现。如乡村自然风光、村落格局、历史文化、民间习俗等，它们都会随着时间的流逝而不断在村落土地上沉淀和演化，从而使得乡村旅游地形象成为一个层次多、因素杂的系统。根据时间先后，可以认为乡村旅游形象由历史形象、现实形象和发展形象构成。

1. 历史形象

乡村旅游地历史形象是在历史上业已形成的乡村旅游形象，由已经发掘和待发掘的各种乡村事物和因素来进行呈现，如村落历史上的成就、地位、人物、历史事件、文物古迹与文化遗址等。它反映了乡村的过去，同时或多或少也对今天的形象产生一定的关联和影响，是进行文化探秘和怀旧的重要载体。

2. 现实形象

现实形象是指乡村旅游地当下所呈现给旅游市场的形象。由乡村旅游地的旅游资源、旅游产品、可进入性、管理服务和村落自然与人文环境等因素形成，是乡村旅游地发展最核心和最重要的形象内容，关乎着乡村旅游地的市场影响力。

3. 发展形象

发展形象是指乡村旅游未来呈现给旅游市场的形象。由乡村旅游地的发展目标、战略步骤、战略布局和市场营销导向等决定，是指引乡村旅游地发展，激发乡村旅游地发展动力的宏伟蓝图。

三、乡村旅游地形象的特征

（一）综合性

乡村旅游地形象是由多种因素构成的，从供给的角度看，它涉及乡村旅游地旅游产品、服务设施、服务态度、居民好客程度等，集中表现乡村旅游地环境氛围的营造、休闲体验活动的安排、可进入性及价格等。从需求的角度看，乡村旅游者形形色色，每一个乡村旅游者都有不同的需求和人格特征，他们的观察和体验因时、因人、因地而异，每一个乡村旅游者都会从自身的特殊角度来认知乡村旅游地，使得乡村旅游地接受性形象呈现出多样化的特征。对于一个乡村旅游地，经营管理者及其他普通员工会从福利待遇、工作环境和发展空间等方面来认识乡村旅游地形象，但乡村旅游者则会从乡村旅游产品与服务的角度去认识。即便如此，在乡村旅游者中，观光型的乡村旅游者会更加关注乡村风景，而度假者更多地从乡村环境和服务的优质性来判断。

（二）稳定性

乡村旅游地形象一旦形成，便会在乡村旅游者心中产生长久的印象。这种稳定性主要是由两方面决定。一是乡村旅游地的物质环境。物质环境是乡村旅游形象的载体，乡村旅游形象通过乡村物质环境来反映和呈现。乡村旅游地的文化地景、自然景物、服务设施在短期内不会发生较大的改变，只要乡村旅游地的物质环境是稳定的，乡村旅游形象一般是稳定的。二是乡村旅游者的刻板印象。乡村旅游地形象一旦在乡村旅游者的心里形成以后就会产生固定的认知和看法，并长时期地支配着他们的行为。这种刻板印象是一把“双刃剑”，对于那些在乡村旅游者心目中具有良好形象的乡村旅游地，即使有一些瑕疵，也会得到乡村旅游者的谅解，这将会对乡村旅游地的长期经营产生积极影响。然而，对那些形象颇差的乡村旅游地，哪怕是一点小小的失误，也会给乡村旅游地的经营管理雪上加霜。

（三）可塑性

乡村旅游地形象并不是稳定得不足以改变，只不过其改变需要一个缓慢的过程。乡村旅游者对乡村旅游地形象的认知是通过乡村旅游地传递的信息加工后形成的。如果要改变乡村旅游者对乡村旅游形象的认知，一方面需要经营管理者向市场传递乡村旅游地的自然风光、历史文化、可进入性以及相关的旅游产品等内容，以此加深和改变人们既有的形象认知；另一方面需要通过向前往乡村旅游地的旅游者提供名副其实的旅游服务，由体验和游玩过的乡村旅游者进行口碑传播，以他者的讲述来塑造乡村旅游地的形象，这比自我推介的效果要好很多。

（四）乡村性

乡村旅游地形象具有乡村性，它是有别于城市的旅游形象，由一系列充满乡土味道与乡土情怀的事物构成，如广袤的田野、低密度的村落以及一切与乡村有关的生产生活与习俗等，可能是一片荷塘、一条小巷、几户农舍、半亩果园、竹篱、菜畦、小道、牧童与炊烟……乡村性作为乡村旅游形象核心的载体，如果丧失了乡村性，乡村旅游的形象也就变味和变质了。

四、乡村旅游地形象的形成过程

乡村旅游地形象的形成与乡村旅游地的宣传推广和旅游活动有着密切关系。乡村旅游地形象的形成过程属于旅游地形象形成的一种类型。目前，虽然学界对旅游地形象形成过程的认识分歧较大，但不乏有见地和代表性的观点。其中，较为典型的有 Paul C. Fakeye 与 John L. Crompton 的三阶段学说。20 世纪 90 年代初，贝宁国家旅游助理主任 Paul C. Fakeye 与美国得克萨斯州 A&M 大学 John L. Crompton 博士在 *Image Differences between Prospective, First-Time, and Repeat Visitors to Lower Rio Grande Valley* 一文中提出旅游形象的演化过程，即从次生形象到诱发形象再到复合形象（见图 9–2）。乡村旅游地形象的形成过程也大致遵循此过程。

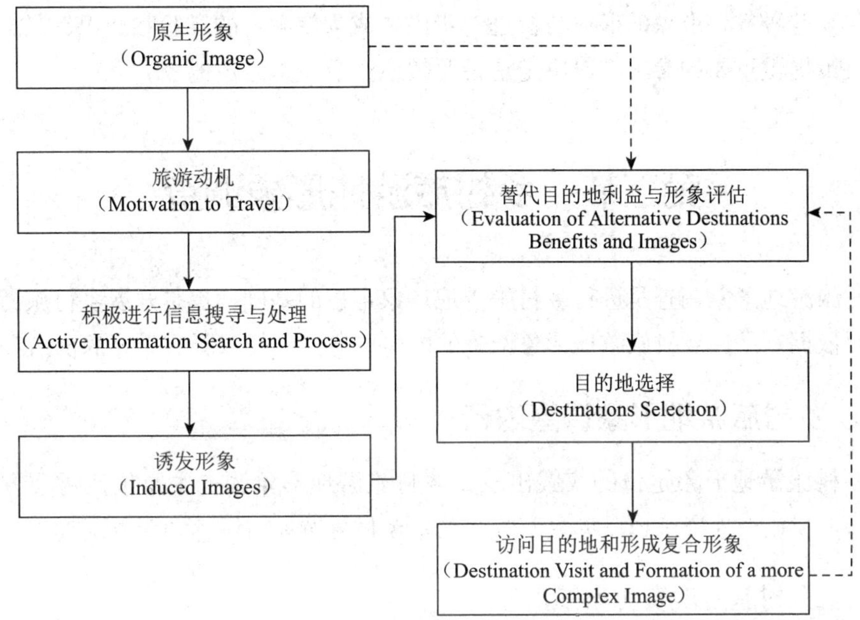

图 9–2　旅游地形象的形成过程

资料来源：Fakeye P C，Paul C，Crompton J L. Image Differences between Prospective，First–Time，and Repeat Visitors to Lower Rio Grande Valley［J］. Journal of Travel Research，1991，20（2）：3.

（一）原生形象阶段

当人们接触到报纸杂志的文章和电视电影等其他非专业信息来源的影响，通常会对一些乡村旅游地或多或少产生一定的认知和印象，这种认知和印象即为原生形象阶段。在此阶段的形象是人们在未出游之前就已经有的图像，受个人经历与教育的影响颇大。

（二）诱发形象阶段

一旦人们产生了旅游动机，推动出游的动机会促使他们有意识地搜集有关乡村旅游地的各种信息和资料，受旅游组织定向营销信息（如各类旅游广告、旅游资讯刊物、电视节目等）的影响，人们会从中提取相关的有用信息，从而对乡村旅游地产生新的认知和判断，于是就会形成“诱发形象”，一些学者也将此翻译为“次生形象”或“引致形象”。

（三）复合形象阶段

旅游者通过对各种乡村旅游地进行比较和选择，做出了去往某乡村旅游地的决定。待他们实地旅游体验结束之后，就会产生一个更为系统、全面和综合的感知，即旅游地复合形象。此种复合形象的形成将会进一步内化成为旅游者的经验和知识，又会对日后的旅游决策提供重要的参考，以决定是否要故地重游还是另走他乡。

第二节　乡村旅游地形象调查

乡村旅游地形象调查是进行乡村旅游地形象定位的基础，也是开展乡村旅游市场营销的重要依据。掌握乡村旅游地形象调查的内容、方法和技术具有重要的价值和意义。

一、乡村旅游地形象调查内容

从乡村旅游地形象定位的实践出发，乡村旅游地形象调查主要包括两个方面的内容：一是乡村旅游地资源禀赋形象调查；二是乡村旅游地市场感知形象调查。

（一）乡村旅游地资源禀赋形象

乡村旅游的资源禀赋形象是乡村旅游地在漫长的历史时期中人与自然共同作用所形成的，由乡村旅游地自然地理、历史文化、社会经济三大方面的内容来共同反映，是人们对乡村旅游地较为基础的整体性认识。因这种认识没有经过人为意识的加工和渲染，较为抽象，需要乡村旅游地规划者、形象定位者在实地调查的基础进行提炼和总结，以实现乡村旅游地资源禀赋形象的具体化。

例如，在“乡愁贵州”的规划设计中，如何体现“贵州乡愁”形象成为业主和规划设计单位必须考量的重要问题，经过充分的调查研究后决定，规划区的南北两区分别以“贵山”和“秀水”两大主题来表达。南区“贵山”主题通过“坝、屋、场、田、粮、人”六大核心要素来表现山地民族和谐共生、天人合一和道法自然的“贵州山地文明”。北区“秀水”主题则通过“桥、井、渔、寨、馆、镇”六大核心要素演绎贵州“水文化、水生态和水文明”，进而衍生出河商文明和工艺文明。“坝、屋、场、田、粮、人”与“桥、井、渔、寨、馆、镇”这十二大要素的提炼和概括充分体现了贵州乡愁的资源禀赋形象，营造出了多元共生的千岛文化地景，成为以乡愁文化为主题的知名田园农耕体验旅游目的地。

在对乡村旅游地资源禀赋形象的调查过程中，需要将实地田野调查和室内的文献资料整理相结合。从调查操作层面上看，当我们要对某乡村旅游地资源禀赋形象进行调查时，应首先通过各种渠道搜集乡村旅游地的基本信息，如各类自然与文化资源条件、社会经济发展情况、历史沿革等，在对其有一个初步的了解之后，进一步制订好详细的实地调查方案，组织起专业团队，才能带着工作底图和相关的设施设备进场开展相应的实地调查工作。最后，调查团队还需根据实地调查工作实际做文献资料的补充搜寻和整理，以期对乡村旅游地进行全面系统的认知。

（二）乡村旅游地市场感知形象

乡村旅游市场感知形象是指乡村旅游者在通过各种渠道了解乡村旅游地正面和负面信息的基础上形成的个人认知。虽然每个乡村旅游者对乡村旅游地所掌握的信息有差异，但是他们都会对乡村旅游地产生不同程度的认识。从市场认知来看，整个乡村旅游市场群体认知都会有着某种程度的趋同性，我们可以将这种趋同性的认知作为乡村旅游感知形象的评价。对乡村旅游市场感知形象的调查，需要采用相关的方法和技术手段对乡村旅游者进行访问调查后获得，访问调查抽样需要采用较大的样本容量，调查对象要几乎能涵盖所有市场群体类型，因此，工作量大、耗时长、成本较高。

二、乡村旅游地形象调查方法

乡村旅游地形象调查十分烦琐和庞杂，涉及的调查方法很多。只有通过科学的调查获取乡村旅游地形象的翔实信息后，才能为乡村旅游地的规划设计、形象定位和市场营销提供有价值的参考。

（一）乡村旅游地资源禀赋形象调查方法

1. 概查

概查，顾名思义就是大概的调查。即对乡村旅游地资源进行简单的、大致的概略性调查和探索性调查。这种调查方法是为寻找资源禀赋形象问题而做的非正式调查，方法简单，时间较短，没有必要制定详细的调查方案。在实际操作上，通常将其简化为收集乡村旅游地资源的有关资料。

2. 普查

普查通常在概查的基础上进行，主要是对乡村旅游地各种自然和人文资源进行综合性调查。此种调查方法以实地踏勘为主，要求配备专业齐全的专业团队，拥有详细的调查方案和技术规范或指南，调查范围涵盖整个乡村旅游地范围，所获最为翔实和全面。不足之处在于：耗时长，人力、财力和物力消耗极大，且调查对象亦不可能很详细。

2016年，贵州省率先在全国展开了全地域、拉网式和专业性的全省旅游资源大普查。本次调查组建了89支普查队、438个普查组、2200多名专业技术人员，通过群众和专家相结合的方式，共有10万余人参与，全省普查登记旅游资源共计82679处，新发现51626处（周琦，张世俊，杨兵，等，2018），为塑造“山地公园省·多彩贵州风”的旅游目的地形象以及助推山地全域旅游高质量发展提供重要支撑，成为旅游资源禀赋形象调查的典范。

3. 详查

在概查和普查的基础上对乡村旅游地各类自然和人文资源结果进行筛选，确定乡村旅游地资源禀赋形象的主体构成要素，并对这些主体构成要素再进行更详细的实地踏勘和调查的方法，称之为详查。详查主要解决概查和普查过程中广而不深的问题，通过选取主题形象的构成要素，更深层次地了解把握主体资源的成因、历史、类型和特征等，有助于对乡村旅游地资源禀赋形象的提炼。

4. 典型调查

根据乡村旅游形象调查的目的和任务，有意识地选取乡村旅游地中具有典型性和代表性的一个或若干个资源点进行充分调查和研究的方法叫“典型调查”。这种调查方法的优点在于调查范围较小、调查单位数量少，颇为具体和深入，可以有效地节约时间，节省人力、财力和物力。不足之处在于难以全面把握乡村旅游地的资源类型、组合和分布规律，容易受到人为因素干扰，致使调查结论有一定的倾向性和局限性。

5. 重点调查

重点调查作为一种非全面的调查，它是在调查对象中选取一部分对乡村旅游资源禀赋形象具有决定性和支撑性作用的重点资源进行调查，以掌握乡村旅游地资源禀赋总体形象情况的方法。在重点调查中，调查指标单一，调查对象主要集中在少数的资源禀赋形象构成要素上。其优点在于调查成本少，调查速度快，调查所反映的主要情况较为准确。

（二）乡村旅游地市场感知形象调查方法

乡村旅游市场感知形象调查与乡村旅游地资源禀赋形象在调查对象上有本质的区别。乡村旅游资源禀赋形象的调查对象主要是“物”，而乡村旅游地市场感知形象的调查对象是“人”。乡村旅游地市场感知形象调查在很多时候需要在心理学的指导下，采用多种方法来完成，下面介绍几种常用的调查方法。

1. 抽样调查法

乡村旅游地市场感知形象的抽样调查法是指从乡村旅游市场总体中抽取部分人群作为样本，通过对样本群体的调查来推断乡村旅游总体市场感知形象的方法。抽样调查是乡村旅游市场感知形象调查中最常用的方法，在使用过程中，首先要确定具体的乡村旅游市场感知形象问题，在此基础上制订抽样方案、设计调查问卷，之后实施调查。抽样调查实效性较强，准确性相对较高，较为经济。在实施过程中，它对样本选择、问卷质量和调查人员的沟通能力要求较高。

2. 文本调查法

文本调查法也称文献资料调查法，是指调查人员根据调查目的，通过搜集各种有关资料进行整理分析得出相关结论和提出相关建议的一种方法。乡村旅游市场形象感知的文本调查法，可以通过两种文本来进行调查。一是网络文本，这是互联网时代进行乡村旅游市场感知形象调查中最有效的方法之一。例如，通过微博、论坛、游记等网络资源，提取有关乡村旅游地形象的网络高频词汇文本，对其特征进行分析后，就可以对乡村旅游地的市场感知形象进行判断。二是纸质文本，如各种报表、研究报告和统计资料等信息的提取，以对乡村旅游地市场感知形象进行分析和研究。

3. 访谈调查法

访谈调查法是指访问者与被调查者通过口头交谈等方式了解他们对乡村旅游地的感受和认识，以获得乡村旅游市场感知形象。对乡村市场感知形象的调查不仅仅要对乡村旅游地游客进行访问调查，还要对当地居民进行适当的访问调查，以获得对乡村旅游地市场感知形象的全面了解。面谈访问者，需要根据调查目标和要求，按照一定的标准选择合适的调查对象就调查问卷和调查提纲内容进行面对面的直接访问面谈。这种调查方法回答率高，过程灵活，调查质量相对较好。但在使用这种调查方法的过程中，要充分考虑调查时间和经费的多寡问题，同时要求访问调查者拥有较高的综合素质和较好的访问技巧，应变反应能力强。

4. 统计分析法

统计分析方法是调查者运用统计学的相关理论和方法来对乡村旅游地市场感知形象的调查数据进行处理和分析的定量方法。调查与统计作为一对孪生兄弟，密不可分。通过对调查所获取的各种数据进行数理统计和分析，形成调查分析的定量结论，这是调查过程中广泛使用的现代科学方法。调查统计方法要求数据质量高，如果统计数据分析方法选择不当，也会影响分析结果的准确性。

三、乡村旅游地形象调查步骤

（一）调查准备阶段

调查准备阶段是整个乡村旅游地形象调查的基础，它对开展实质性的乡村旅游地形象调查具有重要的意义。通常而言，调查准备工作包括组建调查团队、搜集文本资料、制订调查方案三项基本内容。

1. 组建调查团队

调查团队直接关系到乡村旅游地形象调查的成败，调查团队一般由调查顾问小组、领导小组、专家组和工作组共同构成。顾问小组为调查提供顾问咨询服务，由专业造诣深和具有一定影响力的人员组成。领导小组为调查提供管理服务，主要由行政领导来组建。专家小组作为调查团队的核心，为调查提供专业技术支撑，至少要包括地质学、植物学、建筑学、历史学、文化人类学、经济学、旅游学和市场营销八个专业领域的专家，他们分别从自身的专业角度出发进行调查。工作小组主要为专家组提供后勤工作保障，确保调查工作顺利进行。

2. 搜集文本资料

调查团队组建好后，应由相关人员通过各种渠道就具体的调查对象搜集相关的文本资料。一般而言，乡村旅游地形象文本资料的收集可与其行政主管部门、业主单位进行沟通，调查组提供文本资料清单后，由调查任务的委托方进行提供。主要的文本资料包括：一是基础图件，如地形图、航拍图、卫星图、交通现状图、交通规划图等，在开展资源禀赋形象调查野外作业中，主要以地形图为主；二是地方志与相关专题资料，如相关规划、研究报告、景区景点介绍等；三是国民经济与社会发展的统计资料和相关的调查统计资料。

3. 制订调查方案

将搜集上来的文本资料分发给调查专家组进行阅览和研究后，提出乡村旅游地形象调查问题，针对调查对象开始制订调查方案。调查方案应该明确调查团队的职责和分工、调查目标、调查任务、调查时间、工作路线图等内容。一般情况下，乡村旅游地形象调查方案主要包括以下内容。

（1）调查背景。主要描述调查的基本背景情况，讲清楚调查的原因。

（2）调查目的。主要描述调查所要实现的目标，并列出所要解决的主要问题、主要行动等。

（3）调查要点。包括调查的时间安排计划、调查的基本内容、技术方法、人员分工以及整个调查工作完成所需要的经费等。

（4）技术文件。技术文件是调查方案的重要组成部分，它直接关系到调查的质量，由调查问卷、访谈提纲、调查技术方法指南等构成，在调查方案制订中，一般作为重要的附件内容进行单列。

（5）其他相关事项。比如，调查项目管理的要求、需要说明的问题等。

（二）实地试调阶段

为保证调查的科学性和可操作性，在调查方案制订完成后，调查团队需要将设计编制完成的技术文件拿到实地进行试调检验，特别是乡村旅游地市场感知形象的调查问卷、访谈提纲以及资源禀赋形象的调查表格等，通过试调可以发现这些技术文件在实际操作中还存在哪些问题，根据试调反馈的结果对技术文件进行进一步的修订和完善，再一次进行试调，基本没有问题后，方可将技术文件进行定稿，并正式印发调查团队。

（三）正式调查阶段

实地试调阶段结束后，乡村旅游地形象调查进入了正式的调查阶段。调查团队根据调查方案中的技术文件和相关要求对乡村旅游地自然与文化资源进行全面的调查，对乡村旅游者进行抽样调查和访谈，全面获取有关乡村旅游地形象的信息。

（四）数据整理阶段

数据整理阶段是乡村旅游地形象调查的最后阶段，调查团队通过对文本资料和实地调查资料的整理，提取相关的数据，运用相应的统计分析方法，定性和定量相结合，归纳和总结出乡村旅游地的资源禀赋形象和市场感知形象，并对乡村旅游形象现状进行分析和评估，研究并确定乡村旅游地的旅游形象，形成乡村旅游地形象调查研究报告，为乡村旅游地旅游形象定位提供重要的参考。

第三节 乡村旅游地形象定位

乡村旅游地形象定位是乡村旅游地形象设计、形象传播和品牌塑造的前提和核心。旅游者在选择乡村旅游地和进行乡村旅游决策时，不仅会考虑成本、时间、距离和交通方式等因素，还非常重视乡村旅游地的感知形象。研究与实践表明，那些在游客心目中具有美好形象的乡村旅游地会对旅游者产生源源不断的吸引力。形象定位的目标就是要使乡村旅游地深入旅游者心中，向他们呈现乡村旅游地美好的感知画面，从而激发其旅游动机和进行旅游决策。

一、乡村旅游地形象定位的概念

“定位”是一个营销学的关键性词语，它的产生可以追溯到 20 世纪 60 年代末，以全球顶尖的营销战略家美国特劳特咨询公司总裁杰克·特劳特（Jack Trout）1969 年发表的论文——《定位：同质化时代的竞争之道》为标志，该篇论文首次提出了“定位”的观念。1972 年以来，美国颇具影响力的《广告时代》（*Advertising Age*）营销杂志先后刊登了“定位时代的到来（*The Positioning Era Cometh*）”系列文章，使定位理论正式进入世界营销的理论与实践中。1981 年，艾·里斯（Al Ries）与杰克·特劳特（Jack Trout）合著的《定位》（*Positioning*）一书在美国正式出版，“定位”从此变成了全球性的商业词汇而被人们津津乐道。

随着乡村旅游的蓬勃发展，可供人们选择的乡村旅游地日益增多，乡村旅游地市场竞争极为激烈。如何在众多的乡村旅游地中独树一帜，乡村旅游地就迫切需要以定位理论为指导，为乡村旅游地树立良好的旅游形象，使之扎根在旅游者心中。所谓乡村旅游地形象定位，是指乡村旅游地根据自身的资源、市场和产品等优势，通过市场营销在旅游者和公众心中树立起本地区独特风格和引力特质的过程。对于成功的乡村旅游形象定位，只要一提起某种事物时，人们就可以自然而然地想起它。譬如，当提到葡萄酒，我们就会想起法国波尔多；当提及薰衣草，我们就会想起法国的普罗旺斯；当提到民族村寨，我们会想起贵州的苗乡侗寨……这些都是在国内外具有良好形象的知名旅游目的地。

二、乡村旅游地形象定位的原则

乡村旅游形象塑造需要依托本地主要旅游资源，彰显地域个性或者以乡村旅游者的利益为出发点，满足乡村旅游者的某种需求。在乡村旅游地发展过程中，乡村旅游地形象的塑造需要根据发展程度和乡村旅游市场现状和趋势进行不断的提升，以适应乡村旅游的发展和变化。乡村旅游地形象定位需要遵循以下几项基本原则。

（一）主题突出

主题是乡村旅游地形象的核心和卖点，我们在对乡村旅游地进行定位的过程中，通过对乡村旅游地资源禀赋、目标市场和产品特色进行总结和提炼，可能会形成若干不同的主题，主题的多样性可以充分地表现乡村旅游地资源的多样性和产品的多样，但是这往往会造成主题不突出、特点不鲜明的问题。乡村旅游地形象定位和策划者就需要在这些主题的基础上进行高度的凝练、抽象和概括，形成一个全新的主题来凸显乡村旅游地的风格和品质，从而对乡村旅游市场产生强大的冲击力和影响力。

（二）功能集成

乡村旅游形象定位的功能集成原则是指在乡村旅游形象定位的过程中，规划者、市场营销和形象策划定位者需要在对乡村旅游地资源禀赋、旅游产品和市场需求进行深入分析研究的基础上，总结和凝练出若干的价值功能主题，再对其进行合并和归类，通过集成性的功能形象更好地传递乡村旅游地价值。乡村旅游形象定位的功能集成性具有高度的概括性和抽象性，它是众人智慧的结晶，充分体现了乡村旅游地的特色和价值。

（三）通俗易懂

一般而言，乡村旅游地形象定位的语言必须通俗易懂，易被市场所识别和接受，不能简单地运用复杂语言来表述，通常以不超过两句话、十四个字为宜。乡村旅游形象定位通俗易懂并不是没有内涵，反而是要用通俗易懂的语言表达出乡村旅游地的丰富内客和独特个性，甚至还要能激发游客的想象，完整地呈现出乡村旅游地形象，并能在旅游客源市场上进行推广，塑造乡村旅游地品牌。

（四）与时俱进

乡村旅游地形象定位一旦确定后，并不是一成不变的。我们要善于把握市场需求变化，对乡村旅游地形象定位进行不断的修正和完善，甚至在必要的时候还要对以往的形象进行彻底的扬弃，以崭新的形象来重塑品牌，重新赢得市场的青睐。当然，乡村旅游地形象的确立并不是一蹴而就的，在实践中我们需要根据未来的发展因势利导，使乡村旅游地形象定位不滞后于时代的发展。

三、乡村旅游地形象定位的过程

（一）调查与评估

乡村旅游地形象调查与评估是进行乡村旅游地形象定位的基础和前提。只有在对乡村旅游地资源禀赋形象和市场感知形象进行充分调查评估的基础上，才能更好地把握和认知乡村旅游地形象现状，从而有助于乡村旅游地形象的定位。乡村旅游地形象调查在前面已经做了详细介绍，在此不再赘述。

（二）创意与设计

乡村旅游地形象定位是一个充满创意的过程。当结束某乡村旅游地形象的调查与评估后，乡村旅游地形象定位就进入了创意与设计阶段，这是乡村旅游地形象定位的核心阶段。在此阶段，必须强调乡村旅游地其他市场竞争者所没有的独特功能和能获取的利益。同时，这种功能和利益又要对旅游市场具有巨大的吸引力。

（三）传播与推广

乡村旅游地形象定位创意与设计完成后，乡村旅游地形象定位进入了形象的传播与推广阶段。所谓传播与推广，就是要将创意好设计好的形象通过各种各样的方法和手段传播推广出去，使乡村旅游地形象定位得到市场的认可。

乡村旅游地形象传播与推广可以借助企业形象识别系统（Corporate Identity System，CIS，简称 CIS 战略）的构成要素体系进行传播。CIS 由理念识别系统（Mind Identity System）、行为识别系统（Behavior Identity System）和视觉识别系统（Visual Identity System）三个子系统构成。CIS 将企业经营管理的理念与精神文化通过这三个子系统的有机组合传递给社会公众，从而引起社会公众对企业产生认同感。在乡村旅游地形象的传播与推广实践中，CIS 战略的引入具有重要意义。

理念识别（MI）是乡村旅游地形象传播和推广的核心，主要表现为乡村旅游地发展目标、发展战略、形象口号和经营管理宗旨等，它把乡村旅游地的价值观念和追求联系在一起，为乡村旅游地的发展指明了方向，可以进一步内化和指导乡村旅游地的经营管理行为。行为识别（BI）是乡村旅游地的动态识别形式，它是在 MI 指导之下所发生的一切乡村旅游经营管理活动，是东道主共同的行为方式。视觉识别（VI）是乡村旅游地的图形识别系统，是乡村旅游地的识别符号，包括乡村旅游地的标识、标准色、吉祥物等，这是乡村旅游地形象传播中最具感染力和传播力的重要因素（见图 9–3）。

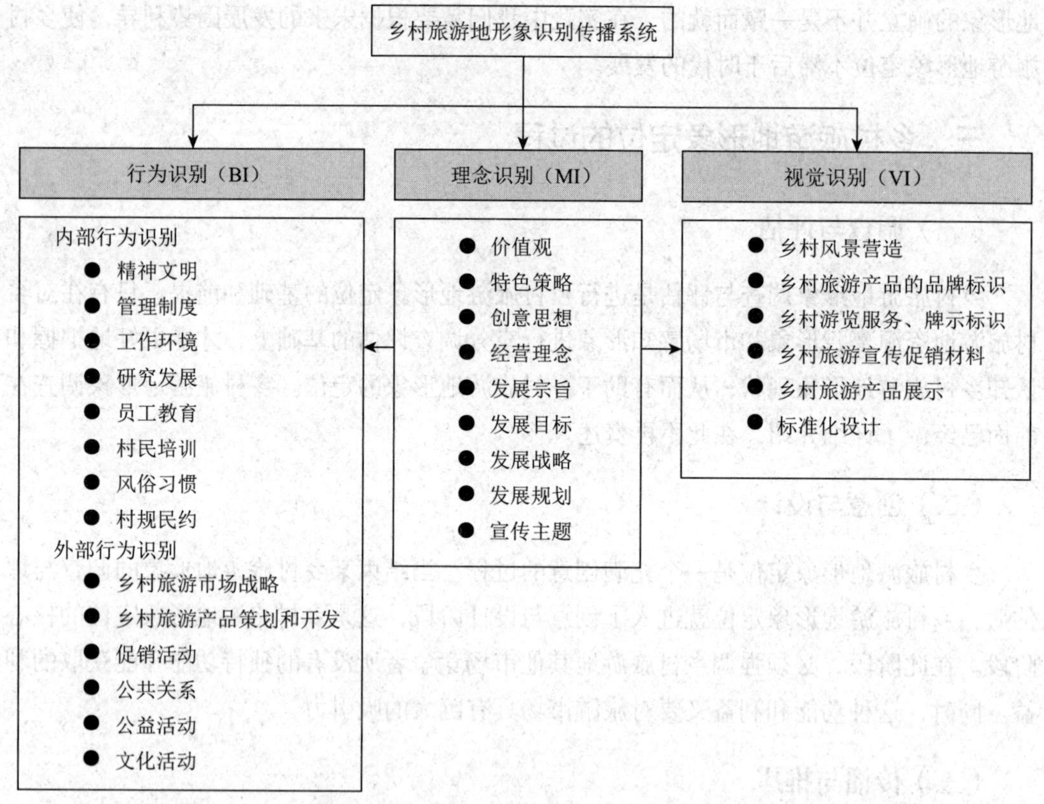

图 9–3　乡村旅游形象识别传播系统要素

资料来源：陆林，章锦河．旅游形象设计［M］．合肥：安徽教育出版社，2002：52，有改动。

四、乡村旅游地形象定位的方法

（一）“四脉”定位法

“四脉”定位法是熊元斌与柴海燕（2010）提出的一种旅游形象定位方法。他们针对传统旅游形象定位的“二脉”（地脉与文脉）理论在旅游开发与营销中存在多层次、产品观念导向、叠置性及时代感不强等缺陷，在“二脉”理论的基础上，综合考虑了“商脉”和“人脉”，形成了以“商脉”作为旅游目的地形象定位核心的“四脉”定位法如图 9–4 所示。

在“四脉”理论中，“地脉”指一个国家或地区（景区、旅游地）的地理背景，即自然地理脉络，包括地质、生物、气候、水体等自然资源禀赋及交通区位。“文脉”指一个国家或地区（景区、旅游地）的社会文化背景，即社会人文脉络，涵盖了旅游目的地物质和非物质文化遗产，是一种当地历史文化传统和社会心理积淀的组合。“商脉”是四脉理论的核心，它是指目的地目标客源市场的需求及特点。在旅游地开发建设中，必须以旅游市场为先导，提供与其需求相吻合的旅游产品，才能吸引游客前往，这是旅游目的地获得竞争优势，产生经济、社会和环境效益的最重要前提。“人脉”指目的地居民和其他利益相关者对旅游目的地形象的心理判断和接受度。目的地居民不仅是当地旅游产品的消费者，还是目的地环境重要的组成部分，他们与旅游地之间存在着情感和心理上的依恋。

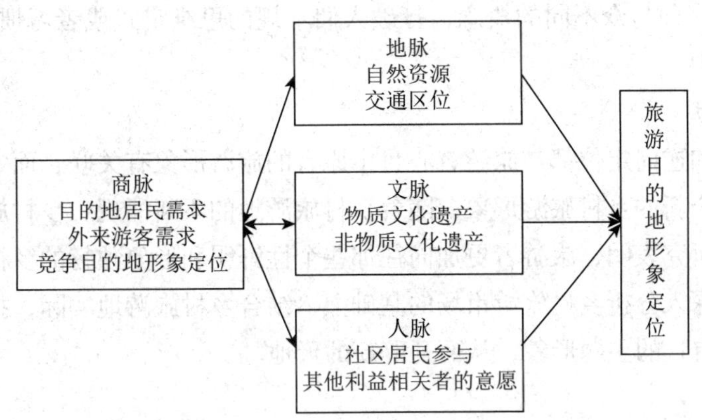

图 9–4　旅游目的地形象定位的“四脉”构成及关系

资料来源：熊元斌，柴海燕．从“二脉”到“四脉”：旅游目的地形象定位理论的新发展［J］．武汉大学学报（哲学社会科学版），2010，63（1）：158，略有改动。

（二）竞争定位法

20 世纪 90 年代中期，李蕾蕾在定位理论的指导下，从旅游市场竞争的角度出发，根据旅游形象的研究与实践，推演归纳了“比附定位、逆向定位、空隙定位和重新定位”四种旅游地形象定位方法。此后，她在上述四种方法的基础上增加了“领先定位”方法，形成了较为系统的五种基于市场竞争的旅游形象定位方法，具体如下。

1. 领先定位

相对其他旅游形象定位方法，领先定位是最容易的一种定位方法，比较适宜于那些独一无二、无可替代的乡村旅游地。例如，中国皖南古村落西递与宏村、福建土楼等，它们都是著名的世界文化遗产，可以采取领先定位的方法。然而，绝大部分的乡村旅游地并非具备世界遗产的价值和品质，这就需要采用其他的方法进行科学的定位。

2. 比附定位

在乡村旅游市场竞争中，如果一个乡村旅游地与第一品牌竞争感觉到非常困难时，就可以采用比附定位的方法进行。比附定位避开第一角色，借助第一位抢占第二位，这在乡村旅游地形象定位中经常被用到。例如，在贵州省西秀区旧州镇的“山里江南”定位就是利用“江南”诗画、富庶和唯美的古典气质来吸引人们的注意，并使旧州镇的乡村旅游形象深入人心。在实践中，当乡村旅游地形象不太突出，且处于初期发展阶段时，可以采取比附定位的方法，但不宜长久使用，应根据市场的发展做适当的调整，以树立自己别具一格的形象。

3. 逆向定位

在逆向定位中，所定位的乡村旅游地形象恰好与旅游者心目中的第一位形象大相径庭，是其对立面或相反面，以此开辟新的形象定位。该定位作为一种另类的旅游形象定位，常会形成一种与众不同的概念，打破人们常规的思维定式或者习惯，虽然很另类，但却在情理之中。

4. 空隙定位

比附定位和逆向定位都与旅游者心目中原有的旅游形象有关联，而空隙定位方法却是全然开辟一个新的乡村旅游形象。随着乡村旅游地的不断涌现，乡村旅游市场竞争日趋激烈，调查研究表明，旅游者更加向往那些个性鲜明和形象独特的乡村旅游地，而空隙定位就是在深入分析乡村旅游市场的基础上，结合乡村旅游地实际，找出一个既与众不同，又从未有过的主题形象，从而开辟新的天地。

5. 重新定位

重新定位是对原来的乡村旅游地采取再定位的策略，确切来讲，这种方法并不是一种定位方法，而是因为乡村旅游地的发展一般会历经产生、增长、成熟、衰落等阶段，通过前期的市场营销，它已经在旅游者心中建立起了稳固和清晰的形象，随着旅游市场的发展，乡村旅游地产品会不断老化，并逐步走向衰落，如果再去宣传老的旅游形象，往往会适得其反。这时就需要进行重新定位，以新的形象替换旧的形象，从而促进乡村旅游地复苏。

（三）资源利益定位法

马勇和王春雷（2002）从地方旅游资源和市场营销的角度出发，总结出了资源支撑法、利益指引法、综合描述法和交叉定位法，这四种方法成为旅游形象定位研究与实践中的典型代表。

1. 资源支撑法

资源支撑法，即从旅游地旅游资源的角度出发来进行定位的方法。通常而言，旅游资源是支撑乡村旅游地发展的重要基础，如果一个乡村旅游地的旅游资源特色鲜明、垄断性强，先天就会形成较大的旅游市场竞争力。在乡村旅游实践中，许多地区在对乡村旅游地进行形象定位时大多会采用以资源为主要依据的定位方法。这种方法目标明确、简单易行，当一个乡村旅游地的旅游资源禀赋较为突出时，一般会采用此种方法来进行定位。

2. 利益指引法

满足顾客利益目标是现代市场营销活动的核心内容。乡村旅游地形象定位落脚点也需要突出乡村旅游者的某种特殊利益，激发人们的出游动机，从而获得更大的旅游市场。利益指引法通常应用在特定旅游客源市场的旅游形象定位中，以便形成颇具一格的市场卖点。

3. 综合描述法

当一个乡村旅游地的各类旅游资源都不太突出时，我们在形象定位过程中一般就会采用综合描述法来进行定位，通过综合形象的描述来提高乡村旅游地的资源聚合力。如果乡村旅游地的资源类型丰富多样且旗鼓相当，致使其旅游形象不易归纳时，也可以采用此种方法。由综合描述法得出的乡村旅游地形象具有高度的概括性和抽象性，往往需要和一系列具体的支撑品牌形象联用。

4. 交叉定位法

在旅游形象定位实践中，很多时候并不是采用某种单独的方法来定位，而是根据旅游地发展实际和市场需求，综合运用一系列的方法来进行，我们将这种方法称为交叉定位法。在乡村旅游地形象定位中使用这种方法可以有效规避单一方法所带来的缺陷，进一步收到出乎意料的市场营销效果。主要表现在三个方面：第一，它能突出乡村旅游地资源特色，对潜在市场产生一定的旅游吸引力；第二，能说明乡村旅游地给旅游者带来的独特利益，引起旅游者的认同感；第三，体现乡村旅游地的丰富多彩，在一定程度上增强乡村旅游地的资源整合力。

【复习思考题】

1. 乡村旅游地形象的构成有哪些类型？
2. 乡村旅游地形象具有哪些特征？
3. 何谓乡村旅游地形象定位？
4. 乡村旅游地形象定位需要遵循哪些原则？
5. 简述乡村旅游地形象定位的过程。
6. 乡村旅游地形象定位的方法有哪些？

【课后实践】

选取某一乡村旅游区，对其旅游形象进行定位。

第十章　乡村旅游品牌

【学习目标】

- 理解品牌与乡村旅游品牌战略；
- 掌握乡村旅游品牌设计的基本内容；
- 掌握乡村旅游品牌管理的主要内容。

第一节　品牌概略

随着旅游市场竞争的日趋激烈，无论是乡村旅游地还是乡村旅游企业都开始意识到品牌是自身竞争制胜的重要法宝。20 世纪中期，美国大卫·奥格威（David Ogilvy）率先提出了品牌的概念，对企业管理和市场营销产生了深远的影响。现今，品牌已经成为一门“显学”，颇受企业界和学术界的关注。

一、品牌内涵

“品牌”一词源于古斯堪的纳维亚语“Brandr”，为“燃烧”之意，它曾经是牲畜所有者用以识别其动物的工具（凯文·莱恩·凯勒，2014）。余明阳和杨芳平（2005）在总结国内外诸家定义的基础上，将品牌（Brand）的定义归纳为符号说、综合说、关系说和资源说四大基本类型，现将其简要介绍如下。

（一）符号说

符号说的定义以品牌识别功能为着眼点，从品牌最直观和最外在的表现出发，把品牌看成一种标榜个性特征和具有区别功能的特殊符号。譬如，我们对某种品牌的认识最直接的方式是通过视觉来感知，只有当视觉获取某种愉悦后，我们才有可能对其功能、作用和使用价值等进行进一步的了解。产品品牌的设计、包装、外观等要素作为一种能激发人们视觉印象和想象的符号，如果能够对消费者产生视觉冲击力，它就会对消费者的购买行为产生积极的影响，其代表性定义如下：

（1）Philip Kotler（2003）：品牌就是一个名字、术语、标记、符号或设计，或是它们的组合运用，其目的是借以辨认某个销售者或某群销售者的产品或服务，并使之与竞争对手的产品和服务区别开来。

（2）谢京辉（2016）：品牌是一种差异化和特色化的标识，它随着载体的不同而表现为多种类型，如企业品牌、市场品牌及区域品牌。

在实践中，一个完整的品牌确实具有明显的符号标识作用，拥有极为重要的识别和区分功能，但这仅仅是品牌的一项重要内容，而非品牌的全部。品牌不仅包含识别一个品牌依据的符号，还要能反映企业的理念、文化、战略、目标与宗旨等。如果将品牌简单地看作一个区别于其他产品和服务的标志难免有失偏颇。

（二）综合说

综合说着眼于品牌的信息整合功能，把品牌放置在营销乃至整合社会的大环境中来进行分析和定义。这种学说认为，品牌不仅包括了品牌名称、包装、标志和价格等有形的内容，还拥有历史、声誉、法律、市场经济和社会文化心理等无形内容，这些无形的东西常常容易被人们忽视。然而，这些无形的内容又是客观存在的，甚至在一定程度上还超越了品牌符号本身的价值。我们只有将这些隐形要素与符号系统地整合在一起，品牌才会完整，其代表性定义如下：

（1）王海涛、王润涛与李天祥（1999）：广泛意义上的品牌包括三个层面的内涵。第一，从法律意义上说，品牌是一种商标，强调了品牌的法律内涵；第二，从经济或市场意义说，品牌是一种牌子，是金字招牌，说明品牌代表着某种商品；第三，从文化或心理意义上说，品牌是一种口碑，一种品位，一种格调，这强调了品牌的档次、名声、声誉和给人带来的好感等。

（2）何君、厉戟（1999）：品牌不仅是不同企业产品的标识，更是营销价值咨询的载体。特定品牌往往代表特定的产品品质、产品风格、服务水平、流行时尚等方面的资讯，这些资讯逐渐被市场广泛了解和接受，在消费者心中就成为特定的消费价值和消费情感的代表。

（三）关系说

关系说定义从品牌和消费者沟通的功能视角来进行阐释。此种学说认为，消费者决定着品牌的最终实现，品牌不是自我加冕的，而是消费者或一些权威机构认定的一种价值倾向和社会评论的结果。消费者认同与品牌价值密不可分，当消费者愿意为某一品牌心甘情愿花费时，品牌才能转化为一个企业、组织、机构以及一个国家或地区的品牌资产，从而体现出品牌所特有的价值和意义。反之，品牌就会面临危机。

在商业运营实践中，品牌是在产品生产销售、服务提供和消费者互动过程中逐渐形成的。产品与服务给消费者提供使用价值，消费者通过自己对产品和服务的感知产生情感。“关系说”从流通领域进行定义，而“符号说”和“综合说”则是从生产的角度来认知的。一个品牌从构建到完成均要经过生产和流通两大基本领域，消费者作为产品和服务的最终使用者，它们对产品和服务的质量好坏具有切身体会。如果产品与服务得不到消费者的认可，最终也会被市场所淘汰。从这种意义上讲，品牌不仅属于生产者，它更属于消费者，其代表性定义如下：

（1）赵军（1999）：品牌是一个以消费者为中心的概念，没有消费者就没有品牌，品牌的价值体现在品牌与消费者的关系中。

（2）汤姆·邓肯（Tom Duncan）与桑德拉·莫里亚蒂（Sandra Moriary）（2000）：品牌资产 = 品牌支持度 + 品牌关系 + 沟通，真正的品牌是存在于关系和利益人的想法和内心中。

（3）年小山（2005）：品牌就是利益，在消费者心目中，一个企业一旦建立起品牌形象，意味着消费者不单是对“你”放心那么简单，而是他们会认为“你”（品牌）就是利益的保证，而购买其他产品就会冒风险。

（四）资源说

资源说瞄准品牌所具有的价值，从经济学的视角对品牌的外延（如品牌资产）进行讨论，突出品牌作为一种无形资产给企业带来的财富和利润、给社会带来的文化和时尚，以及作为一种特有的额外资产给个人带来的身份和地位等。品牌在一定程度上是脱离产品或服务而存在的一种价值和资产，具有特殊的获利能力，其代表性定义如下：

（1）叶茂中、顾小君（1998）：品牌是一种资产，是一种动态的资产。

（2）青禾工作室（2000）：品牌是一种独立的资源和资本，它是能够进行营运的……从法学的角度上讲，品牌是一种知识产权……也可以像资本一样营运，实现增值。

上述四类定义分别从不同的角度对品牌进行了界定，它们各有侧重，对我们理解和认识品牌的内涵提供了重要的参考。品牌是一个完整的系统概念。对于企业而言，品牌是一种资产，而对消费者而言，品牌是一种价值认同、地位或者身份的象征。本教程认为，品牌是指以消费者认同为根基，通过名称、术语、象征和记号等多种要素组合来区别竞争对手的产品与服务，给产品生产者和服务提供者带来溢价、产生增值的一种动态无形资产。

二、品牌分类

研究分析品牌的各种类型，可以从多方面把握和运用品牌。同时，也可根据不同类型的品牌采取相应的运营措施，以实现品牌增值。根据不同的分类标准，可以将品牌分为不同的类型。从品牌的所有者权属来看，可以将品牌划分为组织品牌和地域品牌两大类型。

（一）组织品牌

组织品牌（Institutional Brand）是指组织机构所拥有的品牌。从法学角度看，品牌的所有者是依法成立的组织机构，它们享有各自品牌所带来的收益权利。同时，也承担着自有品牌的责任和义务。组织品牌内容庞杂，又可根据不同的标准进一步划分为不同类型。例如，按品牌辐射范围，可以将品牌划分为地区品牌、国内品牌和国际品牌三种类型；按品牌产品市场地位划分，可以将品牌划分为领导型品牌、挑战型品牌、追随型品牌和补缺型品牌；按照品牌生命周期，可以将品牌划分为新入品牌、上升品牌、成熟品牌和衰退品牌；按品牌价格定位档次，可以将品牌划分为大众品牌、高档品牌和奢侈品牌；按品牌知名度划分，可以将品牌划分为驰名商标、著名商标、一般名牌、优质产品、合格产品和不合格产品（余明阳，韩红星，2008）。下面主要介绍几个关键的品牌类型。

1. 驰名商标与著名商标

驰名商标（Well-Known Trade Mark）源自1883年《保护工业产权巴黎公约》（*Paris Convention on the Protection of Industrial Property*），是指为大多数公众所知晓的商标。驰名商标的商业价值和法律地位较高，集中体现了企业的商业信誉、管理水平和产品质量。根据《中华人民共和国商标法》第十四条的规定，认定驰名商标应当考虑下列因素：①相关公众对该商标的知晓程度；②该商标使用的持续时间；③该商标的任何宣传工作的持续时间、程度和地理范围；④该商标作为驰名商标受保护的记录；⑤该商标驰名的其他因素。

著名商标是一个国家某行业品牌的翘楚，代表着“国优”水准，为国家级名牌，知名度很高，深受一国公众的喜爱，并被人们普遍认同和接受。

2. 高档品牌与奢侈品牌

高档品牌是相对大众品牌而言的，是以高定价、低产量、高品质为特征的品牌，它的目标客户定位在少数高端消费群体。企业多采用情感性价值来打造高档品牌，强调高档品牌的核心价值与品牌文化（余明阳，韩红星，2008）。随着社会消费水平的提高，高档品牌所占的比例正在日益增加，一些企业在生产大众品牌的同时，也生产一些高档品牌产品，不仅为了显示技术实力和行业地位，还为了延伸产品线和服务领域，占领更多的市场份额。

奢侈品牌是品牌中的王冠或者钻石，具有独特价值、独特风格、独特品位和绝佳质量，能引领社会的时尚潮流，具有唯一性和不可复制性。虽然高档品牌可以通过完美的品质和品牌包装在短期内诞生，但是对奢侈品牌而言，其地位绝非一蹴而就，它们绝大部分蕴含着颇高的艺术价值和悠久的历史，这是奢侈品牌与高档品牌最大的区别。奢侈品牌通过不断提高品牌价值和不断设置价格壁垒，使大众与其产生遥远的距离感，进一步维护目标顾客的优越感和尊贵感。奢侈品牌位于所有商品品牌的金字塔顶端，较少在大众媒体上发布广告，更多地专注于精英媒体的传播。

3. 国内品牌与国际品牌

国内品牌是指被本国的公民认识的品牌，它们在本国颇为畅销，拥有持续的大规模广告投入，市场占有率较高，消费者较为熟悉，在绝大多数的渠道上均有销售。与地区品牌相比，其市场竞争力更强，销售市场更大，如青岛啤酒、贵州茅台酒等基本上属于这类品牌。

国际品牌是指被世界公众广泛认知的品牌，如洲际、希尔顿、万豪、卓美亚、四季、安缦、悦榕庄等酒店品牌都属于此类行列。据统计，几乎所有的国际品牌都被发达国家所垄断，尤其是美国、日本、法国、英国、意大利、德国、瑞士等少数国家（余明阳，杨芳平，2005），它们为所在国带来财富的同时，也大大增强了这些国家的国际地位。实际上，只有真正的国际品牌才算得上名牌。

（二）地域品牌

地域品牌（Regional Brand）是指以某一地域单元为整体所呈现的区域品牌，也可称为地域形象品牌。地域品牌以组织机构品牌为支撑。

在地域品牌中，地理标志产品则是地域品牌的一种特殊形式。根据 2005 年国家质量监督检验检疫总局颁布的《地理标志产品保护规定》，地理标志产品是指产自特定地域，所具有的质量、声誉或其他特性本质上取决于该产地的自然因素和人文因素，经审核批准以地理名称进行命名的产品。地理标志产品包括：①来自本地区的种植、养殖产品；②原材料全部来自本地区或部分来自其他地区，并在本地区按照特定工艺生产和加工的产品。

三、品牌资产

20 世纪 80 年代，在营销领域诞生了品牌资产（Brand Equity）的概念，并对现代市场营销产生了深远的影响。1991 年，David A. Aaker 出版了 *Managing Brand Equity: Capitalizing on the value of a brand name*，品牌资产成为市场营销研究的一个重要热点备受学界的关注。郑宗成、汪德宏与姚承纲（2004）在《品牌知行——微观品牌管理和研究》一书中引用了 David A. Aake 品牌资产的观点，即品牌资产是指一系列与品牌、品牌名称、标识物相联系的资产和负债。它能增加或减少产品或服务的价值。品牌资产由品牌忠诚度、品牌知名度、品质认知度、品牌联想和其他独有的品牌资产构成，它们分别从不同的角度创造价值，如图 10–1 所示。同时，还在该书中明确指出，品牌资产是企业最有价值的一种长期投资。品牌资产的价值表现在以下六个方面：①是高价格的基础；②形成竞争优势，提供充足的时间对竞争威胁做出反应；③更能影响新消费者及留住现有消费者；④能给予消费者购买理由和信心，缩短购买决策过程，提高使用的满足感；⑤提高企业营销计划的执行效率；⑥促进品牌延伸。

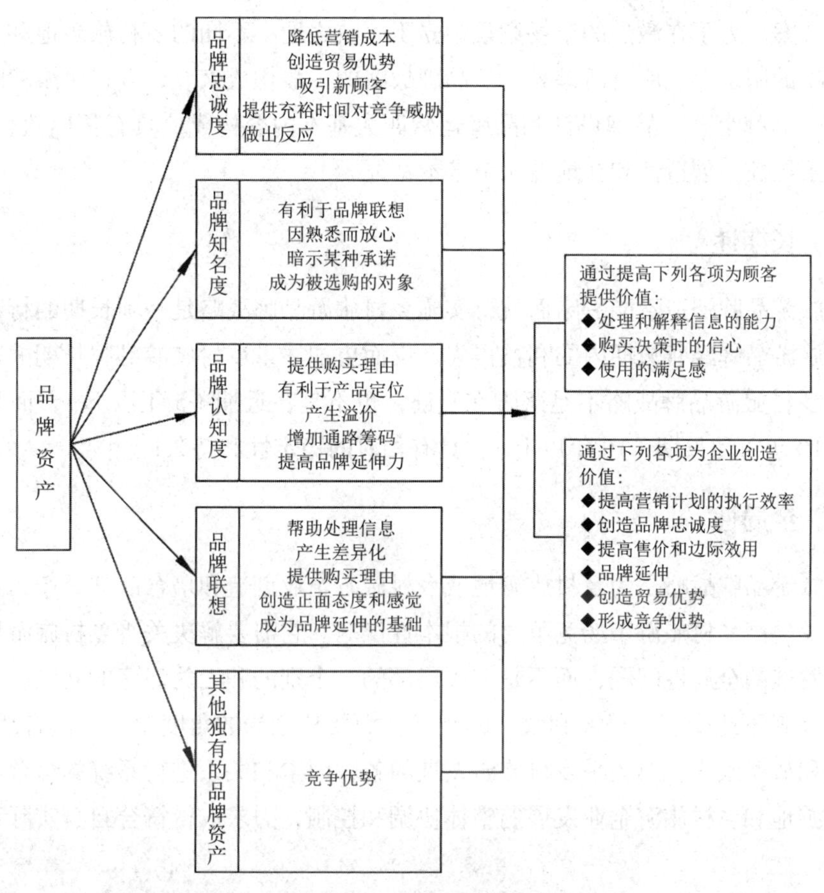

图 10-1　品牌资产构成要素创造价值示意

资料来源：郑宗成，汪德宏，姚承纲．品牌知行——微观品牌管理和研究［M］．广州：中山大学出版社，2004：10.

第二节　乡村旅游品牌战略

乡村旅游市场群雄逐鹿，如果稍有不慎，就会遭到竞争者蚕食和吞并，抑或被市场无情淘汰。实施乡村旅游品牌战略，树立起较好的乡村旅游品牌，赢得市场的认可与青睐，从而在旅游市场竞争中立于不败之地，是乡村旅游发展的必由之路。

一、乡村旅游品牌战略内涵

乡村旅游品牌战略是指乡村旅游地或乡村旅游企业将品牌作为核心竞争力使自己取得竞争优势，获得更多利益的长期性、根本性谋略。在品牌战略实践中，它表现为一个乡村旅游地或乡村旅游企业围绕所要实现的品牌目标所制定的关乎全局性的长远发展规划与行动方案。为了在激烈的市场竞争中立于不败之地，不同的乡村旅游地和乡村旅游企业在战略的制定上也应有所差异。从品牌战略的一般构成来看，乡村旅游战略大致由品牌定位、品牌组合、品牌设计和品牌运营四大基本内容构成，具有长期性、全局性、引导性、系统性、创造性和在地性六个基本特征。

（一）长期性

乡村旅游品牌塑造不能一蹴而就，实施乡村旅游品牌战略是一项长期的行动。它不在乎乡村旅游品牌经营短期内的利益得失，反而更加注重乡村旅游品牌长期的影响力和持续力。乡村旅游品牌战略不是落脚在当前，也不是在近期（5 年以下），而是放眼在中期（5~10 年）和长期（10 年以上），具有相对的稳定性和持久性。

（二）全局性

乡村旅游品牌战略是为乡村旅游地或乡村旅游企业创造和培育品牌资产，扩大市场影响力以及提高乡村旅游市场竞争力的根本性谋略。它需要解决关乎乡村旅游地与乡村旅游企业发展的全局性问题，而不是解决局部的、个别的和无关痛痒的问题。它要求乡村旅游决策者不能受制于局部和眼前的利益，而要从全局的角度出发，富有战略意识、战略思想和战略眼光，对关乎乡村旅游发展的各种因素和关系进行系统的综合考虑，注重乡村旅游地和乡村旅游企业发展的整体协调和控制，力求取得符合自身实际和市场规律的发展。

（三）引导性

乡村旅游品牌战略的制定从全局出发，围绕品牌塑造的目标而制定。它对乡村旅游地的各种经营实体、管理部门以及乡村旅游企业下属部门的决策与行动均具有引导作用。在乡村旅游品牌塑造的过程中，相关机构和部门所有的决策与行动都要与所制定的品牌战略要求一致，一旦出现了背离，就必须及时对其进行修正和调整，确保品牌的始终如一，彰显出品牌所承诺的价值和精神。

（四）系统性

从生命周期上看，乡村旅游品牌战略包括了品牌的创造、推广、发展、更新与撤退过程，并贯穿着相应的品牌保护。从构成内容上看，乡村旅游品牌战略包括了品牌定位、品牌组合、品牌设计和品牌运营四项基本内容。它不是一个独立存在的个体和静态之物，而是一个由诸多要素所构成的、有着成长特征的有机整体，具有系统性。乡村旅游品牌战略系统内部的各种构成要素和运行阶段相互联系、相互制约和相互影响，从而推动或制约乡村旅游地和乡村旅游企业的发展。

（五）创造性

在乡村旅游品牌战略制定的过程中，每一个乡村旅游地和乡村旅游企业自身的条件都有所迥异，并且所处的乡村旅游市场环境都不尽相同，他们必须在进行调查研究的基础上，充分发挥团队的想象力和创造力，有针对性地制定适合自己的品牌发展战略，才能取得出奇制胜的效果。从一个品牌构想的提出到确立再到市场的认可，无一不是人们创造性思维的结果。没有创造性，乡村旅游品牌就会丧失生命力、影响力和竞争力。乡村旅游品牌战略作为现代乡村旅游地和乡村旅游企业战略管理的核心，其价值就在于它创造了一个有别于他者的“独特性”，甚至是“唯一性”。如果仅仅跟着竞争对手进行简单的克隆和模仿，就不可能会得到乡村旅游市场的认可，更不可能在激烈的乡村旅游市场竞争中立于不败之地。

（六）在地性

所谓乡村旅游品牌战略的在地性包含两个方面的含义。一是乡村旅游品牌战略必须凸显出乡村旅游地的地方文化，彰显出地方文化精神。从这一角度上讲，乡村旅游品牌需要根植在乡村文化的沃土之中，拥有乡村文化的灵魂内核。二是乡村旅游品牌战略的市场在地性，即它要与客源地的文化心理相契合，从而引起故乡与他乡的情感共鸣。

二、乡村旅游品牌定位

定位是乡村旅游品牌战略的核心。乡村旅游地和乡村旅游企业通过品牌定位为乡村旅游地或乡村旅游企业寻找一个鲜明而持久的形象，在激烈的市场竞争中构建新秩序、培育新价值，以实现长远占领市场的宏伟目标。

（一）乡村旅游品牌定位的含义

乡村旅游品牌定位（Rural Tourism Brand Positioning）是指乡村旅游地或乡村旅游企业在乡村旅游市场定位和乡村旅游产品定位的基础上所做的品牌差异化市场营销决策，即为乡村旅游地或乡村旅游企业的品牌确定适当的市场位置，使乡村旅游地或乡村旅游企业的产品与服务在乡村旅游者心中占据一个特殊位置，进一步实现乡村旅游目标市场与乡村旅游品牌形象的有机互动。一旦乡村旅游者的某种乡村旅游需求产生，他们就会随即想起相应的品牌。例如，当我们想去体验苗族文化时，就会想起贵州。

乡村旅游品牌是一个涵盖极广的概念，存在于乡村旅游地和乡村旅游企业的诸多方面。从旅游目的地的角度看，乡村旅游地品牌具有极大的品牌张力，这是乡村旅游品牌的宏观方面，它为游客提供了一个心向往之的理由。乡村旅游地的一山一水、一草一木，哪怕是一座小桥、一座农舍、一缕炊烟……都是游客的诗与远方，都会引起游客无尽的遐想，从而为乡村旅游地的经营户带来无限的商机。对乡村旅游地进行统一的品牌包装和运营就会显得极为重要。从经营者的角度看，乡村旅游品牌主要体现在乡村旅游企业所提供的产品和服务上，这是乡村旅游品牌的微观方面，它直接关系到乡村旅游品牌的成败。作为直接乡村旅游产品和服务的提供者，如果没有强烈的品牌定位意识，就只能跟在别人的后面亦步亦趋，可能会卷入市场竞争的“红海”之中。乡村旅游品牌定位为乡村旅游地和乡村旅游企业指明了方向，在一定程度上引领乡村旅游地和乡村旅游企业的发展。

乡村旅游品牌定位非常强调要从乡村旅游目标市场和乡村旅游竞争者的角度来思考和定位，这样才能实现差异化。乡村旅游品牌定位不是一句空话，而是一个实实在在的过程。我们认真分析了竞争对手，在市场细分的基础上也确定了目标市场，拟定了品牌名称、宣传口号，设计了标识，但这并不代表乡村旅游市场定位的结束，还需要在日后的经营管理中兑现品牌承诺，实现表里如一。同时，乡村旅游市场定位不是向目标市场一次性传递信息后就匆匆了事，而是一个长期的过程。乡村旅游市场定位只有将现实而具体的乡村产品、乡村旅游服务与所确立的品牌形象和市场营销进行系统组合才能有效。

（二）乡村旅游品牌定位目标

余明阳和杨芳萍（2008）将品牌定位的目标总结为三个：一是积累品牌资产，二是凝结品牌核心价值，三是塑造品牌个性。乡村旅游品牌定位除上述三个目标外，还需要唤起“主—客”共鸣，这是乡村旅游品牌定位的高级目标。

1. 积累品牌资产

积累品牌资产是实施乡村旅游品牌战略的战略目标。乡村旅游地与乡村旅游企业不约而同地花重金打造品牌，其原因是品牌作为一种无形资产，能带来更多超越本身价值的附加价值。从品牌资产的财务概念模型来看，品牌赋予了乡村旅游地和乡村旅游企业产品溢价的无形资产的作用。一个成功的品牌定位需要以扩大乡村旅游产品的销售规模、提高乡村旅游产品的附加值和乡村旅游市场占有率为目标。从品牌资产的品牌力概念模型来看，乡村旅游品牌与乡村旅游者的态度、品牌忠诚度、品牌认知度和乡村旅游者行为等紧密联系，乡村旅游品牌资产的大小主要体现在品牌自身的成长与扩张能力上，乡村旅游品牌定位不是着眼于短期利益，而是更加注重品牌给乡村旅游地和乡村旅游企业带来的长远发展潜力。从品牌资产的消费者概念模型来看，乡村旅游品牌定位的成功表明了该品牌下的乡村旅游产品在乡村旅游者心中占据了一定的地位。如果乡村旅游品牌定位对乡村旅游者而言没有实质上的意义，乡村旅游品牌资产就无从谈起。乡村旅游品牌定位要使乡村旅游地或乡村旅游企业与乡村旅游者建立起有价值的联系，较好地满足乡村旅游者的某种需求，兑现品牌承诺，使乡村旅游者对乡村旅游品牌产生积极的态度和认知，最终与乡村旅游者建立某种情感联结，产生较好的品牌忠诚度和美誉度。

2. 凝结品牌核心价值

品牌的核心价值作为品牌的灵魂，它超越时空，为人们带来无尽的品牌联想。品牌的核心价值是一个品牌中最有价值的一部分。为提高市场竞争力，找准自己的市场位置，每一个乡村旅游地和乡村企业在对自己的产品和服务进行品牌定位时，都需要找准和提炼出各自品牌的核心价值。通过品牌核心价值来应对和超越快速变化的外部环境，以对核心价值的永远追求来兑现品牌承诺，凸显品牌的延续性。

3. 塑造品牌个性

乡村旅游品牌个性是乡村旅游品牌核心价值的外在表现，那些个性特征鲜明的乡村旅游品牌定位最容易被乡村旅游者所识别和接受。乡村旅游品牌定位要在乡村旅游者心中占有一席之地，独有的品牌个性则是登陆乡村旅游者心灵的密钥。具有个性的乡村旅游品牌可以触发乡村旅游者内心深处的自我体验，从而使乡村旅游者对乡村旅游地和乡村旅游企业的产品与服务产生认同。

4. 唤起“主—客”共鸣

绝大部分品牌定位是从消费者、竞争者和品牌自身三个维度上去思考，更多地从市场角度关注品牌的战略定位问题。然而，乡村旅游地与乡村旅游企业所提供的产品与服务来自“乡土”，乡村旅游地的居民（即东道主）是“乡土”的守护者和“乡土文化遗产”的创造者和拥有者，乡村旅游品牌定位需要充分考虑乡村的地域识别性和原住民的社会文化心理，不得侵犯乡村原住民的文化隐私与信仰，更不能与其社会文化心理相抵触。品牌定位不仅要考虑市场的影响力、生命力，还需要突出乡村特色和价值，在东道主和游客之间建立情感联系，从而唤起“主—客”共鸣。

（三）乡村旅游品牌定位原则

1. 市场导向

乡村旅游品牌定位必须坚持市场导向原则。所谓市场导向，就是指在乡村旅游品牌定位的过程中，乡村旅游经营管理者要善于把握、发现和引领乡村旅游市场需求，通过研究乡村旅游市场需求和判断乡村旅游市场发展趋势，把握乡村旅游市场竞争者，根据乡村旅游地和乡村旅游企业发展实际，做出切实有效的乡村旅游品牌定位。如果对乡村旅游竞争者情况和乡村旅游者的旅游需求、旅游心理和旅游行为把握得越准确，乡村旅游品牌定位就会越有效、越精准。

2. 差异突出

对乡村旅游品牌进行定位就是寻找出某乡村旅游地和其他乡村旅游地的差异，以及某乡村旅游企业的产品与服务与其他乡村旅游企业的产品与服务的差异。没有差异化的乡村旅游地就不能称作有特色的乡村旅游目的地。与此同时，一个没有差异化产品和服务的乡村旅游企业，亦不能称之为品牌企业。乡村旅游品牌的差异化贯穿于乡村旅游品牌定位的始终，只有通过差异化的乡村旅游品牌定位，乡村旅游经营管理者才能把乡村旅游地与其他乡村旅游地区别开来，才能使自身所提供的产品与服务有别于他者。如此，乡村旅游地和乡村旅游企业才能以崭新的、与众不同的品牌形象引起乡村旅游者的关注，从而实现乡村旅游品牌定位的目标。

3. 系统全面

在对乡村旅游品牌进行定位之前，需要全方位收集有关乡村旅游市场需求和竞争者的信息，为乡村旅游品牌定位决策提供重要支撑。同时，要更加关注乡村旅游市场的发展趋势与宏观的外部环境，并对其进行综合的研判，最终实现精准的乡村旅游品牌定位。

4. 注重效益

虽然品牌是能给乡村旅游地和乡村旅游企业带来收益的无形资产，但是对乡村旅游品牌进行运营和管理就需要源源不断地投入相应的物力和财力。乡村旅游品牌定位作为品牌运营管理中的一项重要内容，同样也需要乡村旅游地和乡村旅游企业的经营管理者付出一定的经济成本，成本的多寡终因乡村旅游品牌定位的不同而有所差异。

5. 实事求是

乡村旅游地与乡村旅游企业自身的各种资源条件是进行乡村旅游品牌定位的重要参考内容之一。无论何种乡村旅游品牌定位，在执行过程中都需要动用乡村旅游地或乡村旅游企业的相关资源。实事求是原则要求乡村旅游品牌定位要从乡村旅游地或乡村旅游企业的实际出发，在充分了解乡村旅游地或乡村旅游企业各种人力、物力、财力和公共关系资源的基础上，对乡村旅游地或乡村旅游企业的资源整合能力进行充分评估，才能做出符合乡村旅游地或乡村旅游企业现实条件的品牌定位。既要防止品牌定位过高导致的乡村旅游地或乡村旅游企业资源的不相匹配，又要提防品牌定位过低造成的资源浪费。乡村旅游品牌定位可以适当超前，但不能脱离实际，只有本着实事求是的原则，才能更好地完成乡村旅游品牌定位。

（四）乡村旅游品牌定位方法

方法是开启智慧之门的钥匙。乡村旅游品牌定位方法可以参照品牌定位的一般方法进行。高定基（2013）对品牌定位的方法进行了归纳，总结出了品牌定位的 15 种方法，乡村旅游品牌定位可以在这 15 种方法中选择一种或进行多种组合，以完成乡村旅游品牌的定位。

1. 比附定位

乡村旅游品牌的比附定位是指乡村旅游经营管理者通过攀附名牌和比拟名牌来给自己的产品与乡村旅游地进行定位的方法。比附定位主要包括三种方法。一是甘居“第二”，它明确承认同类中另有最负盛名的品牌，自己只不过是第二而已。这种策略会使人们对乡村旅游地或乡村旅游企业产生谦虚诚恳的印象，从而较容易使乡村旅游者较为容易识别和记忆。二是攀龙附凤。此种方法的切入点亦如上述，它首先承认同类中已具有极大影响力的乡村旅游地或乡村旅游产品品牌，本品牌虽自愧不如，但在某地区或在

某一方面还可与其并驾齐驱。三是“高级俱乐部策略”，乡村旅游地或乡村旅游产品若不能取得第一名或攀附第二名，便知难而退，借助群体的声望和模糊数学的手法，打出入会限制严格的俱乐部式的高级团体牌子，强调自己是这一高级群体中的一员，从而提高自己的地位形象。如某乡村旅游地可宣称自己是全国十大知名的乡村旅游地之一，最受游客喜爱的百佳乡村旅游商品等。

2. 利益定位

乡村旅游品牌的利益定位是指乡村旅游经营管理者根据乡村旅游地与乡村旅游产品所能满足的需求或所提供的利益、解决问题的程度来定位。进行定位时，它专门向乡村旅游者传达单一的利益或多重利益。但因乡村旅游者所能记住的信息有限，这种定位方法通常只针对某一强烈诉求和容易产生较深印象的消费者做出承诺，突出乡村旅游品牌的个性。

3. USP 定位

USP 定位是 Unique Selling Proposition 的英文缩写，中文译为“独特销售主张”或“独特卖点”。此种定位方法与利益定位相差不大，唯一的区别是利益定位方法可能强调单一或多重的利益，但 USP 定位方法强调一个卖点。在乡村旅游品牌的 USP 定位中，乡村旅游品牌的运营管理者需要在对乡村旅游产品和目标市场进行研究的基础上，寻找乡村旅游地或乡村旅游产品特点中最符合乡村旅游者需要的且竞争对手所不具备的和最为独特的部分来进行定位。

4. 消费群体定位

该定位方法在乡村旅游品牌定位的运用中，直接以某类乡村旅游消费者群体为诉求对象，突出乡村旅游地或乡村旅游产品专为该类消费群体服务，来获得目标消费群认同的方法。此种方法把乡村旅游品牌与某类乡村旅游消费群体结合起来，有利于增进乡村旅游者的归属感，使其产生“我自己的品牌”的感觉。

5. 市场空档定位

乡村旅游品牌运营管理者寻求乡村旅游市场上尚无人重视或未被竞争对手控制的位置，使自己推出的乡村旅游地与某品牌的乡村旅游产品能适应目标市场需要的定位方法称为“市场空档定位”。乡村旅游经营管理者在做出这种决策时，需要充分考虑经济（主要是价格与投资）、技术与市场（要有足够的乡村旅游者）的可行性，如果这三个基本条件能满足，就可以进军此市场。

6. 类别定位

类别定位也称与竞争者划清界限的定位。为了与某些知名而又常见的乡村旅游地或乡村旅游产品有所区别，将乡村旅游地或乡村旅游产品定为与之不同的另类。

7. 档次定位

按照品牌在乡村旅游者心中的价值高低，可以将乡村旅游品牌分出不同的档次，如高档、中档和低档，不同档次的乡村旅游品牌会带给乡村旅游者不同的心理感受和情感体验。高档品牌传达了乡村旅游产品的高品质的信息，往往会通过高价位来体现其价值，并被赋予很强的表现意义和象征意义。

8.“质量—价格”定位

“质量—价格”定位是指结合对照质量和价格来进行品牌定位的方法。乡村旅游者对乡村旅游产品的质量和价格最为关注，他们一般会将二者结合起来进行综合考虑。不同乡村旅游者的侧重点会有所不同，如果乡村旅游产品的目标市场属于中等收入的理智型购买者，可定位为“物有所值”的乡村旅游产品，作为与“高质高价”或“物美价廉”相对立的定位。

9. 文化定位

文化是旅游的灵魂。将文化内涵融入乡村旅游品牌，形成文化上的品牌差异，这不仅可以极大地提高乡村旅游品牌的品位，而且还可以使乡村旅游品牌形象更具特色。

10. 对比定位

对比定位也称排挤竞争对手的定位。它是指通过与乡村旅游竞争对手的客观比较来确定自己定位的方法。在此定位中，乡村旅游经营管理者需要设法改变乡村旅游竞争者在乡村旅游者心目中现有形象，找出其缺点或弱点，并用自己的品牌与之对比，从而确立自己在乡村旅游者心目中的地位。

11. 情感定位

在情感定位方法中，乡村旅游企业或乡村旅游地运用乡村旅游产品直接或间接地冲击乡村旅游者的情感体验而进行定位，用恰当的情感唤起乡村旅游者内心深处的认同和共鸣，适用和改变乡村旅游者的心理。

12. 首席定位

首席定位方法强调自己是同行业或同类乡村旅游产品中的领先地位，在某一方面有独到的特色。乡村旅游经营管理者在广告宣传中使用“正宗的”或“受欢迎的”等口号，就是首席定位策略的运用。

13. 经营理念定位

乡村旅游经营管理者运用鲜明的经营理念作为乡村旅游品牌的定位诉求，体现乡村旅游地或乡村旅游企业的内在本质，并用较确切的文字和语言描述出来，这种方法称为乡村旅游品牌的经营理念定位。一个乡村旅游地或乡村旅游企业如果具有正确的企业宗旨、良好的精神面貌和经营管理哲学，经营管理者采用理念定位策略就会容易树立起美誉度较高的形象，品牌价值（特别是情感价值）也会得以提高。

14. 概念定位

在概念定位中，通过对乡村旅游品牌概念的阐释和推广，使乡村旅游品牌在乡村旅游者心智中占据新位置，形成新概念，甚至造成一种思维定式，以获得乡村旅游者的认同，使其产生购买欲望。

15. 自我表现定位

我们可以将乡村旅游经营管理者通过表现乡村旅游品牌的某种独特形象，宣扬独特个性，让乡村旅游品牌成为乡村旅游者表达个人价值观、审美情趣和个性特征的一种载体和媒介的定位方法称之为乡村旅游品牌的自我表现定位。自我表现定位体现了一种社会价值，能给乡村旅游者一种表现自我个性和生活品位的审美体验。

（五）乡村旅游品牌定位步骤

菲利普·科特勒（Philip Kotler，2001）将市场定位分三个基本步骤。第一步：识别可能的竞争优势，列出竞争者的差异点；第二步：选择合适的竞争优势，这些优势必须具有独特性、感知性、营利性等特征；第三步：传播并送达选定的市场定位，用相应的营销组合策略予以配合。乡村旅游品牌定位作为一项抢占目标客源市场的科学行动，需要遵循市场定位的一般规律，并以关注乡村旅游目标客源群体的核心利益与价值作为第一前提。李飞和刘茜（2004）认为，科特勒总结归纳的STP模型（Segmentation——细分、Targeting——目标、Positioning——定位）缺少对目标市场细分的过程和到位的过程，并将市场定位过程划分为找位（研究市场、细分市场和选择目标顾客群）、选位（细分目标顾客需要利益、确定满足目标顾客的利益点）和到位（产品、价格、分销和促销策略的组合）三大过程阶段，在此基础上提出了定位钻石模型（见图10–2）。

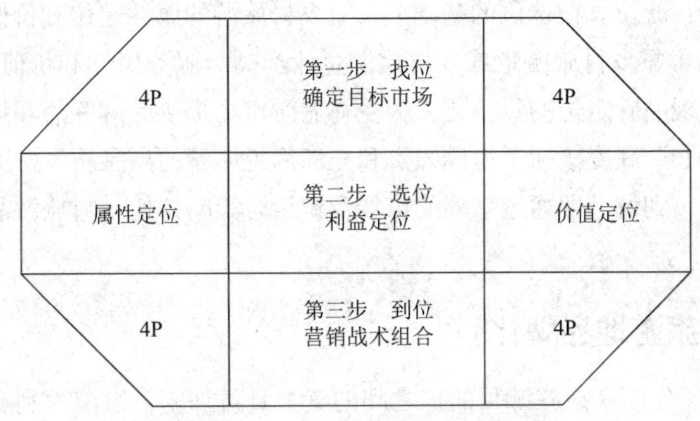

图 10–2　市场定位钻石模型

资料来源：李飞，刘茜．市场定位战略的综合模型研究［J］，南开管理评论，2004，7（5）：41.

在该模型中，李飞根据汤姆·雷诺兹（Tom Reynolds）和丘克·吉恩格勒（Chuck Gengler）的“手段—目的”理论，对属性定位和价值定位进行了阐述。即顾客购买产品和服务时的出发点是要实现一定的价值，价值的实现就需要取得一定的利益，利益的实现就需要购买一定的产品和服务的属性。属性由内部属性和外部属性所构成，内部属性包括原材料、形态、制造过程等；外部属性包括服务、品牌、包装和价格。产品和服务的功能利益组合实现了价值，不同的消费者对产品和服务有着不同的利益诉求，而利益则是由不同的产品和服务属性来实现的。价值确定产品和服务带来的利益，利益确定产品和服务的属性（李飞，2006）。因此，定位就包含了价值定位、利益定位和属性定位三个方面，利益定位是目的，价值定位和属性定位是手段。

这种定位在乡村旅游地品牌定位中依然有着一定的指导意义。旅游者前往某乡村旅游地都有着一定的利益需求，如怀旧、休闲、度假等。作为乡村旅游地的经营管理者，就必须提供能满足旅游者利益需求的产品和服务，只有这样，所提供的产品和服务才有价值，而这种产品和服务价值则是由乡村旅游地的环境、服务、价格等多种因素共同决定的。乡村旅游地环境、服务、价格等就是乡村旅游地的属性。例如，裸心谷“心向自然，返璞归真”是其利益定位，乡野与自然是其属性定位，而“野奢”则是价值定位。

根据上述钻石模型，乡村旅游品牌定位步骤如下：

（1）第一步：找位。在市场研究的基础上，对乡村旅游市场进行细分，精准找到乡村旅游目标客源市场，并对乡村旅游目标市场群体的4P（Product：产品；Price：价格；Place：分销；Promotion：促销）等特征进行深入了解。

（2）第二步：选位。通过找位，细分乡村旅游目标市场群体的利益，并对乡村旅游市场竞争对手进行分析研究，找出切合乡村旅游目标市群体且与竞争对手差异化的利益点，再将这个利益点与乡村旅游地实际相结合，确定乡村旅游地的属性定位和价值定位。

（3）第三步：凝位。在选位的基础上，对乡村旅游的属性定位和价值定位进行高度的凝练，提取出彰显乡村旅游地或乡村旅游企业产品与服务属性和价值的文字、符号、宣传口号等，实现品牌定位的具象化，为乡村旅游市场提供品牌联想和抢占市场奠定坚实基础。如“裸心”高度概括了返璞归真和充满愉悦体验的高品质乡村度假生活。

（4）第四步：到位。即通过系列的市场营销组合策略，使乡村旅游品牌得到市场的认可。

三、乡村旅游地品牌化

20世纪90年代以来，旅游目的地之间的竞争日益加剧，以澳大利亚、新西兰、瑞士、纽约、加利福尼亚为代表的国家和地区都在通过旅游目的地品牌化来形成新的竞争优势，旅游目的地品牌化（Tourism Destination Branding）逐步成为旅游目的地营销的重心（吴小天，2014）。乡村旅游地品牌化（Rural Tourism Destination Branding）是指乡村旅游地的经营管理者在旅游市场分析研判的基础上，对乡村旅游地的所有特征属性进行高度提炼，将其整合在统一运营的概念主题之下，不断塑造区别于市场竞争者的独特身份和个性，以提高乡村旅游地知名度、美誉度和影响力的系列市场营销组合。摩根·奈吉尔（Morgarl Nigel）、普里查德·安妮特（Pritchard Annette）与皮雷德·罗杰（Pride Roger）（2004）认为，品牌化增加了旅游目的地的生产力、差异性和竞争力，是当代目的地营销者最有利的营销武器。

（一）乡村旅游地品牌基本特征

美国杜克大学（Duke University）富奎商学院（Fuqua School of Business）的凯文·莱恩·凯勒（Kevin Lane Keller）在其所著的《战略品牌管理》一书中认为，像产品和人一样，地理位置或某一空间区域也可以成为品牌。乡村旅游地品牌作为一种地域品牌，与一般品牌的差别较大。根据陶犁与冯斌（2010）在《关于旅游目的品牌忠诚度的理论探析》一文中的观点，乡村旅游地品牌具有以下八项基本特征。

1. 排他性弱

某一乡村旅游地品牌的使用政府要有特殊的法律限制，否则，一个企业对乡村旅游地品牌的使用无法完全阻止其他企业对该品牌“搭车”使用的行为。

2. 出发点不同

一般品牌营销的出发点主要有两个：竞争与顾客。然而，乡村旅游地品牌营销则是出于对乡村旅游环境的高度依赖。

3. 主体不同

通常而言，品牌的注册主体与运作主体均是企业，而乡村旅游地品牌作为一种营销战略，主要由国家、城市、乡镇等行政区域的行政主体或者行政村的村集体来负责实施。

4. 构成的复杂性不同

乡村旅游地品牌不都是单一的，它是一个系统品牌，乡村旅游产品作为一项综合性的产品，其品牌实际上是由不同的企业、经营户的单一旅游品牌所构成的整体乡村旅游品牌，涵盖了不同的乡村旅游要素品牌，是一个较为完整的乡村旅游品牌群。各种品牌彼此联系，共同支撑形成整体的乡村旅游地品牌。

5. 作用不同

一般品牌的经济功能占重要地位，社会与文化功能相对较弱，而乡村旅游地品牌的社会、文化功能与经济功能均同等重要。

6. 延伸性不同

品牌可以延伸至同行业的其他产品甚至其他行业的产品。由于乡村旅游资源的不可移动性，乡村旅游地品牌或者无法延伸或者只可做有限的延伸，品牌的在地性相对较强。

7. 不可转让

乡村旅游地品牌不能够脱离其所在地理空间转移到其他地理区域，这是由乡村旅游资源的不可转移性所决定的。一旦乡村旅游地品牌脱离其所依赖的旅游吸引物、社会文化环境和自然生态环境等因素，乡村旅游地品牌就失去了其存在的基础，变得空洞，没有了生命。

8. 品牌价值难以估量

作为区域空间品牌的乡村旅游地品牌，它所关联的因素颇为广泛，对乡村旅游地的广度和程度的影响也非一般商品品牌所能比。因此，乡村旅游地品牌价值的衡量颇有困难。

（二）乡村旅游地品牌化的目标

乡村旅游地品牌并不是由经营管理者的想法决定的，而是由游客对乡村旅游地的总体感知来决定的。游客与众多的利益相关者对乡村旅游地积极感知和良好的印象积累成就了乡村旅游地品牌。在此，我们可以援引王亚辉、明庆忠和王峰（2010）在《基于品牌关系的旅游目的地品牌构建研究》一文中的观点，即乡村旅游地品牌是以“游客”为中心的概念，乡村旅游地品牌的最终价值体现在游客对品牌的情感体验中，体现在乡村旅游地品牌能为旅游者带来的利益和效用上。由此，乡村旅游目的品牌化的目标主要有以下几点。

1. 增强乡村旅游地的竞争力

增强乡村旅游地市场竞争力是乡村旅游地品牌化的重要目标之一。随着乡村旅游地的不断涌现，许多国家和地区都在不约而同地采取不同的措施和手段来吸引游客。品牌作为乡村旅游地的标识与承诺，向游客传递了乡村旅游地独特的价值和魅力，引发游客无尽的联想与向往，进而激发游客的旅游动机。同时，乡村旅游地品牌作为一种自我价值体现的载体，在一定程度上满足了游客某种特殊的心理诉求。

2. 扩大乡村旅游地的知名度

乡村旅游地的知名度决定着乡村旅游目的的市场影响力大小。乡村旅游地品牌化的一个重要目标之一就是要通过乡村旅游地品牌的塑造来提高旅游市场影响力。同时，品牌知名度在一定程度是潜在旅游购买者认识和记忆一个乡村旅游地的重要影响因子，在一定程度上影响着旅游者的购买决策。

3. 提高乡村旅游地的美誉度

一个好的乡村旅游地品牌，必然会赢得市场的好口碑，从而对乡村旅游地的市场竞争力产生积极作用。美誉度是乡村旅游地品牌力的重要维度，表现为游客对乡村旅游地的信任、好感、支持和赞许程度，而非知名度可比。

4. 提高游客对乡村旅游地的忠诚度

完成乡村旅游地品牌化的一个重要标志就是这个乡村旅游地已经成功俘获游客的心。游客在众多的乡村旅游地中选中这个乡村旅游地，多次到访不但不觉得厌倦，反而有着更多的欣喜和发现……从而实现了乡村旅游地与游客的持久情感维系，这是乡村旅游地品牌化的最高目标。

（三）乡村旅游地品牌个性

乡村旅游地品牌个性（Rural Destination Brand Personality）是指游客所认同的与乡村旅游地相互关联的一组个性化特征。乡村旅游地数量日益增多，旅游市场竞争进入了白热化阶段。从功能属性出发的乡村旅游地定位非常容易被取代。为加深游客对某一乡村旅游地的识别和认可程度，使其在众多的乡村旅游地中脱颖而出，从而获得更多的生存和发展机会，急需在品牌建设过程中赋予乡村旅游地品牌既鲜明又独特的个性。

张一、王玲与邵林涛等人（2015）以江苏无锡荡口镇与华西村为例，探讨了目的地品牌个性在乡村旅游地差异化竞争中的应用问题。其研究结果表明：旅游者通过对乡村旅游地品牌个性特征的感知，可区分邻近的乡村旅游地，并对乡村旅游地各自突出的品牌个性进行差异性反应。在乡村旅游地品牌化的过程中，品牌运营管理者要善于挖掘和提炼出乡村旅游地的品牌个性，并将突出的品牌个性贯穿于乡村旅游地的产品建设和旅游形象的传播与推广中，从而使乡村旅游地特色更加鲜明。

第三节　乡村旅游品牌设计

一、乡村旅游品牌要素

乡村旅游品牌是由诸多要素构成的一个有机整体，乡村旅游品牌设计实则是对构成乡村旅游品牌诸多要素的系统设计，明确乡村旅游品牌要素内容是进行乡村旅游品牌设计的基本前提。

（一）乡村旅游品牌要素内涵

乡村旅游品牌要素是旅游者识别乡村旅游品牌的重要标志和内容，是乡村旅游品牌外在的和具象的东西，主要包括乡村旅游品牌的名称、标识、图标、标准字、标志色、包装、吉祥物、主题曲、标志景观等内容。其中，名称是品牌的核心，其他的诸如标识、图标、标准字等可以统称为乡村旅游的视觉形象系统（VI）。乡村旅游品牌要素对于乡村旅游企业和乡村旅游地的品牌建设极为重要，在设计过程中，应该从乡村旅游品牌战略的高度充分考虑后期的传播推广、运营管理和乡村旅游品牌资产的增加。

（二）乡村旅游品牌要素设计标准

为保证乡村旅游品牌元素功能的最大化，在设计乡村旅游品牌元素时需要遵循一定的标准，如表 10–1 所示。

表 10–1 乡村旅游品牌元素设计标准

标准	具体要求
可记忆	容易识别，容易回忆
有含义	具有描述性、说服性、趣味性和联想性
可保护	有竞争的角度，有法可依
可适应	设计灵活，可以更新
可转换	能在乡村产品之间以及乡村旅游地进行适当的转换

资料来源：余明阳，杨芳平．品牌学教程［M］．上海：复旦大学出版社，2009：146，略有改动。

二、乡村旅游品牌命名

一个很好的乡村旅游品牌不仅可以引发游客无穷无尽的联想，还可以反映乡村旅游地的特点和乡村旅游企业所提供的产品与服务特色，有着强烈的市场冲击力。而品牌最直观的反映也在其名称上，正如“人如其名”一样的道理。例如，当提到普罗旺斯，我们就会想起蓝色的海岸、满地的薰衣草与优质的葡萄酒，充满了浪漫和甜蜜的色彩；而提到清迈，我们就会想起寺庙与玫瑰，有一种闲适与安详、休闲和慵懒的格调……可以毫不夸张地说，一名值千金！名称既是品牌的代表，又是品牌的灵魂。乡村旅游品牌命名需要遵循以下基本原则。

（一）合法有效

合法有效是乡村旅游品牌命名的第一原则。当完成某个乡村旅游品牌的命名后，必须经过专门的法律审查，不得违反相关法律法规的规定。譬如，命名的品牌名称至少不是被他人所注册的，如果使用已被他人注册的品牌，就会涉嫌侵犯了他人的注册商标专用权。

根据《商标法》第五十七条的规定，有下列行为之一的，均属于侵犯注册商标专用权。

（1）未经商标注册人的许可，在同一种商品上使用与其注册商标相同的商标的。

（2）未经商标注册人的许可，在同一种商品上使用与其注册商标近似的商标，或者在类似商品上使用与其注册商标相同或者近似的商标，容易导致混淆的。

（3）销售侵犯注册商标专用权的商品的。

（4）伪造、擅自制造他人注册商标标识或者销售伪造、擅自制造的注册商标标识的。

（5）未经商标注册人同意，更换其注册商标并将该更换商标的商品又投入市场的。

（6）故意为侵犯他人商标专用权行为提供便利条件，帮助他人实施侵犯商标专用权行为的。

（7）给他人的注册商标专用权造成其他损害的。

（二）简洁明了，独树一帜

品牌名称的字数多寡会对品牌认知产生影响。一般而言，品牌名称越简短，就越利于市场推广和传播，同时也便于公众记忆。心理学有研究表明：在人们所接受的外部信息中，83% 的印象通过眼睛，11% 借助于听觉，3.5% 依赖触觉，其余的来源于味觉和嗅觉（张蕾，2005）。纵观世界的知名品牌，它们都很简洁明了，如雅高、安缦、悦榕庄等。国内很多有影响力的民宿品牌更是如此，如花筑、心宿、久栖、原舍、松赞等都是很简洁的两个字，但这两个字却与众不同，它创造了一种独有的品牌价值追求，从而在众多的民宿品牌中独树一帜。

原舍是目前国内最大的精品民宿品牌之一，代表着“原舍乡土，原本生活”。2012 年，国内首家原舍在浙江莫干山开启，瞬间成为颇有名气的民宿。经过五年的发展，到了 2017 年，原舍在云南、松阳、苏州、南京、周庄、锦溪等地相继建立，一跃成为国内民宿连锁品牌的典型。在原舍成长的过程中，还衍生出了“圃舍”和“树蛙”，分别代表着“以田为圃，以圃为家”的农耕情怀以及“忠于自然，融入山野”的野奢体验。原舍的 Logo 通过运用“原舍”隶书体进行适当的变形和夸张，充满韵律的书法线条和留白配置形成了颇具创意的中国乡土民居构图，极大地凸显了原舍所追求的价值观（见图 10–3）。

图 10–3　原舍商标图形

资料来源：中国商标网，http://wcjs.sbj.cnipa.gov.cn.

（三）讲究文化，富有格调

一个拥有文化底蕴和富有格调的品牌名称，不仅可以凸显乡村旅游地的特色和乡村旅游企业的精神，还可以赢得游客的好感和认同，这在乡村民宿品牌实践中得到了较好的体现——名称不仅承载着民宿的特点与风格，还传递着民宿主人的情怀、品位与追求。

在云南大理市大理镇环海西路下末南村的最南端，有一家名为“归心”的民宿。“归心”出自《论语·尧曰》：“兴灭国，继绝世，举逸民，天下之民归心焉”。然而，众人识“归心”恐怕是来自三国时期曹操所作的《短歌行》——“周公吐哺，天下归心”的诗句。用“归心”一词来命名民宿，这早已超越了词的原意，它以全新的价值追求直指每个“行者”的心灵。“归心”是“对生活始终保持一颗简单的心，去繁取精，回归初心”。主人创立这个居所的本意，则是“希望到这里的人能够通过屋外静谧的美好和屋内一器一物的呈现，摒弃杂念，真正过一段面朝洱海、岁月斑斓的如诗生活”（刘荣，2018）。

（四）功意兼备，引导消费

乡村旅游品牌名称的功意兼备即是“功能”与“寓意”的统一。乡村旅游品牌名称的“功能”特征在一定程度上告诉了品牌旗下的产品与服务对游客的效用，对游客的购买决策会产生直接的影响。乡村旅游品牌名称的“寓意”则是“功能”的进一步延伸，强调了品牌的人格特征，会与游客建立起某种情感联系，是品牌效用的升华，在更深层面激发游客的旅游动机。

“诗画浙江”是2014年浙江省旅游发展大会上提出的省域旅游目的地品牌。“诗画”高度概括了浙江的山水与人文，也充分展现了浙江的地域气质。从良渚文明至今，这里创造了诸多令人震撼的辉煌历史。无论是宋代柳永的《望海潮·东南形胜》，还是元代黄公望的《富春山居图》，都为这里贴上了“诗画”的标签。“诗画”不仅代表着一种高雅精致的生活方式，还更是一种“画境”人文空间，给予人们无穷无尽的艺术想象……

三、乡村旅游品牌视觉形象设计

绝大部分消费者都是视觉动物，乡村旅游品牌视觉形象作为直接传达乡村旅游品牌理念和行为的载体，具有重要的价值和意义。

（一）基本内容

乡村旅游品牌视觉形象设计是指乡村旅游旅游品牌形象的系统性符号传达。根据视觉识别系统（Visual Identity System）的一般理论，乡村旅游品牌视觉形象设计内容包括基本要素设计和应用要素设计两大部分（喻荣，宗林，孙明海，2013）。

1. 基本要素设计

主要包括品牌标志设计、品牌字体设计、品牌色彩设计、品牌辅助图形设计和品牌要素组合设计五项。

（1）品牌标志设计。品牌标志作为一种象征性的视觉语言和极富商业价值的艺术性

传播符号，是乡村旅游品牌视觉形象设计的视觉核心。乡村旅游品牌标志通过生动形象的艺术概括，生动形象地将乡村旅游产品特征、品牌价值、乡村旅游地特色等信息通过创造性的视觉符号传递给游客，最终实现乡村旅游品牌传播的目的。乡村旅游标志可以是中外文等文字形成的“字形标志”，如前述民宿“原舍”的标志，也可以是由几何图案或象形图案来形成的“图形标志”，还可以是由图形和文字组合形成的“图文标志”。在乡村旅游品牌标志设计实践中，绝大部分以“图文标志”为主。

（2）品牌字体设计。乡村旅游品牌标准字体是指经过专门设计的用以表现乡村旅游地、乡村旅游企业或乡村旅游产品名称的字体。标准字作为品牌形象识别系统中的三大基本要素之一，具有较广的应用范围，常常与品牌标志进行组合，以强化乡村旅游地或乡村旅游企业形象。品牌标准字体与普通的印刷体有一定区别。乡村旅游品牌标准字根据乡村旅游地或乡村旅游企业的品牌个性进行设计，具有易读性和美感性，并且与品牌风格相一致，在一定程度上体现了乡村旅游品牌的特性。一般地，乡村旅游品牌标准字可以由书法家来书写。

（3）品牌色彩设计。心理学研究表明，不同的色彩可以引起人们不同的心理反应。如红色，有紧张感、迫近感和前进感，容易引起人们的注意；黄色给以丰富和甜美；蓝色有后退和远离之感；绿色是生命和平的色彩，象征自然与生长（黄友清，2002）。在市场营销过程中，我们可以凭借色彩的选用与搭配来诱发消费者的关注，并刺激其产生消费行为。从 VI 设计原理出发，乡村旅游品牌色彩设计可以通过标志标准色和辅助色来表达。标志标准色通常为标志构成的色彩，一般不宜超过三种，用色要单纯，色相要明确。标志辅助色是在标准色的基础上，配合后期不同的使用环境所建立起来的辅助色彩方案。辅助色彩也需要根据不同场合的需要进行选择搭配，形成固定的辅助色彩标志，以此来确保乡村旅游品牌标志在不同的环境中都具有强烈的视觉冲击力和美丽的视觉形象。此外，辅助色要与标准色相协调，并起到重要的烘托作用。

（4）品牌辅助图形设计。辅助图形作为乡村旅游品牌形态要素的补充和延伸，可以强化乡村旅游品牌形象，进一步对乡村旅游品牌内涵进行解释。在设计表现形式上，辅助图形通过采用简单抽象的“形”与标志图形构建起相互协调的关系。

（5）品牌要素组合设计。品牌要素组合设计是指对一个地区或一个企业品牌的基本要素，如标志、标准字、色彩、识别图形等进行的创造性组合运用。设计师通过乡村旅游品牌基本要素的创造性组合运用，建立起系统完整的乡村旅游品牌视觉识别体系，使乡村旅游品牌的行销力得以最大限度的发挥。常见的乡村旅游品牌要素组合形式有以下六种：①乡村旅游品牌标志分别与乡村旅游地地名或乡村旅游企业名称全称、简称的组合；②乡村旅游品牌标志分别与乡村旅游地地名或乡村旅游企业外文名称全称、简称的组合；③乡村旅游品牌标志分别与乡村旅游地地名或乡村旅游企业中、外文名称全称的组合；④乡村旅游品牌标志分别与乡村旅游地地名或乡村旅游企业中、外文名称全称、简称及其即吉祥物的组合；⑤乡村旅游品牌标志分别与乡村旅游地地名或乡村旅游企业名称及其宣传口号、广告语的各种组合；⑥乡村旅游品牌标志分别与乡村旅游地地名或乡村旅游企业名称通信地址、电话号码等的组合。

2. 应用要素设计

应用要素设计包括事务识别系统设计、活动识别系统设计、广告识别系统设计与环境识别系统设计等多项内容。

（1）事务识别系统设计。乡村旅游品牌视觉形象的事物识别系统设计主要围绕乡村旅游地或乡村旅游企业的办公事物来展开，主要表现在名片、信纸、信封、文件袋、文件纸头、表单纸头、杯子、服装、证卡、标贴与交通工具等的创意设计上，这些使用频率较高的事物，都在从不同的角度向公众传递着相应的信息。

（2）活动识别系统设计。乡村旅游品牌形象的活动识别通常是指在非广告宣传的乡村旅游品牌营销活动中对相关的活动物料、宣传用品、场地空间等相关视觉传达要素的设计。通过此类设计，可以更好地烘托活动氛围，推广乡村旅游品牌，提高乡村旅游品牌形象。例如，在 2010 年上海世博会上，贵州馆以侗族村寨的风雨桥、鼓楼，苗族饮食等为元素，展现了贵州自然与人文。

（3）广告识别系统设计。乡村旅游品牌的广告识别可以由新媒体广告识别、大众媒体广告识别和小众平面广告识别构成。新媒体广告识别以现代信息技术为支撑，充分利用互联网在诸如网站、微博、微信、虚拟社区、电商平台等各种新媒体上进行的品牌形象识别活动，通过新兴媒体在短期内形成一定的乡村旅游品牌国际影响力成为可能。大众媒体主要包括影视广告、报刊广告、杂志广告等主流媒体，通过大众媒体的广告识别设计，不仅可以提高乡村旅游地或乡村旅游企业的品牌认知度和影响力，还可以为乡村旅游品牌提供“佐证”和“背书”。小众媒体主要是指以海报、折页和内刊等为代表的终端宣传介质。小众媒体广告有着其他两种媒体不可代替的宣传价值，它一般在特殊的场景空间中进行，可以更为精准地面向乡村旅游者，直接影响着乡村旅游者的购买决策。

（4）环境识别系统设计。环境识别系统设计是指品牌所依存的环境和空间的设计。从乡村旅游地的角度出发，乡村旅游品牌形象的识别系统包含了乡村旅游地村落环境、游客服务中心、标识标牌、标志景观和村民好客程度等物质和非物质要素。物质要素是环境识别系统中最直观的东西，它可以在第一时间内诱发乡村旅游者的行为。鉴于此，乡村旅游地在目的地建设过程中必须注重乡村环境的营造，以独特的乡景作为吸引人们前往的理由之一。非物质要素是环境识别系统的灵魂，它以“活态”的形式向游客进行全方位的呈现，对游客体验感知起着至关重要的影响。

（二）设计原则

1. 突出发展理念

乡村旅游品牌视觉形象设计可以分为乡村旅游地视觉形象设计和乡村旅游企业视觉

形象设计两大内容。前者属于地域旅游品牌的形象设计，更加偏向于旅游地的特色，后者则是要传达乡村旅游企业的宗旨、使命、战略方向、价值观和企业精神。尽管如此，二者都要充分体现乡村旅游的核心发展理念。如果脱离了乡村旅游发展的理念，这种视觉形象设计是不成功的。

2. 讲究乡土美学

品牌识别通过符号的视觉传达来完成，符号与人建立起关系需要靠情感纽带来维系，这种情感最直接的则是来自人与视觉符号之间的审美活动。实际上，品牌形象识别视觉设计本身就是审美艺术的创造性活动。在乡村旅游品牌视觉形象的设计过程中，必须充分体现乡土美学。

2015 年 10 月，江苏省旅游局公布了乡村旅游品牌形象 Logo（见图 10–4）。此 Logo 立足于江苏省多水少山的自然地理条件，以“田园、农家、河流、生态”为乡村主题元素，运用写意的手法，向人们呈现出“自由休闲、快乐现代的乡村旅游体验，流露出悠悠的乡愁浓情”。Logo 外围被彩带麦穗环抱，表现了“星级乡村旅游区（点）以农为本的特征、服务品质与品牌荣耀”，充满了浓郁的乡土情怀。

图 10–4 江苏省乡村旅游标志

资料来源：第一征集网，http：//www.1zhengji.com/LOGO/jingqu/5839.html.

3. 凸显地域特征

在乡村旅游品牌视觉形象设计过程中，设计者要善于挖掘乡村在地文化元素，选出代表地方特色的文化元素进行符号化的系统设计，使乡村地方文化得以充分的彰显。

第四节 乡村旅游品牌管理

一、乡村旅游品牌传播

（一）确保乡村旅游产品质量

乡村旅游产品质量是进行乡村旅游品牌维系的根基，没有一流的乡村旅游产品作为支撑，乡村旅游品牌就会成为无源之水、无本之木。无论是乡村旅游企业还是乡村旅游地，都需要制定完善的乡村旅游产品质量管理体系，积极借鉴国际经验，采用相关的国际标准，走高质量的发展道路。为确保乡村旅游的产品质量，从乡村旅游地建设的角度出发，需要做好以下几项工作。

1. 做好以质量标准为根基的特色化发展

质量是乡村旅游产品的命脉，而特色化是实现乡村旅游产品差异化的重要路径。乡村旅游产品建设要做好标准化和特色化的高度统一，二者不可偏废。质量标准为乡村旅游产品建设提供了指南，我们在追求达到质量标准的同时，要善于进行质量标准的在地化。所谓乡村旅游产品质量标准的在地化就是指在相关质量标准的指导下，经营管理者从市场需求角度出发，结合当地的自然条件和文化元素所进行的乡村旅游产品创造性活动。通过质量标准的在地化，实现乡村旅游的特色化发展。

2. 强化乡村旅游产品质量的监控与评估

监控与评估是确保乡村旅游产品质量的重要手段。作为乡村旅游的经营管理者要建立起完善的乡村旅游产品质量监管体系，通过运用各种形式的监控与评估，规范和整治各种不正当的乡村旅游市场行为，营造良好的乡村旅游市场环境。同时，及时发现乡村旅游产品的各种缺陷，提出及时的整改措施，防止不良旅游事件的发生。

3. 积极推进乡村旅游产品认证体系建设

鼓励乡村旅游地或乡村旅游企业积极推进各种知名的有关认证，成为其认证体系中的成员，这本身也是维系和提高乡村旅游品牌知名度的重要途径。2011 年 11 月，南京高淳桠溪“生态之旅”通过国际慢城联盟认证，成为中国第一个国际慢城，桠溪由此而成为国际知名的乡村旅游地。

【资料链接】

慢城源自慢餐运动，1986 年，以激进闻名的意大利记者 Carlo Petrini 正在罗马的 Piazza di Spagna（西班牙广场）漫步，从旁边麦当劳里传出来的薯条味却令他倍感厌恶。于是 Carlo Petrini 决定发起一个名叫慢餐的运动。这一运动倡导的是对健康、营养的本土种植、本地烹调的食物的回归。1989 年，来自 20 个国家的 500 多名慢餐会员代表在巴黎戏剧院欢聚一堂，签署了《慢餐协会宣言》。

1999 年 10 月，意大利基亚文纳、布拉、波西塔诺与格雷韦因基安蒂四个小城的市长联合发布了著名的《慢城运动宪章》，提出要建立一种放慢生活节奏的城市形态。意大利奥维托成为世界上的第一个慢城。慢城一般要求城镇、村庄或社区人口在 5 万以下，反污染、反噪声，支持都市绿化，支持绿色能源，支持传统手工方法作业，没有快餐区和大型超市。慢城所倡导的理念越来越深入人心，截至目前，全球共有 30 个国家和地区的 200 多个地方被授予“慢城”称号。

中国境内各地加盟国际慢城联盟需要经过中国慢城总部（中国国际慢城协调委员会）推荐，向国际慢联组织申报。具体流程为：向中国慢城总部表达申请意愿→中国总部代表实地考察申请地区→提交申请《自荐信》（中英文版）→填写《国际慢城考评表》→国际慢联代表考察申请地区→向国际慢联总部提交申请资料（含中英版的《考评表》、宣传视频和优美图片）→国际慢联考核认证→国际慢联年会授牌。

资料来源：南京国际慢城建设发展有限公司 . 慢城起源与加盟流程［EB/OL］. http://www.chinacittaslow.com，有改动。

（二）注重乡村旅游品牌保护

乡村旅游品牌保护是指乡村旅游企业为防范各种侵害和侵权，在经营活动中所采取的一系列保护品牌市场地位的活动。乡村旅游品牌保护的立足点有三：第一，巩固和提高乡村旅游品牌的市场竞争力与市场影响力；第二，延长乡村旅游品牌的市场寿命；第三，维系乡村旅游品牌忠诚度，使乡村旅游品牌资产不断增值。乡村旅游品牌保护的方式主要有以下三种。

1. 法律保护

乡村旅游品牌的法律保护是指乡村旅游品牌的所有人和合法使用人根据有关法律法规对品牌实施法律保护的行为活动，具有权威性、强制性和外部性。在乡村旅游品牌寻求法律保护的过程中，首先要做到乡村旅游品牌主动的事前保护，最有效的办法就是将乡村旅游品牌转化为商标，同时，还需要对具有自主知识产权的乡村旅游产品申请专利和著作权，以获取相应的法律保护。其次当品牌在事中和事后受侵犯时，可以按照《著作权法》《商标法》和《反不正当竞争法》等法律的有关规定来寻求保护。

2. 经营管理保护

经营管理保护不同于司法保护，它是乡村旅游企业在日常经营管理活动中通过自觉采取措施来保护自身品牌的活动，属于企业内部行为。在乡村旅游品牌的经营管理保护中，乡村旅游企业首先要增强防伪意识，自觉采用先进的防伪技术，确保自己的品牌不受侵害。譬如，某乡村旅游地的农产品企业实施可追溯的农产品伴手礼体系建设，使自己销售出的每一件农产品都有唯一的防伪溯源身份码，有效地实现了企业的品牌保护。

其次，乡村旅游企业要谨慎使用商标许可，防止商标许可的过度滥用，导致乡村旅游品牌形象下降。再次，乡村旅游企业应注重品牌延伸的限度，防止乡村旅游品牌线断裂。此外，乡村旅游企业要谨慎使用降价策略，不当的降价会引发乡村旅游者产生“被欺骗”的心理，从而使品牌的忠诚度受损。最后，乡村旅游企业要不断改进产品，全面提高乡村旅游产品质量，以质量铸就品牌，这是乡村旅游品牌经营管理保护最基础和最核心的工作。

3. 社会保护

乡村旅游品牌的社会保护是指乡村旅游借助社会公众力量来保护自身品牌不受侵犯，维护市场地位的活动。一般地，乡村旅游企业在品牌建设与传播中，通过实施 CIS 战略，使社会公众对此有了一定的认识。乡村旅游企业要善于通过各种渠道向人们讲述和传达品牌的价值观和品牌的故事，通过系列的公共关系活动，提高乡村旅游品牌的知名度、美誉度和忠诚度，从而赢得市场的青睐和认可。

（三）积极推进乡村旅游品牌的整合营销传播

乡村旅游品牌的整合营销传播（Integrated Market Communication，IMC）是指乡村旅游品牌管理者利用各种传播工具如广告、公共关系和销售促进等多种营销手段和方式将分散的品牌信息进行整合，以实现明确统一的有效沟通。乡村旅游品牌的整合营销传播属于乡村旅游市场营销的重要内容之一，根据菲利普·科特勒成功整合营销传播的观点，在推进乡村旅游品牌整合营销传播的过程中，首先要确定乡村旅游目标市场的传播受众和传播目标，在此基础上设计乡村旅游品牌传播的信息，选择行之有效的传播渠道，决定科学的促销组合。其次应对乡村旅游品牌的促销组合效果进行评估，以此作为管理和协调整合营销传播过程的依据。

二、乡村旅游品牌延伸

乡村旅游品牌延伸是指乡村旅游企业或乡村旅游地借助现有品牌（一般是知名品牌）的知名度和号召力推出新型乡村旅游产品或进入新领域，以便市场所熟悉和争取较低成本入市的行为。乡村旅游品牌延伸是乡村旅游企业或乡村旅游地推出新乡村旅游产品，迅速占领和扩大市场的重要手段，也是乡村旅游企业或乡村旅游地对品牌资产的充分挖掘与战略性应用。通过乡村旅游品牌延伸，有利于减少新型乡村旅游产品入市的风险，降低新型乡村旅游产品的市场导入费用，满足乡村旅游消费需求的变化，促进乡村旅游企业或乡村旅游地不断推陈出新，进一步增加乡村旅游品牌无形资产的价值，提高乡村旅游企业或乡村旅游地的综合实力。同时，还有助于增强乡村旅游核心品牌的形象，延长乡村旅游品牌的生命周期。然而，乡村旅游品牌延伸也并不是十全十美的，它是一把“双刃剑”，如果使用不当，也会对乡村旅游企业或乡村旅游地产生负面影响，主要表现在：一是损伤原有乡村旅游品牌形象，可能会被弱化；二是影响乡村旅游消费者对乡村旅游品牌核心价值的认知，会使乡村旅游品牌的忠诚度受损；三是产生不良的连锁反应。

三、乡村旅游品牌创新

乡村旅游市场需求的变化和乡村旅游产品的阶段性特点使乡村旅游品牌也存在着生命周期。如果乡村旅游企业或乡村旅游地不能根据市场需求变化和市场竞争变化进行品牌创新管理，乡村旅游品牌最终会衰落，直至退出市场。为此，实施乡村旅游品牌创新则是保证乡村旅游企业或乡村旅游地持续生命力和永续发展的重要手段。

四、乡村旅游品牌危机管理

乡村旅游品牌危机管理是指乡村旅游企业或乡村旅游地在发生危机时对其品牌进行管理，使品牌资产得以保值和增值的行为。乡村旅游品牌危机具有突发性强、蔓延速度快、破坏性和被动性大等特点，乡村旅游企业和乡村旅游地必须引起高度重视。参照专家们对危机管理的划分，乡村旅游品牌的危机管理可以分为乡村旅游品牌危机预警和乡村旅游品牌危机处理两种类型。

（一）乡村旅游品牌危机预警

乡村旅游品牌危机预警是指乡村旅游品牌危机发生前的未雨绸缪行为。一般地，除不可抗力因素外，绝大部分的乡村旅游品牌危机往往是有征兆的。乡村旅游企业或乡村旅游地建立一套完整的品牌危机预警和处理系统极为重要。在制订危机预警和处理系统方案之前，乡村旅游企业或乡村旅游地需要对品牌有可能发生的危机进行系统的梳理和评估，然后针对每一个可能发生的危机问题设置具体的应对处置方案。有了这个方案，乡村旅游企业或乡村旅游地才能对突如其来的品牌危机及时地做出响应，提出应对之策。

（二）乡村旅游品牌危机处理

一旦乡村旅游品牌危机出现后，乡村旅游企业和乡村旅游地应立即组织有关人员调查情况，对品牌危机的影响做出评估，派专人全天候、全时段关注媒体和舆论的发展情况，并根据新情况发出自己的声音。此外，在对乡村旅游品牌危机处理的过程中，要保持诚恳和端正的态度，及时公布事件处理结果。同时，积极与新闻媒体、社会公众、专家和政府取得联系，进行危机公关，最大限度地消除不良影响，变危机为良机。

【复习思考题】

1. 品牌是什么？
2. 何谓乡村旅游品牌定位？

3. 如何进行乡村旅游品牌设计？

4. 如何进行乡村旅游品牌传播？

5. 如何进行乡村旅游品牌危机管理？

【课后实践】

以某一乡村旅游区或乡村旅游企业为案例，进行品牌定位和设计，提出品牌传播的策略。

模块六　社区与运营

乡村旅游运营管理根植于乡村社区，贯穿于乡村旅游企业和乡村旅游地建设与发展的全过程。从乡村旅游长远发展的角度看，乡村旅游运营管理比乡村旅游企业的组建与成立以及乡村旅游地规划建设还要重要。一个规划建设完毕的乡村旅游地和组建好的乡村旅游企业仅仅解决了乡村旅游“生”的问题。然而，要使其“活”下来，并且要“活”得更长久，关键在于乡村旅游社区的发展和团队对乡村旅游的运营管理。

第十一章　乡村旅游社区发展

【学习目标】

- 理解社区与乡村旅游社区的含义；
- 了解社区的分类划分方法；
- 掌握社区和乡村旅游社区的构成；
- 掌握社区发展的基本内容；
- 掌握乡村旅游社区参与的含义、特点和路径；
- 掌握乡村旅游社区营造的重要内容；
- 理解乡村“四生”体系在乡村旅游发展中的重要价值；
- 掌握乡村旅游社区自主发展能力的内容与培育措施。

第一节　社区概述

一、社区的含义

“社区”一词属于舶来品，其概念源于欧洲，德语为“Gemeinschaft”，最早由德国著名社会学家斐迪南·滕尼斯（Ferdinand Tonnies）提出。1887年，斐迪南·滕尼斯出版了*Gemeinschaft Und Gesellschaft*一书，该书英语译本为*Community and Society*，翻译成中文为《社区与社会》。斐迪南·滕尼斯在此书中认为，社区是在亲缘关系上结成的社会联合，在这种社会联合中，权威的和自然的意志占据优势，个体或个人的意志被感情的和共同的意志所抑制（贾敬敦，吴飞鸣，张明玉，等，2013）。

社区作为人类社会生活的一种形态，一般是指生活在一定地域空间的社会群体。社区伴随着人类的群居而诞生。在同一个村落里，人们共同定居生活，为抵御各种自然与人为灾难，大家团结在一起。于是，在村落中就逐渐萌发了群体意识和共同体意识，产生了社区认同感，形成了村落社区特有的生产生活方式、风俗习惯与治理体系。随着社会生产力的提高，人类从传统的农业社会迈向了现代工业社会，高度发达的城市文明与乡村文明不断向前演进，社会结构发生了深刻变化，传统社会不断解体和重构，社会学家和人类学家们开始关注这种解构和重组带来的一系列社会问题，人类何去何从？社区与社区发展日益成为社会各界关注的重要话题。

“一战”后，资本主义制度下的工业化和城市化得以迅速发展，但社会人际关系却日渐淡漠，新的社会问题凸显出来，人们开始对斐迪南·滕尼斯提出的“社区”范畴问题产生了兴趣。美国学者查尔斯·罗密斯将斐迪南·滕尼斯的“Gemeinschaft”译成英文“Community”，《牛津大辞典》将其解释为：生活在特定地区、乡村的人群。

中文“社区”一词由“Community”翻译而来。1933 年，费孝通等燕京大学一批青年学生在翻译美国芝加哥学派社会学奠基人罗伯特·派克（Robert Park）教授的一篇原著时，首次将“Community”翻译为“社区”（费孝通，1993），社区概念由此引入中国，并一直沿用至今，不仅成为中国社区理论研究的发源，还成为中国社会科学的一个通用术语。不仅如此，社区还成为国内一个重要的行政管理单元。

二、社区的构成

社区作为一个相对完整的社会实体，由诸多要素构成。奚从清（2012）在《现代社会学导论》（第二版）中将社区要素归纳为五点，即社区包括：①一定的地域；②一定数量的人口；③一整套相对完备的生活设施；④自己特有的文化；⑤情感和心理上的认同。本教程分别将其简称为地域、人口、设施、文化和认同五个基本要素。

（一）地域

社区作为人们生活的共同体，其存在需要具有一定的地域。只有拥有了一定地域空间，人们的活动才可能有场所。乡村社区的居民一般都在某一个乡村地域范围内活动，城镇社区的居民一般都在某一城镇范围内活动。没有了地域，人们的活动便失去了依托。因此，社区是人类与自然环境的统一体，自然地理不仅影响社区人们生产生活，还在一定程度上制约社区的发展。

（二）人口

一定数量的人口是社区存在的前提。如果某地域没有一定数量的人口，没有人的活动，这个地方的社会关系就不可能会发生，更不可能形成所谓的社区。社区人口不是孤立存在的个体，他们之间会为了某种利益结成错综复杂的社会关系，开展各种各样的社会活动，创造着社区的物质文明和精神文明，承担着相应的义务和享受相应的权利。

（三）设施

完备的设施体系为社区人们的生产生活提供重要的支撑和保障，设施体系的完备程度、数量和质量是衡量社区发达程度的重要指标之一。一个好的社区要有基本的商业、文化、教育、住房、医疗、体育、交通和其他社会福利等设施。如果缺少上述生产生活服务设施，社区的稳定和发展将会受到极大的影响。

（四）文化

社区自然地理、历史发展、政治经济、教育水平、宗教信仰和居民职业结构的不同造就了社区各自独有的文化，从而与其他社区相区别。在很多地区，哪怕仅仅有一山一河之隔，但在语言、饮食和风俗等方面却有很大的差别。这种特有的文化铸就了社区独有的个性。

（五）认同

人们在特定的地域内共同生产生活，会在不知不觉中对自己所属的社区产生一种认同心理，这种认同拉近了社区人与人之间的距离，加深了社区人与人之间的情感。当一群人聚会，谈及“你是哪里人”时，如果群体中有人和你籍贯一致，无形中便会产生一种亲近感。在很多时候，认同甚至还会形成其他的共同意识，包括共同的荣辱感、共同的价值观、共同的伦理观以及某些共同习俗等。于是，认同使社区中的人们紧密地团结在一起，进一步增强了社区的凝聚力。

随着人类社会的发展和科学技术的进步，特别是工业化和城市化的推进，社区在结构上显得纷繁复杂，在地域空间上大小不一，从而呈现出千姿百态的社区类型。但无论怎样，地域、人口、设施、文化和认同则是社区构成的五大必备要素，他们之间相互联系、彼此影响，共同推动着社区的演变和发展。

三、社区的分类

社区形式受制于社区所处的自然地理、历史文化、社会经济等诸多要素，同时也与社区社会经济发展的各个阶段息息相关，社区发展和演化基本上是由简单到复杂、从低级到高级的一个演进过程。对社区进行分类，可以更好地窥探社区发展的规律。徐永祥（2001）对社区类型的划分进行了概括，总结出地域型社区和功能型社区的两种划分方法。

（一）地域型社区划分方法

地域型社区（Geographical Community）划分方法是根据社区所处的地域条件和特征进行比较后划分的方法。依据此种方法，社区划分为农村社区、集镇社区和城市社区三种类型（董傅年，2003）。同时，每一种社区类型还可以进行更细的划分。例如，根据自然地理条件，农村社区进一步划分为山地型农村社区、平原型农村社区、高原型农村社区和滨海型农村社区等类型。

（二）功能型社区划分方法

所谓功能型社区（Functional Community）的划分方法，主要是依据社区的某些功能性特征进行划分的方法。在对社区分类的过程中，如果需要强调社区功能时，就可以采用此种方法进行分类。社区的功能主要有经济功能、文化功能、生态功能和社会功能等，由此，我们可以将社区划分为经济型社区、文化型社区、生态型社区、和谐社区等类型。与地域性社区划分方法一样，对所划分出来的每一类功能性社区也可以根据实际需要进行细分。如在经济型社区中，根据社区主要的产业经济类型，可以将其进一步划分为工业型社区、金融型社区、旅游型社区和农业型社区等。

四、社区发展

1915年，美国社会学家弗兰克·法林顿率先提出了社区发展（Community Development）概念，时隔40年后，联合国发布了《通过社区发展促进社会进步》（Social Progress through Community）的专题报告。报告明确指出，社区发展的目的是动员和教育社区内居民积极参与社会和国家建设，充分发挥创造性，与政府一起大力改变贫穷落后的状况，促进经济增长和社会全面进步（徐永祥，2001）。在联合国的大力推广下，社区发展在20世纪60年代成为一种国际性的社会运动，为亚非拉发展中国家的经济发展和社会进步提供许多帮助，成效显著（杨勋，2000）。社区发展包括经济发展、社会发展、政治发展、文化发展和可持续发展五项基本内容。

（一）社区经济发展

经济发展不单纯是数量的增长，而应该是数量和质量相统一的高质量发展。如果仅依靠GDP多寡来衡量经济发展，这是极不全面的，因为经济发展还涉及公平和效率以及人类福祉等问题。社区经济发展的目标是增加社区居民的收入、减少社区贫困、提高社区居民的获得感和幸福感。

（二）社区社会发展

在马克思的社会发展观中，人的发展问题得到了非常高的重视。马克思指出，未来社会是“以每个人的全面自由的发展为基本原则的社会形式”。在社区发展中，应将“以人为本”作为社区社会发展的核心，重视社区居民能力提升，强化和谐社区建设，坚持以人民为中心的发展思想，不断促进社区居民的全面发展和全体居民的共同富裕。

（三）社区政治发展

社区政治发展要根据国家制度、法律和法规的要求，制定与之相适应的社区治理体系。对社区居民进行适当的增权和赋权，让社区居民真正享有参与权、知情权、监督权、管理权等权利，使他们积极参与到社区综合治理的过程中，探索形成符合社区实际的民主决策机制，充分调动社区居民的积极性和创造性。

（四）社区文化发展

社区文化发展关乎其他各项发展，构建积极健康的社区文化是增强社区文化软实力的重要途径。社区应该注重社区居民教育，以社会主义核心价值观统领社区文化建设，建设学习型社区，倡导积极健康的生产生活方式，为社区发展提供强大的精神动力和智力支撑。

（五）社区可持续发展

根据《改变我们的未来：2030 可持续发展议程》，社区可持续发展主要包括社会可持续、经济可持续和环境可持续三项基本内容。

1. 社会可持续

强调要消除社区一切形式的贫困，确保社区健康生活方式，增进社区各年龄段人群的福祉。确保社区包容和公平的优质教育，让社区全体居民终身享有学习机会。实现性别平等，增强所有妇女和儿童的权能，创建和谐、包容的社区，组建有效、负责和包容的社区机构，建设法治社区，促进社区可持续发展。

2. 经济可持续

社区要积极采用可持续的消费和生产模式，大力发展公平与环境友好型产业经济，使社区能实现充分的生产性就业，让社区全体居民获得体面工作，促进社区持久、包容和可持续经济增长，最终消除饥饿，实现粮食安全，改善营养状况和促进可持续农业。

3. 环境可持续

要为社区全体居民提供水和环境卫生服务，并对其进行可持续管理。确保社区全体居民获得负担得起的、可靠的和可持续的现代能源，减少碳排放，积极应对气候变化及其影响。保护和可持续利用社区一切自然资源，保护、恢复和可持续利用陆地生态系统，可持续管理森林，防止荒漠化，制止和扭转土地退化，遏制生物多样性的丧失，促进社区环境可持续。

第二节　乡村旅游社区

一、乡村旅游社区的含义

乡村旅游社区（Rural Tourism Community）受相应的行政社区的管辖，它是功能性社区，而非行政管理意义上的社区，指乡村旅游地的社会共同体。与其他乡村社区有着本质上的不同，乡村旅游社区的人群以从事乡村旅游为主，其他乡村社区以从事农业生产的相关活动为主要特色。在乡村旅游社区，东道主和游客构成了乡村旅游社区的两大基本群体，他们来自不同的地区，拥有不同的文化背景和心理认同。乡村旅游社区与其他社区相比，具有如下基本特征。

（一）社群的二元性

在乡村旅游社区，当地居民作为乡村旅游社区的内部主人，承载着乡村旅游社区的文化，担负着乡村旅游社区的旅游服务、经营与管理，是乡村旅游社区的主要人群。同时，社区内部可能还存在着相关的组织或机构，乃至外来的商家或者其他群体，他们共同构成了乡村旅游地最为广泛的“东道主群体”。此外，乡村旅游社区还拥有来自不同地区、拥有不同文化背景和心理认同的游客，他们的价值观念或多或少地对东道主产生影响。东道主和游客在乡村旅游社区进行跨文化交流，使乡村旅游社区呈现出社群二元性特征。

（二）功能的集成性

乡村旅游社区的功能是集成化的，它不同于传统的以农业生产为基础的乡村社区，随着乡村旅游的蓬勃发展，乡村旅游社区将会形成以旅游产业发展为先导，相关产业不断支撑和配套的多产融合发展格局。农业生产功能、旅游服务功能和其他相关的功能将会在乡村旅游社区内部不断集成，从而使乡村旅游社区业态更加丰富、人群关系更加复杂。

二、乡村旅游社区的构成

一个成熟的乡村旅游社区除了具备一般社区的构成（地域、人口、设施、文化和认同）外，还应具备旅游吸引物、游客和旅游服务，否则，就不能称之为乡村旅游社区。

（一）旅游吸引物

旅游吸引物是指那些对游客具有吸引力的各种事物和因素，这是乡村社区成为乡村旅游社区的重要条件一。乡村旅游吸引物是广泛的，可以表现为乡村的自然山水和田园风光，也可以是乡村美食、好客的氛围、节庆节事和避寒避暑气候等。乡村旅游吸引物为人们前往乡村提供了某种理由。

（二）游客

从某种意义上讲，游客是乡村旅游社区的衣食父母，是乡村旅游社区旅游产业发展的不竭动力。作为乡村旅游社区重要的服务对象，乡村旅游社区只有充分研究游客的行为与心理，才能更好地为其提供更高质量的旅游服务。根据停留时间来分，乡村游客分为一日游客和过夜游客。乡村旅游社区要不断完善旅游产品，努力提高服务质量，最大限度地延长游客停留时间，才能增加旅游消费，获得更好的旅游经济收益。

（三）旅游服务

旅游服务是乡村旅游社区区别于普通乡村社区最本质的特征。判断一个乡村社区是否是乡村旅游社区，一个重要的标志是它是否能提供一定的旅游服务。旅游服务围绕“食、住、行、游、购、娱”和“商、养、学、闲、情、奇”等诸多要素展开，它可以是其中的一个要素，也可以是多个要素或全部要素。乡村旅游社区的旅游服务体系越齐全，旅游服务质量越高，乡村旅游社区就越成熟和越发达。

三、乡村旅游社区参与

乡村旅游的可持续发展离不开社区参与。20世纪80年代中期，墨菲（P. E. Murphy）在出版的《旅游：社区工作方法》一书中将社区参与引入到旅游研究中，从新的视角来讨论旅游业的发展问题。此后，社区参与乡村旅游发展日益成为人们关注的重要话题，学者们对社区参与乡村旅游发展的途径、模式、影响和体制机制等方面进行深入的研究，并在很多地区展开了积极实践，取得了丰硕的理论成果，积累了一系列宝贵经验。

（一）乡村旅游社区参与的含义

乡村旅游社区参与（Rural Tourism Community Participation）是指在乡村旅游发展过程中，社区居民作为推动社区发展的重要力量参与乡村旅游发展，在确保乡村旅游可持续发展和社区全面发展前提下从中获取相应利益的系列行为。乡村旅游社区参与作为社区居民的一种行为，是极其广泛的，涉及乡村旅游发展的全过程和相关层面，包括参与乡村旅游社区的规划、决策、监督、管理、评估、经营等。同时，在开展乡村旅游社区参与工作中，要特别关注社区的弱势群体，积极为他们创造更多的参与机会，拓展更广的参与范围，增加更多的参与渠道，使社区参与主体更加全面和广泛，惠及更多的社区居民，使全体的社区居民能通过积极的社区参与来提升自身的自主发展能力，充分分享发展成果。

（二）乡村旅游社区参与的特点

1. 参与主体的广泛性

在开展乡村旅游社区参与之前，负责实施社区参与的组织、机构或部门必须对乡村旅游社区的居民构成情况进行深入、系统的调查研究，充分了解乡村旅游社区居民的民族、年龄、性别、姓氏、家族、家庭、职业、收入、技能、技艺与劳动力等情况，使参与主体基本能全面覆盖社区中不同民族、不同家族和不同家庭，让参与主体具有广泛性，最大限度减少参与不公带来的种种社区矛盾和隐患。

2. 参与方式的多样性

在乡村旅游社区参与主体中，各参与主体具体条件是有所不同的。作为乡村旅游社区参与制度的设计者和实践者，要充分考虑社区参与主体的实际，善于采取不同的参与方式，使广泛的参与主体都能通过不同的参与方式分享到乡村旅游带来的利益。例如，对于手工艺人，可以采用劳务参与的形式；对于有余钱的社区居民，可以采用投资或入股参与的形式；而对那些既无钱又无技能的群体，可以采用培训再参与的方式进行……如此，乡村旅游社区参与方式就不再是单一的一种方式，而是多种方式并存，从而呈现出多样化的特征。

3. 参与内容的过程性

乡村旅游社区参与的过程性主要是指乡村旅游社区参与涵盖了乡村社区旅游业发展从规划到建设再到运营整个过程。在规划阶段，规划者要善于运用田野调查工作方法，让社区居民参与到规划中来，充分吸纳广大社区居民的意见，让规划者从乡村旅游社区发展的角度来规划，使社区居民的相关意见和想法反映在规划中，进一步减少居民对发展乡村旅游的反感情绪和冲突，以便规划实施（孙九霞，保继刚，2016）。在建设阶段，通过多社区居民参与，减少征占所带来的种种建设阻力，同时也使社区居民在参与建设中获得相应的经济收益。在运营阶段，让社区居民参与运营的相关决策、监督、管理和评估，提高运营管理透明度，增强社区居民的主人翁意识和自豪感，从而有利于和谐社区建设。

（三）乡村旅游社区参与的路径

乡村旅游社区参与实践表明，乡村旅游社区参与路径只有落实到利益的分配上来，才能有效。为了更好地实现乡村旅游利益分配，协调乡村旅游社区各相关利益主体的关系，乡村旅游社区居民的参与路径可以大致概括为劳务型参与、资产型参与和经营型参与三种。

1. 劳务型参与

劳务型参与是指社区居民通过向社区经营实体提供劳务按期获取劳动报酬的一种方式。这种模式比较适合贫困地区乡村旅游发展的初期，由于乡村社区居民缺乏资金、必要的服务技能和意识，一般由企业来投资开发，企业通过优先雇用社区居民，对其进行相应的服务技能培训后上岗，使他们凭自己所提供的劳务来获得相应的经济收益和福利，这是乡村旅游社区参与中获取收益最为普遍的一种路径。

2. 资产型参与

资产型参与是指社区居民通过自己的资产，如现金，或将自己的技术、技艺、土地承包权、林权、宅基地和住房等资产折价入股到社区的投资经营实体中，实行风险共担、按股分红的一种形式。应该说，资产型参与是乡村旅游社区参与最为公平和获益相对较大的一种路径。乡村旅游社区的村落民居、田园、菜园、果园等要素所构建起来的“乡境”作为最为核心的乡村旅游吸引物和乡村旅游活动的载体和物质空间，是社区居民世世代代不断营造的产物，理应视为全体居民所共有的资产。通过对这些资产的估价入股，让社区居民获得必要的资产性收益，这是乡村旅游社区参与中的重要路径。

3. 经营型参与

经营型参与是指社区居民自己投资作为一个独立经营主体参与到社区的乡村经营活动中，以获得相关经济收益的一种方式。它比较适合那些较为富裕的乡村社区和乡村社区中比较富裕的农户，同时也是乡村社区旅游发展到一定阶段后可采取的一种社区参与路径。这种经营型参与路径通常还与资产型参与和劳务型参与两条路径相结合，形成以股份经营型、经营雇用型和股份经营雇用型为代表的复合型乡村旅游社区参与路径。如在乡村旅游社区参与中，几个农户通过不同形式出资组建起股份有限公司，雇用社区居民作为管家，从事乡村民宿的经营活动。

第三节　乡村旅游社区营造

一、乡村旅游社区营造的主要内容

乡村旅游社区营造是一个长期的系统工程，不仅包含乡村旅游社区的“硬件”，还包括乡村旅游社区的“软件”，“硬件”可以在短暂的时期内完成，但“软件”的营造则是一个缓慢的过程。

（一）硬件

乡村旅游社区的“硬件”主要是指以物质形态存在的相关内容，一般包括乡村旅游社区的基础设施和旅游服务设施。乡村旅游社区的基础设施由交通设施、给排水设施、电力电信设施、环境卫生设施、能源设施和安全设施六项基本内容构成。旅游服务设施包括住宿设施、餐饮设施、购物设施、康体娱乐设施、游客接待中心和解说系统。

1. 旅游基础设施

（1）交通设施。交通设施关乎乡村旅游地的可进入性问题，由乡村旅游社区的外部交通和内部交通所构成。外部交通是指直接进入乡村旅游社区的交通系统，需要最大限度地解决乡村旅游社区的“快进”问题，在交通方式上主要由航空、铁路、公路和水运系统构成。内部交通是指乡村旅游社区内部串联各景点和相关功能区的各类交通体系，如电瓶车道、索道、畜力交通等。内部交通建设主要解决乡村旅游社区的“慢游”问题，通过多种多样的内部交通方式，形成多样化的体验型交通旅游产品，最大限度地延长游客停留时间。乡村旅游社区内部道路是“向心”型道路，即要吸引游客在社区最大限度地驻足停留。要在保证安全的前提下，与地形地貌相适应，与周围环境相协调，能弯则弯，能曲不直，切实做到道路交通的生态化、景观化和体验化。

（2）给排水设施。乡村旅游社区的给排水设施要在科学测定用水需求的前提下进行建设。用水量预测应该包含乡村旅游社区的居民和管理者的用水、高峰期的游客用水，以及其他方面的用水，如农业生产、景观用水等，用水定额可以参照《民用建筑节水设计标准》（GB 5055—2010）、《风景名胜区规划规范》（GB 50298—1999）或各地的地方用水定额标准进行测算，结合乡村旅游社区实际，确定相应的供水方式。根据用水量测算出乡村旅游社区的污水量，积极采用切合乡村旅游社区的排水体制和污水处理措施。在排水体制上一般包括分流制排水和合流制排水。分流制排水即分别修建雨水和污水排放设施，实现雨水和污水分别排放；合流制排水即雨水和污水共用同一排水设施。

（3）电力电信设施。乡村旅游社区电力设施建设应在对社区供电现状进行分析和预测的基础上进行，并符合如下规定：一是在乡村旅游社区内不得安排高压电缆和架空电线穿过；二是在乡村旅游社区内不得布置大型的供电设施；三是主要供电设施宜布置在乡村旅游社区及其附近。电信设施建设也应在测算容量的基础上，结合乡村旅游社区具体实际进行建设，并符合以下规定：一是乡村旅游社区应配备能与国内外联系的现代化通信设施；二是在乡村旅游社区范围内，亦不得安排架空电缆穿过，宜采用隐蔽工程。

（4）环境卫生设施。环卫设施在建设之前，需要科学测定乡村旅游社区的固体废弃物产量，分析其组成和发展趋势，提出污染控制的目标。在此基础上，制订符合乡村旅游社区具体实际的固体废弃物收运方案，选择恰当的处置方法。在乡村旅游社区的环卫设施建设中，要特别重视旅游厕所的建设，建设水准至少应达到《旅游厕所质量等级划分与评定》（GB/T 18973—2016）中的 A 级标准。

（5）能源设施。能源设施主要是指供热和供气设施。要根据乡村社区的实际，对所需规模进行预测后才能进行建设。此外，乡村旅游社区应积极采用清洁能源，努力减少碳排放。

（6）安全设施。乡村旅游社区安全设施建设是提高社区安全防护能力的重要举措，乡村旅游社区安全设施建设是一项系统工程，需要在对乡村旅游社区安全风险源进行系统排查的基础上有针对性地建设。一般而言，乡村旅游社区安全设施主要有防洪、抗震、消防、生命线系统等内容。乡村旅游安全设施要与乡村旅游社区一起进行同步规划、同步建设。同时，在乡村旅游社区发展过程中要及时发现社区可能存在的安全风险，积极完善和建设相应的安全设施，切实做到未雨绸缪和有备无患。

2. 旅游服务设施

（1）住宿设施：乡村旅游社区住宿设施建设需要在科学测算床位数量的基础上，根据乡村旅游社区的具体实际进行规划建设。具体测算公式如下：

$$B = \frac{TP}{DN} - B_0$$

式中，B：乡村旅游社区规划建设床位数；T：游客平均停留天数；P：年住宿人数；D：年旅游天数；N：床位利用率；B_0：现有床位数。

乡村旅游社区住宿设施可以大致分为标准型的住宿设施和非标型住宿设施。标准型住宿设施主要是依据国家（国际）、行业和地方某一住宿标准而建设达标的住宿设施，如星级酒店。非标型住宿设施是指尚未达到某一住宿标准的住宿设施，如村民依托自有民宅改建形成的尚未达标的旅馆。需要说明的是，非标型住宿设施并不是所有的内容都不达标，而是特指此类住宿设施尚未达到某一住宿标准，一些强制性内容，如消防、卫生等是必须要满足的。乡村旅游社区住宿设施不仅仅是设施那么简单，它还是乡村旅游社区重要的旅游吸引物和旅游产品，在建设过程中，应强调休闲度假品位和文化气质，为游客提供舒适的住宿体验。

（2）餐饮设施：餐饮设施建设应该与乡村旅游社区游客接待规模相匹配，亦要对餐位数进行科学测算后进行建设。餐位测算公式如下：

$$C = K \times \frac{ZD + FN}{YT} - C_0,$$

式中，C：乡村旅游社区规划建设餐位数；K：游客集中指数，该指数随着乡村旅游社区发展而逐渐减小，各期参考指数为 1.6、1.4 和 1.2；Z：年住宿游客量；D：游客平均住宿天数；F：非住宿游客量；N：餐饮率，指非住宿游客中留在乡村旅游社区进行餐饮的人数与非住宿游客的比率；Y：乡村旅游社区全年适游天数；T：餐位周转率；C_0：乡村旅游社区现有餐位数。

乡村旅游社区餐饮设施应坚持标准化、特色化、多样化和主题化的原则进行建设，在达标的前提下，尽量体现乡村旅游社区特色。既有普通的农家乐，也有野奢品质的户外餐饮；既有饕餮乡景餐厅，也有歌舞主题宴饮；既有快捷餐饮，也有慢享餐食……食材切实做到本地化和绿色化，并向有机目标迈进，真正为游客提供健康食材。菜品在凸显社区饮食文化的基础上应注重创新，为游客提供高品质菜品。

（3）购物设施。乡村旅游社区购物设施应布局在游客的出入口区域或与餐饮设施、康体娱乐设施和游客中心相配套，积极运用电子商务手段进行线上经营。同时，配备便捷的物流服务。

（4）康体娱乐设施。康体娱乐设施建设可以提高乡村旅游社区的吸引力，增强乡村旅游社区的体验感，延长游客停留时间，增加旅游消费，从而为乡村旅游社区创造更高的经济收益。乡村旅游社区康体娱乐设施建设需要充分挖掘社区文化，通过创意策划和科学论证后进行建设。从功能上划分，乡村旅游社区康体娱乐设施大致可以分为：①歌舞类，如篝火晚会广场、芦笙场等；②体育健身类，如游泳池、骑行绿道、滑草场、滑雪场等；③游戏类，如赛马场、斗茶馆、棋牌室等；④文娱类，如垂钓区、采摘园、民艺坊等。

（5）游客接待中心。游客接待中心通常位于乡村旅游社区的出入口区域，同时需要根据乡村旅游社区大小在重要的节点区设置次级的游客服务站点。游客服务中心主要提供旅游资讯、宣传、展示、票务、导游、集散、休息、购物、餐饮、医疗救护等服务。乡村旅游社区游客中心的建设，应根据游客中心的性质、等级标准、技术经济条件、社区自然地理条件和文化特征做恰当的艺术处理，不能盲目抄袭和贪大求全，要积极创新，创造出既具有时代感，又不失地方特色的建筑，成为乡村旅游社区重要的标志性建筑和功能复合型景观建筑。

（6）解说系统。乡村旅游社区的解说系统主要是对乡村旅游社区进行讲解和介绍的系统，由解说主体、解说客体和解说内容所构成。解说系统作为游客了解乡村旅游社区的工具和渠道，可以将其分为向导式解说系统和自导式解说系统，其内容参见本教程第八章第二节乡村旅游项目策划中游览项目策划的解说系统策划部分。乡村旅游社区解说系统的建设主要是对自导式解说系统的建设。在建设过程中，要切实注意以下四点：第一，标识标牌要选用经久耐用的材料，进行统一的规范化设计后方可建设。第二，标识标牌文字要清楚醒目，既要专业，又要通俗易懂，至少要中英文对照。第三，标识标牌制作美观，并与社区环境相协调。第四，积极运用先进科技，形成智能智慧化的解说系统。

（二）软件

乡村旅游社区的“软件”主要是指以非物质形态存在的相关内容，主要包括乡村旅游社区文化的传承与发展、组织建设、制度建设、品牌建设以及服务与管理五项内容。

1. 文化的传承与发展

文化不是一成不变的，它需要不断发展，从而推动人类文明的进步。乡村旅游社区经过长期的历史沉淀，业已形成独有的文化传统、风俗与技艺。乡村旅游社区在发展旅游的过程中，一方面，要善于传承自身经典的文化，对已有的糟粕要进行大胆的扬弃，另一方面，要紧跟时代的步伐，在原文化的基础上不断创造，推动社区文明的不断进步和发展，使乡村旅游社区既承袭着原文化的精华，又充满新兴文化的气息，让游客在浓郁的乡村社区文化氛围中慢享和陶醉。

2. 组织建设

为维护乡村旅游社区共同利益，促进乡村旅游社区发展，加强党组织领导下的社区组织建设就显得非常重要。乡村旅游社区组织包含正式组织和非正式组织，但无论哪一种组织，都应以解决乡村旅游社区发展的共同问题和实现共同目标为基本宗旨。通过乡村旅游社区组织建设，规范和引导乡村旅游社区居民的行为，团结社区居民，营造和谐与公平发展的社区环境。在乡村旅游社区组织建设中，要善于从乡村旅游社区的实际出发，引导居民建立起互助合作的相关组织，如乡村旅游合作社、旅游发展公司、乡村旅游协会等，提高社区自我管理能力和自主发展能力。

3. 制度建设

乡村旅游社区制度建设是为了维护乡村旅游社区正常的生产、生活秩序，保障国家各项政策的顺利执行和各项工作的正常开展以及形成文明乡风，依照国家相关的法律法规、政策和社区文化传统所进行的系列约束力和指导性应用文的制定与实施。乡村旅游社区的制度建设是国家法律、法规和政策在某一乡村社区的具体化，是乡村旅游社区行动的准则和依据，对促进乡村旅游社区建设和发展具有重要的价值和意义。乡村旅游社区制度一经颁布，就会对乡村旅游社区的每一个人产生约束力，它规定了社区里的人们可以做什么和不能做什么以及违背了会受到什么样的惩罚，实现了从“人治”向“制治”的转变，从而形成规范、有效的乡村旅游社区治理体系。

4. 品牌建设

品牌是乡村旅游社区的无形资产，它可以提高乡村旅游社区的市场竞争力，为乡村旅游社区带来源源不断的收益。在乡村旅游社区建设过程中，要善于运用品牌思维去建好和运营好社区的每一项乡村旅游产品。同时，如果有条件，可引进国内外知名的相关品牌入驻乡村旅游社区，或者通过贴牌的方式迅速树立起社区乡村旅游品牌，快速抢占市场，提高乡村旅游社区的知名度和美誉度。

5. 服务与管理

服务与管理是乡村旅游社区软件建设的核心。就乡村旅游社区而言，服务作为一种极具价值的无形活动，它向乡村旅游者提供所需的满足感，直接对乡村旅游者的满意度产生影响，而管理则是乡村旅游社区的管理者通过实施计划、组织、领导、协调和控制等职能来实现既定目标的过程。乡村旅游社区的管理能力影响着乡村旅游社区的服务水平，乡村旅游社区的服务水平直接反映了乡村旅游社区管理水平的高低。作为乡村旅游社区上级主管部门和相关职能部门，应制订乡村旅游社区服务与管理水平提升计划，不断加强乡村旅游社区居民的培训和再培训，不断革新乡村旅游社区居民的服务理念，增强乡村旅游社区居民的服务意识，提升乡村旅游社区居民的服务技能，进而促进乡村旅游社区经营管理水平的提高。

二、强化乡村旅游“四生体系”建设

“四生”体系是指围绕生产、生活、生命与生态四个方面建构而成的系统化乡村旅游发展体系。乡村旅游社区生产、生活、生命与生态是一个有机整体，不可偏废，共同支撑乡村旅游社区发展。

（一）生产

乡村旅游社区的旅游发展不能脱离其他产业而孤立存在，如果没有其他相关产业的支撑，社区旅游产业不可能做大做强。旅游业是社区产业发展的催化剂，是社区整个产业体系中的纽带产业。乡村旅游社区旅游发展应该实施产业融合发展战略，通过“+旅游”和“旅游+”多产融合方式来促进乡村旅游社区产业的发展。譬如，农业产业可围绕着旅游提升，通过调整农业产业结构，实施农旅一体化发展战略，从“农业景观”到“游客镜头”，从“农产品”到“餐桌”等方面有效升级产业，提高产业附加值，将农业产业发展成为支撑乡村旅游社区旅游发展的重要产业。

（二）生活

乡村社区生活是游客的诗和远方。营造“乡愁”氛围，变乡村生活为旅游活动，形成系列化的参与型旅游产品，让游客在参与中充分体验乡村生活。对乡村社区的耕作、丰收、节庆和娱乐等活动进行主题包装、策划和创意，使之变得更加生活化、情趣化和品质化，以美好的乡村生活不断激发城镇居民的旅游动机，形成城乡互动发展的新格局。

（三）生命

生命包含两层含义。一是乡村旅游社区的旅游产品要全方位关爱游客生命健康，使其行得有氧、游得尽兴、住得舒心、吃得健康、购得放心、娱得开心，不断为游客创造健康新生活。二是要善于把握乡村旅游社区产品生命周期，瞄准市场需求，及时革新和升级乡村旅游产品。

（四）生态

乡村社区旅游发展应根植社区、紧盯市场。需要以系统化的产业生态观，按照高质量发展的要求，坚持把生态做成产业，把产业做生态，努力构建起绿色、低碳、循环和可持续的产业体系。同时，积极营造利于乡村旅游社区旅游发展的产业环境，以生态系统观来构建乡村旅游社区的产业体系，实现多产融合共生，形成良好的产业生态链，不断增强乡村旅游区的可持续发展力。

三、培育乡村旅游社区自主发展能力

（一）自主发展能力的含义

参照李芸霞（2014）农户发展能力的定义，自主发展能力是指地区、组织或个人面对既定的自然、经济和社会环境，在权利、资源和机会等占有量有限的约束下，将自己内在的各方面素质与外部的各种发展环境和发展机会相结合，自由地开拓发展空间，从而不断提高自身价值的能力。

（二）乡村旅游社区自主发展能力的内容

乡村旅游社区自主发展能力属于综合能力，根据李小建、周雄飞和乔家军等（2009）对农户自主发展能力的内涵解释，乡村旅游社区自主发展能力包括自主发展潜能和自主发展意识两方面的内容。

1. 自主发展潜能

社区自主发展潜能包括社区居民的体能、素能、人际网以及资本积累能力和主动获取信息的能力。乡村旅游社区主要劳动力的身体健康状况（即体能）是确保乡村旅游社区各种能力能否顺利实现的前提。乡村旅游社区居民素能是指乡村旅游社区居民在学校教育、技能培训和社会锻炼中形成的技能和潜能，即具有适应现代市场经济、科技进步和时代变化的综合性能力。人际网主要指乡村旅游社区居民在日常生产生活中所形成的社交网络，这是乡村旅游社区居民的重要资产，有助于拓展乡村旅游社区居民的能力空间。资本积累能力主要体现在乡村旅游社区居民现有的经济状况和筹资能力，决定着他们自我发展和自我决策的经济基础。信息获取能力是乡村旅游社区居民通过不同途径获取各类乡村旅游发展信息的能力，在一定程度上体现了乡村旅游社区居民的视野和社会经济发展的洞察力。

2. 自主发展意识

自主发展意识是指乡村旅游社区居民在从事乡村旅游经济活动中所持有的价值观和心态，具体表现在乡村旅游社区居民对生活的态度、生活目标的设计、发展空间的拓展和乡村旅游经济参与度的认识。

（三）培育乡村旅游社区自主发展能力的措施

1. 构建良好的体制机制

在乡村旅游社区自主发展能力培育的过程中，乡村旅游社区管理者要依据国家有关政策和法律法规，积极探索和创新乡村旅游社区自主发展能力培育的体制机制，并使体制机制能够运行有效，这是实现乡村旅游社区自主发展能力培育的基本前提。这个体制机制不仅要切合社区具体实际，而且还要简单易行，能充分涵盖乡村旅游社区自主发展能力培育的计划、组织、领导、控制和协调等职能。

2. 强化乡村旅游社区居民培训

乡村旅游社区自主发展能力很大程度上不是受制于资金，而是乡村旅游社区居民缺乏相应的自主发展意识和素能。乡村旅游社区要根据现实和未来的发展需要，有针对性地制订专门的自主发展能力培育计划，不断对乡村旅游社区居民进行各类培训，切实提高乡村旅游社区居民的综合素质，使其从传统的农业生产者转变成为现代旅游的服务者和管理者。

3. 促进乡村旅游社区赋权发展

世界银行在《赋权与减贫：资料手册》中指出，赋权（Empowerment）是指资产的扩大，穷人参与、谈判、影响、控制以及掌握影响他们生活机构的能力。要成功地为穷人赋权，增加他们在不同情况下选择和行动的自由，通常需要具备信息获取、包容与参与、问责、地方组织能力四个基本要素。这一术语在不同的社会文化和政治背景下有着不同的内涵，不能随便地将其翻译成为所有的语言。对与赋权有联系的本土术语进行探讨一直是全世界积极讨论的话题，它包含着自强、控制、自力更生、自我选择和遵循个人价值观的生活，能够为自己的权利、独立、自主、自由、觉醒和能力而奋斗之意，这些内涵被植入本土价值和信念体系中（Narayan D.，2002）。在乡村旅游社区发展中，要通过适当的赋权，增加公平发展机会，特别是对社区的弱势群体和穷人，使乡村旅游社区居民参与发展，最终实现共同富裕。

4. 积极建设幸福和谐社区

追求幸福是人类奋斗和发展的不竭动力，和谐社区是和谐社会的重要体现和组成单元。在乡村旅游社区自主发展能力的培育中，幸福和谐社区将会为村民的自主发展能力培育提供良好的环境。人类的幸福与福利密不可分，幸福和谐社区建设不仅要充分体现社会主义和谐社会“民主法治、公平正义、诚信友爱、充满活力、安定有序以及人与自然和谐相处”的总要求，还应将乡村旅游社区的福利体系建设作为核心，不断改善乡村旅游社区的生产生活环境和居民生产生活质量，增进乡村旅游社区福祉。

【复习思考题】

1. 何谓社区？
2. 社区的构成要素是什么？
3. 社区发展包括哪些内容？
4. 乡村旅游社区由哪些构成？
5. 乡村旅游社区有哪些独特性？
6. 乡村旅游社区参与的路径有哪些？
7. 乡村旅游社区营造的主要内容有哪些？
8. “四生”体系对乡村旅游发展有哪些意义？
9. 如何培育乡村旅游社区的自主发展能力？

【课后实践】

以某一乡村旅游社区为案例，谈谈如何进行社区参与。

第十二章　乡村旅游运营管理

【学习目标】

- 理解运营管理的内涵；
- 了解运营管理的对象；
- 了解当今运营管理的特点；
- 掌握乡村旅游地运营管理的模式；
- 理解质量与质量管理的概念；
- 掌握乡村旅游全面质量管理；
- 掌握乡村旅游高质量发展的要求。

第一节　运营管理概述

一、运营管理的诞生与内涵

运营管理（Operations Management）是对生产管理的进一步发展，是现代管理学思想的重大变革。在机器化大生产时代，人们非常关心如何提高工厂的生产力问题，生产管理从泰罗的科学管理时代就在不断地向前发展。但随着生产的扩大化，供人们使用的产品日益丰富，且产品的替代性在不断增强，人们发现产品不仅是生产那么简单，还包含着产品前期的市场研判、产品的研发和产品使用的售后服务等诸多问题，生产管理已经难以覆盖一个产品从研发到生产再到使用最后到消亡的全过程。于是，一种全新的运营管理思想逐渐替代了传统的生产管理观。

何谓运营管理、如何进行运营管理和如何提高运营管理效率引起了学界和企业家们的关注。美国圣母玛利亚大学制造战略教授李·克拉耶夫斯基（Lee Krajewski）和波士顿学院运营与管理首席教授拉里·里茨曼（Larry Ritzman）从流程和价值链的角度讨论了运营管理，他们认为运营管理是指对流程进行系统化设计、指挥和控制，使这些流程把输入要素有效转化为提供给内部顾客和外部顾客的服务或产品。在运营管理活动中，每一个企业乃至每一个企业的具体部门都有相应的业务流程或技术流程，这个流程维持着企业运转，使企业成为一个有机体，不断创造价值。

在李·克拉耶夫斯基和拉里·里茨曼运营管理思想中，涉及三个非常关键的概念，一是顾客—供应商关系，二是流程，三是价值链。运营管理的流程设计以满足顾客需要为前提，通过与供应商的协同（也即供应链管理），不断创造价值并使企业资产得以升值，以此提高企业的市场竞争力和可持续发展力，而流程的累积和运行则构建起了企业完整的价值链。

二、运营管理的对象

运营管理作为对企业运营过程的计划、领导、组织和控制，与企业产品的生产和服务密切有关。从广义上讲，每一个企业及其下属的各个部门都有自己相对完整的一套运营管理体系，从而确保企业能有效运行。有人认为，运营管理好比企业的发动机，是一个企业的心脏和中枢神经。一个运营管理者必须清楚自己运营管理的对象为何物，才能更好地实施相匹配的管理职责。

从系统论的角度来看，运营管理的对象是运营系统，它是企业通过各种运营资源将投入转化为产出的系统（见图 12–1）。这个运营系统会因企业经营业务的不同而有着极大的差异，即使是有着同一业务的企业，其运营系统也不会百分之百相同，因为它还与企业实力必不可分。譬如，同样是经营旅行社业务的企业，国内旅行社和国际旅行社的运营系统差别就很大。

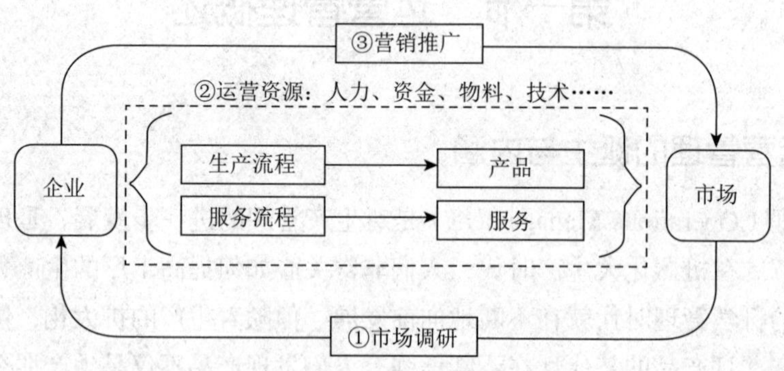

图 12–1　企业运营管理系统示意

企业以生产和服务的获利来使自身得以生存。企业生产和服务的对象是市场，而生产和服务的形成有赖于企业自身的供给，如果一个企业盲目扩大生产规模，供给就有可能超过市场需求，势必会产能过剩。如果供给能力不够，企业生产的产品和提供的服务也有可能不能满足市场，同样也会错失良机。为此，企业的运营管理系统就需要围绕市场需求前端和供给能力末端来设计。

针对市场需求，企业有市场营销体系；针对供给能力，企业有生产和服务体系。在运营管理过程中，企业生产和服务体系构建是重中之重，它作为企业内部支持运营活动的资源，包括一系列的人、财、物和技术等条件，也是最为系统和复杂的。企业财务部门根据市场部门提供的市场研究情报资料对新产品和新服务可行性进行评估后，决定投资意向和投资规模。生产与服务部门根据确定的投资意向和规模来组织生产和服务。人力资源部门负责所需人才的招募和调配，将其充实到企业相关部门中，为各个部门提供坚实的智力支撑和保障。如此，企业各个部门密切配合，利用运营资源把投入转化为产出。

三、当今运营管理的特点

信息技术、人工智能和全球竞争正对运营管理产生着巨大的影响，互联网已经渗透到人们生产生活的方方面面，企业的运营管理必须善于运用这些新兴技术，积极应对信息化时代产生的各种新风险，迅速形成切合时代的运营管理方法和模式，提高自身的市场竞争力。当今运营管理正呈现出智能化、精准化和全球化三大基本特点。

（一）智能化

从市场研判→新产品和新服务的创意→流程设计→生产→投放市场，几乎都可以运用相关的技术来实现智能和智慧化。企业可以通过顾客购买行为的大数据分析，可以更加系统和全面地掌握市场需求。新产品和新服务的创意也可以辅助现代设计体系，通过虚拟仿真呈现出新产品和新服务的形态。在流程设计上，通过计算机分析，可以实现流程最优化。在生产过程中，通过人机一体化的智能系统，可以实现智能制造、智能生产和智能服务。

（二）精准化

运营管理的精准化依赖大量数据的收集、分析和处理。没有科学数据作为基础，运营管理决策就没有任何依据。在传统阶段，科学数据的收集又是极为困难的，不仅成本高，而且所需的时间较长，很不利于运营管理者及时做出决策，随着大数据技术的发展，科学数据的收集就变得更加容易。例如，人们在使用网络的过程中，都会留下相应的痕迹，企业可以通过对这些痕迹特征的提取和分析，掌握相关群体的行为习惯，洞察其心理需求，从而提供更加符合目标市场需求的产品和服务，使得运营管理更加有效。

（三）全球化

随着世界贸易的发展，全球市场和世界竞争会给各个国家和地区的企业运营战略产生极大的影响，企业的运营管理要积极应对全球化带来的挑战，不仅要争夺全球市场，更要在全球化的进程中配置资源，逐步构建起具有全球化特征的“供应链”，运营管理的全球化特征在旅游业中更加典型。

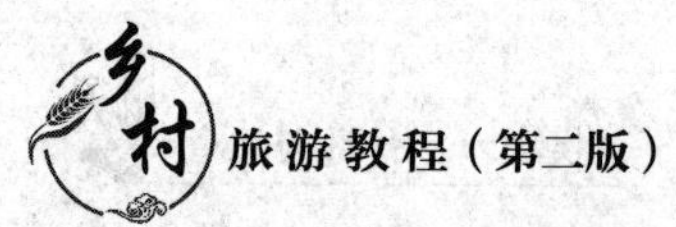

第二节　乡村旅游地运营管理模式

乡村旅游地运营管理模式是指乡村旅游地在特定条件下乡村旅游产业发展的经验总结与高度概括。在长期的乡村旅游运营管理实践中，各地根据自身条件，不断创新发展思路，逐步形成了若干具有代表性的乡村旅游运营管理模式，有力地促进了乡村旅游的蓬勃发展。

一、自主型模式

自主型发展模式是由村民自发形成的一种乡村旅游模式。譬如，在20世纪80年代初期，贵州省黔东南苗族侗族自治州雷山县上郎德创造性地运用人民公社化时期“工分制”的生产与分配制度，形成了以“工分制”为核心的乡村旅游自主型发展模式。

【案例12.1】

郎德上寨乡村旅游的“工分制”

在乡村旅游发展初期，歌舞表演是村里的主要旅游项目，寨上的全体村民（除出嫁的姑娘外）都有平等参与表演和享有相应分配权的权利。村委会规定，在歌舞表演的收入中，70%对村民实行按劳分配，30%由村委会提取，专门用于寨上的公共设施建设、寨容寨貌的改善和相关旅游支出。

每场歌舞表演以家庭为单位，按家庭实际出工人数和工分标准（见表12-1）记工分一次，多来多得，少来少得，不来不得，每月结账一次，乡村旅游收入和分配情况定期公布，接受村民监督。

表12-1　郎德上寨工分值标准

角色名称	桌长	迎客	芦笙	陪场	演员	学生	管理者
工分值	1	1	9	6	4	1~5	18
着装名称	长衣	便衣	盛装	盛装＋银衣		盛装＋银衣银角	
工分值	10	9	11	15		20	

在确保人人有平等权利参与旅游接待的基础上，“工分制”向普通群众、妇女、老人、小孩等弱势群体倾斜。例如，参与旅游管理的旅游接待小组成员中，每人每场只能拿18分，而群众演员每人每场最高可拿20分；作为演员的妇女如果能全程参与完整的接待表演，其工分数要高于参与全程表演的男性；上了70岁的老人和老年病号每场都有6分。

为保证群众能按时和自始至终参与旅游接待，村里实行严格的工分票分阶段发放制度。村里根据不同参与人员制作不同分值的工分票，以穿戴是否整齐和是否按时到岗到位来分阶段发放，由有关村干部负责各组（如老年组、妇女组、表演组、学生组等）工分票的发放和回收登记。

每场表演结束后，由各组发票人员负责收缴登记，再到村会计处汇总。村委会会计必须把每场接待中每户居民所得工分作登记，每月结算一次进行分红。会计须算出各户月总工分，再算出当月全村总工分和当月可分配金额总数，然后以当月总收入除以全村总工分得到工分单价，最后用每户的月工分乘以工分单价，即每户村民应分得的金额。

资料来源：李天翼．上郎德苗寨社区参与旅游模式成因分析［J］．贵州民族学院学报（哲学社会科学版），2007（4）：72–75.

二、股份制模式

根据乡村旅游投资的产权所属，我们可以将其大致分为国家产权、投资商产权、村集体产权、村民小组产权和村民个人产权五种类型。在乡村旅游发展过程中，可对这五种不同产权进行整合，组建起股份制乡村旅游企业，形成乡村旅游股份制发展模式。这种模式通过对股权进行优化后，可以充分整合各路资金、资源和资产，明确各利益主体的职责、权利，让当地农户成为合法股东参与到乡村旅游经营管理中，分担风险，有利于调动各方的积极性，确保乡村旅游的良性发展。

【案例 12.2】

中郝峪村：产权改革开启村民共富路

山东省淄博市博山区中郝峪村地处鲁中山区腹地，全村共 113 户、340 人。由于地处山区，交通不便，该村曾经是远近闻名的贫困村。2003 年，该村依托独特的地理环境和生态资源优势，村支两委筹资 1 万余元发动 5 户村民集资入股发展农家乐，吸引游客到村里游玩，拉开了采用股份制发展乡村旅游的帷幕。

经过两年的发展，村民发展乡村旅游的积极性大大提高。2005 年，全村入股农户达 37 户。2011 年，村里注册成立博山幽幽谷旅游开发有限公司，采取村民自愿出资入股、农户单体承包和公司统一运营的管理方式，大力发展乡村旅游。

2015 年，为解决全村共同富裕问题，在各级农业部门的指导下，中郝峪村探索开展农村集体产权制度改革，将公司资本、村集体资产资源和村民资产整合优化。在原有公司资本基础上，将村集体所有经营性资产、资源性资产和公益性资产全部折股量化给村集体组织成员，并动员村民将土地承包经营权、宅基地（房屋）使用权和山林承包权折价入股到公司。产权制度改革后，公司的经营能力大大加强，有效地带动了村集体经济发展和农民群众增收致富，探索出一条发展村集体经济的新路子，让贫困小山村变成美丽新农村，使绿水青山变成金山银山。

资料来源：赵勇．中郝峪村：产权改革开启村民共富路［J］．农村经营管理，2017（9）：38–39.

三、政府主导模式

政府主导模式一般是指由各级政府和相关主管部门根据市场需求，编制完成乡村旅游规划，选择有条件的地区有计划地发动村民发展乡村旅游。在发展初期，一般由政府部门、政府所属的平台公司或国有企业投资建设必要的基础设施和旅游服务设施，通过示范带动和重点突破，鼓励和引导村民参与到乡村旅游经营过程中，同时给予必要的指导。此种模式的乡村旅游发展，一般能在短期内见到成效，但如果不重视乡村旅游社区参与和公平发展问题，这种模式下的乡村旅游也会隐藏着潜在危机。

【案例 12.3】

西江千户苗寨的乡村旅游发展

西江千户苗寨位于贵州黔东南苗族侗族自治州雷山县东北部，距离县城 37 公里，是一个传统的农耕社区。2008 年，西江共有 1258 户，5326 人，是远近闻名的“千户苗寨”。但因交通较差，加之没有什么接待服务设施，2002 年前，西江几乎没有一个真正的旅游团队，仅有零星的散客到西江观光体验，这种自发的旅游活动在西江持续了十多年。这一时期的主要游客是国内外的背包客，有法国人、美国人、加拿大人、意大利人等，更多的是国内专家学者和学生。

2000 年，雷山县人民政府举全县之力举办了盛况空前的“2000・神舟世纪游・中国・贵州・雷山苗年节”活动，在海内外引起了极大影响，拉开了政府主导下的乡村旅游发展帷幕。2002 年，县人民政府将每年一度的“苗年节”主会场设置在西江，西江的知名度也进一步得以提升，到西江的游客也逐渐多了起来。

西江旅游时代的真正到来是在 2008 年。这一年，贵州省第三届全省旅游产业发展大会在西江召开。为了迎接此次盛会，省、州、县各级政府投入 2.7 亿元改善西江和雷山的硬件和软件环境，打通了从凯里至西江的旅游公路，使凯里至西江的里程由原来的 81 公里缩短至 36 公里，西江面貌发生了翻天覆地的变化，从一个几千人的苗寨摇身变成了一个景区。2009 年，西江接待游客 64.6 万人次，实现旅游综合收入 1.4 亿元。2011 年，西江客源市场由 9 个省市扩大到 31 个省市，入境游客由 3% 上升到 8%，签约旅行社达 60 余家。

2008 年 10 月，雷山县人民政府成立了以县委书记任组长、各有关部门主要负责人和西江镇镇长为成员的雷山县西江景区旅游产业发展领导小组，领导小组下设西江景区管委会，由分管旅游的副县长担任管委会主任。2009年，成立了西江景区管理局，代行管委会的主要职责。

西江是黔东南民族村寨旅游开发的一个特例，是政府主导下的一个近似“神话”的产物。从旅游宣传和打造乡村旅游品牌的角度看，对西江的开发打造是成功的，由一个村寨变成了一个真正的景区，有了人气，极大地提高了西江旅游综合效益和村民的经济收入。到目前为止，对西江乡村旅游的开发都有不同的评价，褒贬不一。但在“火爆”表象之下，存在如下“不适度”的问题。具体表现在：第一，政府完全主导旅游开发，村民主体地位得不到体现；第二，门票制度争议大，管理难；第三，社区群众对景区门票收入分配制度不满；第四，村民参与不足，贫富分化影响社区和谐；第五，文化保护与传承面临困难；第六，旅游接待设施安全隐患大，旅游服务与管理不到位；第七，旅游项目设计与开发不足，难以满足游客深度体验需求；第八，社区群众对旅游的满意度和支持率下降。

资料来源：罗永常．少数民族传统社区旅游适度开发研究［M］．北京：民主与建设出版社，2017：92–108.

四、企业主导模式

企业主导模式特指由民营企业根据市场需求，进驻某一乡村地区进行主体投资开发乡村旅游的一种模式。在这种模式下，企业根据区域的上位规划和相关规划编制完成相应的乡村旅游规划，经上级行政主管部门审批后，完成整个乡村旅游区的开发建设，并对所开发建设的乡村旅游区进行统一的经营和管理。这种模式的优点是，企业可以根据市场需求，精心开发设计乡村旅游产品和进行标准化的运营管理，乡村旅游市场契合度较高；不足之处是社区参与性可能较差。

【案例 12.4】

肇兴侗寨的乡村旅游发展

肇兴侗寨位于贵州黔东南苗族侗族自治州黎平县，距离县城71公里，现有住户850余户，共4600余人，是全国最大、最古老的侗寨，有“侗乡第一寨”的美誉。肇兴侗寨乡村旅游的发展始于20世纪80年代初，得益于广西桂林旅游市场的火爆。大批游客涌入桂林的同时，其中很小部分的游客，主要是专家学者、摄影爱好者、背包客等，他们寻幽访古。从桂林经广西三江县进入贵州腹地黎平县，而肇兴就是一个必经之地。许多游客将自己在此地拍摄的照片和写的文章在不同的媒体上发布，逐渐使大山深处的肇兴侗寨被世人所知。20世纪80年代中后期，来肇兴旅游的中外游客络绎不绝。

1993 年，法国国家电视台来肇兴采访后，肇兴侗寨在海外引起了更大的轰动，来访的外国人逐渐增多。

2003 年，黎平县人民政府为了加大肇兴乡村旅游的开发力度，决定引入公司开发肇兴。同年 10 月，黎平县人民政府与贵州世纪风华旅游投资公司签订了《投资开发肇兴侗寨景区旅游项目合同书》，标志着肇兴乡村旅游开发进入了公司开发期。

这一时期，政府给予了一定的权益和优惠政策，公司投资加强了肇兴基础设施建设，提升了肇兴乡村旅游接待服务水平。同时，公司在运营管理方面的优势使肇兴乡村旅游得到整体提升，走过了几年的黄金期。

2009 年以来，因肇兴侗寨外围修建黎平—洛香高速公路，进入肇兴的路况每况愈下，对前来肇兴旅游的游客形成了阻滞。加之制度设计的缺陷和对村民主体地位的忽略，公司化开发引发了一系列矛盾，各相关利益主体冲突不断，影响了肇兴乡村旅游的正常发展，破坏了乡村的和谐。村民意见一天比一天大，村寨内部的文化传承与保护形式日益严峻，游客数量明显减少，公司也是一肚子苦水，肇兴乡村旅游陷入进退两难的境地。

资料来源：罗永常 . 少数民族传统社区旅游适度开发研究［M］. 北京：民主与建设出版社，2017：62-66.

五、复合型模式

复合型模式也称“+”模式，是指在乡村旅游发展过程中，通过各相关利益主体的衔接，形成共同推动当地乡村旅游发展的一种模式。乡村旅游利益主体大致可以划分为外来投资公司（简称外来公司）、村里组建的公司（简称村办企业）、村里成立的合作社（简称合作社）、乡村旅游协会、政府、农户和旅行社七大利益主体。在乡村旅游发展实践中，通过对这七大利益主体进行不同组合，可以形成若干类型的复合型乡村旅游发展模式。例如，“外来公司 + 村办企业”“外来公司 + 合作社 + 农户”“村办企业 + 旅行社”和“政府 + 村办企业 + 农户”等。

【案例 12.5】

贵州天龙屯堡“四位一体”的乡村旅游模式

贵州省安顺市平坝县天龙屯堡在乡村旅游发展中，一开始就融入了多个利益主体，兼顾各方利益，创造了“政府 + 旅游公司 + 农民旅游协会 + 旅行社”的“四位一体”参与式乡村旅游发展模式（见图 12-2）。

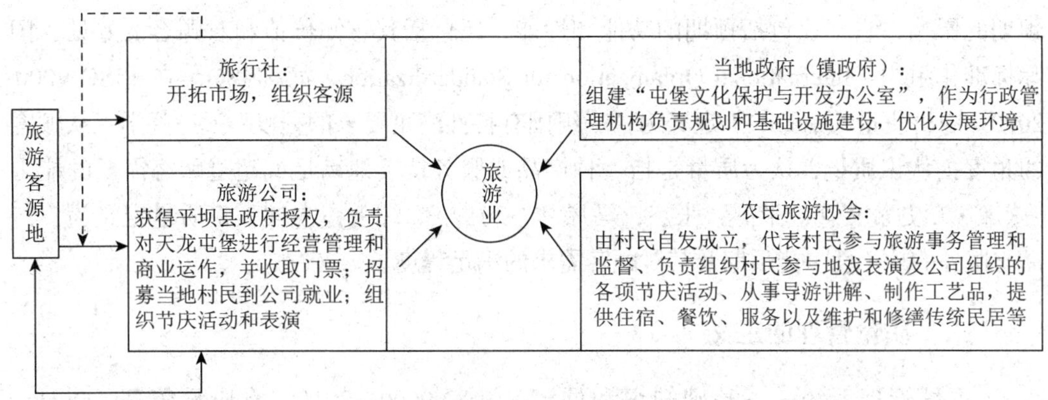

图 12-2　天龙屯堡“四位一体”乡村旅游发展模式

“天龙模式”是我国乡村旅游的成功典范，其成功之处在于发挥了社区利益相关者参与旅游发展的积极性，解决了乡村旅游开发中资金短缺、客源市场不足的问题；兼顾了社区居民的利益，为社区居民参与旅游发展提供了机会和条件；实现了多方共赢；最大限度地保存了当地文化的真实性，使古老的民俗文化呈现出勃勃生机。其独特的开发模式，对于我国西部地区一些政府投资能力弱、招商引资环境差的小规模旅游景区开发具有借鉴意义。

资料来源：陈志永，李乐京，梁涛．利益相关者理论视角下的乡村旅游发展模式研究——以贵州天龙屯堡“四位一体”的乡村旅游模式为例［J］．经济问题探索，2008（7）：106-114.

第三节　质量管理与乡村旅游高质量发展

高质量发展是 2017 年党的十九大对我国经济发展进行研判后所提出的新要求，乡村旅游高质量发展是贯彻落实创新、绿色、开放、协调、共享五大发展理念、建设农村现代化经济体系、助推乡村振兴的重要抓手。要实现乡村旅游的高质量发展，质量管理是基础。

一、质量与质量管理的概念

成功的质量管理主要取决于管理人员是否对质量有全面而深刻的认识。乡村旅游高质量发展的落脚点是“质量”，要实现高质量发展，关键在于如何推动和实施乡村旅游的质量管理问题，认识质量与质量管理对推进乡村旅游的高质量发展会有所裨益。

（一）质量的定义

一个组织的产品和服务质量取决于满足顾客的能力以及对相关利益方面预期和非

预期的影响，它不仅包括预期的功能和性能，还包括其感知价值和对顾客的好处。国际标准化组织（International Organization for Standardization，简称 ISO）在《ISO 9000：2000》中将质量（Quality）定义为“一组固有特性满足要求的程度”。一些学者从顾客的角度去认识质量，认为质量是指一种产品或服务持续地满足或超过顾客需要的能力（威廉·J. 史蒂文森，张群，张杰，马风才，2019）。综上，本教程将质量定义为：产品与服务的功（性）能预期及其对顾客需求的满足程度。

（二）质量管理的定义

《质量管理系统——基础知识和词汇》（ISO 9000：2015）将质量管理（Quality Management）定义为：建立质量策略和质量目标以及通过质量计划、质量改进、质量控制和质量提升实现质量目标的过程。从这个定义上看，质量管理属于过程管理，管理的路径主要是通过质量计划、质量改进和质量提升来实现质量目标。

二、质量管理的发展

质量是人类永恒的追求。随着生产力的不断发展和生产规模的扩大，市场竞争日益激烈，质量管理在社会化大生产中变得日益重要，如何确保产品质量和服务质量成为人们极为关注的问题。从 1875 年科学管理创始人弗雷德里克·温斯洛·泰勒（Frederick Winslow Taylor）率先将质量检验作为一项管理职能从生产过程中分离出来至今，质量管理在经历了质量检验阶段和统计质量控制阶段后，已经进入全面质量管理时期。中国质量协会在 2018 年编著的《全面质量管理（第四版）》中对质量检验阶段、统计质量控制阶段和全面质量管理三大阶段的质量管理进行了系统的阐述：

质量检验阶段主要是通过检验的方式来控制和保证产出或转入下道工序的产品质量……质量检验人员根据技术标准，利用各种测试手段，对零部件和成品进行检查，做出合格与否的判断，不允许不合格品进入下道工序或出厂，起到了把关的作用。

统计质量控制阶段的质量管理强调“用数据说话”，强调应用统计方法进行科学管理。通过运用统计方法对工序进行分析，及时发现生产过程中的异常情况，确定产生缺陷的原因，迅速采取对策加以消除，使工序保持在稳定状态。统计质量控制阶段使质量管理从事后把关转向了事先预防，质量管理的职能也由专职检验人员扩展到专业的质量控制工程师。

全面质量管理从单纯对产品质量的管理转向对产品质量、工作质量、体系质量的管理；从专职质量检验人员、质量控制技术人员的管理，转向组织全体员工参与的管理；从对生产过程的管理，转为对产品实现全过程的管理。全面质量管理不再局限于传统的质量领域，而演变为一套以质量为中心的综合的管理方式和管理理念。它运用系统的观点，通过提高工作质量，保证体系质量，从而实现产品质量的提升；它综合运用经营管理、专业技术、数理统计等多种方法，以实现更高质量更好的经济效益（见表 12–2）。

表 12-2　质量管理发展三阶段的特点对照

阶段 项目	质量检验阶段 （19 世纪末—20 世纪 20 年代）	统计质量控制阶段 （20 世纪 20—60 年代）	全面质量阶段 （20 世纪 60 年代后）
质量标准	通过检验保证产品符合既定标准	按照既定标准控制	以用户需求为真正标准
特点	事后把关	生产过程控制	全面控制，预防为主
工作重点	重在生产制造过程	扩大到设计过程	涵盖设计、生产及使用等全过程
检测手段	技术检验	加上数理统计方法	经营管理、专业技术、数理统计相结合
管理范围	产品质量	产品质量和工序质量	产品、工序、过程
标准化程度	未制订标准化要求	部分标准化	严格实行标准化管理
类型	防守型	预防型	全攻全守型
执行者	监工	专业技术人员	全员

资料来源：中国质量协会．全面质量管理［M］．4 版．北京：中国科学技术出版社，2018：21-24.

在实施质量管理的过程中，无论是质量检验、统计质量控制，还是全面质量管理，这三个阶段的质量管理思想和方法不是孤立和对立的，而是相互补充和发展的，既有区别，又有联系，是一脉相承和彼此融通的质量管理观。

三、乡村旅游全面质量管理

乡村旅游高质量发展离不开对乡村旅游的全面质量管理，实施乡村旅游全面质量管理是推动乡村旅游高质量发展的重要途径。乡村旅游运营管理者要将乡村旅游全面质量管理作为乡村旅游企业和乡村旅游地的一项战略决策，不断改善乡村旅游企业和乡村旅游地的整体绩效，并为可持续发展提供良好的基础。

（一）全面质量管理的起源

美国著名质量管理专家埃默德·费根堡姆（Armand Feigenbaun）于 1957 年率先使用全面质量管理。1961 年，他在著作《质量控制：原则、实践和管理》（1951 年版）（*Quality Control: Principles, Practice and Administration*）的基础上出版了《全面质量控制》（*Total Quality Control*），首次提出了全面质量管理的概念：全面质量管理是为了能够在最经济的水平上，考虑到充分满足用户要求的条件下进行市场研究、设计、生产和服务，把企业内各业务部门研制质量、维持质量和提高质量的活动构成为一体的一种有效体系（中国质量协会，2018）。

（二）全面质量管理的定义

全面质量管理（Total Quality Management，TQM）是指企业以高质量发展为核心，通过全员参与，综合运用切合实际的各项先进管理技术、方法和手段，使企业的研发、生产和销售等诸多环节形成统一协调的有机整体，为顾客提供满意的商品和服务，并长期获得较佳经济效益、社会效益和环境效益的系统化质量管理活动。全面质量管理的系统化主要体现在以下几个方面。

1. 全过程管理

企业产品和服务的提供涉及研发、生产、销售、售后等诸多环节，同时每一个环节又有更细的环节，如果一个环节出问题，产品和服务的质量可能就会功亏一篑。全过程管理就是要加强每个环节的监控与评估，坚持顾客满意的宗旨，防治结合，及时修正，在全过程管理中提高产品和服务的质量。

2. 全方位管理

全过程管理主要是对企业产品与服务从产生至消亡的时间轴线所进行的管理，属于纵向管理。全方位管理则是围绕这一时间轴线所进行的人、财、物的配置管理，属于横向管理，如企业人力资源管理、成本管理、物资管理、售后服务管理等。同时，还包括产品研发、市场营销、品牌构建、公共关系等诸多内容。

3. 全员参与管理

全面质量管理不是企业某个部门的事，它涉及企业的每一位员工，上至高层管理者，下至一线人员，他们在各自的岗位上均要承担起岗位职责，兢兢业业，为企业所提供的每件产品和每项服务做出努力和贡献。通过全员的质量教育和培训，培养团队协作精神，提高全体员工的质量意识、技术和业务水平。要把质量责任落实到各个部门和各个岗位，切实做到权责统一，形成完整、严密和高效的质量管理工作系统。

（三）乡村旅游全面质量管理

面对不断变化和日益复杂的乡村旅游市场环境，始终如一地满足现在和未来的市场需求成为乡村旅游企业和乡村旅游地需要应对的一大挑战和必须解决的重要问题。为了能够积极应对和解决，乡村旅游企业和乡村旅游地除了持续改进质量计划之外，很多时候还需要采取各种突破性的行动，进行乡村旅游产品和服务的不断创新。

1. 管理原则

将 ISO 9000：2015 质量管理的原则进一步落实乡村旅游到全面质量管理中，确保乡村旅游全面质量管理有关问题的妥善解决。具体包括：以游客为关注焦点；领导作用；全员参与；过程方法；改进；循证决策；关系管理。

2. PDCA 循环

PDCA 循环（Plan–Do–Check–Act Cycle）最先由修哈特提出，经戴明介绍，又称“戴明环”，后被 ISO 采用（见图 12–3），运用于质量管理体系中。

计划（Plan）：确定系统及其过程的目标以及根据顾客的要求和组织的政策提供结果所需的资源，并确定和应对风险与机遇。

实施（Do）：执行计划的工作。

检查（Check）：根据政策、目标、要求和行动计划，监控和（酌情）衡量流程以及所产生的产品和服务，并报告结果。

行动（Act）：必要时，采取措施以提高绩效。

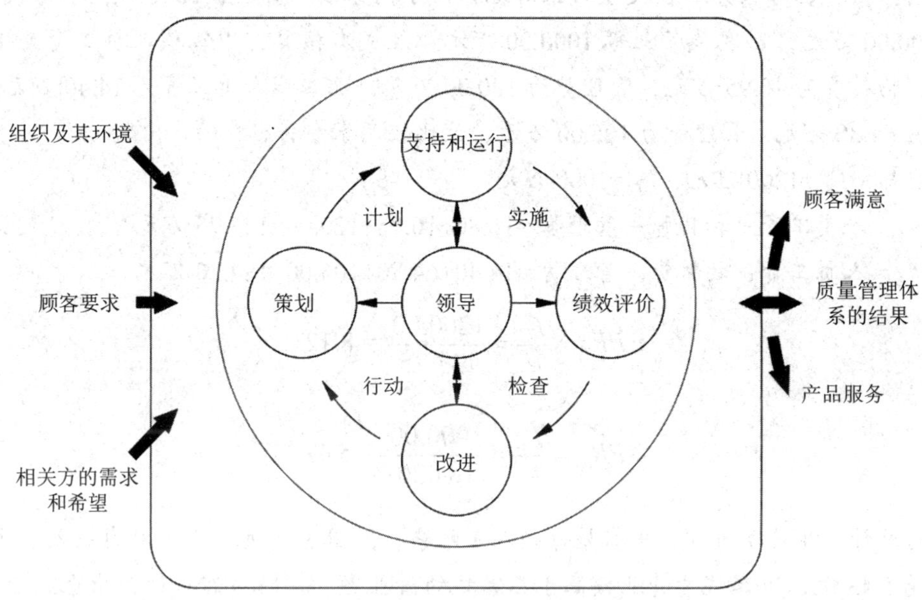

图 12–3　PDCA 循环在 ISO 的结构图示

资料来源：ISO 9001：2015 Quality Management Systems—Requirements.

在乡村旅游全面质量管理过程中，要根据 PDCA 循环，制定相应的质量管理措施，确保乡村旅游全面质量管理目标的实现。

四、乡村旅游高质量发展要求

（一）效益好

效益好是乡村旅游高质量发展的重要内涵。它要求经济效益要与环境效益和社会效益相协调，而不是单纯为了短期的高经济效益而损失环境效益和社会效益。效益好主要体现在以下几个方面：第一，乡村旅游要切实做到资源消耗低、环境污染少，最终要达到零排放和零污染，这是乡村旅游发展的首要前提。第二，乡村旅游要有适当的投资回报率。第三，乡村旅游对集体经济的拉动性要强。第四，要为乡村提供一定数量的就业岗位，增加村民收入，实现共同富裕。第五，乡村旅游要促进乡村文化遗产的传承和保护以及社会和谐，增强乡村文化软实力，提高乡村文明程度。第六，资源利用效率高，即能以较少的投入获取更多有效的产出，可以用生产率高低来衡量，计算公式如下：

$$PR = \frac{I}{P}$$

式中，PR：生产率；I：产出；P：投入。

例：甲、乙二人分别在某乡村旅游地开设了两家乡村客栈，2022年，甲客栈营业额1200.00万元，乙客栈营业额1000.00万元。经成本核算，甲客栈人员工资为16.80万元，物料费为10.95万元，管理费为120.00万元；乙客栈人员工资为14.40万元，物料费为64.80万元，管理费为105.00万元，试比较两家乡村客栈的产出。

已知，$I_{甲}$=1200万元，$I_{乙}$=1000万元

$P_{甲}$=人员工资+物料费+管理费=16.80+10.95+120.00=147.75万元

$P_{乙}$=人员工资+物料费+管理费=14.40+64.80+105.00=184.20万元

$$PR_{甲} = \frac{I_{甲}}{P_{甲}} = \frac{1200.00}{147.75} = 8.12$$

$$PR_{乙} = \frac{I_{乙}}{P_{乙}} = \frac{1000.00}{184.20} = 5.43$$

通过计算生产率可知，甲客栈每投入1元钱，产出8.12元，乙客栈每投入1元钱，产出是5.43元，甲客栈的营业额高于乙客栈的营业额，同时甲客栈的产出也比乙客栈的产出高。

（二）增长稳

增长稳是衡量乡村旅游发展的重要指标，也是乡村旅游经济持续发展的重要标志。在高质量发展阶段，乡村旅游要积极转变发展方式，从贪大求全转向精益求精，不求大跃进式的“井喷”态势，而要坚持“稳中求进”的总基调，扎实推进乡村旅游经济持续稳定增长，保证乡村旅游有效供给。

（三）产品精

在高质量发展阶段，乡村旅游产品不再是简单粗放的农家乐，产品逐渐以特和以质取胜，以全新的思维、手段和方法建设乡村旅游精品，全方位涵盖“食、住、行、游、购、娱”基础要素，积极拓展“商、养、学、闲、情、奇”等新兴要素。通过乡村旅游产品的精致化建设，提高乡村旅游的供给质量。精致化的乡村旅游产品具有如下几个关键的特征：第一，富有乡土美学；第二，把服务做到游客心里；第三，不可复制。

（四）创新强

要实现乡村旅游的高效益、增长稳和产品的精致化，关键在于创新，要以创新来驱

动乡村旅游的高质量发展。乡村的“土”要有“洋”的气息，要善于运用现代科技手段，不断实现乡村旅游产品和运营管理的创新，加快建设乡村旅游技术创新体系，积极运用大数据、云计算、人工智能等新兴技术来武装乡村旅游产业，积极发展乡村旅游新业态，创新产业链，提升价值链，培育乡村旅游发展新动能。

（五）有灵魂

有灵魂是指乡村旅游高质量发展所承载的核心价值追求。首先，乡村旅游高质量发展要关注乡村旅游社区的公平正义，注重乡村旅游社区居民的全面发展，关爱乡村旅游社区的弱势群体，使他们获得与外界均等的发展机会，提高其自主发展能力，实现共同富裕和共同进步。其次，乡村旅游的高质量发展要传承、保护和活化乡村旅游社区的传统文化，促进文化遗产的生产性保护，强化乡村生态文明建设，提高乡村旅游社区的文化软实力。

（六）可持续

可持续是乡村旅游高质量发展的必然要求。乡村旅游高质量发展要践行绿水青山就是金山银山的理念，统筹考虑乡村资源环境承载能力和发展潜力，在保护的前提下进行科学有序的开发，促进乡村旅游绿色发展和低碳发展。加强乡村自然生态环境和乡村特色风貌的保护，强化乡村传统文化的挖掘利用和乡愁再造，防止大拆大建、千村一面、城市化翻版和简单化复制，以在地化的乡土美学营造诗画乡村。

【复习思考题】

1. 何谓运营管理？
2. 当今运营管理具有哪些特点？
3. 乡村旅游地的运营管理模式有哪些？
4. 何谓全面质量管理？
5. 如何进行乡村旅游全面质量管理？
6. 乡村旅游高质量发展有哪些要求？

【课后实践】

以某一乡村旅游区或乡村旅游企业为案例，尝试制订运营管理方案。

参考文献

［1］Baloglu S，Mccleary K W. A model of destination image formation［J］.Annals of Tourism Research，1999，26（4）：868–897.

［2］Duk–Byeong Park，Yoo–Shik Yoon.Segmentation by motivation in rural tourism：A Korean case study［J］. Tourism management，2009（30）：99–108.

［3］Fakeye P C，Paul C，Crompton J L. Image differences between prospective，first–time，and repeat visitors to lower rio grande valle［J］. Journal of Travel Research，1991，20（2）：2–9.

［4］Haber W. Landscape ecology as a bridge from ecosystems to human ecology［J］. Ecological Research，2004（19）：99–106.

［5］ISO 9001：2015 Quality management systems—Requirements［EB/OL］.［2019–11–11］. https：//www.iso.org/obp/ui/#iso：std：iso：9001：ed–5：v1：en.

［6］Kotler P. Marking management（11th Edition）［M］. NJ：Prentice，2003.

［7］Nam Hyeong Kim，Hyang Hye Kang. The aesthetic evaluation of coastal landscape［J］. KSCE Journal of Civil Engineering，2009（2）：65–74.

［8］Narayan. D. Empowerment and poverty reduction：A sourcebook［R］. Washington，DC. Office of Publisher，World Bank，2002.

［9］Naveh Z，Liberman A S.Landscape ecology：Theory and application［M］. Berlin：Springer–Verlag，1984.

［10］OECD. Tourism policy and international tourism in OECD countries：1991—1992［R］. Organization for Economic Co–Operation and Development，1994.

［11］Pearce P L. Developing the travel carer approach to tourist motivation［J］. Journal of Travel Research，2005，43（3）：226–237.

［12］Reichel A，Lowengart O，Milman A. Rural tourism in Israel：Sevice quality and orientation［J］. Tourism management，2000（21）：451–459.

［13］Ronald L Grimes. Beginnings in ritual studies［M］. Columbia，SC：University of South Carolina Press，1995.

［14］Wolfgang Rid，Ikechukwu O. Ezeuduji，Ulrike Pröbstl–Haider. Segmentation by motivation for rural tourism activities in The Gambia［J］. Tourism Management，2014（40）：102–116.

［15］安传艳 . 关于恩格尔系数、旅游恩格尔系数的几点思考［J］. 南阳师范学院学报，2014（6）：49–52，75.

［16］保继刚，楚义芳 . 旅游地理学（修订版）［M］. 北京：高等教育出版社，1999.

［17］柴本源，黄祥康，方芳 . 旅游地理学［M］. 上海：上海人民出版社，1997.

［18］曹平斌，王焦成，王志强 . 中国农谷的"前世今生"——来自中国农谷核心区屈家岭的报告［R］. 世纪行，2013（10）：15–16.

［19］陈传康 . 旅游资源鉴赏开发［M］. 上海：同济大学出版社，1990.

［20］陈浩 . 复原成列初探［J］. 东南文化，2004（1）：73–76.

［21］陈慧琳 . 人文地理学［M］. 3 版 . 北京：科学出版社，2013.

［22］陈秋红，王媛媛 . 旅游心理学［M］. 武汉：华中科技大学出版社，2016.

［23］陈燮阳，乔惠英 . 铁路和火车的发明—— 陆路交通大动脉问世［J］. 汽车研究与开发，2000（2）：57–59.

［24］陈燮阳，乔惠英 . 汽车发明纵横谈［J］. 汽车研究与开发，2000（5）：57–60.

［25］陈柱国 . 旅游市场营销学［M］. 天津：天津大学出版社，2010.

［26］崔国，褚劲风，王倩倩，等，国外创意旅游内涵研究［J］. 人文地理，2011（6）：24–28，33.

［27］邓伟志，徐新 . 家庭社会导论［M］. 上海：上海大学出版社，2006.

［28］第一征集网 . 江苏省旅游局征集出炉江苏乡村旅游形象 LOGO 标志［EB/OL］.（2015–10–19）［2018–08–07］. http：//www.1zhengji.com/LOGO/jingqu/5839.html.

［29］费孝通 . 略谈中国社会学［J］. 高等教育研究，1993（4）：1–7.

［30］菲利普·科特勒 . 市场营销导论［M］. 俞利军，译 . 北京：华夏出版社，2001.

［31］傅伯杰，陈利顶，马克明，等 . 景观生态学原理及应用［M］. 北京：科学出版社，2001.

［32］高定基 . 品牌定位的十五支令箭［J］. 企业管理，2003（1）：51–53.

［33］高宇 . 世界休假制度的历史踪迹［J］. 政府法制，2007（18）：32.

［34］贵州新闻网 . 贵州清镇"乡愁贵州"试运行［EB/OL］.（2016–10–07）［2018–07–08］. http：//www.gz.chinanews.com/content/2016/10–07/68037.shtml.

［35］国家质量技术监督总局，中华人民共和国建设部 . 风景名胜区规划规范（GB 50298—1999）［S］. 北京：中国建筑工业出版社，2008.

［36］宫睿．康德的想象力理论［M］．北京：中国政法大学出版社，2012.

［37］洪帮主．国外五大经典案例为你揭秘休闲农庄——“洪眼看旅游”第一百零四期［EB/OL］．（2015-09-16）［2017-08-07］．http：//blog.sina.com.cn/s/blog_983cde0a0102vzru.html.

［38］凯文·莱恩·凯勒．战略品牌管理［M］．4 版．吴水龙，何云，等，译．北京：中国人民大学出版社，2014.

［39］李·克拉耶夫斯基，拉里·里茨曼．运营管理——流程与价值链［M］．7 版．刘晋，向佐春，译．北京：人民邮电出版社，2007.

［40］何景明，李立华．关于“乡村旅游”概念的探讨［J］．西南师范大学学报（人文社会科学版），2002，28（5）：125-128.

［41］何君，厉戟．新品牌——品牌识别经营管理［M］．北京：中央民族大学出版社，1999.

［42］何宗宜，宋鹰，李连营．地图学［M］．武汉：武汉大学出版社，2016.

［43］黄友清．室内环境中的色彩心理分析［J］．工业建筑，2002，32（1）：80-81.

［44］季昆森．创意与创意经济［M］．合肥：安徽人民出版社，2008.

［45］贾敬敦，吴飞鸣，张明玉，等．中国乡村社区发展战略研究报告［R］．北京：北京交通大学出版社，2013.

［46］居延安．公共关系学［M］．5 版．上海：复旦大学出版社，2013.

［47］雷江，李玲．市场调研实务［M］．大连：大连理工大学出版社，2013.

［48］李飞．钻石图定位法［M］．北京：经济科学出版社，2006.

［49］李飞．定位地图［M］．北京：经济科学出版社，2008.

［50］李飞，刘茜．市场定位战略的综合模型研究［J］．南开管理评论，2004，7（5）：39-43.

［51］李蕾蕾．旅游点形象定位初探——兼论深圳景点旅游形象［J］．旅游学刊，1995（3）：29-31.

［52］李蕾蕾．旅游地形象策划：理论与实务［M］．广州：广东旅游出版社，1999.

［53］李红波，张小林．乡村性研究综述与展望［J］．人文地理，2015（1）：16-20.

［54］李其荣．世界城市史话［M］．武汉：湖北人民出版社，1997.

［55］李庆雷．旅游策划论［M］．天津：南开大学出版社，2009.

［56］李天元，曲颖．旅游市场营销［M］．北京：中国人民大学出版社，2013.

［57］李天元．旅游市场营销纲要［M］．北京：中国旅游出版社，2009.

［58］李小建，周雄飞，乔家君，等．不同环境下农户自主发展能力对收入增长的

影响［J］. 地理学报，2009，64（6）：643-653.

［59］李芸霞 . 宁夏六盘山连片特困地区农户发展能力影响因素研究［D］. 宁夏大学，2014.

［60］李志强，蔡宏宇 . 市场调查与预测［M］. 2 版 . 长沙：湖南大学出版社，2014.

［61］厉无畏，王慧敏 . 创意产业促进经济增长方式转变——机理·模式·路径［J］. 中国工业经济，2006（11）：5-13.

［62］厉以宁 . 中国经济双重转型之路［M］. 北京：中国人民大学出版社，2013.

［63］林光旭，唐建兵 . 乡村旅游项目创意策划与实践［M］. 成都：电子科技大学出版社，2011.

［64］刘德谦 . 关于乡村旅游、农业旅游与民俗旅游的几点辨析［J］. 旅游学刊，2006，21（3）：12-19.

［65］刘洁 . 法国乡村旅游发展经验的启示［J］. 现代企业文化（上旬），2017（Z1）：134-135.

［66］刘荣 . 民宿养成指南［M］. 南京：江苏凤凰科学技术出版社，2018.

［67］刘晓明，赵彩君 . 论《全球风景公约》的重大意义［J］. 中国园林，2011（1）：28-29.

［68］龙花楼，张杏娜 . 新世纪以来乡村地理学国际研究进展及启示［J］. 经济地理，2012，32（8）：1-7.

［69］麓山文化 .InDesign 排版艺术［M］. 北京：科学出版社，2009.

［70］陆学艺 . 当代中国社会阶层研究报告［R］. 北京：社会科学文献出版社，2002.

［71］马克思，恩格斯 . 马克思恩格斯选集（第 23 卷）［M］. 北京：人民出版社，1972.

［72］马勇 . 李玺 . 旅游规划与开发［M］. 北京：高等教育出版社，2002.

［73］马勇，王春雷 . 旅游市场营销管理［M］. 广州：广东旅游出版社，2002.

［74］年小山 . 品牌时代［M］. 北京：经济管理出版社，2005.

［75］牛艳玲 . 园林设计中传统与现代的契合初探——松江方塔园设计研究［D］. 南京林业大学，2006.

［76］潘盛俊 . 国际乡村旅游的起源及发展阶段论［J］. 中国商贸，2012（15）：171-172.

［77］庞玮，白凯 . 田园综合体的内涵与建设模式［J］. 陕西师范大学学报（自然科学版），2018，46（6）：20-27.

［78］彭锋 . 如画概念及其在环境美学中的后果［J］. 郑州大学学报（哲学社会科学版），2012，45（5）：10-13.

［79］彭兆荣．人类学仪式研究述评［J］．民族研究，2002（2）：88–110.

［80］乔冬梅．市场预测与决策［M］．郑州：郑州大学出版社，2009.

［81］青禾工作室．大营销——新世纪营销战略［M］．北京：当代世界出版社，2000.

［82］瞿明安，秦莹，陈玉平，等．象征人类学理论［M］．北京：人民出版社，2014.

［83］瞿明安，陈玉平．论符号学与象征人类学的渊源关系［J］．青海民族研究，2013，24（1）：11–15.

［84］R J 约翰斯顿．人文地理学词典［M］．柴彦威，蔡运龙，顾朝林，等．译．北京：商务印书馆，2004.

［85］邵琪伟．发展乡村旅游，促进新农村建设［EB/OL］．（2007–08–13）［2018–07–08］．http：//www.chla.com.cn/htm/2007/0813/716.html.

［86］邵琪伟．在 2008 年全国旅游工作会议上的讲话［A/OL］．（2017–10–05）［2019–11–08］．https：//max.book118.com/html/2017/0926/135002094.shtm.

［87］沈祖祥．旅游策划——理论、方法与定制化原创样本［M］．上海：复旦大学出版社，2007.

［88］石强，钟林生，向宝惠．我国乡村旅游发展研究［C］// 中国地理学会持续农业与乡村发展专业委员会，北京市科学技术协会，台湾台中健康暨管理学院，等.2002 海峡两岸观光休闲农业与乡村旅游发展学术研讨会论文集，2002：330–333.

［89］孙利昌．公共关系与品牌塑造［D］．华中科技大学，2006.

［90］孙九霞，保继刚．从缺失到凸显：社区参与旅游发展研究脉络［J］．旅游学刊，2006，21（7）：63–68.

［91］孙倩．马克思实践视野下艺术本质探赜［J］．湖北民族学院学报（哲学社会科学版），2016，34（3）：130–133.

［92］孙喜林．旅游心理学［M］．广州：广东旅游出版社，2002.

［93］宋国琴．旅游市场营销学［M］．杭州：浙江大学出版社，2016.

［94］谭蓓．市场营销［M］．重庆：重庆大学出版社，2017.

［95］汤姆·邓肯，桑德拉·莫里亚蒂．品牌至尊：利用整合营销创造终极价值［M］．北京：华夏出版社，2000.

［96］唐代剑，池静．中国乡村旅游开发与管理［M］．杭州：浙江大学出版社，2005.

［97］陶犁，冯斌．关于旅游目的品牌忠诚度的理论探析［J］．经济问题探索，2010（7）：183–186.

［98］陶理．“头脑风暴法”在策划中应用［J］．中国出版，1998（5）：25.

［99］提姆·克雷斯韦尔．景观、实践的泯灭［M］// 凯·安德森，莫娜·多莫什，

史蒂夫·派尔，等.文化地理学手册.李蕾蕾，张景秋，译.北京：商务印书馆，2009.

［100］W.钱·金，勒尼·莫博涅.蓝海战略——超越产业竞争，开创全新市场［M］.吉宓，译.北京：商务印书馆，2005.

［101］王磊，刘洪涛.赵西萍旅游目的地形象的内涵研究［J］.西安交通大学学报（社会科学版），1999，19（1）：25–27.

［102］王衍用，宋子千，秦岩.旅游景区项目策划［M］.2版.北京：中国旅游出版社，2012.

［103］王伯恭.中国百科大辞典［M］.北京：中国大百科全书出版社，1999.

［104］王冲，李冬梅.市场调查与预测［M］.上海：复旦大学出版社，2013.

［105］王德刚.乡村生态旅游开发与管理［M］.济南：山东大学出版社，2010.

［106］王海涛，王润涛，李天祥.品牌竞争时代：开放市场下政府与企业的品牌营运［M］.北京：中国言实出版社，1999.

［107］王宏星，崔凤君.我国乡村旅游产品体系及其研究［J］.西藏大学学报，2005，20（1）：81–90.

［108］王月辉，杜向荣，冯艳.市场营销学［M］.北京：北京理工大学出版社，2017.

［109］威廉·J.史蒂文森.运营管理［M］.13版.张群，张杰，马风才，译.北京：机械工业出版社，2019.

［110］魏小安.东南西北中，海南看保亭［EB/OL］.（2011–08–17）［2018–04–03］.http：//blog.sina.com.cn/s/blog_61d172d20100vnci.html.

［111］吴必虎，金华，张丽.旅游解说系统的规划与管理［J］.旅游学刊，1999（1）：44–46.

［112］吴小天.国外旅游目的地品牌研究回顾与展望［J］.旅游科学，2014，28（4）：15–27.

［113］肖佑兴，明庆忠，李松志.论乡村旅游的概念和类型［J］.旅游科学，2001（3）：8–10.

［114］奚从清.现代社会学导论［M］.2版.杭州：浙江大学出版社，2012.

［115］席佳蓓.品牌管理［M］.南京：东南大学出版社，2017.

［116］谢京辉.品牌经济论：理论思辨与实践解析［M］.上海：格致出版社，2016.

［117］熊元斌，柴海燕.从“二脉”到“四脉”：旅游目的地形象定位理论的新发展［J］.武汉大学学报（哲学社会科学版），2010，63（1）：56–160.

［118］徐汎.中国旅游市场概论［M］.北京：中国旅游出版社，2004.

［119］徐浩然.企业品牌理论研究及战略运用［J］.南京社会科学，2008（7）：47–51.

［120］徐永祥 . 社区发展论［M］. 上海：华东理工大学出版社，2001.

［121］薛艺兵 . 对仪式现象的人类学解释（上）［J］. 广西民族研究，2003（2）：26–33.

［122］荀志欣，曹诗图 . 从文化地理的角度透视中西古典园林艺术特征［J］. 世界地理研究，2008，17（1）：167–173.

［123］杨艳蓉 . 旅游市场营销与实务［M］. 北京：北京理工大学出版社，2016.

［124］杨小红，赵洪珊 . 市场营销学［M］. 北京：中国纺织出版社，2016.

［125］杨治良，郝兴昌 . 心理学辞典［M］. 上海：上海辞书出版社，2016.

［126］叶智美，叶媛秀 . 市场预测与决策［M］. 长春：吉林大学出版社，2007.

［127］俞孔坚 . 论景观［J］. 中国建筑装饰装修，2003（4）：22–27.

［128］于景元 . 系统科学和系统工程的发展与应用［J］. 科学决策，2017（12）：1–18.

［129］余明阳，杨芳平 . 品牌学教程［M］. 上海：复旦大学出版社，2005.

［130］余明阳，杨芳平 . 品牌定位［M］. 武汉：武汉大学出版社，2008.

［131］喻荣，宗林，孙明海 . 品牌 VI 形象设计［M］. 武汉：华中科技大学出版社，2013.

［132］叶茂中，顾小君 . 品牌之旅［J］. 销售与市场，1998（3）：30–33.

［133］袁媛 . 田园综合体目标导向下乡村旅游区规划建设——以思良江乡村旅游区规划（2017—2021）为例［J］. 规划师，2017（12）：136–143.

［134］约翰·霍金斯 . 创意经济——如何点石成金［M］. 洪庆福，孙薇薇，刘茂玲，译 . 上海：上海三联书店，2006.

［135］赵军 . 名牌：在传播中诞生［M］. 武汉：武汉大学出版社，1999.

［136］邹统钎 . 中国乡村旅游发展模式研究——成都农家乐与北京民俗村的比较与对策分析［J］. 旅游学刊，2005，20（3）：63–68.

［137］张景顺 . 市场营销［M］. 南京：东南大学出版社，2003.

［138］张蕾 . 品牌“五觉”演绎感观营销［J］. 中国中小企业，2005（9）：66–67.

［139］张黎明 . 市场营销学［M］. 4 版 . 成都：四川大学出版社，2016.

［140］张广海，孟禺 . 国内外民宿旅游研究进展［J］. 资源开发与市场，2017，33（4）：503–507.

［141］张锐，张燚 . 品牌学——理论基础与学科发展［M］. 北京：中国经济出版社，2007.

［142］张宪荣，季华妹，张萱 . 符号学 I ——文化符号学［M］. 北京：北京理工大学出版社，2013.

［143］张晓松 . 符号与仪式：贵州山地文明图典［M］. 贵阳：贵州人民出版社，2006.

［144］张一，王玲，邵林涛，等 . 目的地品牌个性在乡村旅游地差异化竞争中的应用研究——以无锡荡口镇与华西村为例［J］. 资源开发与市场，2015，31（11）：1401-1404.

［145］郑炘，华晓宁 . 山水风景与建筑［M］. 南京：东南大学出版社，2007.

［146］郑宗成，汪德宏，姚承纲 . 品牌知行——微观品牌管理和研究［M］. 广州：中山大学出版社，2004.

［147］周琦，张世俊，杨兵，等 . 贵州省旅游资源大普查实施背景、技术要求也主要成果及意义［J］. 贵州地质，2018，35（2）：145-152.

［148］庄孔韶 . 人类学通论［M］. 太原：山西教育出版社，2002.

［149］卓骏 . 市场营销学［M］. 杭州：浙江大学出版社，2015.

［150］中国质量协会 . 全面质量管理［M］. 4 版 . 北京：中国科学技术出版社，2018.

［151］中华人民共和国建设部 . 城市规划制图标准（CJJ/T 97—2003）［S］. 北京：建筑工业出版社，2003.

［152］中华人民共和国国家质量监督检验检疫总局，中国国家标准化管理委员会 . 旅游资源分类、调查与评价（GB/T 18972—2017）［S］. 北京：中国标准出版社，2017.

后记

历时一年多时间，终于完成了此教材的编著工作，但没有想到会在医院这种地方完成，人生真是世事无常！作为一名长期在贵州蜷缩着过冬的山里人，此时能在北京享受这么好的阳光，也算是一种幸福吧。

2012 年以来，我一直承担“乡村旅游”这门专业选修课程的教学工作。乡村旅游作为一种有别于其他形式的旅游，不能仅仅是拿来主义，还需要根据乡村旅游发展的现实要求，进行相应的创新与实践。此教材自 2018 年 7 月立项以来，我一直战战兢兢，担心编著不好而被同行和学生诟病。

尽管自己一直从事乡村旅游的教学与区域旅游规划的研究和实践，但编写教材还是第一次。更为重要的是，如何使编写的这部教材契合于乡村旅游产业发展的需求，并符合旅游管理本科教育的基本规律，我颇感压力。加之乡村地方性知识丰富，文化人类学意义深远，我们更需要用文化拥有者的内部眼光来看待和发掘，通过想象和创造进行活化，将乡村营造为颇具在地文化的诗和远方，进一步推动乡村居民的全面发展和乡村振兴，这是乡村旅游发展的核心目标和任务。

鉴于此，教材大纲出来后，我专门咨询了长期从事乡村旅游研究的何景明教授。同时，张晓松教授对教材的理论和相关内容进行了系统点拨。袁浩森、郑立发与罗钦三位先生绘制了教材中的绝大部分插图，余河琼女士进行了校对。教材完成后，贵州大学的张世俊教授对教材的进一步修改和完善提出了宝贵建议，何景明教授再次对书稿进行了审阅，中国旅游出版社的张芸艳老师对此教材的出版做了大量工作。在此一并致以我最衷心的感谢！

此外，更要感谢我的工作单位——贵州师范大学国际旅游文化学院的资助！如果没有此项资助，本教材不会诞生，我也未能有机会对旅游教育多做这么一点点事情。更要感谢诸位领导、老师、同事、同门、亲人和朋友们一路为我的治疗而保驾护航！更要感谢丑丑姐姐对我在北京治疗期间无微不至的关爱、帮助和照顾！是大家温暖的关爱赐予我与病魔斗争到底的无限能量。感恩！感动！！感激！！！感谢！！！！

袁　茏

2019 年 12 月 6 日于北京大学第一医院第二住院部

项目策划：张芸艳
责任编辑：张芸艳
责任印制：孙颖慧
封面设计：武爱听

图书在版编目（CIP）数据

乡村旅游教程 / 袁龙编著. -- 2版. -- 北京 : 中国旅游出版社, 2023.7

ISBN 978-7-5032-7169-4

Ⅰ. ①乡… Ⅱ. ①袁… Ⅲ. ①乡村旅游－教材 Ⅳ. ①F590.75

中国国家版本馆CIP数据核字（2023）第125385号

书　　名：乡村旅游教程（第二版）

作　　者：袁龙
出版发行：中国旅游出版社
（北京静安东里6号　邮编：100028）
http://www.cttp.net.cn　E-mail:cttp@mct.gov.cn
营销中心电话：010-57377103，010-57377106
读者服务部电话：010-57377107
排　　版：北京旅教文化传播有限公司
经　　销：全国各地新华书店
印　　刷：三河市灵山芝兰印刷有限公司
版　　次：2023年7月第2版　2023年7月第1次印刷
开　　本：787毫米×1092毫米　1/16
印　　张：19.25
字　　数：408千
定　　价：49.80元
ISBN　978-7-5032-7169-4
